WISSENSCHAFTLICHE BEITRÄGE AUS DEM TECTUM VERLAG

Reihe Rechtswissenschaften

WISSENSCHAFTLICHE BEITRÄGE
AUS DEM TECTUM VERLAG

Reihe Rechtswissenschaften

Band 94

Philipp A. Stallknecht

Vereinfachungsnormen im Lohnsteuerrecht

Analyse des besonderen Vereinfachungsbedarfs und daraus abgeleitete Erwägungen zur Systematisierung und Reformierung

Tectum Verlag

Philipp A. Stallknecht

Vereinfachungsnormen im Lohnsteuerrecht
Analyse des besonderen Vereinfachungsbedarfs und
daraus abgeleitete Erwägungen zur Systematisierung und Reformierung

Wissenschaftliche Beiträge aus dem Tectum Verlag:
Reihe: Rechtswissenschaften; Bd. 94

Zugl. Diss. Universität zu Köln 2017
ISBN: 978-3-8288-4044-7
eISBN: 978-3-8288-6844-1
ISSN: 1861-7875

Druck und Bindung: CPI buchbücher.de, Birkach
Printed in Germany

Bibliografische Informationen der Deutschen Nationalbibliothek
Die Deutsche Nationalbibliothek verzeichnet diese Publikation in der Deutschen Nationalbibliografie; detaillierte bibliografische Angaben sind im Internet über http://dnb.ddb.de abrufbar.

Meinen Eltern

Vorwort

Die Arbeit wurde im Wesentlichen in den Jahren 2015 und 2016 erstellt. Sie wurde im Sommersemester 2017 von der Rechtswissenschaftlichen Fakultät der Universität zu Köln als Dissertation angenommen.

Mein außerordentlicher Dank gilt zuvorderst meiner Doktormutter *Frau Prof. Dr. Johanna Hey* für die ausgezeichnete Betreuung während des Promotionsvorhabens und für die Unterstützung bei der Themenwahl. Des Weiteren danke ich *Herrn Prof. Dr. Stephan Eilers* für die zügige Erstellung des Zweitvotums.

Außerdem gebührt mein besonderer Dank *Frau Yvonne Boekholt*, die mich während der gesamten Dauer des Promotionsvorhabens durch steten Zuspruch und aufbauende Worte unterstützte.

Vor allem danke ich meinen Eltern *Frau Dagmar Stallknecht* und *Herrn Dr. Heinrich Stallknecht* dafür, dass sie mich während meiner gesamten Ausbildung umfassend gefördert und bedingungslos unterstützt haben. Ihnen sei daher diese Arbeit gewidmet.

Düsseldorf, im Juli 2017 *Philipp Arnold Stallknecht*

Abkürzungsverzeichnis

a.A.	andere Ansicht
a.a.O.	am angegebenen Ort
a.E.	am Ende
Abs.	Absatz
AG	Aktiengesellschaft
AktG	Aktiengesetz vom 6. September 1965 (BGBl. I S. 1089), das zuletzt durch Artikel 1 des Gesetzes vom 22. Dezember 2015 (BGBl. I S. 2565) geändert worden ist
allg.	allgemein
AN	Arbeitnehmer
AO	Abgabenordnung in der Fassung der Bekanntmachung vom 1. Oktober 2002 (BGBl. I S. 3866; 2003 I S. 61), die zuletzt durch Artikel 5 des Gesetzes vom 3. Dezember 2015 (BGBl. I S. 2178) geändert worden ist
AO-StB	AO-Steuerberater
Art.	Artikel
Az	Aktenzeichen
BAG	Bundesarbeitsgericht
BAGE	Entscheidungen des Bundesarbeitsgerichts
BB	Betriebs Berater
Begr.	Begründer/Begründerin
BFH	Bundesfinanzhof
BFH/NV	Sammlung nicht amtlich veröffentlichter Entscheidungen des Bundesfinanzhofes
BFHE	Entscheidungen des Bundesfinanzhofes

BGB	Bürgerliches Gesetzbuch in der Fassung der Bekanntmachung vom 2. Januar 2002 (BGBl. I S. 42, 2909; 2003 I S. 738), das durch Artikel 1 des Gesetzes vom 11. März 2016 (BGBl. I S. 396) geändert worden ist
BGBl.	Bundesgesetzblatt
BMF	Bundesministerium der Finanzen
BR-Drucks.	Drucksachen des Deutschen Bundesrates
BRD	Bundesrepublik Deutschland
bspw.	beispielsweise
BStBl.	Bundessteuerblatt
BT-Drucks.	Drucksachen des Deutschen Bundestages
BVerfG	Bundesverfassungsgericht
BVerfGE	Entscheidungen des Bundesverfassungsgerichts
bzgl.	bezüglich
bzw.	beziehungsweise
ca.	circa
d.h.	das heißt
DB	Der Betrieb
ders.	derselbe
dies.	dieselbe
Diss.	Dissertation
DJT	Deutscher Juristentag
DM	Deutsche Mark
DStJG	Deutsche Steuerjuristische Gesellschaft
DStR	Deutsches Steuerrecht
DStZ	Deutsche Steuer-Zeitung
e. V.	eingetragener Verein
EFG	Entscheidungen der Finanzgerichte

EStG	Einkommensteuergesetz in der Fassung der Bekanntmachung vom 8. Oktober 2009 (BGBl. I S. 3366, 3862), das zuletzt durch Artikel 1 des Gesetzes vom 24. Februar 2016 (BGBl. I S. 310) geändert worden ist
etc.	et cetera
f.	folgende (Seite/Paragraph, etc.)
F.A.Z.	Frankfurter Allgemeine Zeitung
ff.	folgende (Seiten/Paragraphen, etc.)
FG	Finanzgericht
Fn.	Fußnote
FR	Finanz-Rundschau
FS	Festschrift
gem.	gemäß
Gen.	Genesis
GG	Grundgesetz für die Bundesrepublik Deutschland in der im Bundesgesetzblatt Teil III, Gliederungsnummer 100-1, veröffentlichten bereinigten Fassung, das zuletzt durch Artikel 1 des Gesetzes vom 23. Dezember 2014 (BGBl. I S. 2438) geändert worden ist
GV.NRW.	Gesetz- und Verordnungsblatt für das Land Nordrhein-Westfalen
gl.A.	gleiche Ansicht
grds.	grundsätzlich
h.M.	herrschende Meinung
Hrsg.	Herausgeber/Herausgeberin
hrsg.	herausgegeben
HS	Halbsatz
i. d. R.	in der Regel

IFG NRW	Gesetz über die Freiheit des Zugangs zu Informationen für das Land Nordrhein-Westfalen in der Fassung der Bekanntmachung vom 27. November 2001 (GV.NRW. S. 806), das zuletzt durch Artikel 4 des Gesetzes vom 2. Oktober 2014 (GV.NRW. S. 622) geändert worden ist.
i.H.v.	in Höhe von
i.S.d.	im Sinne der/des
i.S.v.	Im Sinne von
i.V.m.	in Verbindung mit
insb.	insbesondere
JStG	Jahressteuergesetz
JZ	JuristenZeitung
krit.	kritisch
KStG	Körperschaftsteuergesetz in der Fassung der Bekanntmachung vom 15. Oktober 2002 (BGBl. I S. 4144), das zuletzt durch Artikel 4 des Gesetzes vom 2. November 2015 (BGBl. I S. 1834) geändert worden ist
Lev.	Leviticus
lit.	litera
LohnSt	Lohnsteuer
LohnStDV	Lohnsteuer-Durchführungsverordnung in der Fassung der Bekanntmachung vom 10. Oktober 1989 (BGBl. I S. 1848), die zuletzt durch Artikel 27 des Gesetzes vom 25. Juli 2014 (BGBl. I S. 1266) geändert worden ist
m.w.N.	mit weiterem/-n Nachweis/-en
max.	maximal
mitbegr.	mitbegründet
n.Chr.	nach Christi Geburt
NJW	Neue Juristische Wochenschrift
Nr.	Nummer

NVwZ	Neue Zeitschrift für Verwaltungsrecht
o.ä.	oder ähnliches
PWC	PricewaterhouseCoopers
RdF	Reichminister der Finanzen
RGBl.	Reichsgesetzblatt
rkr	rechtskräftig
Rspr.	Rechtsprechung
RStBl.	Reichssteuerblatt
RT-Drucks.	Drucksachen des deutschen Reichstages
RWP	Rechts- und Wirtschaftspraxis
Rz.	Randzeichen
S.	Seite
SGB IV	Das Vierte Buch Sozialgesetzbuch – Gemeinsame Vorschriften für die Sozialversicherung – in der Fassung der Bekanntmachung vom 12. November 2009 (BGBl. I S. 3710, 3973; 2011 I S. 363), das zuletzt durch Artikel 28 des Gesetzes vom 20. November 2015 (BGBl. I S. 2010) geändert worden ist
SGB V	Das Fünfte Buch Sozialgesetzbuch – Gesetzliche Krankenversicherung – (Artikel 1 des Gesetzes vom 20. Dezember 1988, BGBl. I S. 2477, 2482), das zuletzt durch Artikel 2 Absatz 12 des Gesetzes vom 17. Februar 2016 (BGBl. I S. 203) geändert worden ist"
sog.	sogenannt/-e
st.	ständig/-e
StÄndG	Steueränderungsgesetz
StBVV	Steuerberatervergütungsverordnung vom 17. Dezember 1981 (BGBl. I S. 1442), die zuletzt durch Artikel 5 der Verordnung vom 11. Dezember 2012 (BGBl. I S. 2637) geändert worden ist

StuW	Steuer und Wirtschaft
u.	und
u. a.	unter anderem
u.s.w.	und so weiter
u.U.	unter Umständen
v.	von/vom
v.H.	vom Hundert
Var.	Variante
vgl.	vergleiche
VO	Verordnung
VVDStRL	Veröffentlichungen der Vereinigung der Deutschen Staatsrechtslehrer
VZ	Verrechnungszeitraum
VZÄ	Vollzeitäquivalent
WiPol	Wirtschaftspolitische Blätter
z. B.	zum Beispiel
zit.	zitiert
ZRP	Zeitschrift für Rechtspolitik

Inhaltsverzeichnis

Abbildungsverzeichnis

1. Kapitel: Einleitung

Die Einkünfte aus nichtselbstständiger Arbeit und deren Erhebung sind ein zentraler Bestandteil des Einkommensteuerrechts, des Bundeshaushaltes und nicht zuletzt immer wieder auch der gesellschaftlichen Diskussion. Sie werden oftmals als Lohnsteuer bezeichnet, was fälschlicherweise den Eindruck erweckt, es handle sich um eine eigene Steuerart. Dieser wird durch das spezielle Quellenabzugsverfahren und den enormen Umfang dieser Einkunftsart unterstrichen. Dennoch handelt es sich lediglich um eine spezielle Erhebungsform der Einkommensteuer[1]. Dies schmälert ihre Bedeutung aber in keiner Weise. Die Lohnsteuer betrifft mit Abstand die meisten Steuerpflichtigen im Einkommensteuerrecht und trägt auch einen erheblichen Teil zur Finanzierung der Bundesrepublik bei[2].

Mit dem politischen und ökonomischen Fokus, der auf einer solch bedeutsamen Ertragsquelle liegt, ist die Lohnsteuer fortwährenden Veränderungen ausgesetzt. Diese haben unterschiedlichste Intentionen. Manche von ihnen sollen sozialen oder umweltpolitischen Zwecken dienen, andere wiederum scheinen hauptsächlich wahlpolitisch oder wirtschaftlich motiviert. Allesamt haben meist zumindest auch das Ziel, die Lohnsteuer etwas zu vereinfachen. Der Gesetzgeber möchte den vielen betroffenen Steuerpflichtigen und den für das Lohnsteuerabzugsverfahren hauptsächlich in die Pflicht genommenen Arbeitgebern entgegenkommen. Mittlerweile hat sich nämlich – wie im gesamten Einkommensteuerrecht – auch in der Lohnsteuer ein re-

1 Ganz h.M., dass die Lohnsteuer eine Vorauszahlung auf die Einkommensteuer ist, vgl. nur: BFH v. 14.11.2013 – VI R 50/12, BFHE 243, 544; BFH v. 13.1.2011 – VI R 64/09, BFH/NV 2011, 753; *Krüger* in: Schmidt, § 38 EStG Rz. 1; *Pflüger* in: Herrmann/Heuer/Raupach, EStG/KStG, § 38 EStG Rz. 5; *Küch* in: Lippross, Basiskommentar, § 38 EStG Rz. 1; *Eisgruber* in: Kirchhof, Einkommensteuergesetz, § 38 EStG Rz.1; *Seifert* in: Korn, Einkommensteuergesetz, § 38 EStG Rz. 1; *Hey* in: Tipke/Lang[22], Steuerrecht, § 8 Rz. 904; *Heuermann*, FR 2013, 354 (354).

2 Vgl. unten unter: 1. Kap. A.

gelrechtes Steuerchaos entwickelt[3]. Die Lohnsteuer ist zu einem der komplexesten Bereiche des Einkommensteuerrechts geworden. In Einzelfällen stellt mittlerweile die Auslegung der Lohnsteuernormen sogar für die Finanzverwaltung und Steuerberater ein nur schwer zu überwindendes Hindernis dar.[4] Es ist nicht verwunderlich, dass der steuerrechtlich nicht vorgebildete Arbeitnehmer im Angesicht solcher Normen kapituliert und die abgeltende Wirkung des Lohnsteuerabzugs begrüßt, obgleich dadurch zumeist zu viel Lohnsteuer einbehalten wird. Bei den Vereinfachungsnormen selber hat sich bereits ein eigenes Chaos entwickelt. Der Gesetzgeber versucht nämlich mit vielen kleinen Einzelmaßnahmen der Situation Herr zu werden. Hierzu setzt er Steuerfreistellungen, Pauschalierungen und Typisierungen großzügig ein, um systematische Defizite auszugleichen. Die dadurch verursachte Normenflut erzeugt jedoch einen regelrechten Irrgarten in der Lohnsteuer, welcher im gesamten Steuerrecht seines Gleichen sucht.

Diesem Durcheinander nimmt sich die vorliegende Arbeit an. Nach einer kurzen Einführung jeweils über die Bedeutung und Rechtsentwicklung der Lohnsteuer und der Vereinfachungsnormen sollen die in der Lohnsteuer vorhandenen Vereinfachungsnormen systematisiert werden. Hierzu wird der besondere Vereinfachungsbedarf bei den Einkünften aus nichtselbstständiger Arbeit analysiert, um daraus eine Systematik für die Vereinfachungsnormen herzuleiten. Diese Systematik wird durch eine anschließende Einordnung der vorhandenen Vereinfachungsnormen in selbige überprüft. Die aus der Analyse der Einkunftsart und des besonderen Vereinfachungsbedarfs sowie der Systematisierung der Vereinfachungsnormen gewonnenen Erkenntnisse sollen zum einen zu einem besseren Verständnis des bestehenden Lohnsteuerrechts beitragen und werden zum anderen dazu genutzt, um Reformvorschläge zu erarbeiten. Diese Reformvorschläge sollen das Lohnsteuerrecht einfacher gestalten und so einen gleichmäßigeren und somit gerechteren Lohnsteuerabzug sicherstellen.

3 Vgl. *Lang*, Eröffnung und Rechtfertigung des Themas, DStJG 1998, S. 1 f.; *Hey*, WiPol 2008, 785 (786 f.), die von einer regelrechten Unanwendbarkeit von Teilbereichen des Steuerrechts spricht.

4 Vgl. *Albert/Strohner*, DB 2002, 2504.

A. Bedeutung der Lohnsteuer für die Bundesrepublik Deutschland

Die Lohnsteuer als besondere Erhebungsform der Einkommensteuer ist für den gesamten Bundeshaushalt von entscheidendem Gewicht. Sie stellt einen Großteil der Einnahmen aus der Einkommensteuer. Das Gesamtvolumen an Steuereinnahmen im Jahr 2014 betrug 643.617 Millionen Euro[5]. Davon entfielen 238.831 Millionen Euro auf die Einkommensteuer, das heißt auf die veranlagte Einkommensteuer, die Lohnsteuer, die nicht veranlagte Steuer vom Ertrag und die Abgeltungsteuer (einschließlich dem ehemaligen Zinsabschlag)[6]. Der Anteil der Lohnsteuer hieran betrug 167.983 Millionen Euro[7]. Somit entfällt mehr als ein Viertel der gesamten Steuereinnahmen auf die Lohnsteuer. Daher ist sie die stärkste Einnahmequelle für die Bundesrepublik Deutschland[8]. Von ähnlichem Umfang – allerdings geringfügig kleiner – ist nur noch das Volumen der Umsatzsteuer mit 154.228 Millionen Euro[9]. Die Einfuhrumsatzsteuer und die veranlagte Einkommensteuer liegen mit 48.883 Millionen Euro und 45.613 Millionen Euro als dritt- und viertgrößte Einnahmenquelle für den Staatshaushalt schon weit abgeschlagen hinter den zuvor genannten Einnahmequellen[10]. Das Ertragsvolumen der Lohnsteuer ist seit jeher sehr hoch[11]. Das Lohnsteuervolumen ist seit dem zweiten Weltkrieg deutlich schneller gewachsen als das der veranlagten Einkommensteuer[12] und zeigt weiterhin eine steigende Tendenz[13].

Außerdem sichert das besondere Lohnsteuerverfahren mit seinem zumeist monatlichen Einbehalt der Lohnsteuer durch den Arbeitgeber

5 Statistik über das Steueraufkommen vom Statistischen Bundesamt; https://www.destatis.de/DE/ZahlenFakten/GesellschaftStaat/OeffentlicheFinanzenSteuern/Steuern/Steuerhaushalt/Tabellen/KassenmaessigeSteuereinnahmen.html, abgerufen am: 20.4.2016.

6 Statistik über das Steueraufkommen vom Statistischen Bundesamt a.a.O.

7 Statistik über das Steueraufkommen vom Statistischen Bundesamt a.a.O.

8 *Eisgruber* in: Kirchhof, Einkommensteuergesetz, § 19 EStG Rz.1.

9 Statistik über das Steueraufkommen vom Statistischen Bundesamt a.a.O.

10 Statistik über das Steueraufkommen vom Statistischen Bundesamt a.a.O.

11 Vgl. Statistik über das Steueraufkommen vom Statistischen Bundesamt a.a.O.

12 *Pflüger* in: Herrmann/Heuer/Raupach, EStG/KStG, § 19 EStG Rz. 19; *Kruse*, Prolegomena zum Lohnsteuerrecht, DStJG 1986, S. 1.

13 Vgl. Statistik über das Steueraufkommen vom Statistischen Bundesamt a.a.O.; *Pflüger* in: Herrmann/Heuer/Raupach, EStG/KStG, § 38 EStG Rz. 5.

und der Abführung an den Fiskus einen kontinuierlichen Zufluss an Steuergeldern. Diese Erhebungsmethode ist, verglichen mit einer individuellen Veranlagung, deutlicher ökonomischer ausgestaltet[14].

Den hohen Einnahmen durch die Lohnsteuer entsprechend erzielt ein Großteil der Steuerpflichtigen Einkünfte aus nichtselbständiger Arbeit. Im Jahr 2010 haben von ca. 38,71 Millionen Steuerpflichtigen ca. 31,75 Millionen Steuerpflichtige Einkünfte aus nichtselbständiger Arbeit generiert[15]. Dies entspricht einem Anteil von mehr als 82% der Einkommensteuerpflichtigen. Keine andere Einkunftsart des Einkommensteuerrechts kann quantitativ hierzu in Konkurrenz treten.

Damit ist die Lohnsteuer auch die Steuer, mit der die meisten Steuerpflichtigen in Berührung kommen. Setzt man dies in Zusammenhang damit, dass diese Steuer auch das größte Volumen im Bundeshaushalt für sich beansprucht, so wird die immense Bedeutung der Lohnsteuer für die Bundesrepublik und für die Steuerpflichtigen deutlich[16]. Daher ist es von zentralem Interesse, dieser Steuer besondere Aufmerksamkeit zu schenken, um dem Großteil der Steuerpflichtigen ein angemessenes, in sich schlüssiges, praktikables, systematisches und schlussendlich gerechtes Steuerrecht an die Seite zu stellen.

---

14 *Pflüger* in: Herrmann/Heuer/Raupach, EStG/KStG, § 38 EStG Rz. 5.

15 Vgl. die Lohn- und Einkommensteuerstatistik des Statistischen Bundesamtes für das Jahr 2010 (Fachserie 14, Reihe 7.1) auf Seite 4f., abrufbar unter: https://www.destatis.de/DE/Publikationen/Thematisch/FinanzenSteuern/Steuern/LohnEinkommensteuer/LohnEinkommensteuer2140710109004.pdf?__blob=publicationFile, abgerufen am: 20.4.2016; vgl. auch die Jährlichen Einkommensteuerstatistiken des Statistischen Bundesamtes, die jedoch zusammenveranlagte Ehegatten als einen Steuerpflichtigen zählen und daher zu anderen Zahlen kommen, das Verhältnis ist jedoch ähnlich, für die Jahre 2008 (https://www.destatis.de/GPStatistik/servlets/MCRFileNodeServlet/DEHeft_derivate_00016746/2140711087004_korr.pdf), 2009 (https://www.destatis.de/GPStatistik/servlets/MCRFileNodeServlet/DEHeft_derivate_00011860/2140711097004.pdf) und 2010 (https://www.destatis.de/GPStatistik/servlets/MCRFileNodeServlet/DEHeft_derivate_00013790/2140711107004.pdf) jeweils auf Seite 10 und jeweils abgerufen am: 20.4.2016; vgl. auch *Eisgruber* in: Kirchhof, Einkommensteuergesetz, § 19 EStG Rz.1; vgl. auch *Hey* in: Tipke/Lang[22], Steuerrecht, § 8 Rz. 471.

16 so auch: *Hey* in: Tipke/Lang[22], Steuerrecht, § 8 Rz. 471; *Daumke*, Grundriss des deutschen Steuerrechts, S. 144; *Lang*, Die Einkünfte des Arbeitnehmers, DStJG 1986, S. 17.

B. Rechtsentwicklung der Lohnsteuer

Die Komplexität des Lohnsteuerrechts als Auslöser für die vielen Vereinfachungsnormen in diesem Bereich der Einkommensteuer geht maßgeblich auf die historisch gewachsene Situation der Lohnsteuer in Deutschland zurück. Daher soll die Rechtsentwicklung der Lohnsteuer im Folgenden näher beleuchtet werden.

Die Lohnsteuer, so wie sie heute bekannt ist, geht im Wesentlichen auf das Einkommensteuergesetz aus dem Jahre 1920 zurück[17]. Durch dieses wurde erstmals in ganz Deutschland ein Quellenabzug durch den Arbeitgeber für den Arbeitslohn eingeführt. Gleichwohl ist der Gedanke des Quellenabzugs nicht neu. Weltweit lässt sich diese Besteuerungstechnik bis in das 16. Jahrhundert zurückverfolgen, wobei diese Technik zunächst vermehrt bei Beamten und bei Personen genutzt wurde, die nur schlecht zu veranlagen waren, so zum Beispiel Saisonarbeiter, ausländische Arbeitnehmer u.s.w[18]. Zumindest bei den letzten Gruppen liegt der Gedanke nahe, dass die Pauschalbesteuerung gewählt wurde, weil Saisonarbeitskräfte und ausländische Arbeitskräfte nur schwer für den inländischen Fiskus zu fassen sind. Daher bietet sich ein gegenüber der üblichen Besteuerung vereinfachtes Verfahren an. Zu Teilen kann man diesen Gedanken in dem heutigen § 40a Abs. 3 EStG wiederfinden. Der erste Steuerabzug direkt vom Arbeitslohn wurde bei den bayerischen Beamten im Jahre 1722 vorgenommen. Deren Lohn war für den Fiskus leicht zu ermitteln, sodass dieser Berufszweig die besten Voraussetzungen für ein Quellenabzugsverfahren mit sich brachte.[19]

Das Einkommensteuergesetz von 1920 sah einen Steuerabzug vom Arbeitseinkommen in Höhe von 10 Prozent vor und führte somit die Lohnsteuer in ihren Grundzügen ein[20]. Dies war eine fixe, auf die zu

17 RGBl. 1920, 359.

18 *Trzaskalik* in: K/S/M, EStG, § 38 Rz. A70 m.w.N.

19 *Kruse*, Prolegomena zum Lohnsteuerrecht, DStJG 1986, S. 4; *Heuermann*, Systematik und Struktur der Leistungspflichten im Lohnsteuerabzugsverfahren, S. 7; *Winter*, Der Arbeitgeber im Lohnsteuerrecht, S. 3.

20 *Trzaskalik* in: K/S/M, EStG, § 38 Rz. A71; *Heß* in: Lademann, § 38 EStG Rz. 26; *Kruse*, Prolegomena zum Lohnsteuerrecht, DStJG 1986, S. 5.

veranlagende Einkommensteuer zu leistende, Abschlagszahlung[21]. Daher war bereits damals die Lohnsteuer als Vorauszahlung auf die Einkommensteuer angelegt[22]. Bei dieser Form der Lohnsteuer konnten keinerlei leistungsmindernden Umstände, wie zum Beispiel das Existenzminimum oder Werbungskosten, berücksichtigt werden[23]. Demensprechend war die Lohnsteuer bei ihrer Einführung noch stark objektiviert[24]. Der Einbehalt der Lohnsteuer wurde durch Steuermarken dokumentiert, welche auf die Lohnsteuerkarte des Arbeitnehmers geklebt wurden[25].

Diese Art der Steuererhebung wurde bereits damals im Steuerausschuss der Nationalversammlung kontrovers diskutiert. Die Befürworter führten zum einen den gleichmäßigen und sicheren Zufluss an Steuergeldern für das Reich an. Zum anderen argumentierten sie mit der ihrer Meinung nach zu erwartenden Unzuverlässigkeit der Arbeitnehmer bei der Steuerzahlung. Es sei nämlich von dem durchschnittlichen Arbeitnehmer nicht zu erwarten, dass er von seinem wöchentlichen Lohn zuverlässig einen Teil für die jährlich abzuführende Steuer zurückzulege. Ein Verzicht auf das Quellenabzugsverfahren würde die Zwangsbeitreibungen schnell zunehmen lassen[26]. Die Gegner dieses Verfahrens verwiesen unter anderem auf die finanzielle Belastung der

21 *Pflüger* in: Herrmann/Heuer/Raupach, EStG/KStG, § 38 EStG Rz. 1; *Trzaskalik* in: K/S/M, EStG, § 38 Rz. A71.

22 Wie auch heute die h.M. in der Lohnsteuer eine Vorauszahlung auf die Einkommensteuer sieht, vgl.: BFH v. 14.11.2013 – VI R 50/12, BFHE 243, 544; BFH v. 13.1.2011 – VI R 64/09, BFH/NV 2011, 753; *Krüger* in: Schmidt, § 38 EStG Rz. 1; *Pflüger* in: Herrmann/Heuer/Raupach, EStG/KStG, § 38 EStG Rz. 5; *Küch* in: Lippross, Basiskommentar, § 38 EStG Rz. 1; *Eisgruber* in: Kirchhof, Einkommensteuergesetz, § 38 EStG Rz.1; *Seifert* in: Korn, Einkommensteuergesetz, § 38 EStG Rz. 1; *Hey* in: Tipke/Lang[22], Steuerrecht, § 8 Rz. 471 u. 904; *Heuermann*, FR 2013, 354 (354); a.A.: *Heuel/Beyer*, AO-Stb 2015, 129 (133); zumindest in Bezug auf Haftungsfragen: *Plenker*, DB 2010, 192 (193).

23 *Trzaskalik* in: K/S/M, EStG, § 38 Rz. A71; *Heß* in: Lademann, § 38 EStG Rz. 26; *Kruse*, Prolegomena zum Lohnsteuerrecht, DStJG 1986, S. 5.

24 *Heuermann*, Systematik und Struktur der Leistungspflichten im Lohnsteuerabzugsverfahren, S. 7.

25 *Pflüger* in: Herrmann/Heuer/Raupach, EStG/KStG, § 38 EStG Rz. 1; *Trzaskalik* in: K/S/M, EStG, § 38 Rz. A71; *Winter*, Der Arbeitgeber im Lohnsteuerrecht, S. 4.

26 Der Gesetzgeber bezog sich dabei auf Erfahrungen aus Sachsen, wo im Jahre 1902 in den unteren Steuerklassen bei 88% der Veranlagungsverfällen die Zwangsvollstreckung betrieben werden musste, *Hahn*, NJW 1988, 20 (21); vgl. auch *Heuer-*

Arbeitnehmer durch den Steuerabzug. Außerdem empfanden Sie das Verfahren als so umständlich, dass es zu keiner Personaleinsparung führen würde. Sie warnten ferner vor einer Inflation, weil Sie befürchteten, dass die Arbeitnehmer ihre Lohnforderungen um den Steuereinbehalt erhöhen würden.

Jedoch konnten sich die Gegner dieses Verfahrens nicht durchsetzen. Der Reichsminister der Finanzen war nämlich der Ansicht, dass in einem demokratischen Staat jeder Einzelne mehr für die Gesamtheit tun müsse, sodass auch die Arbeitgeber zum Steuereinbehalt der Lohnsteuer der Arbeitnehmer herangezogen werden könnten. Ferner entspräche ein Quellenabzug dem Interesse des Arbeitgebers, da zu befürchtende Steuerausfälle bei den Arbeitnehmern unausweichlich eine Erhöhung der Einkommensteuersätze nach sich ziehe. Der Arbeitnehmer würde bei dem Steuerabzug direkt vom Arbeitslohn außerdem in der Phase seiner maximalen finanziellen Leistungsfähigkeit beschwert, sodass er die Steuerlast als weniger schwer empfinde.[27] Der grundlegende Vorteil dieses Verfahrens – dass nämlich der Arbeitnehmer in der Regel keine eigenen Interaktionen mit dem Finanzamt pflegen muss – gilt auch heute noch.

Zum 1. August 1920 wurde es durch das Gesetz zur Regelung des Steuerabzugs vom Arbeitslohn vom 21. Juli 1920[28] ermöglicht, verschiedene individuelle Besonderheiten der Steuerpflichtigen beim Steuerabzug zu berücksichtigen. So wurde sowohl das Existenzminimum als auch eine Staffelung der Abzugsbeträge und Pauschbeträge für Ehefrauen und minderjährige Kinder in die §§ 45a bis 45c EStG 1920 eingeführt[29].

---

mann, Systematik und Struktur der Leistungspflichten im Lohnsteuerabzugsverfahren, S. 7, der für die Stadt Leipzig für das Jahr 1912 von ca. einem Drittel von Zwangsvollstreckungen spricht.

27 Allgemein zu dieser Diskussion vgl.: Bericht des 10. Ausschusses über den Entwurf eines Reichseinkommensteuergesetzes, Nr. 1624 der Drucksachen der Nationalversammlung, zu § 44; RT-Drucks, III. Wahlperiode 1924/25, Nr. 795; *Trzaskalik* in: K/S/M, EStG, § 38 Rz. A 72; *Kruse,* Prolegomena zum Lohnsteuerrecht, DStJG 1986, S. 5 f.

28 RGBl. II 1920, 1463.

29 *Trzaskalik* in: K/S/M, EStG, § 38 Rz. A 73; *Heß* in: Lademann, § 38 EStG Rz. 27; *Winter,* Der Arbeitgeber im Lohnsteuerrecht, S. 6 f.

Mitte des Jahres 1921 nahm sich der Gesetzgeber zum Ziel, die steuerlichen Veranlagungen zu verringern und so die Steuerverwaltung zu entlasten. Um dieses Ziel im Bereich der Lohnsteuer zu erreichen, musste die Lohnsteuererhebung an die tatsächliche Einkommensteuerberechnung angeglichen werden, damit Nachveranlagungen verhindert werden konnten. Insbesondere hinsichtlich der Abzugsmöglichkeiten gab es Nachholbedarf, da diese bis dahin nur wenig im Lohnsteuerabzug berücksichtigt wurden[30]. Als weitere Maßnahme wurde die abgeltende Wirkung des Lohnsteuerabzugs mit einem Steuersatz von 10% für Einkommen beschlossen, die im Wesentlichen aus Einkünften aus Arbeitslohn bestanden und die Grenze von 24.000 Reichsmark nicht überschritten[31]. Damit war einer der ersten Lohnsteuerabzüge ein Pauschalierungstatbestand. Eine Veranlagung wurde jedoch weiterhin für den Fall zugelassen, dass mehr steuerlich wirksame Ausgaben getätigt wurden, als von den jeweiligen Pauschbeträgen veranschlagt[32]. Während der Inflation in den 1920er Jahren wurden verschiedene Maßnahmen ergriffen, um die Besteuerung den sich stetig wandelnden wirtschaftlichen Verhältnissen anzupassen. So koppelte man zum Beispiel die Ermäßigungen beim Steuerabzug an den Lebenshaltungsindex, welche auf Grund der starken Inflation wöchentlich angepasst werden mussten.[33]

Im Jahre 1925 zweifelte der Reichsgesetzgeber an dem Modell des Lohnsteuerabzugs, sodass eine Alternative diskutiert wurde. Diese sah vor, dass man den Arbeitgeber in die Pflicht nahm, damit dieser einen bestimmten Prozentsatz der Arbeitslöhne als eigene Steuer abführt. Diese Alternative wurde allerdings verworfen. Die Reichsregierung hielt an dem Abzugsverfahren fest, da die Löhne zu jener Zeit – bedingt durch die Wirtschaftslage nach der Inflation – niedrig waren und größere Steuerschulden nachträglich oft nicht beglichen wurden[34].

30 Gesetz über die Einkommensteuer vom Arbeitslohn vom 11. Juli 1921, RGBl. I 1921, 845; *Trzaskalik* in: K/S/M, EStG, § 38 Rz. A 74.

31 RGBl. I 1921, 845; *Trzaskalik* in: K/S/M, EStG, § 38 Rz. A 74.

32 *Trzaskalik* in: K/S/M, EStG, § 38 Rz. A 74; *Heß* in: Lademann, § 38 EStG Rz. 27; *Winter*, Der Arbeitgeber im Lohnsteuerrecht, S. 7.

33 Vgl. *Winter*, Der Arbeitgeber im Lohnsteuerrecht, S. 7 f.; vgl. auch und für weitere Bespiele: *Trzaskalik* in: K/S/M, EStG, § 38 Rz. A 75.

34 RT-Drucks. III, Nr. 795; *Trzaskalik* in: K/S/M, EStG, § 38 Rz. A 76.

Das Einkommensteuergesetz vom 10. August 1925[35] führte ein System von Freibeträgen ein. Diese wurden neben dem Existenzminimum auch für Werbungskosten, Sonderausgaben und für die dem Haushalt angehörigen Familienmitglieder des Steuerpflichtigen eingeführt[36]. Hierbei konnte der Arbeitnehmer allerdings einen Antrag auf Erhöhung der Freibeträge stellen, sollten seine Ausgaben nachweislich die Höhe der Freibeträge übersteigen. Es wurde weiter an dem Lohnsteuereinbehalt in Höhe von 10%, den der Arbeitgeber für den Arbeitnehmer vornahm, festgehalten. Ausschließlich einmalige Einnahmen des Arbeitnehmers oder Lohn, der keinem bestimmten Zeitraum zugeordnet werden konnte, wurden mit niedrigeren Steuersätzen belegt[37]. Ferner führte der Gesetzgeber erstmals ein Lohnsteuererstattungsverfahren ein, welches aber einige Einschränkungen enthielt. So konnten Verluste anderer Einkunftsarten nicht mit den Gewinnen aus nichtselbständiger Arbeit verrechnet werden[38]. Daher sprach der Reichsfinanzhof der Lohnsteuer objektsteuerähnliche Züge zu und sah in ihr nicht ausschließlich eine besondere Erhebungsform der Einkommensteuer[39]. Der Lohnsteuererstattungsantrag konnte vierteljährlich gestellt werden, was eine erhebliche Belastung der Finanzämter nach sich zog[40]. § 1 Kapitel 1 der Zweiten Verordnung des Reichspräsidenten zur Sicherung der Wirtschaft und Finanzen[41] aus dem Jahre 1931 entfernte das Lohnsteuererstattungsverfahren wieder aus dem Gesetz[42].

Nach der Machtergreifung der Nationalsozialisten im Jahr 1933 verschob sich der Schwerpunkt der Regelungen des Lohnsteuerabzugs in die vom Reichsminister der Finanzen zu erlassenden Durchführungsverordnungen, sodass im Einkommensteuerrecht lediglich Rah-

35 RGBl. I 1925, 189.

36 *Pflüger* in: Herrmann/Heuer/Raupach, EStG/KStG, § 38 EStG Rz. 1; *Trzaskalik* in: K/S/M, EStG, § 38 Rz. A 77.

37 *Trzaskalik* in: K/S/M, EStG, § 38 Rz. A 77.

38 *Trzaskalik* in: K/S/M, EStG, § 38 Rz. A 78.

39 RFH v. 14. Dezember 1926 – VI D 2/26, RFHE 20, 213; *Trzaskalik* in: K/S/M, EStG, § 38 Rz. A 78.

40 *Trzaskalik* in: K/S/M, EStG, § 38 Rz. A 78.

41 RGBl. I 1931, 279.

42 *Trzaskalik* in: K/S/M, EStG, § 38 Rz. A 79.

menvorschriften zurückblieben[43]. Dies sorgte zwar für eine leichtere Handhabung des Lohnsteuerrechts für den Arbeitgeber, gleichzeitig minimierte es jedoch den Einfluss des parlamentarischen Gesetzgebers[44]. Das Einkommensteuergesetz von 1936 differenzierte die in der Lohnsteuertabelle berücksichtigten steuerfreien Pauschbeträge weiter aus[45]. Dies führte zu einer Vereinfachung der Anwendung der Lohnsteuer. Allerdings orientierten sich die Abzugsbeträge an den jeweiligen Lohnzahlungszeiträumen und nicht an dem Kalenderjahr. Dies konnte zu Ungerechtigkeiten führen, die jedoch wegen der abgeschafften Lohnsteuererstattung am Jahresende nur noch schwer beseitigt werden konnten. In der Zeit zwischen 1938 und 1944 blieb auch die Lohnsteuer von spezifisch nationalsozialistischen Veränderungen nicht verschont. So wurden zum Beispiel bestimmte Kinderermäßigungen nur gewährt, falls das Kind nicht jüdisch war[46]. Als Begründung für solch willkürliche Einschnitte wurden „bevölkerungspolitische Belange" und „Grundsätze nationalsozialistischer Rassenpolitik" angeführt[47].

In der Nachkriegszeit versuchte man den Zustand von 1931 wiederherzustellen. Hierzu hat der damalige Gesetzgeber den Lohnsteuerjahresausgleich eingeführt und somit die 1931 abgeschaffte Lohnsteuererstattung wieder ermöglicht[48]. Dadurch wurde die Lohnsteuer zu einer echten Jahressteuer und tatsächlich ausschließlich zu einer besonderen Erhebungsform der Einkommensteuer[49]. Daran anschließend wurden in regelmäßigen Abständen Lohnsteuerdurchführungsverordnungen und Verordnungen über den Lohnsteuerjahresausgleich verabschiedet[50].

---

43 *Pflüger* in: Herrmann/Heuer/Raupach, EStG/KStG, § 38 EStG Rz. 1; *Trzaskalik* in: K/S/M, EStG, § 38 Rz. A 80 m.w.N.

44 *Trzaskalik* in: K/S/M, EStG, § 38 Rz. A 80.

45 *Trzaskalik* in: K/S/M, EStG, § 38 Rz. A 81.

46 RStBl. I 1938, 99 ff.

47 RStBl. I 1938, 99 ff. Begründung zu §§ 39 und 41; *Trzaskalik* in: K/S/M, EStG, § 38 Rz. A 83.

48 Gesetz über den Lohnsteuerjahresausgleich vom 23. März 1950, BGBl. I 1950, 45; *Trzaskalik* in: K/S/M, EStG, § 38 Rz. A 84; *Pflüger* in: Herrmann/Heuer/Raupach, EStG/KStG, § 38 EStG Rz. 1; *Heß* in: Lademann, § 38 EStG Rz. 29.

49 *Trzaskalik* in: K/S/M, EStG, § 38 Rz. A 84; *Pflüger* in: Herrmann/Heuer/Raupach, EStG/KStG, § 38 EStG Rz. 1.

50 *Trzaskalik* in: K/S/M, EStG, § 38 Rz. A 84.

Das Einkommensteuerreformgesetz von 1974 verfolgte eine umfassende Neuregelung des Lohnsteuerverfahrens als Ziel. So erhielt § 38 EStG weitestgehend seine heutige Form[51]. Des Weiteren konnte die Lohnsteuerdurchführungsverordnung von 1971[52] teilweise, die Verordnung über den Lohnsteuerjahresausgleich[53] und die Verordnung über die Jahreslohnsteuertabelle[54] vollständig in das Einkommensteuergesetz integriert werden[55]. Diese Lösung erschien wegen des besonderen fiskalischen Gewichts der Lohnsteuer[56] und der höheren Rechtssicherheit, die durch parlamentarische Gesetze im Vergleich zu Verordnungen gegeben ist, geboten. Wegen der abstrahierenden und komprimierten Sprache der Gesetze wird allerdings angezweifelt, ob alleine in der Verschlankung der Gesetzesmaterialien ein Gewinn an Überschaubarkeit zu erkennen ist. Hierbei wird vor allem zu bedenken gegeben, dass der ausführlichere Stil der Verordnungen dem juristischen Laien eher entgegenkam als die abstrakte Gesetzessprache. Diese führt letztendlich dazu, dass die Verwaltungsvorschriften an Bedeutung gewinnen[57]. Dem ist dahingehend zuzustimmen, dass BMF-Schreiben beispielsweise heute insbesondere für die Steuerpraxis von praktisch gleichwertiger Bedeutung sind, wie die eigentlichen Steuergesetze. Angesichts der bereits dargestellten hohen Bedeutung der Lohnsteuer für die Einnahmen der Bundesrepublik Deutschland muss jedoch der maßgebliche Teil einer so entscheidenden Steuer in parlamentarischen Gesetzen geregelt sein, um den Anforderungen in einem demokratischen Rechtsstaat Genüge zu tun.[58] Das Bestreben der Reform des Jahres 1974, die Kernpunkte der Lohnsteuer in parlamentarischen Gesetzen zu regeln, ist daher zu begrüßen.

---

51 *Pflüger* in: Herrmann/Heuer/Raupach, EStG/KStG, § 38 EStG Rz. 1; *Heß* in: Lademann, § 38 EStG Rz. 30.

52 BGBl. I 1971, 397; Die LohnStDV wurde von über 70 Paragraphen auf 9 Paragraphen gekürzt vgl. LohnStDV v. 1974, BGBl. I 1974, 3465.

53 BGBl. I 1971, 193.

54 BGBl. I 1964, 969

55 *Heß* in: Lademann, § 38 EStG Rz. 30; *Trzaskalik* in: K/S/M, EStG, § 38 Rz. A 86.

56 Vgl. hierzu oben unter: 1. Kap. A.

57 *Trzaskalik* in: K/S/M, EStG, § 38 Rz. A 86.

58 Allg. zu steuerrechtlichen Verwaltungsvorschriften und zu den damit einhergehenden Problemen – insb. im Bereich des Vertrauensschutzes – vgl.: *Hey,* DStR 2004, 1897, was die Notwendigkeit von klaren gesetzlichen Regelungen unterstreicht.

Mit dem Einkommensteuerreformgesetz aus dem Jahr 1975 sollten an der Basis des Lohnsteuerverfahrens fundamentale Änderungen vorgenommen werden. Diese sahen vor, den Lohnsteuerabzug in eine Vorauszahlung auf die Einkommensteuer mit jährlicher Veranlagung umzuwandeln. Dies lehnte man wegen der damit verbundenen gesteigerten Arbeitsbelastung der Finanzverwaltung allerdings ab, da dies das erklärte Ziel – die Entlastung der Finanzverwaltung – konterkariert hätte.[59] Die Entlastungen sollten durch Einschränkungen im Lohnsteuerermäßigungsverfahren erzielt werden[60]. Unter anderem führte man hierzu eine Vorsorgepauschale ein, durch die Aufwendungen des Arbeitnehmers für die Sozialversicherung und ihr gleichgestellte Versicherungen pauschaliert wurden[61]. Diese Pauschale wurde in die Lohnsteuertabelle eingepflegt und sollte so zur Entlastung der Finanzämter beitragen. Als weitere Maßnahme schränkte man das Lohnsteuerermäßigungsverfahren ein. Dies geschah u. a. durch einen Ausschluss der Versorgungsaufwendungen aus dem Lohnsteuerermäßigungsverfahren und indem die Übertragungsmöglichkeit der Freibeträge zwischen den Dienstverhältnissen ausgeschlossen wurde[62]. Die Dritte Maßnahme sah eine Neuregelung der Steuerklassen IV, V und VI vor, welche bei der Steuerklasse IV zu weniger Veranlagungen und bei den Steuerklassen V und VI zu weniger Steuernachforderungen führen sollte. Die letzte Maßnahme führte für den Arbeitgeber die Möglichkeit ein, sämtliche dem Arbeitnehmer entstehenden Werbungskosten steuerfrei zu ersetzen[63].

Einschließlich des VZ 1990 standen der Finanzverwaltung drei unterschiedliche Möglichkeiten zur Korrektur des Lohnsteuerabzugs zur Verfügung: der Lohnsteuerjahresausgleich, die Veranlagung und das Nachfordern von Lohnsteuer. Die durch diese Pluralität entstandenen Unsicherheiten und Komplexitäten[64] wurden durch das Steuerän-

59 BT-Drucks. 7/1470, 218; *Trzaskalik* in: K/S/M, EStG, § 38 Rz. A 87.

60 Zu den einzelnen Maßnahmen vgl.: BT-Drucks. 7/1470, 218 f.; *Trzaskalik* in: K/S/M, EStG, § 38 Rz. A 87.

61 BT-Drucks. 7/1470, 219.

62 BT-Drucks. 7/1470, 219.

63 Vgl. zu den einzelnen Maßnahmen: BT-Drucks. 7/1470, 219.

64 Vgl. zu den Problemen: BT-Drucks. 12/1506, 174 f.; *Heuermann*, Systematik und Struktur der Leistungspflichten im Lohnsteuerabzugsverfahren, S. 8 f.

derungsgesetz 1992[65] zu beheben versucht, indem der Lohnsteuerjahresausgleich in eine Antragsveranlagung geändert wurde.

Die Rechtsentwicklung der Lohnsteuer zeigt deren Veränderung von einer objektsteuerähnlichen Ausgestaltung hin zu einer besonderen Erhebungsform der Einkommensteuer[66] auf, indem diese zunehmend an die steuerrechtlichen Bedürfnisse des Arbeitnehmers angepasst wurde[67]. Ferner werden die grundlegenden Argumente für einen Lohnsteuerabzug selbst fast 100 Jahre nach dessen Einführung noch immer hochgehalten. Die Lohnsteuer belegt gerade auch wegen ihrer historisch gewachsenen Struktur eine Sonderstellung im System der Einkommensteuer.

C. Bedeutung der Vereinfachungsnormen

Vereinfachungszwecknormen sollen die Anwendung des Steuerrechts vereinfachen, erleichtern sowie praktikabler oder ökonomischer organisieren. Durch sie soll eine Undurchführbarkeit oder Überkompliziertheit des Steuerrechts vermieden werden. Vereinfachungsnormen sind im gesamten Einkommensteuerrecht anzutreffen. Hierbei kann es sich um unterschiedlichste Normtypen handeln, beispielsweise um gänzliche Steuerfreistellungen, Freibeträge, Freigrenzen oder Steuerpauschalen. Diese Normen sind nicht auf einen Bereich der Einkommen- bzw. Lohnsteuer konzentriert. Vielmehr sind sie nach ihren Wirkungen verstreut im gesamten Einkommensteuerrecht anzutreffen, was ihre Identifizierung alleine anhand des Gesetzestextes erschwert. Teilweise ist ihre systematische Stellung auch gänzlich verfehlt. Durch die zunehmende Verkomplizierung der Einkommensteuer und insbesondere der Lohnsteuer haben diese Normen indessen einen besonde-

65 StÄndG 1992 v. 25.2.1992, BGBl. I 1992, 297.

66 So heute h.M. vgl.: BFH v. 14.11.2013 – VI R 50/12, BFHE 243, 544; BFH v. 13.1.2011 – VI R 64/09, BFH/NV 2011, 753; *Krüger* in: Schmidt, § 38 EStG Rz. 1; *Pflüger* in: Herrmann/Heuer/Raupach, EStG/KStG, § 38 EStG Rz. 5; *Küch* in: Lippross, Basiskommentar, § 38 EStG Rz. 1; *Eisgruber* in: Kirchhof, Einkommensteuergesetz, § 38 EStG Rz.1; *Seifert* in: Korn, Einkommensteuergesetz, § 38 EStG Rz. 1; *Hey* in: Tipke/Lang[22], Steuerrecht, § 8 Rz. 904; *Heuermann*, FR 2013, 354 (354).

67 Vgl. *Heuermann*, Systematik und Struktur der Leistungspflichten im Lohnsteuerabzugsverfahren, S. 9.

ren Stellenwert im einkommensteuerrechtlichen Normengefüge erhalten. Durch sie versucht der Gesetzgeber – eine grundlegende Reform der Einkommen- und Lohnsteuer scheuend[68] – punktuell das Steuerrecht zu vereinfachen. Die Vielzahl der mittlerweile eingefügten Vereinfachungsnormen trägt aber eher zu deren Verkomplizierung bei, da sie die grundlegenden Prinzipien des Steuerrechts verschleiern.

Teil des Fehlgebrauchs der Vereinfachungsnormen ist auch, dass der Gesetzgeber sich dieser Normen vermehrt nicht ausschließlich zur Vereinfachung, sondern auch zur Förderung bestimmter Personen- oder Wirtschaftskreise bedient, wie beispielsweise bei § 40a Abs. 3 EStG. Die Anforderungen an den Steuerpflichtigen zur Geltendmachung direkter Subventionen sind weitaus schärfer als die zur Geltendmachung steuerlicher Förderungen (indirekte Subventionen), welche oftmals ipso iure gelten, wohingegen bei direkten Subventionen ein eigenständiges Verwaltungsverfahren in Gang gesetzt werden muss [69]. Andererseits unterliegen indirekte Subventionen dem strengen Gesetzmäßigkeitsprinzip, wohingegen es für direkte Subventionen ausreicht, sie im Haushaltsplan festzusetzen und Vergaberichtlinien zu statuieren[70]. Es ist jedoch einfacher, für indirekte Subventionen politische Mehrheiten zu gewinnen, weswegen diese letztendlich den direkten Subventionen im gesetzgeberischen Prozess oftmals vorgezogen werden[71]. Jedoch sind Letztere in ihren Wirkungen bedeutend ungenauer und schwerer zu steuern. Dennoch verwendet der Gesetzgeber gänzliche oder teilweise Steuerfreistellungen oder Steuerpauschalierungen mit zu niedrigen, nicht realitätsgerechten Steuersätzen bzw. zu hohen pauschalen Abzugsbeträgen immer öfter, um wirtschafts- oder sozialpolitische Zwecke zu verfolgen. Die Rechtfertigung dieser Normen geschieht sodann zumeist zumindest teilweise mit Hilfe des Vereinfachungsbedarfs, welcher insbesondere in der Lohnsteuer zu finden ist. Obgleich der Gesetzgeber selbst erheblich zu dem Bedürfnis nach Ver-

---

68 Anschaulich zu den politischen Zielen von Steueränderungen, insb. dem wahlpolitischen Kalkül vgl. *Hey*, WiPol 2008, 785 (788).

69 Vgl. *Hey* in: Tipke/Lang[22], Steuerrecht, § 19 Rz. 5 f.; *Schön* in: FS Spindler, S. 195; zur verfassungsrechtlichen Rechtfertigung von indirekten Subventionen vgl. *Hey* in: Tipke/Lang[22], Steuerrecht, § 19 Rz. 74 ff.

70 *Hey* in: Tipke/Lang[22], Steuerrecht, § 19 Rz. 5; *dies.* StuW 1998, 298 (302 f.).

71 *Hey* in: Tipke/Lang[22], Steuerrecht, § 19 Rz. 5; *Schön* in: FS Spindler, S. 195 f.

einfachung beigetragen hat. Das objektiv, aber auch aus der Sicht der Steuerpflichtigen zunehmend komplizierter werdende Steuerrecht bietet ausreichend Anlass, um solche Vereinfachungsnormen aufzunehmen. Der Gesetzgeber zweckentfremdet Vereinfachungsnormen daher zusehends. Für den Steuerpflichtigen schaffen sie zwar punktuell Vereinfachung, in ihrer Summe machen sie das Steuerrecht für den Anwender jedoch unübersichtlich und kleinteilig. Dennoch gibt es auch jene Vereinfachungsnormen, die im heutigen Steuerrecht tatsächlich nötig sind, beispielsweise bestimmte Steuerfreibeträge wie die Arbeitnehmerpauschbeträge des § 9a Satz 1 Nr. 1 EStG. Diese leisten nämlich einen wertvollen Beitrag zur Entlastung der Finanzverwaltung und somit auch zum gleichmäßigen Vollzug der Steuergesetze[72].

D. Die Rechtsentwicklung der Vereinfachungsnormen – von der pauschalen Besteuerung zur Personalsteuer und der heutige Stand der Vereinfachungsnormen

Bei der historischen Entwicklung der unterschiedlichen Typen von Vereinfachungsnormen sticht insbesondere die pauschalierte Form der Steuererhebung heraus. Diese hat einen Wandel vollzogen. Von der einzigen Art die Lasten des Staates auf seine Bürger zu verteilen entwickelte sie sich zu einer speziellen Form der Steuererhebung. Sie ist aus geschichtlicher Sicht im Vergleich zur Personalsteuer das erprobtere Mittel der Steuererhebung. Eine Pauschsteuer ist eine denkbar einfache Art Steuern zu erheben. Die Verwendung von Steuerpauschalen geht in der Geschichte weit zurück. Man denke lediglich an den schon im Alten Testament erwähnten Zehnten, der bis in das Mittelalter hinein der Abgabenerhebung diente[73]. Steuern wurden ab der Antike zumeist anhand äußerer Merkmale erhoben, sodass diese Steuern objektsteuerähnliche Züge hatten[74]. Man beglich sie jedoch meist in Naturalien, beispielweise in Vieh oder Korn aber auch in Gold und anderen Edel-

72 *Prinz* in: Herrmann/Heuer/Raupach, EStG/KStG, § 9a EStG Rz. 5.

73 Gen. 14,20; Lev. 27,30; Handwörterbuch des Steuerrechts, Band 1, S. 618.

74 *Jarzyk-Dehne*, Pauschalierungen im Steuerrecht, S. 22; näher zu den Steuern in den jeweiligen antiken Gesellschaften: Handwörterbuch des Steuerrechts, Band 1, S. 617 ff.

metallen[75]. Lediglich im Persischen Großreich (226–627 n.Chr.) gab es erste Anzeichen einer Besteuerung nach der Leistungsfähigkeit. So sollte die dort erhobene Kopfsteuer danach bemessen werden, ob der Steuerpflichtige in der Lage war viel oder wenig zur Tragung der Gemeinlasten beizutragen[76]. Außerdem waren ausschließlich Männer zwischen 20 und 50 Jahren steuerpflichtig[77]. Dadurch fassten die Herrschenden die zu dieser Zeit typischerweise leistungsfähige Gruppe der Gesellschaft ins Auge der Besteuerung.

Im Mittelalter und Absolutismus waren Vermögensteuern, Steuern auf Grund und Boden und Verbrauchsteuern beliebte Mittel, um die Staatskassen zu füllen[78]. Hierbei erhoben die Fürsten einige Steuern pauschaliert und fixiert in der Weise, dass die Steuern und Beiträge gegenüber den Stadtherren festgesetzt und von ihnen auf die Bevölkerung abgewälzt wurden[79]. Eine Besteuerung nach der Leistungsfähigkeit oder die Berücksichtigung von individuellen Umständen war nicht vorgesehen[80].

Die Entwicklung in Deutschland hin zu einer an der Leistungsfähigkeit orientierten Personalsteuer begann in Preußen[81]. Diese Entwicklung startete mit der Klassensteuer von 1820, welche als eine Art Gewerbesteuer betrachtet werden kann[82]. Die Klassensteuer unterschied zwar schon zwischen sechs verschiedenen, an den Ständen orientierten, Steuerstufen, die aber jeweils einem pauschalen Jahressteuersatz unterlagen, sodass individuelle Einkommens- oder Vermögens-

75 Handwörterbuch des Steuerrechts, Band 1, S. 617 f.

76 Handwörterbuch des Steuerrechts, Band 1, S. 619.

77 Handwörterbuch des Steuerrechts, Band 1, S. 619.

78 *Jarzyk-Dehne*, Pauschalierungen im Steuerrecht, a.a.O.; Handwörterbuch des Steuerrechts, Band 1, S. 620 f.

79 *Jarzyk-Dehne*, Pauschalierungen im Steuerrecht, a.a.O.; Handwörterbuch des Steuerrechts, Band 1, S. 620 f.

80 *Jarzyk-Dehne*, Pauschalierungen im Steuerrecht, a.a.O.

81 *Clausen* in: Herrmann/Heuer/Raupach, EStG/KStG, Dokumentation zur Rechtsentwicklung der Einkommensteuer Rz. 2 f.; *Jarzyk-Dehne*, Pauschalierungen im Steuerrecht, a.a.O.

82 *Jarzyk-Dehne*, Pauschalierungen im Steuerrecht, a.a.O.; Handbuch des Steuerrechts, Band 1, S. 621 f.

verhältnisse weitestgehend nicht berücksichtigt werden konnten[83]. Mitte des 19. Jahrhunderts führte der preußische Staat eine Klassen- und klassifizierte Einkommensteuer[84] ein, die die steuerliche Leistungsfähigkeit durch Verwendung von Steuerklassen berücksichtigte[85]. Der 1890 ernannte preußische Finanzminister Johannes von Miquel war federführend an der Reformierung des Einkommensteuergesetzes im Jahre 1891 beteiligt[86]. Diese Reform führte u. a. zu einem allgemeinen steuerfreien Existenzminimum und Freibeträgen, die ihren Teil zu einer an der individuellen Leistungsfähigkeit orientierten Besteuerung beitrugen und zu einem progressiven Steuertarif mit noch sehr geringen Steuersätzen zwischen 0,67% und 4%[87]. Das damals gelegte Fundament der Einkommensteuer gilt bis heute fort, daher ist diese Steuerreform als eine der bedeutendsten in der deutschen Geschichte anzusehen[88]. Sie führte den progressiven Einkommensteuertarif ein und begann die Besteuerung an der wirtschaftlichen Leistungsfähigkeit auszurichten[89]. Dadurch verloren Pauschalierungen zur Besteuerung der breiten Masse an Bedeutung. Heute werden sie vornehmlich zur Vereinfachung bestimmter Bereiche oder zur Förderung diverser Zwecke eingesetzt, indem der Steuersatz, wie bereits erläutert, künstlich niedrig gehalten wird.

Steuerfreistellungen im Einkommensteuerrecht oder in vergleichbaren Steuerarten waren ursprünglich zumeist Privilegien des Adels,

83 *Hey* in: Tipke/Lang[22], Steuerrecht, § 8 Rz. 5; *Clausen* in: Herrmann/Heuer/Raupach, EStG/KStG, Dokumentation zur Rechtsentwicklung der Einkommensteuer Rz. 2; *Jarzyk-Dehne*, Pauschalierungen im Steuerrecht, a.a.O.

84 Näher zur klassifizierten Einkommensteuer von 1851: *Mathiak*, StuW 2001, 324.

85 *Clausen* in: Herrmann/Heuer/Raupach, EStG/KStG, Dokumentation zur Rechtsentwicklung der Einkommensteuer Rz. 2.

86 *Clausen* in: Herrmann/Heuer/Raupach, EStG/KStG, Dokumentation zur Rechtsentwicklung der Einkommensteuer Rz. 3; Handwörterbuch des Steuerrechts, Band 1, S. 622.

87 *Hey* in: Tipke/Lang[22], Steuerrecht, § 8 Rz. 6; *Clausen* in: Herrmann/Heuer/Raupach, EStG/KStG, Dokumentation zur Rechtsentwicklung der Einkommensteuer Rz. 3.

88 Von einer epochalen Steuerreform sprechend: *Hey* in: Tipke/Lang[22], Steuerrecht, § 8 Rz. 6.

89 *Hey* in: Tipke/Lang[22], Steuerrecht, § 8 Rz. 6; *Clausen* in: Herrmann/Heuer/Raupach, EStG/KStG, Dokumentation zur Rechtsentwicklung der Einkommensteuer Rz. 3.

des Klerus oder von Diktatoren[90]. Derartige persönliche oder subjektive Steuerbefreiung sind im modernen weitestgehend am Universalitäts- und Totalitätsprinzip ausgerichtetem Einkommensteuerrecht undenkbar[91]. Eine der letzten subjektiven Steuerbefreiungen war die der Königin von England, die jedoch seit 1992 auf freiwilliger Basis die auf sie entfallenden Einkommensteuer entrichtet.[92] Da subjektive Steuerbefreiungen im deutschen Einkommensteuerrecht nicht mehr zu finden sind, handelt es sich bei den heutigen Steuerfreistellungen um objektive Steuerbefreiungen. Steuerfreistellungen werden heute aus unterschiedlichen Gründen eingesetzt. Ihren Wirkungen entsprechend werden sie in diverse Kategorien eingeteilt. Klarstellende und fiskalische Steuerbefreiungen beispielsweise haben keine lenkenden Wirkungen. Sie sind ausschließlich dazu vorgesehen bestimmte Wirkungen zu verdeutlichen bzw. völkerrechtliche oder sonstige gesetzliche Prinzipien im Einkommensteuerrecht zu ordnen.

Demgegenüber stehen die Vereinfachungs- und Sozialzweckbefreiungen. Vereinfachungsbefreiungen sollen ihrem ursprünglichen Wesen nach nur dort eingesetzt werden, wo die exakte Erfassung der Einnahmen oder Ausgaben zu unverhältnismäßigem Aufwand führen würde. Werden sie diesen Anforderungen nicht gerecht, kann es sich um versteckte Sozialzwecknormen handeln. Solche sind jedoch am Gemeinwohl- und Verdienstprinzip auszurichten. Steuerbefreiungen für Auslagenersatz und Aufwandsentschädigungen[93] sind treffende Beispiele für Vereinfachungsentschädigungen. Sozialzweckbefreiungen sind insbesondere in Steuerbefreiungen für die Behindertenpflege (§ 3 Nr. 9 EStG) oder für bürgerliches Engagements (§ 3 Nr. 26, 26a, 26b EStG) zu sehen.[94]

Als weitere eher technische Unterteilung der Steuerbefreiungen ist zwischen gänzlichen und teilweisen Freistellungen zu differenzieren. Bei teilweisen Freistellungen unterscheidet das heutige Einkommen-

---

90 Vgl. *Birk/Desens/Tappe*, Steuerrecht, § 5 Rz. 665, Fan. 75 zur faktischen Steuerbefreiung von Adolf Hitler; *Hey* in: Tipke/Lang[22], Steuerrecht, § 8 Rz. 1.

91 *Hey* in: Tipke/Lang[22], Steuerrecht, § 8 Rz. 1.

92 https://www.royal.uk/royal-finances-0, abgerufen am: 20.4.2016.

93 Bspw. § 3 Nr. 4 Buchst. a-c, 12, 13, 16, 32, vgl. *Hey* in: Tipke/Lang[22], Steuerrecht, § 8 Rz. 139.

94 Vgl. *Hey* in: Tipke/Lang[22], Steuerrecht, § 8 Rz. 137 ff.

steuerecht zwischen Freibeträgen, die stets abzugsfähig sind, und Freigrenzen, bei deren Übersteigen der gesamte Betrag steuerbar ist.[95] Diese Formen der Steuerbefreiungen sind vor allem bei Vereinfachungs- und Sozialzweckbefreiungen zu finden.

95 Vgl. *Hey* in: Tipke/Lang[22], Steuerrecht, § 8 Rz. 144 ff.

2. Kapitel: Entwicklung einer Systematik der Vereinfachungsnormen der Lohnsteuer

Die Vereinfachungsnormen des Lohnsteuerrechts sind im gesamten Einkommensteuerrecht verstreut. Dies ist unter anderem ihren unterschiedlichen technischen Wirkungsweisen geschuldet. Manche der Vereinfachungsnormen wirken auf den Steuersatz, andere wiederrum stellen bestimmte Einkünfte steuerfrei, wieder andere lassen Pauschalen zum Abzug zu, was jeweils einen anderen systematisch angemessenen Standort im Gesetz nach sich zieht. Dadurch ist auf den ersten Blick keine für die Vereinfachungsnormen insgesamt sinnvolle Ordnung erkennbar. Im folgenden Abschnitt der Arbeit soll untersucht werden, ob und falls ja, welche Ordnung in den Vereinfachungsnormen der Lohnsteuer gefunden werden kann bzw. welche man ihnen geben kann. Die Systematisierung der Lohnsteuervereinfachungsnormen dient dazu, dieser bedeutenden Einkunftsart und deren Erhebung ein Mehr an Übersichtlichkeit zu geben. Ferner soll die Systematisierung zu einem besseren Verständnis dieser Einkunftsart beitragen, die von den Vereinfachungsnormen dominiert wird. Die Systematisierung soll ebenfalls einen Beitrag zur Erleichterung der Anwendung dieser Normen bringen, die – was das Paradoxe an diesen Normen ist – eigentlich an sich bereits zur Vereinfachung der Lohnsteuer beitragen sollen. Denn eine effektive Anwendung der Steuergesetze sowohl durch den Steuerpflichtigen als auch durch die Finanzverwaltung führt zu einem gleichheitskonformen Steuervollzug[96]. Dazu soll zunächst in Richtung eines induktiven Systems geforscht werden.

---

96 Vgl. beispielhaft: *Friauf*, Steuervereinfachung, DStJG 1998, S. 85f.

A. Induktives System der Vereinfachungsnormen im Lohnsteuerrecht – liegt diesen Normen eine bisher unentdeckte Ordnung zugrunde?

Ein Induktives System baut auf der Induktion als gedanklichem Weg der Gewinnung von wissenschaftlichen Erkenntnissen auf. Die Induktion - und auch die Deduktion[97] - haben ihre Wurzeln in der Philosophie. Die Induktion leitet von Beobachtungen und ähnlich empirisch erfassbaren Erkenntnissen eine allgemeine Regel ab. Sie schließt daher vom Einzelnen auf das Allgemeine. Im Bereich der normkonzipierenden Untersuchungen heißt das, dass aus der Untersuchung von einzelnen Normen versucht wird ein diesen Vorschriften zugrundeliegendes Prinzip zu erkennen.[98] Diese Herangehensweise soll auch im Folgenden auf die Lohnsteuervereinfachungsnormen angewandt werden, um zu untersuchen, ob daraus ein System entwickelt werden kann, in welches die Mehrzahl der Vereinfachungsnormen eingeordnet werden kann.

I. Entwicklung eines induktiven Systems

Zur Entwicklung von induktiven Systemen muss nach Gemeinsamkeiten bei den Lohnsteuervereinfachungsnormen gesucht werden. Diese gemeinsamen Attribute können unterschiedlichster Natur sein. Sie können sich aus der formalen Stellung ergeben, aus dem Sinn und Zweck der Norm oder aus völlig anderen Erwägungen. Erzeugen sie jedoch ein System, welches auf einen Großteil der Normen nicht anwendbar ist oder sonst ungeeignet erscheint, so muss das System verworfen werden.

Eine naheliegende Herangehensweise an eine Systematisierung ist die Unterscheidung nach den gesetzgeberischen Zielen und Zwecken. Diese sind oft in der Gesetzesbegründung genannt oder ergeben sich recht zuverlässig durch Auslegung der Norm. Die Analyse der unterschiedlichen Einzelziele und -zwecke der Vereinfachungsnormen im Lohnsteuerrecht, abgesehen von der Vereinfachung selbst als überge-

97 Dazu unten unter: 2. Kap. B. I.
98 Vgl. *Luck*, Alles oder Nichts, S. 71; *Tipke*, Steuerrechtsordnung, S. 71 f.

ordnetes vereinendes Ziel, ergibt ein unübersichtliches Bild. Der Gesetzgeber fördert mit Vereinfachungsnormen diverse, unsystematische, vor allem sozialpolitisch motivierte Ziele[99]. Diese decken ein weites Feld von der Vereinbarkeit von Familie und Beruf[100], über Umweltgesichtspunkte[101] bis hin zur Förderung der Mitarbeiterkapitalbeteiligung[102] ab. Bereits der erste Blick auf die Einzelziele ergibt daher ein für eine induktive Systematisierung zu heterogenes Bild. Es sind aber einige Tätigkeitsschwerpunkte des Gesetzgebers zu erkennen, in denen zwar keine klare Linie der diversen Einzelziele und -zwecke zu erkennen ist, die aber als Ansatz zunächst vielversprechend erscheinen.

Der Gesetzgeber begünstigt Sachzuwendungen des Arbeitgebers an den Arbeitnehmer durch verringerte Steuersätze und Steuerfreistellungen. So stehen gem. § 3 Nr. 4 EStG diverse Sachbezüge, die die Angehörigen der Bundeswehr, der Bundespolizei, der Zollverwaltung, der Bereitschaftspolizei der Länder, der Vollzugspolizei, der Berufsfeuerwehr der Länder und Gemeinden und Vollzugsbeamten der Kriminalpolizei des Bundes, der Länder und der Gemeinden erhalten, steuerfrei. Dies ist in weiten Teilen lediglich eine deklaratorische Steuerbefreiung, die obendrein ausschließlich historisch gerechtfertigt werden kann.[103] Auch § 37b Abs. 2 EStG fällt unter die Bemühung des Gesetzgebers, die Besteuerung von Sachzuwendungen des Arbeitgebers an den Arbeitnehmer zu erleichtern[104]. Durch den pauschalen Steuersatz und das auf den ersten Blick einfache Verfahren sollte diese schwer zu erfassende Materie der Besteuerung zugeführt werden. Ferner sollte die Norm zu mehr Rechtssicherheit führen, da sie die bis dato geltenden Verwaltungsanweisungen ablöste[105]. Durch den pauschalen Steu-

---

99 Bspw.: § 3 Nr. 26, 26a, 33, 34, 34a, 39, 45, 47, 60, 64; § 3b; § 37a; § 40a Abs. 3 EStG.

100 § 3 Nr. 33 und 34a EStG, vgl. die Begründung in BR-Drucks. 432/14, S. 44 f.

101 § 9 Abs. 1 Satz 3 Nr. 4 EStG, vgl. die Begründung in BT-Drucks. 14/4242, S. 5.

102 § 3 Nr. 39 EStG, vgl. die Begründung in BT-Drucks. 16/11679, S. 1, 15.

103 *Bergkemper* in: Herrmann/Heuer/Raupach, EStG/KStG, § 3 Nr. 4 EStG Rz. 3; es sogar als preußisches Relikt bezeichnend: *Tormöhlen* in: Korn, Einkommensteuergesetz, § 3 Nr. 4 EStG Rz. 4.

104 BT-Drucks. 16/2712, S. 55.

105 *Eisgruber* in: Kirchhof, Einkommensteuergesetz, § 37b EStG Rz. 2; *Lingemann* in: Herrmann/Heuer/Raupach, EStG/KStG, § 37b EStG Rz. 1; *Loschelder*, in: Schmidt, § 37b EStG Rz. 1; *Graw* in: K/S/M, § 37b EStG Rz. A1; *Stickan* in: Littmann/Bitz/Pust, § 37b EStG Rz. 1f.

ersatz von 30% ist die Privilegierung gering. Die Norm ist jedoch in diversen Detailfragen verfehlt und sorgt im Ergebnis eher für mehr Verwirrung als Klarheit[106]. Zwei weitere Vorschriften dieser Gruppe sind § 40 Abs. 2 Satz 1 Nr. 1 und 5 EStG. Erstere soll die fortlaufende subventionierte arbeitstägliche Essensausgabe an die Mitarbeiter sicherstellen[107]. Letztere soll das Heranführen des Arbeitnehmers an das „neue" Medium Internet fördern[108], indem die Übereignung von Datenverarbeitungsgeräten an den Arbeitnehmer privilegiert wird. Wobei jedoch übersehen wurde, dass die steuerbefreite Nutzungsüberlassung des Datenverarbeitungsgerätes an den Arbeitnehmer gem. § 3 Nr. 45 EStG meist attraktiver für den Arbeitgeber ist, da dieser so dem Besteuerungsaufwand entgeht und den Aufwand für das Datenverarbeitungsgerät als Betriebsausgabe geltend machen kann.

Der Gesetzgeber begünstigt ferner von Dritten gezahlten Arbeitslohn. So ist Trinkgeld gem. § 3 Nr. 51 EStG gänzlich von der Einkommensteuer befreit. Etwaige Vereinfachungszwecke und Sozialzwecke vermögen zur Rechtfertigung dieser großzügigen Regelung nicht zu überzeugen. Gerade in Anbetracht der Tatsache, dass die Privilegierung nicht für Selbständige oder Gewerbetreibende gilt, ist daher mit Teilen der Literatur davon auszugehen, dass hier eine unzulässige Privilegierung von Arbeitnehmern und somit ein Verstoß gegen Art. 3 Abs. 1 GG vorliegt.[109]

Der § 40 Abs. 2 Satz 1 Nr. 1a EStG reiht sich ebenfalls in diese Normgruppe ein. Die Privilegierung fällt hier jedoch nicht so schwer ins Gewicht, da der Gesetzgeber anstelle einer Steuerfreistellung eine Steuerpauschale von 25% gewählt hat. Die Vereinfachungsintentionen des Gesetzgebers im Rahmen des § 40 EStG[110] werden jedoch durch

106 Vgl. hierzu: *Lingemann* in: Herrmann/Heuer/Raupach, EStG/KStG, § 37b EStG Rz. 3.

107 Vgl. BT-Drucks. 11/2157, S. 157f.; BT-Drucks. 13/5952, S. 48.

108 BT-Drucks. 14/4921, S. 50 f.; vgl. auch: *Thürmer* in: Blümich, EStG § 40 Rz. 2; *Trzaskalik* in: K/S/M, § 40 EStG Rz. C7c.

109 *Hey* in: Tipke/Lang[22], Steuerrecht, § 8 Rz. 139, 143; *Bergkemper* in: Herrmann/Heuer/Raupach, EStG/KStG, § 3 Nr. 51 EStG Rz. 1; *v. Beckerath* in: Kirchhof, Einkommensteuergesetz, § 3 Nr. 51 EStG Rz. 132; *Tormöhlen* in: Korn, Einkommensteuergesetz, § 3 Nr. 51 EStG Rz. 6.

110 BT-Drucks. 17/10774, S. 18.

die unterschiedlichen pauschalen und zu berechnenden Steuersätze konterkariert[111].

Ein weiterer großer vom Gesetzgeber durch Vereinfachungsnormen geförderter Bereich sind Altersvorsorgeleistungen, die dem Arbeitnehmer zu Gute kommen. Hier bedient sich der Gesetzgeber zum einen an dem Instrument der Steuerbefreiung[112] und zum anderen der Normierung von Steuerpauschalen[113]. Die Vielzahl dieser unterschiedlichen Normen, gekoppelt an diverse Freigrenzen und -beträge, erscheint jedoch in Hinblick auf den übergeordneten Vereinfachungszweck wenig sinnvoll. Eine tatsächliche Vereinfachung auch in Hinblick auf die Gleichbehandlung der diversen Altersvorsorgemöglichkeiten wäre eine einheitliche Lösung[114].

An den Arbeitnehmer geleistete Werbungskostenersatzleistungen sind der letzte zu identifizierende Schwerpunktbereich der Vereinfachungsnormen. Diese sind als Steuerfreistellungen[115] und Steuerpauschalierung[116] zu finden. Hier zeigen sich bereits unterschiedlichste Einsatzgebiete von Entschädigungen für die Benutzung von Werkzeug des Arbeitnehmers (§ 3 Nr. 30 EStG) bis hin zur Erstattung von Reisekosten (§ 3 Nr. 16 EStG).

Neben diesen Schwerpunktbereichen sind jedoch diverse deklaratorische Normen[117] im Lohnsteuerrecht zu finden, die keinem der Tätigkeitsschwerpunkte entsprechen. Viele der Vereinfachungsnormen im Bereich der Lohnsteuererhebung können ebenso keinem Tätigkeitschwerpunkt zugeordnet werden. So kann die Pauschalierungsnorm des § 40 Abs. 1 Satz 1 Nr. 1 EStG, die bei fehlerhaft einbehaltener und abgeführter Lohnsteuer gilt, ebenso wenig zugeordnet werden wie der gesamte Katalog des § 40a EStG. Ferner können die Vereinfachungsnormen der Ausgabenseite[118] nicht in diese Tätigkeitsschwerpunkte eingeordnet werden. Ein System, das derart viele Normen nicht erfassen kann, ist aber nicht zielführend.

111 Vgl. *Wagner* in: Herrmann/Heuer/Raupach, EStG/KStG, § 40 EStG Rz. 3.
112 Bspw.: § 3 Nr. 53, 56, 62, 63 und 65 EStG.
113 Bspw.: § 40b Abs. 1 und 2 EStG.
114 Dazu unten mehr unter: 4. Kap. B. III.
115 Bspw.: § 3 Nr. 13, 16, 30, 31EStG.
116 Bspw.: § 40 Abs. 2 Satz 2 EStG.
117 Bspw.: § 3 Nr. 42, 44, 50, 53 und 55, vgl. dazu auch unten unter: 3. Kap. C. I.
118 § 9 Abs. 1 Satz 3 Nr. 4 bis 5a und § 9a Satz 1 Nr. 1 EStG

II. Bewertung des induktiven Systems und Ergebnis

Die unterschiedlichen Zwecke zeichnen ein Bild der nicht aufeinander abgestimmten Ziele der Vereinfachungsnormen. Die sachlichen Ziele der Vereinfachungsnormen sind demnach zu heterogen, um hieraus eine sinnvolle induktive Systematisierung herzuleiten. Auch die Systematisierung nach den Tätigkeitsschwerpunkten ist nicht umfassend genug, um möglichst alle Vereinfachungsnormen einzuschließen, sodass auch diese Herangehensweise keinen Erfolg verspricht. Es wird außerdem deutlich, dass der Gesetzgeber kein einheitliches Konzept bei den Vereinfachungsnormen im Lohnsteuerrecht verfolgt, sondern diese vielmehr punktuell in Einzelfällen einsetzt. In ihrer Summe wirken sie dadurch jedoch gerade nicht mehr vereinfachend.

Weitere eher oberflächliche Systematisierungsansätze – beispielsweise anhand der Akteure, die bei der Vereinfachung tätig werden, oder nach der formalen Stellung im Gesetz – helfen bei der mittlerweile derart verkomplizierten Lage ebenfalls nicht mehr weiter.

Es muss daher von der Ermittlung eines induktiven Systems Abstand genommen werden. Die Unmöglichkeit der Erstellung eines induktiven Systems bezeugt auch die Heterogenität der Vereinfachungsnormen und deren Unübersichtlichkeit. Die eingangs gestellte Frage, ob die Vereinfachungsnormen eine bisher unentdeckte Ordnung im Sinne eines induktiven Systems innehaben, muss also verneint werden.

B. Erarbeitung eines deduktiven Systems

Im Folgenden sollen nach einer kurzen Einführung in die Methodik einer deduktiven Systematik die Besonderheiten der Einkunftsart der nichtselbstständigen Tätigkeit unter besonderer Beachtung des speziellen Vereinfachungsbedarfs der Lohnsteuer analysiert werden. Dies dient der Arbeit als Grundlage zur Entwicklung eines deduktiven Systems, da aus dem besonderen Vereinfachungsbedarf die Vielzahl der in der Lohnsteuer anzutreffenden Vereinfachungsnormen entstanden sind. Der spezielle Vereinfachungsbedarf erscheint daher als Ausgangspunkt für eine Entwicklung einer Systematisierung der Vereinfachungsnormen des Lohnsteuerrechts geeignet. In dieses System werden im folgenden Kapitel die Vereinfachungsnormen der Lohnsteuer eingeordnet. Dabei wird sich zeigen, in wie weit die Vereinfachungsnormen in der Lohnsteuer systematisiert werden können.

I. Deduktive Systematisierung

Die Deduktion ist ein in der Logik und Philosophie anerkanntes Verfahren zur Erlangung von Erkenntnissen. Hierbei wird ein Schluss vom Allgemeinen bzw. einer Theorie auf etwas spezielles bzw. einer Empirie gezogen. Allgemein wird die Deduktion als Gegenbegriff zur Induktion verstanden, da hier von der Empirie auf die Theorie geschlossen wird.[119]

Es soll also im Folgenden mit Hilfe der Analyse der Einkünfte aus nichtselbständiger Arbeit unter besonderer Berücksichtigung des speziellen Vereinfachungsbedarfs in dieser Einkunftsart eine Theorie darüber aufgestellt werden, was den besonderen Vereinfachungsbedarf dieser Einkunftsart ausmacht. Aus dieser Theorie heraus wird sodann eine Systematisierung entwickelt, in die die einzelnen Vereinfachungsnormen der Lohnsteuer eingeordnet werden. Die dadurch zu gewinnenden Erkenntnisse bestätigen bestenfalls die Theorie und lassen weitergehende Schlüsse zu, zum Beispiel darauf, wo die zu behebenden Schwachstellen der Lohnsteuer zu finden sind.

II. Analyse der Einkünfte aus nichtselbstständiger Tätigkeit unter besonderer Berücksichtigung des speziellen Vereinfachungsbedarfs

Die zwei maßgeblichen Charakteristika der Einkünfte aus nichtselbstständiger Tätigkeit sind zum einen der Arbeitslohnbegriff und zum anderen das Quellenabzugsverfahren. Daher sollen diese beiden Bereiche untersucht werden, um den besonderen Vereinfachungsbedarf der Lohnsteuer zu identifizieren.

119 Allg. und weitergehend zur Deduktion und zum logischen Denken vgl.: *Knauff*, Deduktion, logisches Denken, S. 2 ff.

1. Der Arbeitslohnbegriff

Der Arbeitslohnbegriff ist das zentrale Element der Einkünfte aus nichtselbstständiger Tätigkeit. Erst durch die Qualifikation als Arbeitslohn werden die Einnahmen grundsätzlich der Lohnsteuer zugänglich gemacht. Er ist die maßgeblich zu erfüllende Eigenschaft. Daher ist ihm besondere Aufmerksamkeit zu schenken.

a) Einführung in den Arbeitslohnbegriff

Die Einnahmen aus unselbstständiger Tätigkeit sind in § 19 EStG verortet. Trotz ihrer Bedeutung für die Einnahmen der Bundesrepublik[120] und entgegen einer verbreiteten Auffassung[121] stellen die Einkünfte nach § 19 EStG keine eigenständige Steuerart dar. Wie bei jeder anderen der sieben Einkunftsarten des Einkommensteuergesetzes ist auch bei den Einkünften aus unselbstständiger Tätigkeit von zentralem Interesse, was genau in ihren Anwendungsbereich fällt. Eine allgemeingültige Definition dieses Begriffs sucht man jedoch im gesamten Einkommensteuergesetz vergebens. Der Gesetzgeber hielt es auch nicht für nötig, Teilbereiche des Arbeitslohns, wie etwa das Gehalt (§ 19 Abs. 1 Satz 1 Nr. 1 1. Var. EStG), legal zu definieren. Vielmehr muss sich der Rechtsanwender des Einkommensteuergesetzes mit einer nicht abschließenden Aufzählung möglicher Einkunftsquellen begnügen, die als Arbeitslohn angesehen werden. § 19 EStG erwähnt den Begriff „Arbeitslohn“ nicht einmal. Durch die Verwendung einer Generalklausel in § 19 Abs. 1 Satz 1 Nr. 1 5. Var. EStG hält sich der Gesetzgeber alle Möglichkeiten offen, indem hier alle „Bezüge und Vorteile für eine Beschäftigung im öffentlichen oder privaten Dienst“[122] zu den Einkünften aus nichtselbstständiger Arbeit gezählt werden. Dies führt zwar zum einen zu einer flexiblen und zeitgemäßen Rechtsanwendung, sorgt aber auch für große rechtliche Unsicherheiten. Eine allgemeine Definition des Arbeitslohnbegriffs ist erst in § 2 Abs. 1 LohnStDV zu finden. Das Ergebnis dieser wenig anwenderfreundlichen Gestaltung ist eine Kommentarliteratur, die in ausufernder Breite jene

120 Vgl. oben unter: 1. Kap. A.

121 *Heuel/Beyer*, AO-Stb 2015, 129 (133); *Plenker*, DB 2010, 192 (193).

122 § 19 Abs. 1 Satz 1 Nr. 1 5. Var. EStG.

Zuwendungen aufzählt, die als Arbeitslohn zu werten sind[123]. Selbstverständlich ist dies zum großen Teil auch der praktischen Bedeutung der Lohnsteuer geschuldet, aus der sich ein Interesse an der Beantwortung vieler Detailfragen ergibt. Die sich durch die gesamte Einkunftsart ziehende Unübersichtlichkeit wird jedoch durch das Fehlen einer Arbeitslohndefinition im EStG unterstrichen.

Die Definition des Arbeitslohnbegriffs in § 2 Abs. 1 LohnStDV zählt alle Einnahmen zum Arbeitslohn, die dem Arbeitnehmer aus dem Dienstverhältnis zufließen. Dazu gehören regelmäßige oder einmalige Bezüge genauso wie Bar- oder Sachbezüge[124]. In § 2 Abs. 2 LohnStDV zählt der Verordnungsgeber einige Besonderheiten auf, die ebenfalls zum Arbeitslohn gehören. Hierzu zählen beispielsweise die Einnahmen aus einem künftigen (§ 2 Abs. 2 Nr. 1 LohnStDV) oder früheren Dienstverhältnis (§ 2 Abs. 2 Nr. 2 LohnStDV). Die beiden Hauptmerkmale des Arbeitslohnbegriffs sind aber die objektive Bereicherung des Arbeitnehmers und der Veranlassungszusammenhang der Bereicherung zur Arbeit[125].

In dieser Definition nicht explizit erwähnt ist die im Einkommensteuerrecht so einmalige Möglichkeit, dass auch Dritte dem Arbeitnehmer Arbeitslohn zukommen lassen können. Eines der bekanntesten Beispiele hierfür ist das mittlerweile steuerfrei gestellte[126] Trinkgeld. Grundsätzlich hätte auch bei diesen Zuwendungen der Arbeitgeber die Pflicht, die hierauf entfallende Lohnsteuer abzuführen, wenn der Arbeitgeber von derartigen Bezügen weiß oder diese erkennen kann, vgl. § 38 Abs. 1 Satz 3 EStG. Dies gilt insbesondere bei dem anderen klassischen Fall der Lohnzahlung durch Dritte, nämlich wenn der Dritte ein verbundenes Unternehmen i.S.v. § 15 AktG ist. Diese Besonderheit geht maßgeblich auf das sog. Veranlassungsprinzip[127] zurück, welches

123 Vgl. hierzu nur die unterschiedlichen Aufzählungen an Arbeitslöhnen, sog. ABC des Arbeitslohns: *Geserich* in: Blümich EStG, § 19 Rz. 280; *Eisgruber* in: Kirchhof, Einkommensteuergesetz, § 19 EStG Rz. 78; *Pflüger* in: Herrmann/Heuer/Raupach, EStG/KStG, § 19 EStG Rz. 600.

124 *Hey* in: Tipke/Lang[22], Steuerrecht, § 8 Rz. 474.

125 Pflüger in: Herrmann/Heuer/Raupach, EStG/KStG, § 19 EStG Rz. 100; *Eisgruber* in: Kirchhof, Einkommensteuergesetz, § 19 EStG Rz. 55; *Lang*, Die Einkünfte des Arbeitnehmers, DStJG 1986, S. 60.

126 Vgl. § 3 Nr. 51 EStG.

127 Dazu unten mehr unter: 2. Kap. B. II. 1. d) bb).

alle Vorteile, die wesentlich durch das Arbeitsverhältnis veranlasst sind, dem Arbeitslohn hinzurechnet. Leider ist dieses sinnvolle und in Literatur[128] und Rechtsprechung[129] anerkannte Prinzip nicht explizit Bestandteil der Arbeitslohndefinition.

Sachbezüge[130] können - wie bereits erwähnt - auch Bestandteil des Arbeitslohns sein[131]. Hierzu zählen unterschiedliche Gegenstände, die dem Arbeitnehmer übereignet werden können, genauso wie die Gewährung von Belegschaftsrabatten o.ä. Der Bereich der Sachzuwendungen ist weit und uneinheitlich geregelt. Grundsätzlich sind diese mit den üblichen Endpreisen am Abgabeort zu bewerten, § 8 Abs. 2 Satz 1 EStG. Bei einigen Sachzuwendungen, wie Verpflegung oder Gestellung eines Kfz gelten bei Arbeitnehmern besondere Regelungen, § 8 Abs. 2 Sätze 2 ff. EStG. Die Besteuerung von Sachzuwendungen reicht von Steuerfreistellungen[132] über pauschale Besteuerungen[133] bis hin zur tariflichen Einkommensteuerpflicht. Bei Sachbezügen ist demnach jede Form der steuerlichen Behandlung zu finden.

b) Bedeutung des Arbeitslohnbegriffs

Die Qualifikation der Einnahmen des Arbeitnehmers als Arbeitslohn führt unmittelbar zur Lohnsteuer, es sei denn die Einnahmen sind steuerfrei. Daher wird der Arbeitslohn auch als lohnsteuerauslösendes Tatbestandsmerkmal der §§ 38 ff. EStG bezeichnet[134]. Ferner ist auffällig, dass der Arbeitslohn in der Einkunftsart der nichtselbständigen

---

128 *Hey* in: Tipke/Lang[22], Steuerrecht, § 8 Rz. 474; *Pflüger* in: Herrmann/Heuer/Raupach, EStG/KStG, § 19 EStG Rz. 150 ff.; *Thürmer in:* Blümich EStG § 19 Rz. 190 ff.; *Lang*, Die Einkünfte des Arbeitnehmers, DStJG 1986, S. 60.

129 Durch Grundsatzurteil des BFH v. 17.9.1982 - VI R 75/79, BFHE 137, 13 in die Rspr. eingeführt.

130 Dazu unten mehr unter: 2. Kap. B. II. 1. d) dd).

131 *Hey* in: Tipke/Lang[22], Steuerrecht, § 8 Rz. 474 u. 476; Pflüger in: Herrmann/Heuer/Raupach, EStG/KStG, § 19 EStG Rz. 110 ff.

132 Bspw. § 3 Nr. 33 EStG, die Leistungen des Arbeitgebers zur Unterbringung und Betreuung von Kindern des Arbeitnehmers sind üblicherweise als Arbeitslohn zu bewerten, sodass die Norm konstitutive und nicht rein deklaratorische Bedeutung hat, vgl. *Bergkemper* in: Herrmann/Heuer/Raupach, EStG/KStG, § 3 Nr. 33 EStG Rz. 1.

133 Bspw. § 37b Abs. 2 i.V.m. Abs. 1 EStG, der wie eine Generalklausel für alle Sachzuwendungen an Arbeitnehmer fungiert.

134 *Eisgruber* in: Kirchhof, Einkommensteuergesetz, § 19 EStG Rz. 55.

Tätigkeit eine eigenständige Rolle spielt. Der Begriff des Arbeitnehmers und der des Arbeitslohns sind nicht zwingend miteinander verknüpft. Vorteile für den Arbeitnehmer aus unselbstständiger Tätigkeit müssen kein Arbeitslohn sein. Die Abgrenzung, wann steuerbare Vorteile vorliegen, ist insbesondere bei Zusatzleistungen oftmals schwierig zu beurteilen[135]. Ein derartiges Auseinanderfallen von Einkunftsart und Zuwendung ist in keiner anderen Einkunftsart zu finden. Zwar sind beispielsweise in der Land- und Forstwirtschaft auch Fälle anzunehmen, in denen zwar keine Einnahmen aus der sog. Urproduktion mehr vorliegen. Diese sind dann aber Einnahmen aus gewerblicher Tätigkeit, aus Vermietung und Verpachtung o.ä.[136] Beim Arbeitnehmer kann es jedoch vorkommen, dass ihm Vorteile durch seinen Beruf zu Teil werden, die er nicht versteuern muss. Dies wird maßgeblich durch das eigenbetriebliche Interesse des Arbeitgebers bestimmt. Das Vorliegen von Arbeitslohn wird dabei negiert, wenn die Zuwendung im ganz überwiegenden eigenbetrieblichen Interesse des Arbeitgebers liegt. Diese Besonderheit der Einkunftsart ist darauf zurückzuführen, dass der Steuerpflichtige mit seiner Tätigkeit an sich primär nicht im eigenen Interesse tätig wird, sondern im Interesse des Arbeitgebers. Selbstverständlich liegt die Erwirtschaftung von Lohn im Interesse des Arbeitnehmers. Jedoch ist in der nichtselbständigen Arbeit der Arbeitnehmer mit seiner originären Tätigkeit (Kellnern, Büroarbeit, etc.) nicht primär im eigenen Interesse tätig, sondern für den Arbeitgeber. Das eigene Interesse daran ist lediglich mittelbar, nämlich die Generierung von Lohn. In allen anderen Einkunftsarten setzt der Steuerpflichtige seine Arbeitskraft jedoch in erster Linie dafür ein, für sich selbst unmittelbar einen Vorteil zu erwirtschaften. Die Arbeit und der eigene Vorteil sind daher unmittelbar miteinander verknüpft. Der Arbeitslohnbegriff wirkt daher wie ein Filter. Er filtert den Vorteil heraus, der letztendlich unmittelbar dem Arbeitnehmer zu Gute kommt, seine Leistungsfähigkeit erhöht und somit versteuert werden muss. Bei der Vielzahl der denkbaren Vorteile, die dem Arbeitnehmer durch das Arbeitsverhältnis zu Gute kommen können, muss nämlich differenziert werden, welche davon auch die Leistungsfähigkeit des Arbeitnehmers

135 Vgl. *Hey* in: Tipke/Lang[22], Steuerrecht, § 8 Rz. 478 f.
136 Vgl. *Hey* in: Tipke/Lang[22], Steuerrecht, § 8 Rz. 404

tatsächlich erhöhen. Dies wird insbesondere durch das Veranlassungsprinzip und die Leistungen aus überwiegend eigenbetrieblichen Interesse[137] eingegrenzt. Daher ist der Arbeitslohnbegriff von entscheidender Bedeutung für diese Einkunftsart. Setzt man dies in Verbindung mit dem durch die Lohnsteuer erzielten Steueraufkommen von 167.983 Millionen Euro im Jahre 2014[138], so wird deutlich, dass der Arbeitslohnbegriff in seiner Bedeutung für diese Einkunftsart nicht hoch genug eingeschätzt werden kann.

c) Rechtsentwicklung des Arbeitslohnbegriffs

Der Arbeitslohnbegriff war einem Wandel unterzogen. Dieser Wandel verschob insbesondere die Grenzen des Arbeitslohnbegriffs. In seiner Vorsorgeuntersuchungsentscheidung[139] hat der Bundesfinanzhof den Arbeitslohnbegriff grundlegend verändert. Zuvor galt eine weite und umfassende Interpretation des Arbeitslohnbegriffs. Arbeitslohn sei im weitesten Sinne alles, was als Ertrag aus der nichtselbständigen Arbeit anzusehen sei, d.h. alles, was dem Arbeitnehmer im Rahmen des Dienstverhältnisses zufließe[140].

Dieser weite Arbeitslohnbegriff kannte zwei Einschränkungen. Zum einen das Rechtsinstitut der sog. Annehmlichkeiten und zum anderen das der sog. Gelegenheitsgeschenke. Gelegenheitsgeschenke sind Zuwendungen, bei denen die Arbeitsbeziehung in den Hintergrund tritt und der Arbeitnehmer geehrt wird oder ihm eine persönliche Aufmerksamkeit zu Teil wird[141]. Heute gelten diese Zuwendungen regelmäßig als Arbeitslohn[142]. Die sog. Annehmlichkeiten umfassten zwei Unterkategorien. Die erste betraf Zuwendungen, die den Arbeitnehmer zwar bereichern, aber im ganz überwiegenden Interesse des

---

137 Vgl. unten unter: 2. Kap. B. II. 1. d) bb) (2).

138 Statistik über das Steueraufkommen vom Statistischen Bundesamt, Link in Fn. 5.

139 BFH v. 17.9.1982 – VI R 75/79, BFHE 137, 13.

140 BFH v. 17.7.1981 – VI R 205/78, BFHE 133, 553, als Beispiel für die bis dahin geltende Rechtsprechung; *Geserich* in: Blümich, EStG § 19 Rz. 151; *Eisgruber* in: Kirchhof, Einkommensteuergesetz, § 19 EStG Rz. 56.

141 BFH v. 17.7.1981 – VI R 205/78, BFHE 133, 553; BFH v. 8.8.1980 – VI R 49/77, BFHE 131, 237; krit. *Offerhaus,* Gesetzlose Steuerbefreiung im Lohnsteuerrecht, DStJG 1986, S. 121 ff.

142 Vgl. *Pflüger* in: Herrmann/Heuer/Raupach, EStG/KStG, § 19 EStG Rz. 176.

Arbeitgebers liegen[143]. Diese Ausnahme vom Arbeitslohnbegriff besteht nach wie vor[144]. Die zweite Unterkategorie betraf Aufwendungen zur Ausgestaltung des Arbeitsplatzes[145]. Diese Ausnahme vom Arbeitslohnbegriff wird auch heute noch angewandt[146]. Das gesamte historische Rechtsinstitut der Annehmlichkeiten lebt unter der Begrifflichkeit „Aufmerksamkeiten" mit Veränderungen weiter. Darunter fallen heute Sachleistungen bis zu einem Wert von 60 Euro[147], die zu keiner ins Gewicht fallenden Bereicherung des Arbeitnehmers führen und im gesellschaftlichen Miteinander üblicherweise überreicht werden, wie zum Beispiel Blumen, Genussmittel, Bücher oder Tonträger[148]. Da es an einem ins Gewicht fallenden geldwerten Vorteil fehlt, zählen diese Dinge nicht zum Arbeitslohn[149]. Der starre Grenzwert erleichtert dabei die Anwendung.

Der Arbeitslohnbegriff hat in einigen Bereichen im Laufe der Zeit Veränderungen durchlaufen. Andere bewährte Rechtsinstitute wurden beibehalten. Dennoch erscheint die beständige Verwendung von gesetzlich nicht determinierten Ausnahmen bei einem derart wichtigen Merkmal der umsatzstärksten Einkunftsart der Einkommensteuer weder für den Steuerpflichtigen, seine Berater, den Arbeitgeber oder die Finanzverwaltung im Sinne der Rechtssicherheit sinnvoll. Rechtsprechungsänderungen in diesem sensiblen Bereich können weitreichende Folgen haben.

---

143 BFH v. 22.10.1976 – VI R 26/74, 120, 379; BFH v. 28.2.1975 – VI R 28/73, BFHE 115, 342; *Geserich* in: Blümich EStG, § 19 Rz. 280 unter „A"; krit. *Offerhaus*, Gesetzlose Steuerbefreiung im Lohnsteuerrecht, DStJG 1986, S. 125 ff.

144 Vgl. dazu unten unter: 2. Kap. B. II. 1. d) bb) (2).

145 *Geserich* in: Blümich EStG, § 19 Rz. 280 unter „A"; *Offerhaus*, Gesetzlose Steuerbefreiung im Lohnsteuerrecht, DStJG 1986, S. 125 ff.

146 *Geserich* in: Blümich EStG, § 19 Rz. 170 f.

147 Bis einschl. zum VZ 2014 lag die Grenze bei 40 Euro, vgl. *Geserich* in: Blümich EStG, § 19 Rz. 195.

148 Lohnsteuer-Richtlinie 2015 R 19.6 Abs. 1; *Geserich* in: Blümich EStG, § 19 Rz. 195 ff.; *Eisgruber* in: Kirchhof, Einkommensteuergesetz, § 19 EStG Rz. 67; *Pflüger* in: Herrmann/Heuer/Raupach, EStG/KStG, § 19 EStG Rz. 135.

149 *Geserich* in: Blümich EStG, § 19 Rz. 195 ff.; *Eisgruber* in: Kirchhof, Einkommensteuergesetz, § 19 EStG Rz. 67; *Pflüger* in: Herrmann/Heuer/Raupach, EStG/KStG, § 19 EStG Rz. 135.

d) Funktionale Besonderheiten des Arbeitslohnbegriffs

Wie bereits erwähnt beinhaltet der Arbeitslohnbegriff funktionale Besonderheiten, die im Gesetzestext zumeist nicht angelegt sind. Um den Arbeitslohnbegriff und das daraus resultierende Vereinfachungsbedürfnis greifbar zu machen, sollen diese im folgenden Abschnitt näher untersucht werden.

aa) Grundvoraussetzungen für steuerbare Einnahmen der Einkünfte aus nichtselbständiger Arbeit

Die Grundvoraussetzung für das Vorliegen von Arbeitslohn ist, dass dem Arbeitnehmer Einnahmen aus dem Dienstverhältnis zufließen. § 19 EStG listet eine Reihe von Quellen auf, aus denen Einnahmen aus nichtselbständiger Arbeit erzielt werden können. Neben diesen konkreten Beispielen ist das abstrakte Verständnis der unter § 19 EStG fallenden Einnahmen von Interesse. Einnahmen sind demnach alle Güter in Geld oder Geldeswert, die den Arbeitnehmer bereichern und ihm zufließen, § 8 Abs. 1 EStG[150]. Fraglich und nicht vollständig geklärt ist, unter welchen Voraussetzungen Einnahmen vorliegen und wann diese zugeflossen sind.

(1) Objektive Bereicherung

Zunächst untersucht diese Arbeit die Voraussetzungen, unter denen eine Einnahme beim Arbeitnehmer anzunehmen ist. Hierbei hat sich in der Rechtsprechung und Literatur ein Konsens dazu entwickelt, dass hierzu eine objektive Vermögensmehrung beim Arbeitnehmer notwendig ist. Dies ist der Fall, wenn der Arbeitnehmer objektiv materiell bereichert ist und somit seine Leistungsfähigkeit erhöht ist; ideelle Vorteile führen damit nicht zu Arbeitslohn[151]. Bloße Möglichkeiten,

150 *Geserich* in: Blümich EStG, § 19 Rz. 160.

151 BFH v. 17.9.1982 – VI R 75/79, BFHE 137, 13; BFH v. 7.7.1961 – VI 176/60 S, BFHE 73/485; *Mody* in: Korn, Einkommensteuergesetz, § 19 EStG Rz. 50; *Geserich* in: Blümich EStG, § 19 Rz. 163; *Pflüger* in: Herrmann/Heuer/Raupach, EStG/KStG, § 19 EStG Rz. 113; *Hillmoth* in: Lippross, Basiskommentar, § 19 EStG Rz. 78 f.

Aussichten oder Chancen fallen daher ebenfalls nicht unter das Verständnis einer Bereicherung. Sie erhöhen nicht die finanzielle Leistungsfähigkeit. Auch sog. durchlaufende Gehälter[152] führen nicht zu Arbeitslohn.[153]

Das Vorliegen einer solchen Bereicherung ist nach rein objektiven Kriterien zu beurteilen, d.h. es kommt weder darauf an, ob der Arbeitnehmer sich bereichert fühlt, noch, ob der Arbeitgeber Bereicherungsabsicht hatte. Die einzig maßgebliche Größe in diesem Fall ist die allgemeine Verkehrsauffassung, d.h. die Tatsachenwürdigung unter allen in Betracht kommenden Merkmale des Einzelfalls. Nach dieser Analyse ist letztendlich zu bewerten, ob die Leistungsfähigkeit des Arbeitnehmers durch die Zuwendung gesteigert wurde.[154]

Es ist streitig, ob der vom Arbeitnehmer erlangte Vorteil Marktgängigkeit besitzen muss. Marktgängig ist ein Vorteil, wenn dieser bei Sachbezügen vom Arbeitnehmer weiterveräußert werden könnte[155] oder bei konsumtiven Vorteilen eine sonstige Marktgängigkeit besitzt. Diejenigen, die bei fehlender Marktgängigkeit das Vorliegen einer objektiven Bereicherung verneinen, begründen dies damit, dass der ortsübliche Endpreis mangels Vergleichsmaßstab nicht ermittelt werden kann. Daher dürfe bei nicht marktgängigen Vorteilen kein Arbeitslohn angenommen werden.[156] Die Gegenseite sieht darin keine zwingende Voraussetzung zur Annahme von Arbeitslohn. Entscheidend sei lediglich, dass der konkrete Vorteil sich überhaupt in Geld bewerten ließe.[157] Auch der BFH folgt wohl dieser Ansicht[158]. Es ist jedoch beacht-

---

152 vgl. dazu unten unter: 2. Kap. B. II. 1. d) bb) (3).

153 *Pflüger* in: Herrmann/Heuer/Raupach, EStG/KStG, § 19 EStG Rz. 113; *Krüger* in: Schmidt, § 19 EStG Rz. 41 ff., 65.

154 BFH v. 17.9.1982 – VI R 75/79, BFHE 137, 13; BFH v. 18.10.1974 – VI R 249/71, BFHE 114, 56; BFH v. 17.8.1973 – VI R 8/70, BFHE 110, 339; BFH v. 2.10.1968 – VI R 64/68, BFHE 94, 23; *Mody* in: Korn, Einkommensteuergesetz, § 19 EStG Rz. 51; *Geserich* in: Blümich EStG, § 19 Rz. 163; *Pflüger* in: Herrmann/Heuer/Raupach, EStG/KStG, § 19 EStG Rz. 113; *Hillmoth* in: Lippross, Basiskommentar, § 19 EStG Rz. 78.

155 *Mody* in: Korn, Einkommensteuergesetz, § 19 EStG Rz. 52.

156 So *Mody* in: Korn, Einkommensteuergesetz, § 19 EStG Rz. 52; *Pflüger* in: Herrmann/Heuer/Raupach, EStG/KStG, § 19 EStG Rz. 114.

157 *Geserich* in: Blümich EStG, § 19 Rz. 163; *Eisgruber* in: Kirchhof, Einkommensteuergesetz, § 19 EStG Rz. 57.

158 BFH v. 9.3.1990 – VI R 48/87, BFHE 160, 447.

lich, dass der BFH in seiner Rechtsprechung bezüglich außergewöhnlicher Belastungen nur dann eine Berücksichtigung nach § 33 EStG ausschließt, wenn der Steuerpflichtige für als außergewöhnliche Belastungen abziehbare Aufwendungen einen Gegenwert erlangt, der eine gewisse Marktgängigkeit besitzt[159]. Die Überlegungen zur Marktgängigkeit für die Abgrenzung, ob ein Vorteil erlangt wurde oder nicht, sind also teilweise in der Rechtsprechung des BFH zu finden. In der Entscheidung vom 9.3.1990 spricht der BFH davon, dass seine Ansicht der herrschenden Meinung in der Literatur entspräche[160]. Zumindest einer der von ihm angegebenen Autoren hat seine Meinung zu diesem Thema jedoch zwischenzeitlich geändert und geht nunmehr von der zwingenden Marktgängigkeit eines Vorteils aus, damit dieser zu Einnahmen führt[161]. Ferner kann in der Literatur nicht mehr von einer klar herrschenden Meinung gesprochen werden. Es bildet sich vielmehr ein recht ausgewogener Meinungsstand heraus. Nach der hier vertretenen Auffassung ist die Marktgängigkeit eines Vorteils zwingend nötig. Zum einen, um den Vorteil zuverlässig beziffern zu können, da Anschaffungskosten nicht immer gleich dem Marktpreis sind. Zum anderen würde die Abgrenzung von nicht marktgängigen Vorteilen zu überhaupt nicht in Geld erfassbaren Vorteilen ohne das Merkmal der Marktgängigkeit erheblich erschwert[162]. Jedoch sind die überhaupt nicht in Geld erfassbaren Vorteile auch nach der Gegenansicht nicht steuerbar. Ferner erhöht ausschließlich eine marktgängige Zuwendung die steuerliche Leistungsfähigkeit des Arbeitnehmers, da nur diese flexibel genug vom Arbeitnehmer eingesetzt werden kann. So sind etwa Bildbände zum Firmenjubiläum oder mit dem Firmenlogo geprägte Metallmünzen ohne eigenen Metallwert keine marktgängigen Objek-

159 BFH v. 4.3.1983 – VI R 189/79, BFHE 138, 73; vgl. auch *Offerhaus*, Gesetzlose Steuerbefreiung im Lohnsteuerrecht, DStJG 1986, S. 124 f.

160 BFH v. 9.3.1990 – VI R 48/87, BFHE 160, 447.

161 *Pflüger* in: Herrmann/Heuer/Raupach, EStG/KStG, § 19 EStG Rz. 114.

162 So auch *Mody* in: Korn, Einkommensteuergesetz, § 19 EStG Rz. 52; mit anderen Argumenten auch für die Notwendigkeit der Marktgängigkeit *Pflüger* in: Herrmann/Heuer/Raupach, EStG/KStG, § 19 EStG Rz. 114; *Hillmoth* in: Lippross, Basiskommentar, § 19 EStG Rz. 78; *Offerhaus*, Gesetzlose Steuerbefreiung im Lohnsteuerrecht, DStJG 1986, S. 124 f.; *Wolff*, FR 1981, 369 (373); a. A.: u. a. BFH v. 9.3.1990 – VI R 48/87, BFHE 160, 447; *Krüger* in: Schmidt, § 19 EStG Rz. 42; *Geserich* in: Blümich EStG, § 19 Rz. 163.

te[163]. Bei Münzen mit eigenem Metallwert liegt hingegen die Marktgängigkeit vor, sodass eine objektive Bereicherung gegeben ist[164]. Hieran fehlt es jedoch üblicherweise bei jeder Form der Aufmerksamkeiten im gesellschaftlich üblichen Maß[165]. Nur die marktgängigen Objekte können vom Arbeitnehmer sinnvollerweise veräußert werden und somit dem Lebensunterhalt dienen und so seine finanzielle Leistungsfähigkeit steigern. Es erscheint lebensfremd, bei nicht marktgängigen Objekten eine objektive Bereicherung anzunehmen.

Auch bei ersparten Ausgaben des Arbeitnehmers kommt es auf die Marktgängigkeit des Vorteils an. Bei Sachzuwendungen ist zu fragen, ob diese weiterveräußert werden können bzw. ob es einen Markt hierfür gibt. Ist es ein konsumtiver Vorteil, z. B. ein Incentive, so ist zu fragen, ob dieser Vorteil an sich marktgängig ist, d.h. am Markt angeboten wird und theoretisch vom Arbeitnehmer akquiriert werden könnte. Dies ist z. B. nicht der Fall, wenn der Arbeitnehmer von seinem Arbeitgeber bekocht wird. Bei einem Restaurantbesuch handelt es sich jedoch um eine am Markt angebotene konsumtive Leistung. Beides erfüllt indessen denselben Zweck und erspart dem Arbeitnehmer eigene Ausgaben.

Entsprechend der hier vertretenen Ansicht wäre es wünschenswert, dass der Gesetzgeber in einer etwaigen Neufassung des Arbeitslohnbegriffs die Marktgängigkeit entweder explizit aufnimmt, oder sich zumindest in der Gesetzesbegründung hierzu äußert.

(2) Der Zufluss der Bereicherung

Der für die Besteuerung der objektiven Bereicherung maßgebliche Zeitpunkt ist der Zufluss beim Arbeitnehmer[166]. Der Zufluss ist dabei generell gesprochen erst gegeben, wenn der Arbeitnehmer über die

163 *Mody* in: Korn, Einkommensteuergesetz, § 19 EStG Rz. 52; *Pflüger* in: Herrmann/Heuer/Raupach, EStG/KStG, § 19 EStG Rz. 114.

164 BFH v. 7.11.2006 – VI R 58/04, BFHE 215, 249; *Pflüger* in: Herrmann/Heuer/Raupach, EStG/KStG, § 19 EStG Rz. 114.

165 Die Finanzverwaltung setzt hier eine Grenze von 60 Euro an, Lohnsteuer-Richtlinie 2015 R 19.6 Abs. 1; *Pflüger* in: Herrmann/Heuer/Raupach, EStG/KStG, § 19 EStG Rz. 114; *Mody* in: Korn, Einkommensteuergesetz, § 19 EStG Rz. 52

166 Vgl. § 11 Abs. 1 Satz 1 EStG.

Zuwendung wirtschaftlich verfügen kann[167]. Das ist „in der Regel der Zeitpunkt des Eintritts des Leistungserfolgs oder der Möglichkeit, den Leistungserfolg herbeizuführen"[168]. Dementsprechend reicht beispielsweise die Erlangung einer Nutzungsmöglichkeit bei tatsächlicher Verwendung des Vorteils aus, um wirtschaftliche Verfügungsmacht zu erhalten[169]. Ebenso ist der Zufluss bereits mit Gutschrift von Beteiligungskapital auf einem Beteiligungskonto gegeben[170]. Arbeitgeber und Arbeitnehmer können diesen Zeitpunkt mittels zivilrechtlich wirksamer Verträge gestalten und verschieben[171]. Ein bloßer Anspruch auf eine Leistung reicht allerdings noch nicht aus, um einen Zufluss zu begründen[172]. Anhand dieser Merkmale kann für die gängigen Bezüge der Zufluss und der jeweilige Zeitpunkt verhältnismäßig zuverlässig bestimmt werden.

bb) Der Veranlassungszusammenhang im Arbeitslohnbegriff

Der Veranlassungszusammenhang ist das Bindeglied zwischen den Zuwendungen des Arbeitgebers an den Arbeitnehmer und der Einordnung als Arbeitslohn. Er ist für den Arbeitslohnbegriff daher von großer Bedeutung. Nachfolgend soll zunächst das Grundprinzip des Veranlassungszusammenhangs erläutert und untersucht werden. An-

---

167 St. Rspr. des BFH vgl. nur BFH v. 21.3.2013 – VI R 31/10, BFHE 241, 167; BFH v. 4.5.2006 – VI R 19/03, BFHE 213, 381; BFH v. 14.6.2005 – VIII R 47/03, BFH/NV 2005, 2181; BFH v. 18.12.2001 – IX R 74/98, BFH/NV 2002, 643; *Geserich* in: Blümich EStG, § 19 Rz. 244; *Pflüger* in: Herrmann/Heuer/Raupach, EStG/KStG, § 19 EStG Rz. 120, 123; *Krüger* in: Schmidt, § 19 EStG Rz. 76.

168 BFH v. 15.5.2013 – VI R 24/12, BFHE 241, 287; BFH v. 3.2.2011 – VI R 4/10, BFHE 232, 501 und VI R 66/09, BFHE 232, 497; *Pflüger* in: Herrmann/Heuer/Raupach, EStG/KStG, § 19 EStG Rz. 123.

169 BFH v. 14.11.2012 – VI R 56/11, BFHE 239, 410; *Pflüger* in: Herrmann/Heuer/Raupach, EStG/KStG, § 19 EStG Rz. 123.

170 BFH v. 11.2.2010 – VI R 47/08, BFH/NV 2010, 1094.

171 BFH v. 3.2.2011 – VI R 66/09, BFHE 232, 497; BFH v. 11.11.2009 – IX R 1/09, BFHE 227, 93; *Geserich* in: Blümich EStG, § 19 Rz. 244; *Pflüger* in: Herrmann/Heuer/Raupach, EStG/KStG, § 19 EStG Rz. 120.

172 BFH v. 21.3.2013 – VI R 31/10, BFHE 241, 167; BFH v. 14.11.2012 – VI R 56/11, BFHE 239, 410; BFH v. 23.6.2005 – VI R 124/99, BFHE 209, 549; BFH v. 23.6.2005 – VI R 10/03, BFHE 209, 559; BFH v. 20.6.2001 – VI R 105/99, BFHE 195; *Geserich* in: Blümich EStG, § 19 Rz. 244.

schließend werden einige potentiell problematische Bereiche dieses Prinzips dargestellt und näher untersucht.

(1) Das Grundprinzip des Veranlassungszusammenhangs

Der im Arbeitslohnbegriff zu findende Veranlassungszusammenhang ist keine spezielle lohnsteuerrechtliche Schöpfung der Rechtsprechung oder Literatur. Dieser allgemeine steuerrechtliche Abgrenzungs- und Zuordnungsmaßstab ist im Wege der Rechtsfortbildung entstanden und dient der Abgrenzung von Erwerbs- und Privatsphäre[173]. In seiner Grundsatzentscheidung zum Veranlassungszusammenhang wendet der BFH dieses eigentlich aus dem Bereich der Werbungskosten stammende Prinzip auch auf die Einnahmenseite an[174]. Bezogen auf den Arbeitslohnbegriff bedeutet dies, dass ein Veranlassungszusammenhang vorliegt, wenn der Vorteil im weitesten Sinne für die erbrachte Arbeit gewährt wird[175]. Hierbei reicht jedoch ein kausaler Zusammenhang nicht aus, vielmehr muss ein finaler bestehen, d.h. der Vorteil muss gewährt worden sein, um die Arbeit zu entlohnen[176].

Hierbei wird der Veranlassungszusammenhang nach objektiven Maßstäben beurteilt. Die Einschätzungen des Arbeitgebers oder des Arbeitnehmers, ob ein Veranlassungszusammenhang besteht oder nicht, sind dabei nicht ausschlaggebend. Sie können höchstens als Indizien zur Klärung der Sachlage herangezogen werden, wobei insbesondere die Sicht des Arbeitgebers herangezogen wird. Im Zweifel wird man eine Zuwendung, die in Ansehung des Dienstverhältnisses getätigt wurde, als Arbeitslohn ansehen müssen, da es der allgemeinen Le-

173 *Pflüger* in: Herrmann/Heuer/Raupach, EStG/KStG, § 19 EStG Rz. 150.

174 BFH v. 17.9.1982 - VI R 75/79, BFHE 137, 13.

175 In die Rspr. durch das Grundsatzurteil des BFH v. 17.9.1982 - VI R 75/79, BFHE 137, 13 eingeführt; mittlerweile st. Rspr. vgl. BFH-Urteile v 14.9.2005 - VI R 32/04, BFHE 210, 447; v. 7.7.2004 - VI R 29/00, BFHE 208, 104; v. 26.6.2003 - VI R 112/98, BFHE 203, 53; *Hey* in: Tipke/Lang[22], Steuerrecht, § 8 Rz. 474; *Eisgruber* in: Kirchhof, Einkommensteuergesetz, § 19 EStG Rz. 62 f.; *Pflüger* in: Herrmann/Heuer/Raupach, EStG/KStG, § 19 EStG Rz. 150; *Geserich* in: Blümich EStG, § 19 Rz. 190 ff; *Krüger* in: Schmidt, § 19 EStG Rz. 45.

176 *Geserich* in: Blümich EStG, § 19 Rz. 190; *Eisgruber* in: Kirchhof, Einkommensteuergesetz, § 19 EStG Rz. 62.

benserfahrung entspricht, dass der Arbeitgeber Zuwendungen an seinen Arbeitnehmer lediglich als Gegenleistung für die getane Arbeit erbringt. Diese Regelannahme kann ausschließlich in bestimmten noch zu erläuternden Sonderfällen oder beim Vorliegen besonderer Umstände ausgeschlossen sein. Weniger bedeutende Abgrenzungskriterien sind insbesondere auch, ob ein zeitlicher Zusammenhang zwischen Arbeitsleistung und Zuwendung besteht oder ob ein Rechtsanspruch besteht. Ferner ist die Bemessungsgrundlage der Zahlung (Stunde/Tag/Monat), deren Bezeichnung o.ä. unbedeutend. Es kommt einzig darauf an, dass ein objektiver finaler Zusammenhang zwischen Vorteil und Arbeitsleistung besteht.[177]

Dieses Prinzip ist von Rechtsprechung und Literatur anerkannt. Es handelt sich jedoch um einen nicht explizit im Gesetz verankerten Grundsatz. Der einzige Hinweis auf dieses Prinzip ist in § 19 Abs. 1 Satz 1 Nr. 1 EStG in dem Wort „für“ zu finden[178]. Danach müssen Vorteile und Bezüge *für* eine Beschäftigung im privaten oder öffentlichen Dienst geleistet werden, um als Arbeitslohn zu gelten[179]. Außerdem ist das Veranlassungsprinzip an sich sehr weit gehalten. Dies sichert zum einen die Flexibilität für die Rechtsprechung, erschwert aber die Rechtsanwendung. Zum anderen sichert dies dem Gesetzgeber einen breiten Zugriff auf die Einnahmen des nichtselbständig Beschäftigten. Dieses weite nicht determinierte Verständnis führt jedoch zu einer wachsenden Unübersichtlichkeit bereits bei der Frage, was unter „Arbeitslohn“ zu verstehen ist. Der Gesetzgeber wirkt dabei vielfach mit deklaratorischen Steuerbefreiungen entgegen, um sein Verständnis des Arbeitslohnbegriffs zu bekräftigen[180]. Anderenorts arbeitet der Gesetzgeber sogar mit konstitutiv wirkenden Steuerbefreiungen gegen die weiten Interpretationen des Arbeitslohnbegriffs an[181]. Ein derart wichtiges Grundprinzip der bedeutendsten Einkunftsart des Einkommensteuergesetzes sollte daher in die Definition des Arbeitslohnbegriffs

177 *Pflüger* in: Herrmann/Heuer/Raupach, EStG/KStG, § 19 EStG Rz. 155; *Geserich* in: Blümich EStG, § 19 Rz. 193; *Eisgruber* in: Kirchhof, Einkommensteuergesetz, § 19 EStG Rz. 57; *Krüger* in: Schmidt, § 19 EStG Rz. 45.

178 *Geserich* in: Blümich EStG, § 19 Rz. 190; *Krüger*, DStR 2013, 2029 (2029).

179 *Mody* in: Korn, Einkommensteuergesetz, § 19 EStG Rz. 57.

180 Bspw. § 3 Nr. 32 und 50 EStG.

181 Bspw. § 3 Nr. 45 EStG.

aufgenommen werden. Dadurch wäre sein Inhalt klarer bestimmt, was Rechtssicherheit für die Anwendung bedeuten und zukünftigen Entscheidungen eine Richtlinie vorgeben würde, an der das Veranlassungsprinzip zu messen wäre.

(2) Leistungen aus überwiegend eigenbetrieblichen Interesse des Arbeitgebers

Wie bereits erwähnt werden Leistungen des Arbeitgebers nicht zum Arbeitslohn hinzugerechnet, wenn er diese im ganz überwiegend eigenbetrieblichen Interesse tätigt. Diese Ausnahme kannte bereits die alte Rechtsprechung zum Arbeitslohnbegriff[182]. Der Figur des eigenbetrieblichen Interesses kommt mittlerweile eine entscheidende Bedeutung im Arbeitslohnbegriff zu[183]. Das heutige Verständnis vom Arbeitslohn benutzt dieses Merkmal jedoch nicht als negatives Tatbestandsmerkmal[184]. Die Kategorie des überwiegend eigenbetrieblichen Interesses ist vielmehr das Ergebnis einer objektiven Tatsachenwürdigung, die zum Resultat hat, dass der dem Arbeitnehmer zugewandte Vorteil nicht für die Arbeitskraft gewährt wurde, sondern lediglich eine Begleiterscheinung betriebsfunktionaler Zielsetzungen ist[185]. Diese Tatsachenwürdigung wird durch die mit der Zuwendung einhergehenden Begleiterscheinungen ermittelt, wie insbesondere Anlass, Art und Höhe des Vorteils, Auswahl der Begünstigten, freie oder gebundene Verfügbarkeit, Freiwilligkeit oder Zwang zur Annahme des Vorteils und seiner besonderen Geeignetheit für den jeweils verfolgten betrieblichen Zweck[186]. Hierbei kann man nach der Rechtsprechung des BFH davon ausgehen, dass eine Wechselwirkung zwischen eigenbetriebli-

182 Vgl. oben unter: 2. Kap. B. II. 1. c) und BFH v. 24.1.1975 – VI R 242/71, BFHE 114, 496; BFH v. 26.4.1963, VI 291/62 U, BFHE 77, 35; einen Überblick gebend: *Krüger*, DStR 2013, 2029 (2030 f.).

183 *Drenseck* in: FS Lang, S. 482 ff.; *Krüger*, DStR 2013, 2029 (2031).

184 *Pflüger* in: Herrmann/Heuer/Raupach, EStG/KStG, § 19 EStG Rz. 185; *Geserich* in: Blümich EStG, § 19 Rz. 201; *Krüger* in: Schmidt, § 19 EStG Rz. 55.

185 *Pflüger* in: Herrmann/Heuer/Raupach, EStG/KStG, § 19 EStG Rz. 185; *Geserich* in: Blümich EStG, § 19 Rz. 201; *Krüger* in: Schmidt, § 19 EStG Rz. 55.

186 St. Rspr. vgl. nur: BFH v. 14.11.2013 – VI R 36/12, BFHE 243, 520; BFH v. 24.9.2013 – VI R 8/11, BFHE 242, 509; BFH v. 11.3.2010 – VI R 7/08, BFHE 228, 502; BFH v. 7.7.2004 – VI R 29/00, BFHE 208, 104; BFH v. 30.5.2001 – VI R 177/99, BFHE 195, 373; *Pflüger* in: Herrmann/Heuer/Raupach, EStG/KStG, § 19

chem Interesse des Arbeitgebers und Bereicherung des Arbeitnehmers in folgender Weise besteht: Umso mehr der Arbeitnehmer bereichert ist, desto weniger ausgeprägt ist das eigenbetriebliche Interesse des Arbeitgebers[187]. Diese Figur soll daher bei der Entscheidung helfen, welche dem Arbeitnehmer gewährten Zuwendungen als Entlohnung für seine Dienste anzusehen sind und welche als vorwiegend betriebliche Maßnahmen. Eine abstrakte Definition des überwiegend eigenbetrieblichen Interesses ist nur schwer möglich. Nicht zuletzt, weil der Terminus bereits nicht vollends zutreffend gewählt ist. So hat der Arbeitgeber auch an der meist monatlich erfolgenden Lohnzahlung unstreitig ein eigenbetriebliches Interesse, da er sich damit die Arbeitskraft der Angestellten und den Betriebsfrieden sichert. Die Kernfrage, die hinter der Figur des eigenbetrieblichen Interesses steht, ist, ob die steuerliche Leistungsfähigkeit des Arbeitnehmers durch die Zuwendung gesteigert wurde oder nicht[188].

Aufgrund der objektiven Tatsachenwertung, die dieser Ausnahme vom Veranlassungsprinzip zu Grunde liegt, kann es zu Fällen kommen, die kein überwiegend eigenbetriebliches oder arbeitnehmerseitiges Interesse zeigen. Theoretisch sind Fälle denkbar in denen sich die Interessen des Arbeitgebers und des Arbeitnehmers die Waage halten. Fraglich ist, wie mit diesen umzugehen ist. Bei einer nicht aufteilbaren Leistung muss eine Gesamtwürdigung auch zu einem einheitlichen Ergebnis führen. Grundsätzlich aufteilbare Leistungen müssen bei einer gemischten Veranlassung auch aufgeteilt werden. So sind insbesondere sog. Incentive-Reisen als gemischt veranlasst angesehen worden und nach ihren jeweiligen Elementen getrennt beurteilt worden, sodass die Kosten für Hotel, Anreise und Verpflegung hälftig zum Arbeitslohn zählten und die Kosten für ein Entertainmentprogramm vollständig Arbeitslohn darstellten[189]. Dieses Vorgehen resultiert daraus, dass das Veranlassungsprinzip seine Wurzeln im Werbungskostenabzug hat

---

EStG Rz. 185; *Geserich* in: Blümich EStG, § 19 Rz. 200; *Krüger* in: Schmidt, § 19 EStG Rz. 55; *Krüger*, DStR 2013, 2029 (2031); *Drenseck* in: FS Lang, S. 482 ff.

187 *Geserich* in: Blümich EStG, § 19 Rz. 203; *Eisgruber* in: Kirchhof, Einkommensteuergesetz, § 19 EStG Rz. 66; *Krüger* in: Schmidt, § 19 EStG Rz. 55; *Krüger*, DStR 2013, 2029 (2031); *Drenseck* in: FS Lang, S. 482 ff.

188 *Krüger*, DStR 2013, 2029 (2030).

189 Vgl. BFH v. 18.8.2005 – VI R 32/03, BFHE 210, 420, insb. die Rechnung am Ende der Entscheidung verdeutlicht die Aufteilung.

und dort ein teilweiser Abzug zulässig ist. Wäre dies auf der Einnahmenseite nicht der Fall, so würde dies im Widerspruch zum Leistungsfähigkeitsprinzip stehen[190], da gemischt veranlasste steuerliche Vorgänge auf der Einnahmenseite anders behandelt würden, als auf der Ausgabenseite und somit zu einem verzerrten Bild der finanziellen Leistungsfähigkeit führten. Der Bundesfinanzhof hat diesen Gedanken in seine Rechtsprechung integriert und lässt die Aufteilung von Zuwendungen grundsätzlich zu, solange die Zuwendung aufteilbar ist[191].

Bei der Tatsachenwertung im Rahmen des eigenbetrieblichen Interesses haben sich in der Rechtsprechung diverse Fallgruppen herausgebildet, in denen das eigenbetriebliche Interesse des Arbeitgebers in der Regel überwiegt. Diese werden jedoch unterschiedlich eingeteilt. Eine einheitliche starre Fallgruppenaufteilung ist auch nicht notwendig, da es sich hierbei um von der Rechtsprechung ausgebildete Besonderheiten handelt, bei deren Beurteilung einzelfallspezifische Besonderheiten stets berücksichtigt werden müssen. So teilt beispielsweise *Eisgruber*[192] die Fälle in drei Gruppen ein und *Pflüger*[193] in vier. Die wichtigsten Fallgruppen werden in der Einteilung nach *Eisgruber* nachfolgend vorgestellt, um einen besseren Eindruck von der Anwendung des überwiegend eigenbetrieblichen Interesses zu bekommen.

Eine Fallgruppe sind Zuwendungen, die der gesamten Belegschaft zu Gute kommen. So werden Ausgestaltungen des Arbeitsplatzes bzw. von Gemeinschaftsräumen oder die Veränderung von Arbeitsbedingungen in der Regel im ganz überwiegenden eigenbetrieblichen Interesse des Arbeitgebers getätigt. Dazu zählen beispielsweise neue Büromöbel oder neue Maschinen, aber auch die Ausgestaltungen von Kantinen oder Pausenräumen[194]. Die Bewirtung der Arbeitnehmer durch den Arbeitgeber gilt zwar regelmäßig als Arbeitslohn, so gilt „Kost“ als Sachbezug gemäß § 8 Abs. 2 Satz 1 EStG. Allerdings kann auch die Versorgung mit Mahlzeiten im Einzelfall im überwiegend eigenbe-

190 Vgl. BFH v. 18.8.2005 – VI R 32/03, BFHE 210, 420; *Krüger*, DStR 2013, 2029 (2032) m.w.N.

191 BFH v. 11.3.2010 – VI R 7/08, BFHE 228, 505; BFH, Urt. vom 30.4.2009 - VI R 55/07, BFE 225, 58; BFH v. 18.8.2005 – VI R 32/03, BFHE 210, 420.

192 *Eisgruber* in: Kirchhof, Einkommensteuergesetz, § 19 EStG Rz. 65.

193 *Pflüger* in: Herrmann/Heuer/Raupach, EStG/KStG, § 19 EStG Rz. 186.

194 *Eisgruber* in: Kirchhof, Einkommensteuergesetz, § 19 EStG Rz. 64 f.; *Krüger*, DStR 2013, 2029 (2034); *Krüger* in: Schmidt, § 19 EStG Rz. 56.

trieblichen Interesse liegen[195]. Betriebsveranstaltungen zählen grundsätzlich auch zu dieser Fallgruppe und somit nicht zum Arbeitslohn. Die Rechtsprechung nimmt an, dass die Veranlassung des Vorteils für den Arbeitnehmer durch die individuelle Arbeitsleistung fehlt, wenn die Betriebsveranstaltung allen Angestellten offen steht und das übliche Maß an Häufigkeit und Umfang nicht übersteigt[196]. Hierzu hat sich in der Rechtsprechung[197] eine Freigrenze herausgebildet, die ab dem 1.1. 2015 vom Gesetzgeber in § 19 Abs. 1 Satz 1 Nr. 1 a Satz 3 EStG aufgenommen wurde. Diese Grenze findet sich auch in der Praxis der Finanzverwaltung[198] wieder und ist von der Literatur als Vereinfachung akzeptiert worden[199]. Danach tritt das überwiegend eigenbetriebliche Interesse des Arbeitgebers zurück und der persönliche Vorteil des Arbeitnehmers überwiegt, wenn mehr als 110 Euro Kosten pro Arbeitnehmer und Veranstaltung entstehen.

Die zweite Gruppe von Zuwendungen sind solche, die dem Arbeitnehmer grundsätzlich einen Vorteil bringen, ihm aber aufgedrängt werden. Hat die Zuwendung für den Arbeitnehmer einen konsumtiven Vorteil, so kann das Interesse des Arbeitgebers zurücktreten und die Zuwendung Arbeitslohn sein. So sind beispielsweise Gesundheitsförderungen grundsätzlich vorteilhaft für den Arbeitnehmer. Wenn er an diesen allerdings teilnehmen muss und auch den Umfang nicht selbst bestimmen kann, liegen diese in der Regel im überwiegend eigenbetrieblichen Interesse des Arbeitgebers[200]. Dies gilt insbesondere bei Gesundheitsmaßnahmen, die typische Berufskrankheiten vorbeugen

---

195 BFH v. 21.1.2010 – VI R 51/08, BFHE 228, 85; BFH v. 19.11.2008 – VI R 80/06, BFHE 223, 410; BFH v. 4.8.1994 – VI R 61/92, BFHE 175, 271; BFH v. 7.12.1984 – VI R 164/79, BFHE 142, 483; *Eisgruber* in: Kirchhof, Einkommensteuergesetz, § 19 EStG Rz. 78 unter „Mahlzeiten" m.w.N.; *Krüger*, DStR 2013, 2029 (2034).

196 BFH v. 12.12.2012 – VI R 79/10 BFHE 240, 44 1. LS; BFH v. 16.11.2005 – VI R 151/99, BFHE 211, 321.

197 BFH v. 12.12.2012 – VI R 79/10 BFHE 240, 44 1. LS; BFH v. 16.11.2005 – VI R 151/99, BFHE 211, 321.

198 Lohnsteuer-Richtlinie 2015 R 19.5 Abs. 4 Satz 2.

199 *Pflüger* in: Herrmann/Heuer/Raupach, EStG/KStG, § 19 EStG Rz. 229; *Eisgruber* in: Kirchhof, Einkommensteuergesetz, § 19 EStG Rz. 73a; *Geserich* in: Blümich EStG, § 19 Rz. 247 ff.; *Krüger*, DStR 2013, 2029 (2034 f.).

200 *Pflüger* in: Herrmann/Heuer/Raupach, EStG/KStG, § 19 EStG Rz. 186; *Eisgruber* in: Kirchhof, Einkommensteuergesetz, § 19 EStG Rz. 65; *Krüger* in: Schmidt, § 19 EStG Rz. 56.

oder kurieren sollen[201]. Bei der Übernahme von Clubmitgliedschaften durch den Arbeitgeber ist hingegen zu differenzieren. Haben diese überwiegend einen beruflichen Charakter (Kundenakquise, beruflicher Informationsaustausch etc.), so liegen sie im weit überwiegend eigenbetrieblichen Interesse des Arbeitgebers[202]. Haben sie jedoch eine bedeutende private Komponente für den Arbeitnehmer (z. B. Golfclub- oder Tennisclubmitgliedschaft), so gelten sie als Arbeitslohn[203].

Die dritte und letzte Gruppe sind Zuwendungen an den Arbeitnehmer aus betriebsfunktionalen Gründen. Darunter sind vor allem solche Zuwendungen zu verstehen, die der Arbeitgeber in erster Linie zur Verbesserung der Betriebsabläufe tätigt. Üblicherweise führen diese in der Wechselwirkung der Interessen zwischen Arbeitgeber und Arbeitnehmer zu einem Überhang auf Arbeitgeberseite. Unter Umständen können diese Maßnahmen indessen beim Arbeitnehmer einen so großen Vorteil auslösen, dass sie als Arbeitslohn zu qualifizieren sind. Die in diese Gruppe einzuordnenden Fälle reichen von Fortbildungen des Arbeitnehmers bis hin zur Zurverfügungstellung von Parkplätzen.[204] Das Beispiel der Kostenübernahme für einen Führerschein veranschaulicht, wie die Grenze zu ziehen ist. Handelt es sich um einen Spezialführerschein, wie zum Beispiel zum Fahren eines LKWs, ist die Zuwendung nicht als Arbeitslohn zu verstehen, da hier das Interesse des Arbeitgebers an der Erlernung dieser Fähigkeiten im Vordergrund steht. Werden jedoch die Kosten für einen auch privat zu nutzenden Führerschein (bspw. der Klasse B) übernommen, so liegt

201 Vgl. BFH v. 4.7.2007 – VI B 78/06, BFH/NV 2007, 1874; BFH v. 30.5.2001 – VI R 177/99, BFHE 195, 373;BFH v. 17.9.1982 – VI R 75/79, BFHE 137, 13.

202 BFH v. 20.9.1985 – VI R 120/82, BFHE 144, 435; *Pflüger* in: Herrmann/Heuer/Raupach, EStG/KStG, § 19 EStG Rz. 186; *Eisgruber* in: Kirchhof, Einkommensteuergesetz, § 19 EStG Rz. 65.

203 BFH, Urteil vom 21. März 2013 – VI R 31/10 –, BFHE 241, 167; BFH v. 15.5.1992 – VI R 106/88, BFHE 168, 532; *Pflüger* in: Herrmann/Heuer/Raupach, EStG/KStG, § 19 EStG Rz. 186; *Eisgruber* in: Kirchhof, Einkommensteuergesetz, § 19 EStG Rz. 65.

204 *Eisgruber* in: Kirchhof, Einkommensteuergesetz, § 19 EStG Rz. 65; *Pflüger* in: Herrmann/Heuer/Raupach, EStG/KStG, § 19 EStG Rz. 186, obgleich letzterer wie erwähnt in vier Kategorien gliedert und daher die Fortbildungsmaßnahmen in einer eigenen Kategorie anordnet; vgl. auch *Krüger* in: Schmidt, § 19 EStG Rz. 56.

Arbeitslohn vor.[205] Allgemein liegen berufliche Fortbildungen im überwiegenden Interesse des Arbeitgebers, sodass kein Arbeitslohn gegeben ist[206]. Die Finanzverwaltung teilt diese Ansicht, wenn die Fortbildung „die Einsatzfähigkeit des Arbeitnehmers im Betrieb des Arbeitgebers erhöhen soll"[207]. Auch bei der Überlassung von Berufskleidung muss differenziert werden. So ist die Überlassung von bürgerlicher Kleidung üblicherweise nicht als Arbeitslohn zu qualifizieren[208], die von hochwertiger Kleidung hingegen schon[209].

Bei jeder der Zuwendungen ist daher zu fragen, ob der Arbeitnehmer hierdurch einen persönlichen, in der privaten Sphäre liegenden Vorteil hat, der ein etwaiges arbeitgeberseitiges Interesse überwiegt. Ist dies der Fall, so ist die Zuwendung als Arbeitslohn zu qualifizieren.

(3) Aufwendungsersatzleistungen

In diesem Bereich ist zwischen dem Auslagenersatz und dem Werbungskostenersatz zu differenzieren. Werbungskostenersatz ist grundsätzlich als Arbeitslohn einzustufen, wohingegen der Auslagenersatz in der Regel kein Arbeitslohn ist[210].

Ersetzt der Arbeitgeber Ausgaben des Arbeitnehmers, die eigentlich Werbungskosten i.S.v. § 9 EStG sind, so handelt es sich um Werbungskostenersatz. Dieser liegt üblicherweise im weit überwiegenden

205 BFH v. 26.6.2003 – VI R 112/98, BFHE 203, 53; *Eisgruber* in: Kirchhof, Einkommensteuergesetz, § 19 EStG Rz. 78 unter „Führerschein"; *Pflüger* in: Herrmann/Heuer/Raupach, EStG/KStG, § 19 EStG Rz. 186; *Geserich* in: Blümich EStG, § 19 Rz. 280 unter „Führerschein"; *Krüger*, DStR 2013, 2029 (2036).

206 *Pflüger* in: Herrmann/Heuer/Raupach, EStG/KStG, § 19 EStG Rz. 186 u. 600 unter „Ausbildungsbeihilfen"; *Eisgruber* in: Kirchhof, Einkommensteuergesetz, § 19 EStG Rz. 78 unter „Fortbildung".

207 Lohnsteuer-Richtlinie 2015 R 19.7 Abs. 2 Satz 1.

208 BFH v. 22.6.2006 – VI R 21/05, BFHE 214, 252.

209 BFH v. 11.4.2006 – VI R 60/02, BFHE 212, 574; krit. zu der steuerlichen Beurteilung von Arbeitskleidung *Krüger*, DStR 2013, 2029 (2036).

210 *Mody* in: Korn, Einkommensteuergesetz, § 19 EStG Rz. 55 f.; *Pflüger* in: Herrmann/Heuer/Raupach, EStG/KStG, § 19 EStG Rz. 161; *Geserich* in: Blümich EStG, § 19 Rz. 215 ff.; *Krüger* in: Schmidt, § 19 EStG Rz. 65 ff.

Interesse des Arbeitnehmers[211], da die Werbungskosten sonst wirtschaftlich von seinem Grundlohn zu tragen wären. Der Werbungskostenersatz ist zwar Arbeitslohn für den Arbeitnehmer, er kann jedoch, da es hierbei schließlich um einen Ersatz für Werbungskosten gem. § 9 EStG handelt, Werbungskosten in entsprechender Höhe zum Abzug bringen[212]. Daher wird bei steuerbarem Werbungskostenersatz aus Vereinfachungsgründen eine Saldierung mit den Werbungskosten vorgenommen[213]. Außerdem sind die zahlreichen Steuerbefreiungen von Werbungskostenersatzleistungen zu beachten, wie beispielsweise § 3 Nr. 13, 16, 30–32 und 34 EStG, die zumeist vordergründig zur Vereinfachung der Besteuerung eingeführt wurden. Jedoch sind diese recht einzelfallorientiert ausgestaltet[214] oder handwerklich verfehlt[215], sodass deren Anwendung in Teilen zu größeren Problemen führt.

Auslagenersatz liegt vor, wenn der Arbeitnehmer im eigenen Namen, aber für Rechnung des Arbeitgebers oder in dessen Namen und auf dessen Rechnung Ausgaben tätigt. Hierbei ist entscheidend, dass der Arbeitnehmer im Unterschied zum Werbungskostenersatz zumindest kein überwiegendes oder gar kein eigenes Interesse an der Ausgabe hat, sondern dass vielmehr das Interesse des Arbeitgebers an der Ausgabe weit überwiegt und dieser die Ausgabe angeordnet oder gebilligt hat.[216] Auslagenersatz wird teilweise auch als durchlaufender Posten bezeichnet, was die Funktionsweise verdeutlicht. Der einzige Unterschied zwischen durchlaufenden Posten und Auslagenersatz liegt

211 *Mody* in: Korn, Einkommensteuergesetz, § 19 EStG Rz. 56; *Krüger* in: Schmidt, § 19 EStG Rz. 66.

212 *Geserich* in: Blümich EStG, § 19 Rz. 215 ff.; *Mody* in: Korn, Einkommensteuergesetz, § 19 EStG Rz. 56; *Drenseck* in: FS Lang, S. 485 ff., der Werbungskostenersatz in Form von Sachzuwendungen nicht als Arbeitslohn ansieht.

213 *Krüger* in: Schmidt, § 19 EStG Rz. 66.

214 Wie bspw. § 3 Nr. 30 EStG, das sog. Werkzeuggeld, was speziell auf die Erstattung für Abnutzungen von betrieblich genutzten privatem Werkzeug gerichtet ist, vgl. dazu weitergehend unten unter: 3. Kap. A. I. 8.

215 Vgl. die verfassungsrechtlichen Probleme des § 3 Nr. 13 u. 16 EStG, die verfassungskonform ausgelegt werden müssen, näher dazu unten unter: 3. Kap. A. I. 3. und 4.

216 BFH v. 28.3.2006 – VI R 24/03, BFHE 212, 556; BFH v. 19.1.1976 – VI R 227/72, BFHE 117, 470; BFH v. 29.11.1968 – VI R 279/67, BFHE 94, 336; *Mody* in: Korn, Einkommensteuergesetz, § 19 EStG Rz. 55 f.; *Pflüger* in: Herrmann/Heuer/Raupach, EStG/KStG, § 19 EStG Rz. 161; *Hillmoth* in: Lippross, Basiskommentar, § 19 EStG Rz. 120 unter „Auslagenersatz“; *Krüger* in: Schmidt, § 19 EStG Rz. 65.

dabei darin, dass beim Auslagenersatz der Arbeitnehmer im Nachhinein von seinem Arbeitgeber entschädigt wird, wohingegen der Arbeitnehmer bei durchlaufenden Posten vor der Ausgabe die finanziellen Mittel hierfür erhält[217]. Der Auslagenersatz samt den durchlaufenden Geldern ist gem. § 3 Nr. 50 EStG steuerfrei gestellt. Hierbei handelt es sich jedoch allenfalls um eine deklaratorische Steuerfreistellung, da – wie bereits erwähnt – diese Bezüge schon keinen Arbeitslohn darstellen[218]. Demnach ist die Wortwahl in § 3 Nr. 50 EStG unpräzise gewählt, indem hier von einer Steuerfreistellung gesprochen wird[219].

Die Abgrenzung zwischen Werbungskosten- und Auslagenersatz ist nicht abschließend für alle Fälle geklärt. In der Literatur haben sich hierzu unterschiedliche Standpunkte entwickelt. Teils werden Gedanken der Geschäftsführung ohne Auftrag übernommen, indem gefragt wird, wessen Geschäft der Arbeitnehmer führt[220]. Manche fragen danach, wessen Sphäre die Ausgabe zuzuordnen ist[221]. Andere grenzen nach allgemeinen arbeits- oder auftragsrechtlichen Grundsätzen ab[222]. Im Sinne einer gleichmäßigen Rechtsanwendung sollten hier jedoch die gleichen Regeln gelten wie sonst bei der Abgrenzung zum Arbeitslohn auch, d.h. es sollte darauf ankommen, wessen Interesse bei der Aufwendung überwiegt. Sind die Aufwendungen durch die zumindest überwiegenden Interessen des Arbeitgebers initiiert oder werden sie von ihm gebilligt, so handelt es sich um Auslagenersatz. Im Zweifel liegt Auslagenersatz vor, wenn neben dem überwiegenden Interesse des Arbeitgebers die Aufwendung der Arbeitsausführung dient und zu

217 *Mody* in: Korn, Einkommensteuergesetz, § 19 EStG Rz. 55; vgl. auch den Wortlaut des § 3 Nr. 50 EStG.

218 *Pflüger* in: Herrmann/Heuer/Raupach, EStG/KStG, § 19 EStG Rz. 140; *Bergkemper* in: Herrmann/Heuer/Raupach, EStG/KStG, § 3 Nr. 50 EStG Rz. 1; *Tormöhlen* in: Korn, Einkommensteuergesetz, § 3 Nr. 50 EStG Rz. 2.

219 *Pflüger* in: Herrmann/Heuer/Raupach, EStG/KStG, § 19 EStG Rz. 140; *Bergkemper* in: Herrmann/Heuer/Raupach, EStG/KStG, § 3 Nr. 50 EStG Rz. 1.

220 So etwa *Tormöhlen* in: Korn, Einkommensteuergesetz, § 3 Nr. 50 EStG Rz. 2.

221 So *Geserich* in: Blümich EStG, § 19 Rz. 178.

222 Vgl. BFH v. 28.3.2006 – VI R 24/03, BFHE 212, 556; zum Meinungsstand vgl. Überblick bei *v. Beckerath* in: K/S/M, EStG, § 3 Nr. 50 Rz. B50/27 ff. und *Geserich* in: Blümich EStG, § 19 Rz. 177 f.

keiner Bereicherung beim Arbeitnehmer führt. Diese Meinung wird auch von der Rechtsprechung und Teilen des Schrifttums geteilt.[223]

Die Abgrenzung ist dabei nicht rein akademischer Natur. Dem Werbungskostenersatz als steuerpflichtiger Arbeitslohn steht i. d. R. ein Werbungskostenabzug in gleicher Höhe entgegen. Dieser Abzug wirkt sich jedoch nicht aus, wenn die Gesamtwerbungskosten den Pauschbetrag des § 9 Satz 1 Nr. 1 lit. a) EStG i.H.v. 1000 Euro nicht übersteigen. Daher ist ein Auslagenersatz für den Steuerpflichtigen grundsätzlich vorteilhafter[224], es sei denn der Werbungskostenersatz fällt unter den Katalog der Steuerbefreiungen gem. § 3 EStG. In diesem Fall kann der Arbeitnehmer zwar die Werbungskosten in Anlehnung an § 3c EStG nicht mehr geltend machen[225], er erhält diese aber steuerfrei ersetzt. Dies entspricht in tatsächlicher Hinsicht den Wirkungen eines Auslagenersatzes.

(4) Schadensersatzleistungen

Schadensersatzleistungen des Arbeitgebers an den Arbeitnehmer sind grundsätzlich nicht Teil des Arbeitslohns. Ihnen fehlt der Veranlassungszusammenhang zur Arbeit des Arbeitnehmers, da der Schadensersatz nicht für die Arbeitsleistung im Betrieb gezahlt wird. Er wird vielmehr wegen eines bestehenden sonstigen Anspruchs gewährt. Dies gilt selbst dann, wenn die Grundlage dieses Anspruchs der Arbeitsvertrag selbst ist. Ausschließlich bei Erfüllung aller üblichen Merkmale des Arbeitslohnbegriffs handelt es sich jedoch auch bei Schadenersatz-

223 Zur Abgrenzung vgl.: BFH v. 28.3.2006 – VI R 24/03, BFHE 212, 556; BFH v. 21.8.1995 – VI R 30/95, BFHE 178, 350; BFH v. 17.12.1993 – III R 29/91, BFH/NV 1994, 371; BFH v. 19.1.1976 – VI R 227/72, BFHE 117, 470; *Bergkemper* in: Herrmann/Heuer/Raupach, EStG/KStG, § 3 Nr. 50 EStG Rz. 2; *Pflüger* in: Herrmann/Heuer/Raupach, EStG/KStG, § 19 EStG Rz. 161; *Tormöhlen* in: Korn, Einkommensteuergesetz, § 3 Nr. 50 EStG Rz. 1.5 f.; *Offerhaus*, BB 1990, 2017; mit eigenen Lösungsansätzen: *v. Bornhaupt*, StuW 1990, 46.

224 *Mody* in: Korn, Einkommensteuergesetz, § 19 EStG Rz. 56.

225 Vgl. BFH v. 26.3.2002 – VI R 26/00, BFHE 198, 545; *Kreft* in: Herrmann/Heuer/Raupach, EStG/KStG, § 9 EStG Rz. 90; *Heß* in: Beck'sches Steuer- und Bilanzrechtslexikon, „Werbungskostenersatz durch den Arbeitgeber" Rz. 1.

leistungen um Arbeitslohn[226]. Auch für vom Arbeitgeber zu zahlende Ersatzleistungen für die Verletzung des allgemeinen Persönlichkeitsrecht sowie Schmerzensgeldzahlungen sind in der Regel kein Arbeitslohn[227].

Ersatzleistungen, deren Ziel die Kompensation von Mindereinnahmen des Arbeitnehmers ist, gehören hingegen zum Arbeitslohn[228]. Hier bestimmt ein unmittelbarer Zusammenhang zum Arbeitsverhältnis die Ersatzleistung. Auch zum Arbeitslohn hinzuzurechnen ist ein Verzicht auf Schadensersatzforderungen seitens des Arbeitgebers[229]. Hierdurch erlangt der Arbeitnehmer einen geldwerten Vorteil, der unmittelbar durch das Arbeitsverhältnis begründet wurde, da in einem Arbeitsverhältnis üblicherweise keine Gründe zu finden sind, die ansonsten einen Erlass rechtfertigen würden. Vielmehr erlässt der Arbeitgeber dem Arbeitnehmer eine Schadensersatzforderung, um den Betriebsfrieden zu wahren und sich die volle Arbeitskraft des Angestellten auch in Zukunft zu sichern.[230]

(5) Vorteile des Arbeitnehmers, die ohne Kenntnis und Willen des Arbeitgebers bezogen wurden

Ein Veranlassungszusammenhang zwischen der Arbeit und der Entlohnung besteht, wenn der Vorteil im weitesten Sinne für die erbrachte

226 BFH v. 20.9.1996 – VI R 57/95, BFHE 181, 298; *Geserich* in: Blümich EStG, § 19 Rz. 219; *Pflüger* in: Herrmann/Heuer/Raupach, EStG/KStG, § 19 EStG Rz. 275; *Eisgruber* in: Kirchhof, Einkommensteuergesetz, § 19 EStG Rz. 78 unter „Schadenersatz“; *Mody* in: Korn, Einkommensteuergesetz, § 19 EStG Rz. 66 unter „Schadensersatzleistungen“; *Hillmoth* in: Lippross, Basiskommentar, § 19 EStG Rz. 120 unter „Schadensersatzleistungen“.

227 Vgl. bereits BFH v. 29.10.1963 – VI 290/62 U, BFHE 78, 32; *Pflüger* in: Herrmann/Heuer/Raupach, EStG/KStG, § 19 EStG Rz. 275; *Geserich* in: Blümich EStG, § 19 Rz. 219; *Mody* in: Korn, Einkommensteuergesetz, § 19 EStG Rz. 66 unter „Schadensersatzleistungen“.

228 Vgl.: *Geserich* in: Blümich EStG, § 19 Rz. 219.

229 BFH v. 27.3.1992 – VI R 145/89, BFHE 168, 99; BFH v. 25.1.1985 – VI R 173/80, BFHE 143, 332; BFH v. 29.10.1993 – VI R 4/87, BFHE 172, 467; *Eisgruber* in: Kirchhof, Einkommensteuergesetz, § 19 EStG Rz. 78 unter „Forderungsverzicht durch den ArbG“; *Pflüger* in: Herrmann/Heuer/Raupach, EStG/KStG, § 19 EStG Rz. 600 unter „Erlass“.

230 Vgl. BFH v. 27.3.1992 – VI R 145/89, BFHE 168, 99.

Arbeit gewährt wird wobei ein finaler Zusammenhang bestehen muss, d.h. der Vorteil muss gewährt worden sein, um die Arbeit zu entlohnen. [231]

An eben diesem finalen Zusammenhang fehlt es, wenn der Arbeitgeber keine Kenntnis von dem vom Arbeitnehmer erlangten Vorteil hat und/oder diesen nicht willentlich veranlasst hat. Ein solcher Vorteil wird vom Arbeitnehmer beispielsweise durch Diebstahl oder Unterschlagung zum Nachteil des Arbeitgebers erlangt[232]. Die Vorteile hieraus hat der Arbeitnehmer nicht für seine Arbeitsleistung erhalten.

(6) Bewertung des Rechtsinstitutes des Veranlassungszusammenhangs

Die Integration des Veranlassungszusammenhangs in den Arbeitslohnbegriff war sinnvoll. Dadurch wurde das bereits im Werbungskostenrecht anerkannte Prinzip auch auf der Einnahmenseite genutzt und die Rechtsanwendung gleichmäßiger. Ferner sorgt das Veranlassungsprinzip für eine wertende Einschränkung des grundsätzlich sehr weit gehaltenen Arbeitslohnbegriffs im Sinne einer objektiven Zurechenbarkeit des Vorteils zur Arbeitsleistung. So lobenswert die Einführung des Grundprinzips war, so ausufernd und unübersichtlich ist jedoch die dazu ergangene Rechtsprechung. Im Laufe der bisherigen Darstellung wurde lediglich ein Überblick über die unterschiedlichen Besonderheiten dieses Bereichs gegeben. Führt man sich dabei vor Augen, dass dieses so entscheidende Prinzip lediglich an dem Wort „für" in § 19 Abs. 1 Satz 1 Nr. 1 EStG festgemacht wird, so wird deutlich, dass dies nicht zur Einfachheit und Übersichtlichkeit der Anwendung der

231 In die Rspr. durch das Grundsatzurteil des BFH v. 17.9.1982 – VI R 75/79, BFHE 137, 13 eingeführt; mittlerweile st. Rspr. vgl. BFH-Urteile v 14.9.2005 – VI R 32/04, BFHE 210, 447; v. 7.7.2004 – VI R 29/00, BFHE 208, 104; v. 26.6.2003 – VI R 112/98, BFHE 203, 53; *Hey* in: Tipke/Lang[22], Steuerrecht, § 8 Rz. 474; *Eisgruber* in: Kirchhof, Einkommensteuergesetz, § 19 EStG Rz. 62 f.; *Pflüger* in: Herrmann/Heuer/Raupach, EStG/KStG, § 19 EStG Rz. 150; *Geserich* in: Blümich EStG, § 19 Rz. 190 ff.

232 BFH v. 13.11.2012 – VI R 38/11, BFHE 168, 99; *Pflüger* in: Herrmann/Heuer/Raupach, EStG/KStG, § 19 EStG Rz. 600 unter „Diebstahl"; *Geserich* in: Blümich EStG, § 19 Rz. 227; *Hillmoth* in: Lippross, Basiskommentar, § 19 EStG Rz. 120 unter „Diebstahl"; a.A.: *Lang*, Die Einkünfte des Arbeitnehmers, DStJG 1986, S. 52 f., 71.

Normen des Lohnsteuerrechts beiträgt. Selbstredend kann ein Gesetz nicht so ausdifferenziert formuliert sein, dass jeder Fall aus dem Gesetz selbst ablesbar ist. Es wäre jedoch wünschenswert, wenn dieses grundlegende Prinzip zumindest in seinen Grundzügen im Gesetz konturiert wäre. Dies würde die Rechtsanwendung für alle Beteiligten erleichtern und verlässlicher gestalten. Ferner müsste der Gesetzgeber nicht mehr versuchen seiner Meinung nach nicht wünschenswerte Entwicklungen in diesem Bereich des Arbeitslohnbegriffs mit dem Einsatz von einzelfallorientierten Normen zu unterbinden.

cc) Arbeitslohn von Dritten

Eine Besonderheit der Einkünfte aus nichtselbständiger Arbeit ist der von Dritten gezahlte Arbeitslohn. Die Ursache dieser Besonderheit ist der weite Arbeitslohnbegriff, der grundsätzlich alle Einnahmen zum Arbeitslohn zählt, die dem Arbeitnehmer aus dem Dienstverhältnis zufließen; unabhängig davon, welcher Quelle sie entstammen, ob sie regelmäßige oder einmalige, Bar- oder Sachbezüge sind[233]. Auf diesem Arbeitslohnverständnis aufbauend entstand ein im Steuerrecht einmaliges Dreiecksverhältnis zwischen Arbeitnehmer, Arbeitgeber und Finanzamt. In diesem bezieht der Arbeitnehmer den Hauptteil seines Lohnes typischerweise vom Arbeitgeber und dieser ist auch üblicherweise für den Steuereinbehalt und die Abführung zuständig. Vergleicht man dies mit den Einkünften aus gewerblicher oder selbstständiger Tätigkeit, so fällt auf, dass diese Steuerpflichtigen in der Regel diverse Einnahmequellen haben und nicht lediglich eine. So haben Selbstständige und Gewerbetreibende üblicherweise einen breit gefächerten Kundenstamm.

Es gibt aber auch im Arbeitsverhältnis bestimmte Situationen, in denen der Arbeitnehmer von anderen als dem Arbeitgeber Zuwendungen erhält. Das Lohnsteuerabzugsverfahren ist hierauf jedoch nur bedingt vorbereitet. Das wohl bekannteste Beispiel einer Lohnzahlung eines Dritten ist die Trinkgeldzahlung, die von einem Dritten für die vom Arbeitnehmer geleisteten Dienste erbracht wird[234]. Aber auch

233 *Hey* in: Tipke/Lang[22], Steuerrecht, § 8 Rz. 474.

234 Zu der Steuerbarkeit von Trinkgeld im damaligen Kontext: BFH v. 23.10.1992 – VI R 62/88, BFHE 169, 432; mittlerweile steuerfrei gem. § 3 Nr. 51 EStG.

Preisgelder können im Einzelfall Arbeitslohn von Dritten darstellen[235]. Der Bundesfinanzhof nimmt Arbeitslohn bei einer Zuwendung eines Dritten an, „wenn sie ein Entgelt "für" eine Leistung bildet, die der Arbeitnehmer im Rahmen des Dienstverhältnisses für seinen Arbeitgeber erbringt, erbracht hat oder erbringen soll. Voraussetzung ist, dass sie sich für den Arbeitnehmer als Frucht seiner Arbeit für den Arbeitgeber darstellt und im Zusammenhang mit dem Dienstverhältnis steht.“[236].[237] Die Zuwendung darf jedoch nicht wegen anderer Rechtsbeziehungen oder sonstigen Beziehungen zwischen Arbeitnehmer und Dritten oder Arbeitgeber und Arbeitnehmer, die nicht das Dienstverhältnis sind, gewährt worden sein[238]. Es kommt hierbei immer auf die tatrichterliche Würdigung des Einzelfalls an.

(1) Voraussetzungen und Beispiele für Lohnzahlungen Dritter

Der Rechtsprechung des Bundesfinanzhofes folgend ist die erste Voraussetzung zur Annahme einer arbeitslohnbegründenden Zuwendung eines Dritten, dass sie durch das Dienstverhältnis veranlasst ist. Hierbei stellt sich ähnlich wie beim allgemeinen Veranlassungsprinzip[239] zuerst die Frage, aus welcher Perspektive dies zu entscheiden ist. Anders als beim Veranlassungszusammenhang, bei dem ein objektiver

---

235 Vgl. BFH v. 23.4.2009 – VI R 39/08, BFHE 224, 571 zu einem Nachwuchsförderpreis; weitere Beispiele bei *Pflüger* in: Herrmann/Heuer/Raupach, EStG/KStG, § 19 EStG Rz. 170.

236 BFH v. 28.2.2013 – VI R 58/11, BFHE 240, 345.

237 St. Rspr. vgl. nur BFH v. 28.2.2013 – VI R 58/11, BFHE 240, 345; BFH v. 18.10.2012 – VI R 64/11, BFHE 239, 270 jeweils m.w.N.; vgl. auch: *Eisgruber* in: Kirchhof, Einkommensteuergesetz, § 19 EStG Rz. 68 f.; *Pflüger* in: Herrmann/Heuer/Raupach, EStG/KStG, § 19 EStG Rz. 170; *Mody* in: Korn, Einkommensteuergesetz, § 19 EStG Rz. 61; *Geserich* in: Blümich EStG, § 19 Rz. 232 f.; *Krüger* in: Schmidt, § 19 EStG Rz. 70.

238 St. Rspr. vgl. nur BFH v. 28.2.2013 – VI R 58/11, BFHE 240, 345; BFH v. 18.10.2012 – VI R 64/11, BFHE 239, 270 jeweils m.w.N.; *Eisgruber* in: Kirchhof, Einkommensteuergesetz, § 19 EStG Rz. 68 f.; *Pflüger* in: Herrmann/Heuer/Raupach, EStG/KStG, § 19 EStG Rz. 170; *Mody* in: Korn, Einkommensteuergesetz, § 19 EStG Rz. 61; *Geserich* in: Blümich EStG, § 19 Rz. 232 f.; *Krüger* in: Schmidt, § 19 EStG Rz. 72; *Kloubert*, DStR 2000, 231 (232).

239 Vgl. B.II.2.a)dd)(2)♋).

Maßstab angelegt wird[240], ist bei Zuwendungen eines Dritten die Sicht des Arbeitnehmers entscheidend. Danach muss beurteilt werden, ob ein Zusammenhang zwischen der Zuwendung des Dritten und dem Dienstverhältnis des Arbeitnehmers mit dem Arbeitgeber besteht. Die Zuwendung muss im weitesten Sinne auf dem Beschäftigungsverhältnis beruhen und sich als Frucht der Dienstleistung für den Arbeitgeber darstellen. Wie bereits angedeutet darf kein außerhalb des Dienstverhältnisses liegender Rechtsgrund für die Zuwendung des Dritten ausschlaggebend gewesen sein.[241]

Die Zuwendung des Dritten muss außerdem als Gegenleistung für Handlungen des Arbeitnehmers erfolgen, die dieser im Rahmen seines Arbeitsverhältnisses dem Arbeitgeber gegenüber schuldet. Hierbei ist ein kausaler Zusammenhang nicht ausreichend. Vielmehr bedarf es, wie bei dem allgemeinen Arbeitslohnbegriff, eines finalen Zusammenhangs zwischen Zuwendung und Dienst des Arbeitnehmers.[242] So wird der Kellner bei seiner Arbeit grundsätzlich für den Arbeitgeber tätig. Der Gast zahlt das Trinkgeld für die Entlohnung dieses Dienstes. Auf die Kenntnis des Arbeitgebers von der Zuwendung kommt es für die Qualifikation als Arbeitslohn nicht an[243]. Die Kenntnis des Arbeitgebers ist jedoch bei der Versteuerung entscheidend. Die Zuwendung kann sogar gegen den Willen des Arbeitgebers erfolgen, darf jedoch nicht gegen das Arbeitsverhältnis an sich gerichtet sein. Deshalb sind

240 *Pflüger* in: Herrmann/Heuer/Raupach, EStG/KStG, § 19 EStG Rz. 155; *Geserich* in: Blümich EStG, § 19 Rz. 193; *Eisgruber* in: Kirchhof, Einkommensteuergesetz, § 19 EStG Rz. 57; *Krüger* in: Schmidt, § 19 EStG Rz. 45.

241 St. Rspr. vgl. nur BFH v. 28.2.2013 – VI R 58/11, BFHE 240, 345; BFH v. 23.4.2009 – VI R 39/08, BFHE 224, 571; BFH v. 20.11.2008 – VI R 25/05, BFHE 223, 419; BFH v. 19.6.2008 – VI R 4/05, BFHE 222, 353; BFH v. 10.5.2006 – IX R 82/98, BFHE 213, 487; BFH v. 19.8.2004 – VI R 33/97, BFHE 207, 230; BFH v. 5.7.1996 – VI R 10/96, BFHE 180, 441; gl.A.: *Eisgruber* in: Kirchhof, Einkommensteuergesetz, § 19 EStG Rz. 68 f.; *Geserich* in: Blümich EStG, § 19 Rz. 232 f.; *Albert*, FR 2009, 857 (858); a.A., nämlich, dass die Sicht des Dritten ausschlaggebend sei: *Pflüger* in: Herrmann/Heuer/Raupach, EStG/KStG, § 19 EStG Rz. 170.

242 BFH v. 17.7.2014 – VI R 69/13, BFHE 246, 363; *Geserich* in: Blümich EStG, § 19 Rz. 232; *Pflüger* in: Herrmann/Heuer/Raupach, EStG/KStG, § 19 EStG Rz. 172.

243 *Geserich* in: Blümich EStG, § 19 Rz. 232; *Pflüger* in: Herrmann/Heuer/Raupach, EStG/KStG, § 19 EStG Rz. 172; *Krüger* in: Schmidt, § 19 EStG Rz. 70; *Eisgruber* in: Kirchhof, Einkommensteuergesetz, § 19 EStG Rz. 70; *Mody* in: Korn, Einkommensteuergesetz, § 19 EStG Rz. 61; a.A. *Albert/Hahn*, FR 1995, 334 (335 f.); nur noch von einem entscheidenden Einfluss sprechend: *Albert*, FR 2009, 857 (860).

Bestechungs- und Schmiergelder[244] als gegen das Arbeitsverhältnis gerichtete Leistungen eines Dritten nicht als Arbeitslohn anzusehen.[245] Streikgelder, die von einer Gewerkschaft an Arbeitnehmer für die Teilnahme an einem Streik gezahlt werden, gehören nicht zum Arbeitslohn, da sie aus der Gewerkschaftsmitgliedschaft resultieren und nicht aus dem Arbeitsverhältnis[246].

Bei von Dritten gewährten Rabatten hat sich eine gewisse Kasuistik herausgebildet. Rabatte stellen als ersparte Aufwendungen in der Regel einen objektiven Vorteil für den Arbeitnehmer dar. Rabatte, die von Dritter Seite dem Arbeitnehmer zu Gute kommen, können auch zu steuerpflichtigem Arbeitslohn führen. In diesem Bereich ist eine einfache Zuordnung jedoch nicht immer möglich. Entscheidend sind die Gegebenheiten des Einzelfalls. Auch bei Rabatten muss sich die Zuwendung für den Arbeitgeber als Frucht seiner Dienste für den Arbeitgeber darstellen. Es gelten daher die allgemeinen zuvor ausgeführten Grundsätze. Grundsätzlich liegt bei einer Rabattgewährung von Dritten dann Arbeitslohn vor, wenn der Arbeitgeber an der Rabattgewährung mitgewirkt hat und somit nicht mehr die Absatzsteigerung des rabattgewährenden Unternehmens im Vordergrund steht, sondern eine Art Anerkennung der Dienste des Arbeitnehmers[247]. Dennoch gilt, dass die Mitwirkung des Arbeitgebers an Rabatten von Dritter Seite zu Gunsten des Arbeitnehmers lediglich als starkes Indiz für die An-

244 BFH v. 26.1.2000 – IX R 87/95, BFHE 191, 274.

245 *Geserich* in: Blümich EStG, § 19 Rz. 232; *Pflüger* in: Herrmann/Heuer/Raupach, EStG/KStG, § 19 EStG Rz. 172; *Eisgruber* in: Kirchhof, Einkommensteuergesetz, § 19 EStG Rz. 70; *Krüger* in: Schmidt, § 19 EStG Rz. 70; *Mody* in: Korn, Einkommensteuergesetz, § 19 EStG Rz. 61; *Lishaut*, FR 2004, 203 (204); a.A. Kölner EStG vgl. § 5 Abs. 2 des Entwurfs; wohl auch a.A. *Hey* in: Tipke/Lang[22], Steuerrecht, § 8 Rz. 474 f.

246 BFH v. 24.10.1990 – X R 161/88, BFHE 162, 329; *Pflüger* in: Herrmann/Heuer/Raupach, EStG/KStG, § 19 EStG Rz. 172; *Eisgruber* in: Kirchhof, Einkommensteuergesetz, § 19 EStG Rz. 68; a.A. Kölner EStG vgl. § 5 Abs. 2 des Entwurfs, wohl auch a.A.: *Hey* in: Tipke/Lang[22], Steuerrecht, § 8 Rz. 474 f.

247 Vgl. BFH v. 30.5.2001 – VI R 123/00, BFHE 195, 376; *Pflüger* in: Herrmann/Heuer/Raupach, EStG/KStG, § 19 EStG Rz. 172; *Eisgruber* in: Kirchhof, Einkommensteuergesetz, § 19 EStG Rz. 71; *Albert*, FR 2009, 857 (860 f.).

nahme von Arbeitslohn gewertet werden kann[248]. Andersherum gelten Rabatte, die keine Verbindung zum konkreten Arbeitsverhältnis haben, nur auf dem beruflichen Status beruhen (bspw. Beamtentarife bei Versicherungen) und einer großen Menge an Arbeitnehmern zur Verfügung stehen, nicht als Arbeitslohn. Hier ist ein Fremdvergleich in der Weise anzustellen, dass wenn ein in Bezug auf das Arbeitsverhältnis Unbeteiligter diesen Rabatt auch erhielte, kein Arbeitslohn vorliegt.[249] Bei Rabatten von verbundenen Unternehmen stellt sich die Abgrenzung als schwierig dar. Nach der maßgeblichen Rechtsprechung ist hier insbesondere auf die Sicht des Arbeitnehmers abzustellen. Ausschließlich wenn es sich für den Arbeitnehmer als Vorteil darstellt, der durch das Arbeitsverhältnis veranlasst ist, liegt Arbeitslohn vor. Wobei auch hier die Anweisung des Arbeitgebers an das verbundene Unternehmen ein starkes Indiz für das Vorliegen von Arbeitslohn ist. Ferner ist auch von Bedeutung, ob der Rabatt einer größeren Gruppe von Vorteilsnehmern zu Gute kommt. Ist die Gruppe nämlich verhältnismäßig groß, so stellt sich der Rabatt eher nicht als Arbeitslohn dar.[250] Generell sind jedoch auch hier stets die Umstände des Einzelfalls im Rahmen einer tatrichterlichen Würdigung entscheidend. Durch das Fehlen einer Definition, was unter Arbeitslohn von Dritten zu verstehen ist, entstehen somit in diesem Bereich der Lohnsteuer – reduzierbare – Rechtsunsicherheiten.

---

248 Vgl. BFH v. 18.10.2012 – VI R 64/11, BFHE 239, 270; BFH v. 30.5.2001 – VI R 123/00, BFHE 195, 376; *Eisgruber* in: Kirchhof, Einkommensteuergesetz, § 19 EStG Rz. 71; *Pflüger* in: Herrmann/Heuer/Raupach, EStG/KStG, § 19 EStG Rz. 172; *Geserich* in: Blümich EStG, § 19 Rz. 234 f.; vgl. auch eher restriktiv *Albert*, FR 2009, 857 (860 f.).

249 *Eisgruber* in: Kirchhof, Einkommensteuergesetz, § 19 EStG Rz. 71; *Pflüger* in: Herrmann/Heuer/Raupach, EStG/KStG, § 19 EStG Rz. 172; *Geserich* in: Blümich EStG, § 19 Rz. 234 f.

250 Vgl. hierzu BFH v. 20.5.2010 – VI R 41/09, BFHE 229, 346; *Eisgruber* in: Kirchhof, Einkommensteuergesetz, § 19 EStG Rz. 71; *Pflüger* in: Herrmann/Heuer/Raupach, EStG/KStG, § 19 EStG Rz. 172; vgl. auch eher restriktiv *Albert*, FR 2009, 857 (860).

(2) Versteuerung der Lohnzahlung Dritter und damit verbundene Probleme

Im Rahmen der Lohnzahlung durch Dritte wird zwischen echter und unechter Lohnzahlung durch Dritte differenziert. Diese Differenzierung entscheidet zum einen, ob eine tatsächliche Lohnzahlung von Dritten vorliegt, und zum anderen, nach welchen Vorschriften der Steuerabzug durchgeführt wird. Eine unechte Lohnzahlung Dritter ist demnach bei Dritten gegeben, die ausschließlich als Zahlstelle für den Arbeitgeber auftreten. Diese fungieren als Leistungsmittler für den Arbeitgeber und werden auf dessen Anweisung tätig.[251] Von einer echten Lohnzahlung Dritter spricht man, wenn eben diese Leistungsmittlerfunktion nicht gegeben ist. Das Trinkgeld ist eine echte Lohnzahlung Dritter, da der Dritte dabei nicht auf Anweisung des Arbeitgebers als Zahlstelle auftritt, sondern eigenständig tätig wird. Ein weiterer typischer Fall ist die erlaubte Überlassung von Arbeitnehmern, wenn deren Lohn zumindest teilweise durch den Entleiher (Dritten) direkt an die Arbeitnehmer gezahlt wird.[252] Ausschließlich bei einer echten Lohnzahlung eines Dritten wird gem. § 38 Abs. 1 Satz 3 EStG vom Arbeitgeber Lohnsteuer abgeführt, soweit der Arbeitgeber dies wusste oder hätte erkennen können[253]. Allerdings wird die auf die unechte Lohnzahlung Dritter entfallende Lohnsteuer gem. § 38 Abs. 1 Satz 1 EStG auch vom Arbeitgeber abgeführt[254]. Die Notwendigkeit der Differenzierung ergibt prima facie daher wenig Sinn, da zumeist sowohl

---

251 BFH v. 4.4.2006 – VI R 11/03, BFHE 212, 568; *Seifert* in: Korn, Einkommensteuergesetz, § 38 EStG Rz. 20 f.; *Eisgruber* in: Kirchhof, Einkommensteuergesetz, § 38 EStG Rz. 11 f.; *Krüger* in: Schmidt, § 19 EStG Rz. 71 und § 38 Rz. 5; *Thürmer* in: Blümich EStG, § 38 Rz. 91 f.; *Pflüger* in: Herrmann/Heuer/Raupach, EStG/KStG, § 38 EStG Rz. 40; *Lishaut*, FR 2004, 203 (203).

252 *Seifert* in: Korn, Einkommensteuergesetz, § 38 EStG Rz. 20 f.; *Eisgruber* in: Kirchhof, Einkommensteuergesetz, § 38 EStG Rz. 11 f.; *Krüger* in: Schmidt, § 38 EStG Rz. 6; *Thürmer* in: Blümich EStG, § 38 Rz. 93 f.; *Pflüger* in: Herrmann/Heuer/Raupach, EStG/KStG, § 38 EStG Rz. 40; *Lishaut*, FR 2004, 203 (203 f.).

253 *Seifert* in: Korn, Einkommensteuergesetz, § 38 EStG Rz. 20 f.; *Eisgruber* in: Kirchhof, Einkommensteuergesetz, § 38 EStG Rz. 11 f.; *Thürmer* in: Blümich EStG, § 38 Rz. 93 f.; *Pflüger* in: Herrmann/Heuer/Raupach, EStG/KStG, § 38 EStG Rz. 40; *Albert*, FR 2009, 857 (859).

254 *Seifert* in: Korn, Einkommensteuergesetz, § 38 EStG Rz. 20 f.; *Eisgruber* in: Kirchhof, Einkommensteuergesetz, § 38 EStG Rz. 11 f.; *Thürmer* in: Blümich EStG, § 38 Rz. 91 f.; *Pflüger* in: Herrmann/Heuer/Raupach, EStG/KStG, § 38 EStG Rz. 40; *Albert*, FR 2009, 857 (859).

die auf die echte als auch auf die unechte Lohnzahlung eines Dritten entfallende Lohnsteuer vom Arbeitgeber einzubehalten und abzuführen ist. § 38 Abs. 1 Satz 3 EStG enthält für die echte Lohnzahlung eines Dritten im Unterschied zu Abs. 1 Satz 1 zwar das zusätzliche Merkmal der Kenntnis bzw. des Kennenkönnens des Arbeitgebers in Bezug auf die Lohnzahlung. Dies erzeugt jedoch zum einen das Problem, das dadurch die Norm für die Praxis nur schwer handhabbar ist, denn der Arbeitgeber ist auf die Offenlegung der Zuwendungen von Dritten durch den Arbeitnehmer angewiesen. Der Arbeitnehmer muss diese zwar dem Arbeitgeber offenbaren gem. § 38 Abs. 4 Satz 3 1. HS EStG. Der Arbeitgeber hat jedoch keine Pflicht, diese Angaben näher zu hinterfragen. Eine solche Befragung der Arbeitnehmer wäre auch sicherlich nicht förderlich für den Betriebsfrieden. Sollten die Angaben nicht plausibel sein, so muss der Arbeitgeber sie lediglich dem Betriebsstättenfinanzamt melden, § 38 Abs. 4 Satz 3 2. HS EStG. Aber auch bei einer einwandfreien Meldung des Arbeitnehmers an den Arbeitgeber muss letzterer alleine entscheiden, ob steuerpflichtiger Arbeitslohn eines Dritten vorliegt und ihn dementsprechend versteuern. Ferner muss der Arbeitgeber auch den Wert der Zuwendung ermitteln, was mit Nichten einfach sein muss. Die wirtschaftlichen und steuerlichen Lasten diesbezüglich trägt er alleine. Dieses System ist für den Arbeitgeber nur schwer zu beherrschen.[255]

Zum anderen ist das Merkmal des Kennenkönnens so weit, dass darunter auch unechte Lohnzahlungen fallen könnten, da bei einem Auftrag seitens des Arbeitgebers an den Dritten wohl Kenntnis hiervon beim Arbeitgeber vorliegen dürfte. Teile dieser Probleme schienen dem Gesetzgeber bereits bei der Gesetzgebung bekannt gewesen zu sein, ohne das wirkungsvolle Änderungen vorgenommen wurden. So wird in einer Stellungnahme des Bundesrates bereits darauf hingewiesen, dass die Norm für Barlohnzuwendungen eines Dritten zu weit sei, da der Arbeitgeber hiervon u.U. nicht weiß bzw. nichts wissen kann und auch die Auskunftspflicht des Arbeitnehmers nur ein unsicheres Mittel sei[256].

255 Auch krit.: *Krüger*, in: Schmidt, § 38 EStG Rz. 7; *Albert*, FR 2009, 857 (859 f.); *Gersch*, FR 2004, 938 (941); durch die Fülle der Aufgaben des Arbeitgebers fast einen Verfassungsverstoß annehmend: *Drüen*, FR 2004, 1134 (1146 ff.).

256 BT-Drucks. 15/1798, 4.

Vergegenwärtigt man sich diese für den Arbeitgeber komplexe Situation in Verbindung mit der ihm drohenden Haftung gem. § 42d Abs. 1 Nr. 1 EStG, ergibt sich ein nur schwerlich tragbares Bild. Zwar kann der Arbeitgeber gem. § 42d Abs. 2 EStG einer Haftung entgehen, wenn er Fälle, in denen der Arbeitnehmer wohl keine korrekten Angaben gemacht hat, gem. § 38 Abs. 4 Sätze 2 und 3 EStG anzeigt.[257] Hierfür muss der Arbeitgeber allerdings zumindest Anzeichen haben. Es empfiehlt sich daher, die gesonderten Vorschriften über den Lohnsteuerabzug bei Arbeitslohn von Dritten zu reformieren oder sogar gänzlich zu eliminieren[258].

Einige sehen im § 38 Abs. 1 Satz 3 EStG eine Gleichstellung der Arbeitnehmer in Konzernen mit solchen des Mittelstands und des öffentlichen Dienstes, da diesen in der Regel keine Zuwendungen von Dritten gewährt würden und so bei Konzernen ohne diese Vorschrift Lohnbestandteile unbesteuert bleiben könnten[259]. Dem kann nicht zugestimmt werden. Zum einen erhalten auch Arbeitnehmer des Mittelstandes Zuwendungen von Dritten, wie zum Beispiel Trinkgeld o.ä. Angestellte des öffentlichen Dienstes hingegen sollten tunlichst nie Zuwendungen von Dritten erhalten oder annehmen, damit deren Integrität nicht gefährdet wird. In Zeiten ausgeprägter Compliance-Regelungen, die nicht ausschließlich in international ausgerichteten Betrieben zu finden sind, ist auch jede Zuwendung eines Dritten an einen fremden Arbeitnehmer kritisch zu hinterfragen. Allerdings handelt es sich bei den meisten Zuwendungen von Dritten ohnehin nur um geringwertige Vorteile. Bei größeren Zuwendungen von Dritten innerhalb eines Konzerns ist die Wahrscheinlichkeit recht hoch, dass eine unechte Lohnzahlung Dritter vorliegt, die nach § 38 Abs. 1 Satz 1 EStG zu versteuern ist. Ansonsten wäre es bei einem Wegfall des § 38 Abs. 1 Satz 3 EStG ebenso möglich, die Vorschrift des § 38 Abs. 1 EStG dahingehend zu ändern, dass Zuwendungen von verbundenen Unternehmen gem.

---

257 *Gersch* in: Herrmann/Heuer/Raupach, EStG/KStG, § 42d EStG Rz. 53 f.; *Gersch*, FR 2004, 938 (942); *Eisgruber* in: Kirchhof, Einkommensteuergesetz, § 42d EStG Rz. 24 f.

258 Für eine Streichung des § 38 Abs. 1 Satz 3 EStG: *Albert*, FR 2009, 857 (859 f.).

259 *Pflüger* in: Herrmann/Heuer/Raupach, EStG/KStG, § 38 EStG Rz. 40; ähnlich: *Lishaut*, FR 2004, 203 (206).

§ 15 AktG bereits unter den Tatbestand des § 38 Abs. 1 Satz 1 EStG fielen.

Die Versteuerung der Lohnzuwendungen von Dritten ist demnach recht unübersichtlich und unausgewogen geregelt. Eine Reformierung dieses Bereichs ist daher dringend geboten[260].

(3) Bewertung

Die Lohnzahlungen durch Dritte betreffen einen Bereich des Lohnsteuerrechts, der nur schwer handhabbar ist. Der Gesetzgeber hat die Verantwortung für eine korrekte Versteuerung weitestgehend auf den Arbeitgeber abgewälzt. Dieser hat jedoch zumeist mit der Lohnzahlung der Dritten wenig zu tun. Daher sollte er hierfür nicht die steuerlichen und damit verbundenen wirtschaftlichen Lasten tragen. Die handwerkliche Ausführung der Normen zur Versteuerung dieser Vorteile ist zum Teil kaum praktikabel. Dem Arbeitgeber für die korrekte Versteuerung ein Haftungsrisiko aufzuerlegen, ist zwar konsequent, aber wertungstechnisch verfehlt.

Neben der bereits geforderten Entfernung dieser impraktikablen Steuerabzugsnormen sollte hier der den Vorteil gewährende Dritte anstelle des Arbeitgebers in den steuerrechtlichen Dienst genommen werden. Dieser hat am besten den Überblick, wann und welche Vorteile er wem zugewandt hat. Insbesondere der Wert dieser Vorteile, als Bemessungsgrundlage der Besteuerung, lässt sich zuverlässig ausschließlich durch den Dritten ermitteln. Im Sinne einer einfachen Besteuerung sollte hier mit einer Pauschale mit abgeltender Wirkung gearbeitet werden. Anbieten würde sich ein Steuersatz zwischen 20% und 25% des Wertes der Zuwendung.[261] Die Versteuerung einer Zuwendung von einem Dritten durch diesen wird bereits in §§ 37a, 37b Abs. 1 und § 38 Abs. 3a EStG durchgeführt. Die Anwendungsbereiche sind jedoch recht eingegrenzt. Sinnvoll wäre daher eine Erweiterung des Anwendungsbereichs auf alle Zuwendungen an Arbeitnehmer durch Dritte.

260 Vgl. näher dazu unten unter: 4. Kap. B. I.
261 Ähnlich: *Albert*, DB 2005, 2099 (2099 f.).

Nicht zuletzt auch aufgrund dieser Erfassungs- und Versteuerungsprobleme hat der Gesetzgeber von der Besteuerung einiger Lohnzahlungen durch Dritte bereits Abstand genommen. So sind beispielsweise Trinkgelder zwar als Arbeitslohn von Dritten zu qualifizieren, der jedoch gem. § 3 Nr. 51 EStG komplett steuerfrei gestellt wurde[262].

dd) Sachbezüge des Arbeitnehmers

Erhält der Arbeitnehmer anstelle von Geld einen Sachbezug, so ist die Versteuerung je nach Art dieses Bezuges uneinheitlich geregelt. Grundsätzlich gilt, dass es gleichgültig ist, ob der Arbeitnehmer einen Barbezug oder einen Sachbezug erhält, § 2 Abs. 1 Satz 2 LohnStDV[263]. Die Qualifizierung als Arbeitslohn, dessen Zuordnung zu einem Arbeitnehmer und insbesondere die Wertermittlung sind bei Barbezügen von Natur aus einfacher. Mit Sachbezügen geht in der Regel ein höherer steuerlicher Ermittlungsaufwand einher. Erst Recht, wie bereits dargestellt, wenn diese von Dritten zugewandt werden. Bei Sachbezügen gelten jedoch auch die zuvor besprochenen Grundsätze. Sie müssen den Arbeitnehmer insbesondere objektiv bereichern und durch das Dienstverhältnis veranlasst sein. Diese Kriterien sind bei Barbezügen in der Regel einfacher erfüllt, wohingegen bei Sachzuwendungen oftmals Zweifel bestehen. Die Hauptgruppen der Sachbezüge sind überlassene Wohnungen, Kost, Waren und Dienstleistungen, vgl. § 8 Abs. 2 und 3 EStG. Gerade im Bereich des eigenbetrieblichen Interesses[264] sind Sachleistungen des Arbeitgebers oftmals nicht als Arbeitslohn anzusehen. Zu den sogenannten betriebsnahen Sachbezügen hat sich mittlerweile eine eigene unüberschaubare Kasuistik entwickelt[265]. Eine konturierte Arbeitslohndefinition könnte auch hier Abhilfe schaffen. Der Gesetzgeber geht hingegen immer öfter dazu über, Sachbezü-

---

262 *Hey* in: Tipke/Lang[22], Steuerrecht, § 8 Rz. 474 f.; *Pflüger* in: Herrmann/Heuer/Raupach, EStG/KStG, § 19 EStG Rz. 170 ff.; *Geserich* in: Blümich, EStG § 3 Nr. 19 Rz. 280 unter „Trinkgelder“; *Krüger* in: Schmidt, § 19 EStG Rz. 70.

263 H.M. vgl. nur *Hey* in: Tipke/Lang[22], Steuerrecht, § 8 Rz. 474; *Geserich* in: Blümich EStG, § 19 Rz. 162; *Pflüger* in: Herrmann/Heuer/Raupach, EStG/KStG, § 19 EStG Rz. 110.

264 Vgl. oben unter: 2. Kap. B. II. 1. d) bb) (2).

265 Vgl. *Hey* in: Tipke/Lang[22], Steuerrecht, § 8 Rz. 478 f.

ge komplett oder partiell steuerfrei zu stellen oder sie pauschal mit einem geringen Steuersatz zu belegen, was letztendlich einer partiellen Steuerfreistellung gleichkommt. Das Motiv des Gesetzgebers hierfür dürfte sein, dass der steuerlich mögliche Ertrag oftmals in keinem Verhältnis zum Aufwand steht, der mit der Steuererhebung verbunden wäre. Bei vielen partiellen Steuerbefreiungen oder Lohnsteuerpauschalierungen wird dennoch eine gewisse Steuerwürdigkeit gesehen, die gerade bei überschreiten einer bestimmten nominellen Grenze für den Fiskus interessant wird.

Manche der steuerlichen Regelungen für Sachbezüge von Arbeitnehmern sind jedoch verfehlt. So ist beispielsweise die private Nutzung von betrieblichen Datenverarbeitungsgeräten durch den Arbeitnehmer gem. § 3 Nr. 45 EStG steuerbefreit. Die unentgeltliche oder verbilligte Übereignung solcher Geräte gem. § 40 Abs. 2 Satz 1 Nr. 5 EStG muss dagegen mit einem Steuersatz von 25% versteuert werden. Dies macht zwar deutlich, dass die bloße Nutzungsüberlassung in ihrer exakten steuerlichen Erfassung zu komplex gewesen wäre als dass eine Besteuerung effizient erschienen wäre. Das fiskale Interesse an solchen Maßnahmen wird aber deutlich, wenn diese Geräte übereignet werden. Hier kann der Kaufpreis (u.U. gemindert durch einen Rabatt) als einfache Grundlage der Berechnung genommen werden. Als Resultat einer fehlenden Abstimmung der Normen aufeinander ist die unentgeltliche Nutzungsüberlassung von Datenverarbeitungsgeräten daher sowohl für den Arbeitnehmer als auch für den Arbeitgeber steuerlich wesentlich attraktiver, als deren Übereignung. Dadurch wird § 40 Abs. 2 Satz 1 Nr. 5 EStG praktisch irrelevant.

Ferner sind gem. § 3 Nr. 38 EStG Sachprämien zur Kundenbindung bis zu einem Wert von 1080 Euro im Jahr steuerfrei. Hierdurch werden nur die Bezüge der Vielflieger erfasst, bei denen eine Erfassung fiskalisch lohnenswert erschien. Die Sachbezüge des durchschnittlichen Geschäftsreisenden hingegen werden wohl unter diesem Betrag liegen.

Aus diesen Beispielen wird bereits die Vielschichtigkeit und Komplexität der Besteuerung von Sachbezügen bei Arbeitnehmern deutlich. Eine einfache, generell gültige und dennoch sachgerechte Lösung wäre für die Vereinfachung der Lohnsteuer wünschenswert[266]. So könnten die vielen unterschiedlichen Normen vermieden werden, die jeweils verschiedene Förderungsintensitäten je nach der Art des Sachbezuges mit sich bringen.

ee) Zukunftssicherungsleistungen

Zukunftssicherungsleistungen sind nach § 2 Abs. 2 Nr. 3 Satz 1 LohnStDV „Ausgaben, die ein Arbeitgeber leistet, um einen Arbeitnehmer oder diesem nahestehende Personen für den Fall der Krankheit, des Unfalls, der Invalidität, des Alters oder des Todes abzusichern."[267] Diesen Leistungen muss der Arbeitnehmer ausdrücklich oder stillschweigend zustimmen, § 2 Abs. 2 Nr. 3 Satz 2 LohnStDV. Diese vom Arbeitgeber zur Zukunftssicherung des Arbeitnehmers bzw. dessen Angehörigen getätigten Ausgaben können in diverse Vorsorgekonzepte fließen. Sie stellen unter bestimmten Voraussetzungen steuerpflichtigen Arbeitslohn dar, wobei viele von ihnen steuerlich begünstigt werden. Durch das Altersvermögensgesetz[268] sind diese steuerlichen Begünstigungen, die Möglichkeit für den Arbeitnehmer, sich eine eigene steuerbegünstigte Altersvorsorge zu verschaffen, und das Prinzip der nachgelagerten Besteuerung in das Gesetz übernommen worden[269].

Die Grundvoraussetzung dafür, dass diese Leistungen des Arbeitgebers als Arbeitslohn angesehen werden, sind wie bei den anderen Vorteilen des Arbeitnehmers auch, dass der Arbeitnehmer einen objektiven Vorteil veranlasst durch das Dienstverhältnis erhalten hat. Bezogen auf die Zukunftssicherungsleistungen heißt das konkret, dass sich aus einer wirtschaftlichen Betrachtungsweise der Vorteil des Arbeitnehmers so darstellen muss, als wenn er vom Arbeitgeber zur Verfügung gestellte Mittel selbst zur Vorsorge verwendet hätte. Hierzu

266 Vgl. unten unter: 4. Kap. B. II.

267 Vgl. auch § 19 Abs. 1 Satz 1 Nr. 3 EStG, der jedoch lediglich deklaratorische Bedeutung hat, *Krüger* in: Schmidt, § 19 EStG Rz. 91.

268 Altersvermögensgesetz vom 26.6.2001, BGBl. I 2001, 1310, vgl. *Krüger* in: Schmidt, § 19 EStG Rz. 60.

269 Der Systemwechsel hin zur nachgelagerten Besteuerung wurde durch das Alterseinkünftegesetz vom 5.7.2004, BGBl. I 2004, 1427 eingeleitet, vgl. *Hey* in: Tipke/Lang[22], Steuerrecht, § 8 Rz. 480.

muss der Arbeitnehmer einen unmittelbaren und unentziehbaren Rechtsanspruch auf Leistung gegen die Versorgungseinrichtung haben, an die der Arbeitgeber die Beiträge gezahlt hat.[270] Der Zufluss des Arbeitslohns geschieht dabei bereits mit der Beitragsleistung des Arbeitgebers. Dabei ist es unerheblich, ob der Arbeitnehmer später Versicherungsleistungen erhält. D.h. für die Qualifizierung als Arbeitslohn und für den Zufluss ist es gleichgültig, ob der Versicherungsfall eintritt oder nicht.[271]

Diese Grundsätze führen zu einem Bruch mit dem Prinzip der nachgelagerten Besteuerung. Es muss nämlich bei Zukunftssicherungsleistungen unterschieden werden zwischen solchen, die bereits bei Leistung des Arbeitgebers zu grundsätzlich steuerpflichtigem Arbeitslohn führen und solchen, die erst bei Eintritt des Versorgungsfalls versteuert werden müssen. Letzteres ist in der Regel steuerlich attraktiver für den Arbeitnehmer[272]. So liegen bei Zuwendungen an eine Unterstützungskasse ohne Rechtsanspruch seitens des Arbeitnehmers und bei einer Direktzusage kein Arbeitslohn in der Ansparphase vor. Erst mit Eintritt des Versorgungsfalls und Bezug der Leistungen wird die Zuwendung besteuert.[273] Einige Zukunftssicherungsmaßnahmen sind jedoch bereits mit der Leistung des Arbeitgebers als steuerpflichtiger Arbeitslohn zugeflossen, wie zum Beispiel Beiträge an eine Direktversicherung, eine Pensionskasse oder einen Pensionsfonds. Diese Beiträge werden jedoch zumeist gem. § 3 Nr. 63 und 56 EStG zumindest soweit steuerfrei gestellt, wie sie 4% bzw. 1% der Beitragsbemessungs-

270 St. Rspr. des BFH vgl. BFH v. 15.9.2011 – VI R 36/09, BFH /NV 2012, 201; BFH v. 7.5.2009 – VI R 8/07, BFHE 225, 68; BFH v. 15.11.2007 – VI R 30/04, BFHE 224, 70; BFH v. 5.7.2007 – VI R 47/02, BFH/NV 2007, 1876; BFH v. 12.4.2007 – VI R 55/05, BFHE 217, 558; BFH v. 14.9.2005 – VI R 148/98, BFHE 210, 443; BFH v. 30.5. 2001 – VI R 159/99, BFHE 195, 364; *Krüger* in: Schmidt, § 19 EStG Rz. 60; *Mody* in: Korn, Einkommensteuergesetz, § 19 EStG Rz. 66 unter „Zukunftssicherungsleistungen".

271 *Krüger* in: Schmidt, § 19 EStG Rz. 60; *Hey* in: Tipke/Lang[22], Steuerrecht, § 8 Rz. 480; *Mody* in: Korn, Einkommensteuergesetz, § 19 EStG Rz. 66 unter „Zukunftssicherungsleistungen".

272 *Mody* in: Korn, Einkommensteuergesetz, § 19 EStG Rz. 66 unter „Zukunftssicherungsleistungen".

273 *Hey* in: Tipke/Lang[22], Steuerrecht, § 8 Rz. 481, 484; *Mody* in: Korn, Einkommensteuergesetz, § 19 EStG Rz. 66 unter „Zukunftssicherungsleistungen".

grenze der allgemeinen Rentenversicherung nicht übersteigen. [274] Ferner hat der Arbeitgeber die Steuerfreistellungen des § 3 Nr. 56 EStG für ähnlich gelagerte Fälle geschaffen, in denen der Arbeitgeber gesetzlich zur Zahlung der Beiträge verpflichtet ist, bzw. Zuschüsse zu Aufwendungen des Arbeitnehmers leistet. Jedoch ist auch diese Steuerfreistellung gem. § 3 Nr. 62 Satz 2 EStG begrenzt. Bei einigen der steuerpflichtigen Aufwendungen kommt außerdem eine Lohnsteuerpauschalierung nach § 40b EStG in Betracht.

Der Gesetzgeber bedient sich bei den Zukunftssicherungsleistungen zahlreicher in sich verschachtelter und aufeinander verweisender Steuerfreistellungen und Lohnsteuerpauschalierungen. Damit geht zwar keine Vereinfachung der Besteuerung von Zukunftssicherungsleistungen einher. Der Gesetzgeber sieht es bei diesen Begünstigungen jedoch als förderungswürdigen Sozialzweck an, manche der Beitragsleistungen von der Einkommensteuer auszunehmen bzw. gem. § 40b EStG relativ gering zu besteuern. Diese Ausnahmeregelungen sind aufgrund des grundsätzlich weit gehaltenen Arbeitslohnbegriffs notwendig.

Das Prinzip der nachgelagerten Besteuerung ist begrüßenswert. Der Arbeitnehmer hat weder bei Versicherungen noch bei Pensionskassen oder –fonds o.ä. in der Beitragszahlphase bzw. Ansparphase einen derartigen Vorteil, dass seine Leistungsfähigkeit spürbar erhöht würde, sodass man ihn in dieser Phase besteuern müsste. Dabei ist es gleichgültig, ob er die Beiträge leistet oder der Arbeitgeber. Der Vorteil des Arbeitnehmers realisiert sich vielmehr erst, wenn der Versorgungsfall eintritt. In diesem Moment zahlt sich die Beitragsleistung im wahrsten Sinne aus. Erst dann wird seine Leistungsfähigkeit durch die Auszahlung erhöht. Dies ist der richtige Zeitpunkt für die Besteuerung. Demnach sollten jedwede Vorteile in der Ansparrphase bereits keinen Arbeitslohn darstellen oder aber steuerfrei gestellt werden.

Das momentan geltende System mit den vielen unterschiedlichen normativen Steuerfreistellungen und Pauschalierungen erzeugt mehr Unklarheit als Vereinfachung. Die steuerliche Differenzierung zwischen den einzelnen Zukunftssicherungsarten sorgt für komplizierte,

274 *Hey* in: Tipke/Lang[22], Steuerrecht, § 8 Rz. 482 f.; *Mody* in: Korn, Einkommensteuergesetz, § 19 EStG Rz. 66 unter „Zukunftssicherungsleistungen".

primär unter steuerlichen Gesichtspunkten optimierte Vorsorgesysteme. Außerdem erschwert es dem Steuerpflichtigen, sich einen Überblick über die verschiedenen Vorsorgemöglichkeiten zu verschaffen. Somit verringert sich die Vergleichbarkeit zwischen den unterschiedlichen Sicherungsmöglichkeiten. Im Grunde sollte das bereits zu Teilen eingeführte Prinzip der nachgelagerten Besteuerung lediglich konsequent umgesetzt werden. Bestenfalls geschieht dies auch durch einen Pauschalsteuersatz in der Auszahlphase mit abgeltender Wirkung, der durch das auszahlende Institut einbehalten wird[275].

e) Gesamtbewertung des Arbeitslohnbegriffs de lege lata

Der Arbeitslohnbegriff ist das wichtigste Merkmal für das Vorliegen von Einkünften aus nichtselbstständiger Arbeit. Durch die Qualifikation als Arbeitslohn werden die dem Arbeitnehmer gewährten Vorteile erst der Besteuerung zugänglich gemacht. Er filtert die die Leistungsfähigkeit des Arbeitnehmers erhöhenden und damit zu versteuernden Zuwendungen aus allen dem Arbeitnehmer gewährten Vorteilen heraus. Um so erstaunlicher ist es, dass keine Definition im Einkommensteuergesetz zu finden ist, sondern dieses sich mit einer Aufzählung der verschiedenen Einnahmemöglichkeiten begnügt. Die in § 2 LohnStDV enthaltene Definition ist defizitär. So fehlt es an einer allgemeingültigen Definition des Veranlassungszusammenhangs und insbesondere des überwiegend eigenbetrieblichen Interesses[276]. Aber auch bei den anderen Ausformungen dieser Prinzipien wäre eine Legaldefinition notwendig, um eine Rechtsgrundlage zu schaffen, auf der die Versteuerung aufbaut. Ferner fehlt ein allgemeingültiges Verständnis darüber, wann eine Lohnzuwendung eines Dritten vorliegt. Die steuerliche Behandlung von Sachbezüge an den Arbeitnehmer und auch die von Zukunftssicherungsleistungen ist zerstückelt und unübersichtlich geregelt, was die Anwendung erschwert und das Steuerrecht für Lücken anfällig macht.

Um diesen Unsicherheiten entgegenzuwirken, setzt der Gesetzgeber großzügig verschiedene Vereinfachungsnormen ein. Zum einen

---

275 Vgl. unten unter: 4. Kap. B. III.

276 Auch für eine Aufnahme dieser Prinzipien in das Gesetz: *Albert/Strohner*, DB 2002, 2504.

verwendet er deklaratorische Normen, um den nicht deutlich genug konturierten Arbeitslohnbegriff greifbarer zu machen[277]. Zum anderen werden von ihm normative Steuerfreistellungen in das Gesetz eingebracht, wo eine steuerliche Entlastung aus wirtschafts- oder sozialpolitischen Gründen für ihn richtig erscheint[278]. Damit wird der grundsätzlich breit gehaltene Arbeitslohnbegriff in Richtung der jeweiligen Zwecke geformt. Zusätzlich werden begrenzte Steuerfreistellungen oder Pauschalierungen eingesetzt, in deren Anwendungsbereichen eine exakte Erfassung der Einnahmen für die Finanzverwaltung und/ oder den Steuerpflichtigen zu schwierig wäre oder nicht gewollt ist, aber dennoch eine gewisse Steuerwürdigkeit besteht[279]. Die Vielzahl der durch den Gesetzgeber verwendeten Normen zur Einflussnahme auf die Einkünfte aus nichtselbständiger Arbeit haben in ihrer Gesamtheit mittlerweile jedoch keine vereinfachende Wirkung mehr, obgleich viele ursprünglich zumindest auch deswegen eingeführt wurden. Der zumeist recht kleine Anwendungsbereich in Verbindung mit eher einzelfallorientierten Voraussetzungen der Normen führt zu einer Überfrachtung des Lohnsteuerrechts mit Spezialtatbeständen. Die großen Prinzipien werden zusehends verschleiert. Das Lohnsteuerrecht wirkt kleinteilig und unsystematisch.

Um dieser Entwicklung entgegenzuwirken, wäre es wünschenswert, den Arbeitslohnbegriff konturierter zu definieren. Selbstredend ist es nicht möglich, eine Definition so exakt zu gestalten, dass jedwede Zweifel ausgeräumt sind und jeder Einzelfall erfasst wird. Eine an die Gegebenheit in der Literatur und Rechtsprechung angepasste Definition[280] würde jedoch optimaler Weise zumindest die deklaratorischen Normen überflüssig machen. Ferner sollte das Dickicht der normativen Steuerfreistellungen und Pauschalierungen gelichtet werden. Hierbei wären sich widersprechende und sonst verfehlte Normen gänzlich zu entfernen. Andere grundsätzlich sinnvolle aber sehr einzelfallorientiert formulierte Vereinfachungsnormen sollten zusammengefasst wer-

277 Bspw. § 3 Nr. 32 EStG.
278 Bspw. § 3 Nr. 33 EStG.
279 Bspw. § 3 Nr. 45 oder § 37b EStG.
280 Vgl. unten unter: 4. Kap. A.

den, damit zumindest eine gewisse Übersichtlichkeit wiederhergestellt wird.[281]

2. Das Lohnsteuerabzugsverfahren

Der zweite Teil der Analyse der Einkünfte aus nichtselbstständiger Arbeit und insbesondere des besonderen Vereinfachungsbedarfs der Lohnsteuer widmet sich dem Lohnsteuerabzugsverfahren. Dieses weist neben der Ausgestaltung als Quellenabzugsverfahren, als sicherlich hervorstechenden Merkmal dieser Einkunftsart, einige weitere Besonderheiten auf, die im Folgenden näher untersucht werden sollen.

a) Einführung in das Lohnsteuerabzugsverfahren

Das Lohnsteuerabzugsverfahren ist als Quellenabzugsverfahren ausgestaltet, d.h. der Arbeitgeber behält die Einkommensteuer für den Arbeitnehmer ein und führt diese an das Finanzamt ab. Ein solches Quellenabzugsverfahren ist relativ selten in der Einkommensteuer anzutreffen. Das wohl am zweithäufigsten genutzte Quellenabzugsverfahren ist das der Abgeltungsteuer im Bereich der Kapitaleinkünfte[282]. Mit über 31,75 Millionen Steuerpflichtigen, die Einkünfte aus nichtselbständiger Arbeit erwirtschaften, und einem Volumen von ca. 167.983 Millionen Euro im Jahr 2014[283] ist das Lohnsteuerverfahren das praxisrelevanteste Quellenabzugsverfahren der Bundesrepublik. Zwar ist die gesamte Einkommensteuer als Massenverfahren ausgestaltet, angesichts dieser Zahlen spielt das Lohnsteuerabzugsverfahren indessen eine bedeutende Rolle.

281 Vgl. zu den Reformierungsvorschlägen unten unter: 4. Kap. B. und C.

282 Gem. §§ 43 ff. EStG, vgl. im Überblick zu allen in der Einkommensteuer enthaltenen Quellenabzügen *Hey* in: Tipke/Lang[22], Steuerrecht, § 8 Rz. 903 ff. und *dies.* in: FS Kruse, S. 278 ff.; krit. zur Heranziehung der Banken zu Steuerverwaltungsaufgaben: *dies.*, FR 1998, 497.

283 Statistik über das Steueraufkommen vom Statistischen Bundesamt a.a.O., vgl. die Lohn- und Einkommensteuerstatistik des Statistischen Bundesamtes für das Jahr 2010 (Fachserie 14, Reihe 7.1) auf Seite 4 f., vgl. auch oben unter: 1. Kap. A.

Das Lohnsteuerabzugsverfahren[284] ist hauptsächlich in den §§ 38 ff. EStG geregelt, wobei § 38 Abs. 1 Sätze 1 und 2 EStG die Grundvorschriften des Lohnsteuerabzugsverfahrens darstellen. Die Lohnsteuer ist gem. § 38 Abs. 1 Satz 1 EStG die Erhebung der Einkommensteuer durch Abzug vom Arbeitslohn soweit der Arbeitslohn von einem Arbeitgeber gezahlt wird, der entweder im Inland seinen Wohnsitz, seinen gewöhnlichen Aufenthalt, seine Geschäftsleitung, seinen Sitz, eine Betriebsstätte oder einen ständigen Vertreter im Sinne der §§ 8 bis 13 AO hat (inländischer Arbeitgeber) oder einem Dritten (Entleiher) Arbeitnehmer gewerbsmäßig zur Arbeitsleistung im Inland überlässt, ohne inländischer Arbeitgeber zu sein (ausländischer Verleiher). Die Lohnsteuer entsteht gem. § 38 Abs. 2 Satz 2 EStG mit Zufluss des Arbeitslohns beim Arbeitnehmer[285].

Zwar führt der Arbeitgeber die Lohnsteuer an das Finanzamt ab, jedoch bleibt der Arbeitnehmer hierbei der Steuerschuldner (§ 38 Abs. 2 Satz 1 EStG). Etwas anderes gilt ausschließlich bei vielen der Pauschalversteuerungen im Bereich der Lohnsteuer, bei denen der Arbeitgeber bzw. der Dritte zum Schuldner der Lohnsteuer wird[286]. Der Arbeitgeber behält die Lohnsteuer für Rechnung des Arbeitnehmers bei jeder Lohnzahlung ein, § 38 Abs. 3 Satz 1 EStG. Hierbei hat der Arbeitgeber diese gem. § 41a Abs. 1 Satz 1 EStG grundsätzlich am zehnten Tag nach Ablauf eines Lohnsteuer-Anmeldezeitraums bei dem Betriebsstättenfinanzamt anzumelden und abzuführen. Der übliche Lohnsteuer-Anmeldezeitraum ist dabei der einzelne Monat, § 41a Abs. 2 Satz 1 EStG. Bei geringem Lohnumfang kann auch das Kalendervierteljahr bzw. das Kalenderjahr der jeweilige Lohnsteuer-Anmeldezeitraum sein, § 41a Abs. 2 Satz 2 EStG. Ab dem Jahre 2010 ist es für Ehegatten möglich, die Steuerklassenkombination III/V oder das sog.

---

284 Vgl. allg. hierzu: *Krüger* in: Schmidt, § 38 EStG Rz. 1; *Pflüger* in: Herrmann/Heuer/Raupach, EStG/KStG, § 38 EStG Rz. 5 ff.; *Küch* in: Lippross, Basiskommentar, § 38 EStG Rz. 1 ff.; *Eisgruber* in: Kirchhof, Einkommensteuergesetz, § 38 EStG Rz.1 ff.; *Seifert* in: Korn, Einkommensteuergesetz, § 38 EStG Rz. 1 ff.; *Hey* in: Tipke/Lang[22], Steuerrecht, § 8 Rz. 904 ff.

285 Vgl. zum Zufluss oben unter: 2. Kap. B. II. 1. d) aa) (2).

286 Vgl. bspw. § 40 Abs. 3 EStG.

Faktorverfahren gem. § 39f EStG anzuwenden[287]. Bei Letzterem wird mit dem Ziel eines exakteren Steuerabzugs die Steuerklasse IV bei beiden Ehegatten angewendet und zusätzlich dazu ein vom Finanzamt zu berechnender Faktor verwendet, § 39f Abs. 1 EStG. Gem. § 39f Abs. 2 hat der Arbeitgeber sodann bei der Einbehaltung der Lohnsteuer vom Arbeitslohn die Steuerklasse IV in Verbindung mit dem Faktor anzuwenden. Das Jahr des Lohnsteuerabzugsverfahrens schließt grundsätzlich mit dem Lohnsteuer-Jahresausgleich[288] gem. § 42b EStG. Dadurch wird etwaige vom Arbeitgeber im Kalenderjahr zu viel einbehaltene und abgeführte Lohnsteuer am Ende des Jahres dem Arbeitnehmer erstattet, § 42b Abs. 1 Satz 1 EStG. Der Arbeitgeber ist hierzu verpflichtet, sofern er am Ende des Jahres mindestens 10 Arbeitnehmer beschäftigt, § 42b Abs. 1 Satz 2 EStG. Wenn keine Veranlagung des Arbeitnehmers stattfindet, gilt die Einkommensteuerschuld bezogen auf die nichtselbständige Arbeit als abgegolten gem. § 46 Abs. 4 EStG. Der Arbeitgeber haftet gegenüber dem Finanzamt gem. § 42d EStG für etwaige Fehler in diesem Verfahren, insbesondere für den Fall, dass zu wenig Lohnsteuer einbehalten und abgeführt wird. Aber auch gegenüber dem Arbeitnehmer kann eine Haftung aus dem Arbeitsverhältnis entstehen, sollte die Lohnsteuer, dessen Schuldner grundsätzlich der Arbeitnehmer bleibt, nicht ordnungsgemäß vom Arbeitgeber abgeführt werden[289].

Inwieweit die Lohnsteuer auch gerade wegen des besonderen Verfahrens eine eigenständige Steuerart ist, wird zu Teilen unterschiedlich beurteilt. Jedoch spricht bereits die systematische Verortung der Lohnsteuerabzugsnormen im Abschnitt „VI. Steuererhebung“ des Einkommensteuergesetzes und nicht in einem eigenen Gesetz gegen eine solche Annahme. Ferner ist der Wortlaut der Vorschrift § 38 Abs. 1 Satz 1

287 Vgl. zum Faktorverfahren: *Becht* in: Herrmann/Heuer/Raupach, EStG/KStG, § 39f EStG Rz. 1 u. 3; *Eisgruber* in: Kirchhof, Einkommensteuergesetz, § 39f EStG Rz.1 ff.; *Seifert* in: Korn, Einkommensteuergesetz, § 39f EStG Rz. 1 ff.; *Hey* in: Tipke/Lang[22], Steuerrecht, § 8 Rz. 904.

288 Vgl. allg. hierzu: *Bergkemper* in: Herrmann/Heuer/Raupach, EStG/KStG, § 42b EStG Rz. 1 u. 3; *Küch* in: Lippross, Basiskommentar, § 42b EStG Rz. 1 ff.; *Eisgruber* in: Kirchhof, Einkommensteuergesetz, § 42b EStG Rz.1 ff.; *Seifert* in: Korn, Einkommensteuergesetz, § 42b EStG Rz. 1 f.

289 BFH v. 20.9.1996 – VI R 57/95, BFHE 181, 298; *Wagner* in: Blümich EStG, § 42d Rz. 20.

EStG eindeutig. Dieser besagt, als Legaldefinition der Lohnsteuer, dass bei Einkünften aus nichtselbständiger Arbeit die Einkommensteuer durch Abzug vom Arbeitslohn erhoben wird. Dies stellt klar, dass die Einkommensteuer die Gattung (genus proximum) und die Lohnsteuer lediglich als eine Art (differencia specifica) anzusehen ist. Diese Unterteilung ist auch in anderen den Lohnsteuerabzug betreffenden Vorschriften zu finden, vgl. § 46 Abs. 4 Satz 1 EStG. Ebenso ist die Abgeltungssteuer lediglich eine besondere Erhebungsform und Art der Einkommensteuer, da sie im auf die Lohnsteuerabzugsnormen folgenden Abschnitt des Einkommensteuergesetzes verortet ist. Beide spezielle Abzugsverfahren folgen auf die allgemeinen Regeln der Erhebung der Einkommensteuer nach §§ 36 ff. EStG. Dies macht das oftmals vom Gesetzgeber verwendete Muster deutlich, dass zuerst die allgemeinen Regeln vor die Klammer gezogen werden und darauf spezielle folgen[290]. Dies unterstützt die Annahme, dass die Lohnsteuer lediglich eine besondere Erhebungsform der Einkommensteuer ist, da sie sich in eine Reihe von unterschiedlichen Erhebungsformen einreiht. Als formaljuristisches Argument sei hinzugefügt, dass die Lohnsteuer nicht in einem gesonderten Tarif erhoben werden muss, sondern mit den anderen Einkunftsarten der Einkommensteuer in einer Veranlagung im Rahmen des synthetischen Einkommensteuertarifs geprüft werden kann. Alleine der große Umfang, die Vielzahl der betroffenen Steuerpflichtigen und die monetäre Bedeutung der Lohnsteuer mag indessen keine eigene Steuerart zu begründen.[291]

290 Man vgl. nur den allgemeinen Teil des BGB (Buch 1, §§ 1-240 BGB), der für das gesamte BGB gilt und innerhalb der speziellen Teile des BGB wiederrum allgemeine Teile, die für die jeweilige Spezialmaterie gelten (bspw. die allg. Vorschriften für Mietverhältnisse der §§ 535-548, auf die die speziellen Vorschriften zur Wohnraummiete und etc. folgen).

291 Ganz h.M., dass die Lohnsteuer eine Vorauszahlung auf die Einkommensteuer ist, vgl. nur: BFH v. 14.11.2013 - VI R 50/12, BFHE 243, 544; BFH v. 13.1.2011 - VI R 64/09, BFH/NV 2011, 753; *Krüger* in: Schmidt, § 38 EStG Rz. 1; *Pflüger* in: Herrmann/Heuer/Raupach, EStG/KStG, § 38 EStG Rz. 5; *Küch* in: Lippross, Basiskommentar, § 38 EStG Rz. 1; *Eisgruber* in: Kirchhof, Einkommensteuergesetz, § 38 EStG Rz.1; *Seifert* in: Korn, Einkommensteuergesetz, § 38 EStG Rz. 1; *Hey* in: Tipke/Lang[22], Steuerrecht, § 8 Rz. 471 u. 904; *Heuermann*, FR 2013, 354 (354); a.A. *Heuel/Beyer*, AO-Stb 2015, 129 (133); zumindest in Bezug auf die Haftungsfragen: *Plenker*, DB 2010, 192 (193).

b) Die besondere Konstellation der Beteiligten im Lohnsteuerabzugsverfahren und sich daraus ergebende Komplikationen

Wie bereits erwähnt ist ein Steuerabzug der Einkommensteuer an der Quelle zwar vergleichsweise selten in der Einkommensteuer, aber dennoch kein Alleinstellungsmerkmal der Lohnsteuer. Allerdings ist das für die Lohnsteuer konkret entwickelte und durchgeführte Steuerabzugsverfahren speziell ausgestaltet. Dies soll im Folgenden gerade im Hinblick auf die Belastungen des Arbeitgebers näher untersucht werden.

aa) Einführung in das Verhältnis der Beteiligten im Lohnsteuerabzugsverfahren zueinander und Analyse der besonderen Belastungssituation des Arbeitgebers

Im Lohnsteuerabzug sind drei Akteure involviert: Der Arbeitnehmer, der Arbeitgeber und das Finanzamt. Die Pflichten und Risiken sind jedoch recht unausgewogen zwischen den Beteiligten verteilt. Das Dreiecksverhältnis der lohnsteuerrechtlich Beteiligten soll durch folgende Grafik verdeutlicht werden:

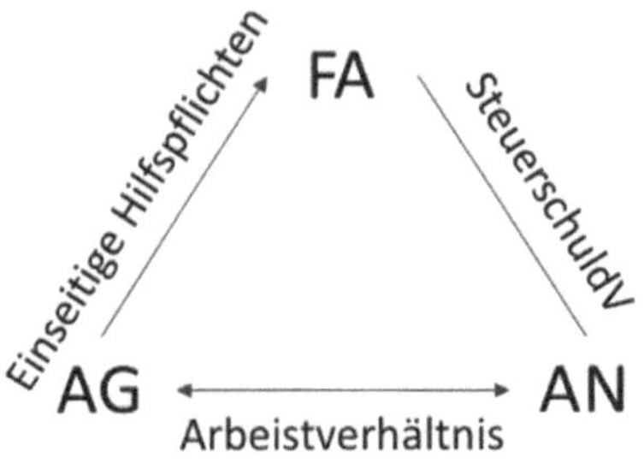

Abbildung 1: Das Dreiecksverhältnis der am Lohnsteuerverfahren Beteiligten

Das Grundverhältnis ist das mit wechselseitigen Pflichten ausgestaltete Arbeitsverhältnis zwischen dem Arbeitgeber und dem Arbeitnehmer. Hierbei stellt der Arbeitnehmer seine Arbeitskraft in der vertraglich ausgehandelten Art und Dauer zur Verfügung. Die Gegenleistung stellt die meist monatliche Lohnzahlung dar.[292]

Der gezahlte Arbeitslohn unterliegt grundsätzlich der Einkommensteuer. Daher besteht zwischen dem Finanzamt und dem Arbeitnehmer ein Steuerschuldverhältnis, in dem der Arbeitnehmer der Steuerpflichtige ist. In der Regel bleibt der Arbeitnehmer hierbei auch Steuerschuldner. Von so gut wie allen steuerlichen Pflichten wird der Arbeitnehmer jedoch per Gesetz freigestellt. Diese hat zumeist der Arbeitgeber zu übernehmen. Der Arbeitnehmer kommt somit eigentlich nicht mit dem Finanzamt näher in Berührung, es sei denn er entscheidet sich dazu, seine Einkünfte im Rahmen einer Einkommensteuererklärung veranlagen zu lassen. Das Verhältnis zwischen Arbeitnehmer und Finanzamt kann man daher als neutrales Verhältnis bezeichnen. Die Pflichten hieraus wurden fast gänzlich dem Arbeitgeber aufgebürdet. Das Einkommensteuergesetz verwendet keinen exakten Terminus für seine Rolle in diesem Verfahren. Auch im Schrifttum herrscht Uneinigkeit. So sind einige der Auffassung, er sei von der Finanzverwaltung beauftragt worden[293], andere sehen in ihm eher einen Beliehenen[294]. Die genaue Bezeichnung ist indessen nicht für die Untersuchung des besonderen Vereinfachungsbedürfnisses entscheidend.

In den Anfängen des Lohnsteuerabzugsverfahrens im Jahre 1920 musste der Arbeitgeber lediglich einen pauschalen Steuersatz einbehalten[295], wohingegen die moderne und komplexe Arbeitswelt deutlich erhöhte Anforderungen an den Arbeitgeber stellt was wiederum zu einem komplexen Lohnsteuerabzugsverfahren geführt hat[296]. Die Reglungswut des Gesetzgebers verkomplizierte das Lohnsteuerverfahren im Laufe der Zeit zusätzlich. Zu seinen Aufgaben zählt mittlerweile

---

292 Genauer zu den wechselseitigen Pflichten des Arbeitsvertrages vgl.: *Thüsing* in: Henssler/Willemsen/Kalb, Arbeitsrecht Kommentar, § 611 BGB Rz. 30 ff.; *S. Edenfeld* in: Erman, § 611 BGB Rz. 53 ff.

293 So *Krüger* in: Schmidt, § 38 EStG Rz. 1; vgl. zu den verschiedenen Theorien im Überblick: *Wagner* in: Blümich EStG, § 42d Rz. 19 f.

294 So wohl *Kloubert*, DStR 2000, 231 (232); als weiterer Anhänger der öffentlich-rechtlichen Theorie vgl.: *Stolterfoht*, Einwirkungen des Lohnsteuerrechts auf das Arbeitsverhältnis, DStJG 1986, S. 191 ff.

295 Vgl. oben unter: 1. Kap. B.

296 *Geißler*, Der Unternehmer im Dienste des Steuerstaats, S. 43 m.w.N.; Kölner EStG Rz. 158.

neben dem Einbehalt der Einkommensteuer auf den Arbeitslohn seiner Arbeitnehmer auch der damit einhergehende nicht zu unterschätzende buchhalterische Aufwand und die Abgrenzung und Einordung verschiedenster Zuwendungen an die Arbeitnehmer. Diesen Aufwand hat der Arbeitgeber entweder durch eigene weitere Angestellte zu bewältigen oder durch Dritte. Dies führt zu Kosten von bis zu 300 Euro pro Arbeitnehmer und Jahr alleine für die Führung von Lohnkonten und die Anfertigung der Lohnabrechnung, vgl. § 34 Abs. 2 StBVV. Selbstverständlich greifen in größeren Unternehmen Skaleneffekte ein, die die Kosten verringern, nichtsdestotrotz bleibt eine erhebliche finanzielle Belastung – insbesondere für den Mittelstand – bestehen.[297]

Neben dem finanziellen Aufwand trägt der Arbeitgeber das Risiko von Fehlern, da er gem. § 42d EStG in die Haftung genommen werden kann, falls er die auf den Arbeitslohn entfallende Einkommensteuer fehlerhaft einbehält und/oder abführt. Er haftet jedoch u.U. auch dem Arbeitnehmer gegenüber, der zumeist Steuerschuldner bleibt und daher ein nachvollziehbares Interesse an der korrekten Behandlung seiner Einkommensteuer hat[298].

Dies ist bei einer derart umfangreichen steuerlichen Erfassung von über 31,75 Millionen Steuerpflichtigen von insgesamt mehr als 38,7 Millionen Steuerpflichtigen[299] für die Finanzverwaltung eine äußert kommode Situation: Der Arbeitgeber nimmt dem Arbeitnehmer die meiste Arbeit ab und bringt somit zumeist zusätzliche Professionalität in das Verfahren mit ein. Dies verringert den Arbeitsaufwand der Finanzverwaltung deutlich. Aus verwaltungsökonomischer Sicht sollte dieses Verfahren daher ideal sein. Im Jahre 2010 wurden jedoch lediglich ca. 12,48 Millionen Steuerpflichtige von insgesamt ca. 31,75 Mil-

297 Vgl. zu den Kosten für den Arbeitgeber: *Drüen*, FR 2004, 1134 (1138), der von 2,51 DM bis 631,09 DM pro Jahr und AN spricht; *Geißler*, Der Unternehmer im Dienste des Steuerstaats, S. 46 f., der von durchschnittlich 350 DM pro AN ausgeht und hochrechnet, dass dies ca. 4% des gesamten Lohnsteueraufkommens für das Jahr 1999 ausmacht.

298 BFH v. 20.9.1996 – VI R 57/95, BFHE 181, 298; *Wagner* in: Blümich EStG, § 38 Rz. 20; *Krüger* in: Schmidt, § 38 EStG Rz. 1.

299 Vgl. die Lohn- und Einkommensteuerstatistik des Statistischen Bundesamtes für das Jahr 2010 (Fachserie 14, Reihe 7.1) auf Seite 4 f., s. auch oben unter: 1. Kap. A.

lionen Steuerpflichtigen in der Lohnsteuer nicht veranlagt[300]. Dies entspricht einer Veranlagungsquote unter den Lohnsteuerpflichtigen von über 60%. Dementsprechend mussten trotz des Lohnsteuerabzugsverfahrens ca. 19,27 Millionen Veranlagungen von den jeweiligen Finanzämtern durchgeführt werden, was die Arbeitserleichterung auf Seiten der Finanzverwaltung und somit die Vorteile des Lohnsteuerabzugsverfahrens relativiert[301].

Die erhebliche Belastung des Arbeitgebers wird durch die Arbeitszeitintensität, die mit der Lohnsteuer einhergeht, am deutlichsten. Diese wird jährliche durch eine gemeinsame Studie[302] der World Bank Group und der Wirtschaftsberatungsgesellschaft PricewaterhouseCoopers (PWC) ermittelt, wobei die Steuersysteme von 189 Ländern der Welt miteinander verglichen werden. Hierbei wird die zeitliche und finanzielle Belastung eines fiktiven mittelständigen Betriebes in den jeweiligen Ländern ermittelt und miteinander verglichen[303]. Die Studie wertet hierzu Steuern in drei Bereichen aus, sog. Profit taxes, sog. Labour taxes und sog. consumption taxes. In dem diesjährigen Bericht schneidet das deutsche Steuersystem schlecht ab und belegt lediglich Platz 72[304]. In den Vorjahren waren die Ergebnisse nie signifikant besser. So belegte Deutschland im Jahre 2015 Platz 68[305], im Jahre 2014

300 An dieser Stelle danke ich vielmals Frau Iris Bachmann und dem Statistischen Bundesamt für die zur Verfügung Stellung der Daten über die nicht veranlagten Steuerpflichtigen für die Jahre 2001, 2004, 2007 und 2010 nach Art der Abgabe der Lohnsteuerdaten

301 So auch, wenn aber mit anderen Zahlen aus 1995: *Drüen*, FR 2004, 1134 (1138).

302 Paying Taxes 2016 Studie herausgegeben von der World Bank Group und PWC, abrufbar unter: http://www.pwc.com/gx/en/services/tax/paying-taxes-2016/download.html, abgerufen am: 21.4.2016, vgl. zusammenfassend Knop, Unsere Steuererklärung ist viel zu kompliziert, F.A.Z. vom 20.11.2015.

303 Wobei die Studie des Jahres 2016 die steuerliche Situation des Kalenderjahres 2014 analysiert, vgl. Paying Taxes, S. 1 u. 8, so wie alle Paying Taxes Studien die steuerrechtliche Situation ca. 2 Kalenderjahre vor dem Veröffentlichungsjahr abbilden.

304 Paying Taxes 2016, S. 130.

305 Paying Taxes 2015, S. 152, alle Studien vor 2016 sind abrufbar unter: http://www.pwc.com/gx/en/services/tax/paying-taxes-2016/paying-taxes-through-the-years.html, abgerufen am: 21.4.2016.

Platz 89[306], im Jahre 2013 Platz 72[307] und im Jahre 2012 Platz 86[308]. Deutschland belegt daher seit jeher eher einen der mittleren Ränge dieser Studie. Dies veranschaulicht nachfolgende Grafik.

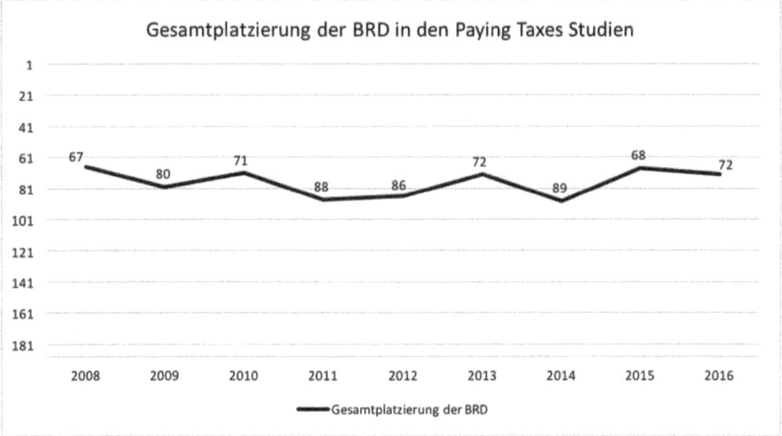

Abbildung 2: Gesamtplatzierung der BRD in den Paying Taxes Studien

Die gesamte Arbeitsbelastung von mittelständischen Unternehmen in Deutschland liegt bei dem von der Studie als repräsentativ angesehenen Betrieb bei 218 Stunden pro Jahr, um den Anforderungen des Fiskus gerecht zu werden[309]. Hiervon entfallen alleine 134 Stunden pro Jahr auf die steuerliche Erfassung der Mitarbeiter[310]. Diese Zahlen entsprechen den Berichten der Jahre 2015[311] und 2014[312]. Der von der Studie erfasste Arbeitsaufwand war ausweislich der Berichte der Jahre 2008 bis 2010 mit einer totalen Arbeitsbelastung von 196 Stunden (wobei 123 Stunden in den Jahren jeweils auf die steuerliche Erfassung der Mitarbeiter entfielen[313]) deutlich geringer. Die Arbeitsbelastung

306 Paying Taxes 2014, S. 165.
307 Paying Taxes 2013, S. 146.
308 Paying Taxes 2012, S. 113.
309 Paying Taxes 2016, S. 138.
310 Paying Taxes 2016, S. 138.
311 Paying Taxes 2015, S. 160.
312 Paying Taxes 2014, S. 170.
313 Paying Taxes 2010, S. 84; Paying Taxes 2009, S. 80; Paying Taxes 2008, S. 54.

nimmt demnach zwar langsam, aber stetig zu. Dies ist insbesondere an folgendem Diagramm zu erkennen.

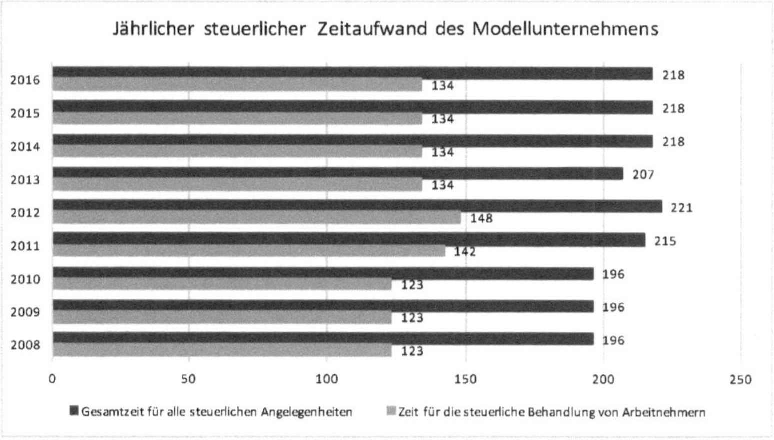

Abbildung 3: Jährlicher steuerlicher Zeitaufwand des Modellunternehmens

Die von der Studie ermittelte sog. Total Tax Rate beläuft sich in Deutschland für sog. commercial profits auf 48,8%, wobei 21,2% auf sog. Labour taxes entfallen[314]. Der Durchschnitt der sog. Total Tax Rate liegt weltweit bei 40,8%[315] und innerhalb der Europäischen Union bei 40,6%[316]. Die durchschnittlichen Steuersätze in Deutschland sind daher vergleichsweise hoch.

Vergleicht man die Ergebnisse der Studie für Deutschland mit anderen europäischen Ländern, so zeichnet sich ein eher ineffizientes Bild des deutschen Steuersystems ab. Die Steuerbelastung in Frankreich beispielsweise liegt deutlich höher bei 62,7% wobei 53,5% auf sog. Labour taxes entfallen[317]. Dennoch liegt die Gesamtarbeitsbelastung in Frankreich bei lediglich 137 Stunden pro Jahr, wobei 80 Stunden pro Jahr der steuerlichen Erfassung der Mitarbeiter zuzurechnen

314 Paying Taxes 2016, S. 134.
315 Paying Taxes 2016, S. 1.
316 Paying Taxes 2016, S. 4.
317 Paying Taxes 2016, S. 134.

sind[318]. In Schweden braucht ein mittelständisches Unternehmen bei einer totalen Steuerbelastung von 49,1%, wovon 35,4% auf die sog. Labour taxes entfallen, insgesamt 122 Stunden pro Jahr für die Regelung der gesamten steuerlichen Angelegenheit, inklusive 36 Stunden für die steuerliche Erfassung der Mitarbeiter[319]. Die Gesamtsteuerbelastung eines solchen Unternehmens in Spanien beläuft sich auf 50% (35,9% entfallen auf die sog. Labour taxes)[320]. Die Arbeitsbelastung liegt jedoch insgesamt lediglich bei 158 Stunden pro Jahr, wovon 90 Stunden pro Jahr auf die sog. Labour taxes entfallen[321]. In diesen Ländern sind die Steuersätze damit mindestens gleich hoch – teilweise sogar deutlich höher – als in Deutschland, die Arbeitsbelastung für die Unternehmen ist jedoch sehr viel geringer. Damit generieren die Steuersysteme dieser Länder mit weniger Arbeitsaufwand für die Unternehmen zumindest gleich viel – teilweise sogar deutlich mehr – relative Erträge für den Staatshaushalt. Sie sind somit effektiver als das deutsche Steuersystem.

Deutschland schneidet jedoch nicht nur im direkten Vergleich mit anderen europäischen Ländern eher schlecht ab, sondern liegt im Bereich der Arbeitsbelastung auch über dem Durchschnitt der Europäischen Union. Die gesamte steuerliche Arbeitsbelastung liegt hier im Durchschnitt bei 173 Stunden pro Jahr, wovon 83 Stunden pro Jahr auf die sog. Labour taxes entfallen[322]. Deutschland liegt mit mehr als 50 Stunden über dem Durchschnitt im Bereich der sog. Labour taxes deutlich über jenem der Europäischen Union. Die anderen Bereiche liegen nur geringfügig über oder unter dem Durchschnitt[323]. Die Hauptarbeitsbelastung der Unternehmen rührt daher aus der steuerlichen Behandlung der Arbeitnehmer her. Dies dürfte maßgeblich auf die zu komplizierte Handhabung der Lohnsteuer zurückzuführen sein.

318 Paying Taxes 2016, S. 138.
319 Paying Taxes 2016, S. 135 u. 139.
320 Paying Taxes 2016, S. 135.
321 Paying Taxes 2016, S. 139.
322 Paying Taxes 2016, S. 31.
323 Die beiden anderen Hauptbereiche der Studie betreffen die sog. Profit taxes und die sog. Consumption taxes. Hierbei liegt der europäische Durchschnitt bei 37 h/Jahr für die sog. Profit taxes und bei 53 h/Jahr für die Consumption taxes. In Deutschland liegt der Wert bei 41 h/Jahr im Bereich der sog. Profit taxes und bei 43 h/Jahr im Bereich der Consumption taxes, vgl. Paying Taxes 2016, S. 31 u. 138.

Wegen dieser vielfachen Belastungen des Arbeitgebers wird zu Teilen bereits von einer Überlastung gesprochen, wobei insbesondere die Gesamtheit der möglichweise einzeln noch gerechtfertigten Pflichten den Ausschlag gibt, gerade in Hinblick auf Art. 12 GG verfassungsrechtliche Bedenken an dem lohnsteuerrechtlichen System zu äußern[324].

bb) Untersuchung der Vereinfachungsmaßnahmen des Gesetzgebers auf der Einnahmenseite und deren Bewertung

Der zuvor geschilderten Belastungssituation versucht der Gesetzgeber mit diversen Vereinfachungsnormen auf der Einnahmenseite des Lohnsteuerabzugs entgegenzuwirken, die dem Arbeitgeber bei der Abführung der Lohnsteuer gerade in schwer zu handhabbaren Fällen helfen sollen. Dies gilt insbesondere für Situationen, in denen eine exakte Erfassung des monetären Vorteils des Arbeitnehmers schwer möglich ist und so eine korrekte tarifliche Besteuerung auch nur mit Problemen möglich wäre. Dies ist vor allem bei Sachbezügen des Arbeitnehmers der Fall. Teilweise werden durch diese Normen auch sozialpolitische Motive verfolgt, dies ist oft an einem vergleichsweise niedrigen Steuersatz zu erkennen.

Die Pauschalierungsvorschriften der §§ 40 bis 40b EStG betreffen zumeist Bereiche, in denen eine exakte Besteuerung durch den Arbeitgeber nur schwerlich möglich ist bzw. der Aufwand hierfür in einem Missverhältnis zum Steuerertrag stünde und u.U. zusätzliche sozial- oder wirtschaftspolitische Motivationen eine Rolle spielen. Dies betrifft erstens die Behandlung diverser Sachzuwendungen an den Arbeitnehmer in § 40 EStG, zweitens die Besteuerung von Teilzeitbeschäftigten und geringfügig Beschäftigten gem. § 40a EStG und drittens die Besteuerung von bestimmten Zukunftssicherungsleistungen gem. § 40b EStG. Aber auch der für Sachzuwendungen zwischen Arbeitgeber und Arbeitnehmer wie eine Generalklausel agierende § 37b

324 *Drüen*, FR 2004, 1134 (1148); *Voßkuhle*, Beteiligung Privater an der Wahrnehmung öffentlicher Aufgaben und staatliche Verantwortung, VVDStRL 2003, S. 292 f. insb. Fn. 106; *Kanzler*, FR 1996, 473 (478); Geißler, Der Unternehmer im Dienste des Steuerstaats, S. 221 ff.

Abs. 2 EStG fällt hierunter, obgleich er oftmals lediglich subsidiär zur Anwendung kommt[325].

Als Beispiel[326] für Sachzuwendungen eines Arbeitgebers an einen Arbeitnehmer seien die arbeitstäglich verbilligt oder unentgeltlich überlassenen Mahlzeiten genannt. Diese werden mit einem Pauschalsteuersatz von 25% des Wertes des Vorteils versteuert, § 40 Abs. 2 Satz 1 Nr. 1 1. HS EStG. Der vom Arbeitnehmer durch die Mahlzeit erlangte finanzielle Vorteil ist für den Arbeitgeber jedoch nur schwer zu ermitteln. Dies gilt insbesondere, weil hierzu konkret nachzuvollziehen wäre, welcher Arbeitnehmer wie oft in einem Lohnabrechnungszeitraum von dieser Möglichkeit Gebrauch macht und welche Aufwendungen er hierdurch erspart, was sich gerade durch die Pauschalversteuerung erübrigt[327]. Dennoch ist der grundsätzliche Vorteil evident und somit die verbilligte oder unentgeltliche Essenausgabe als Arbeitslohn zu qualifizieren[328]. Außerdem ist die vergünstigte oder unentgeltliche Überlassung von Mahlzeiten aus Sicht des Gesetzgebers förderungswürdig, sodass der Arbeitgeber bei deren Versteuerung entlastet werden soll[329]. Jedoch beseitigt der Gesetzgeber mit einer Norm, die die auf Sachzuwendungen entfallende Lohnsteuer pauschaliert, lediglich eine von zwei Ermittlungsschwierigkeiten bei der Besteuerung von Sachzuwendungen. Dem Arbeitgeber wird durch einen Pauschsteuersatz zwar die Berechnung des individuell auf den Arbeitnehmer entfallenden Steuersatzes erübrigt. Er muss jedoch noch immer den Wert der Sachzuwendung als Besteuerungsgrundlage ermitteln. Dies kann sich bei gemischt veranlassten Zuwendungen schwierig darstellen[330].

325 Vgl. *Loschelder* in: Schmidt, § 37b EStG Rz. 12.

326 Auf die einzelnen Vereinfachungsnormen wird detailliert unten im 3. Kap. eingegangen.

327 *Wagner* in: Herrmann/Heuer/Raupach, EStG/KStG, § 40 EStG Rz. 35; *Eisgruber* in: Kirchhof, Einkommensteuergesetz, § 40 EStG Rz.19; *Seifert* in: Korn, Einkommensteuergesetz, § 40 EStG Rz. 30.1.

328 *Krüger* in: Schmidt, § 40 EStG Rz. 12; *Küch* in: Lippross, Basiskommentar, § 40 EStG Rz. 59 f.;

329 Vgl. BT-Drucks. 11/2157, 157 f.

330 Vgl. dazu BFH v. 18.8.2005 – VI R 32/03, BFHE 210, 420, zu einer Incentive-Reise, die gemischt veranlasst war und so zu deutlichen Ermittlungsschwierigkeiten führte.

Bei geringfügig Beschäftigten ist die steuerliche Behandlung der sehr prominenten sogenannten 450-Euro-Jobs ein gutes Beispiel dafür, wie der Gesetzgeber versucht für Vereinfachung auf Arbeitgeberseite zu sorgen. Hierbei können die Löhne nach Wahl des Arbeitgebers bei Beschäftigten nach § 8 Abs. 1 Nr. 1 SGB IV (Entgeltgeringfügigkeit) und nach § 8a SGB IV (haushaltsnahe Dienstleistungen) pauschal mit abgeltender Wirkung mit 2 v.H. versteuert werden. Die gesamte Belastung dieser Arbeitsverhältnisse mit Abgaben und Steuern beläuft sich auf Arbeitgeberseite auf 12% (bei haushaltsnahen Dienstleistungen) bzw. auf 30% (bei Entgeltgeringfügigkeit)[331]. Für den Arbeitgeber stünde gerade bei diesen geringfügig Beschäftigten der Aufwand einer exakten tariflichen Versteuerung regelmäßig in keinem Verhältnis zur Entlastung durch die Dienste dieser Arbeitnehmer. Zumal gerade im Bereich der haushaltsnahen Dienstleistungen meistens steuerliche Laien als Arbeitgeber auftreten, denen nicht der gleiche Aufwand zugemutet werden kann wie „professionellen" Arbeitgebern. Würde man eine exakte tarifliche Versteuerung verlangen, so würde dies eine Hürde für die Einstellung solcher Mitarbeiter darstellen bzw. für die generelle steuerliche Erfassung einer solchen Tätigkeit. Diese vordergründig zur Vereinfachung eingeführte Norm verfolgt daher und wegen ihrer zu Teilen deutlich unterdurchschnittlichen Steuersätze, insbesondere in § 40a Abs. 2 und 3 EStG, auch wirtschaftspolitische – namentlich arbeitsmarktpolitische – Ziele, die der Norm subventionsartigen Charakter geben[332].

Bei den Zukunftssicherungsleistungen sei die gesetzgeberisch misslungene Norm des § 40b Abs. 4 EStG als Beispiel genannt. Diese besteuert Sonderzahlungen gem. § 19 Abs. 1 Satz 1 Nr. 3 Satz 2 EStG mit einem Steuersatz von 15%. Laut der Gesetzesbegründung wurde

331 *Krüger* in: Schmidt, § 40a EStG Rz. 2 vgl. a.E. die Tabelle.

332 Für ein Überwiegen der Vereinfachungsinteressen: *Eisgruber* in: Kirchhof, Einkommensteuergesetz, § 40a EStG Rz.1; *Krüger* in: Schmidt, § 40a EStG Rz. 1; Eher einen Subventionscharakter annehmend: *Trzaskalik* in: K/S/M, § 40a EStG Rz. A1, A 19; ähnlich: *Wagner* in: Herrmann/Heuer/Raupach, EStG/KStG, § 40a EStG Rz. 3; *Thürmer* in: Blümich, EStG § 40a Rz. 3; auch für einen Förderungs- bzw. Sozialzweck: BFH v. 27.2.2008 – VI B 59/07, BFH NV 2008, 981 Rz. 7 f. (zu § 40a Abs. 2 und Abs. 2a EStG); BFH v. 8.5.2008 – VI R 76/04, BFHE 221, 152 Rz. 12 (zu § 40a Abs. 3 EStG); BFH v. 3.6.1982 – VI R 48/79, BFHE 136, 224 Rz. 13 (zu § 40a EStG 1975).

diese Norm aus zwei Gründen eingeführt. Zum einen um die Besteuerung zu vereinfachen und zum anderen um der Tatsache Rechnung zu tragen, „dass hierdurch vorrangig die Sicherung der bereits bestehenden, nicht aber der Erwerb neuer Ansprüche finanziert wird und der Arbeitgeber die Sonderzahlung auslöst.“[333] Die Sonderzahlungen des Arbeitsgebers sind allerdings kein Arbeitslohn, da diese durch den Arbeitgeber selbst ausgelöste Finanzierungsmaßnahme lediglich der Sicherung bereits bestehender Ansprüche des Arbeitnehmers dient. Dies erhöht aber nicht die finanzielle Leistungsfähigkeit des Arbeitnehmers. Demnach verfolgt die Norm keine Vereinfachungszwecke, sondern dient ausschließlich der Generierung von Einnahmen. Daher wird diese Norm auch als versteckte Verkehrsteuer angesehen[334]. Diese Abkehr von der Besteuerung nach der finanziellen Leistungsfähigkeit ist nach zutreffender Ansicht nicht mit Art. 3 Abs. 1 GG vereinbar[335]. Dass die Norm bereits für Sonderzahlungen ab dem 24. August 2006 gilt, ist dabei als steuerbegründende unzulässige gesetzliche Rückwirkung ein zusätzlicher Grund, diese Norm schnellstmöglich wieder aus dem Einkommensteuergesetz zu entfernen.[336]

Diese drei beispielhaft vorgestellten Normen zeigen bereits, dass die bisher vom Gesetzgeber unternommenen Anstrengungen zur Vereinfachung des Lohnsteuerverfahrens sehr einzelfallorientiert (vgl. die Pauschalierungen des § 40 Abs. 2 EStG) bzw. auch handwerklich misslungen (vgl. § 40b Abs. 4 EStG) und daher nur mäßig erfolgreich sind. Mit derartigen Normen kann eine Entlastung des Arbeitgebers nicht erreicht werden. Vereinfachungsnormen müssen, um ihren Zweck bestmöglich zu erreichen, vergröbern; d.h. sie müssen einen weiten Anwendungsbereich haben. Setzt man sie zu kleinteilig ein, so wirkt die Masse der sodann nötigen Normen kontraproduktiv, indem die großen Prinzipien des Steuerrechts unterlaufen und/oder verschleiert werden und sich der Steuerpflichtige von einer Spezialnorm zur ande-

333 BT-Drucks. 16/2712, 57.

334 *Krüger* in: Schmidt, § 40b EStG Rz. 12; *Birk/Specker*, DB 2008, 488 (491).

335 So insb. BFH v. 14.11.2013 – VI R 49/12, BFHE 243, 524: Az. BVerfG 2 BvL 7/14; *Krüger* in: Schmidt, § 40b EStG Rz. 12; *Sonnleitner/Engels/Winkelhog*, BB 2014, 791 (793 f.); *Birk/Specker*, DB 2008, 488 (491); *Glaser*, BB 2006, 2217.

336 Vgl. zu den Problemen des § 40b Abs. 4 EStG insgesamt *Krüger* in: Schmidt, § 40b EStG Rz. 12; *Wagner* in: Herrmann/Heuer/Raupach, EStG/KStG, § 40b EStG Rz. 70 ff.; *Eisgruber* in: Kirchhof, Einkommensteuergesetz, § 40b EStG Rz.13.

ren bewegt. Insbesondere helfen Vereinfachungsnormen nicht, wenn diese Normen zumeist primär noch andere sozial- oder wirtschaftspolitische Ziele verfolgen, als ausschließlich die Vereinfachung des Lohnsteuerabzugsverfahrens.

cc) Untersuchung der Vereinfachungsmaßnahmen des Gesetzgebers auf der Ausgabenseite und deren Bewertung

Auf der Ausgabenseite müssen sich der Arbeitgeber und der Arbeitnehmer zum einen ebenfalls Erfassungsschwierigkeiten stellen. Zum anderen wirkt sich auch hier die besondere Masse der Steuerpflichtigen aus, die im Lohnsteuerabzugsverfahren zu bewältigen ist. Außerdem nimmt der Gesetzgeber auch auf der Ausgabenseite normativ Einfluss auf die Steuerpflichtigen, indem er beispielsweise einzelne Werbungskosten nur begrenzt abzugsfähig stellt. Hierdurch versucht der Gesetzgeber unterschiedliche Ziele zu erreichen.

Erfassungsschwierigkeiten begegnen den Beteiligten insbesondere bei beruflich bedingt zurückzulegenden Wegstrecken. Hier ist eine exakte Berechnung der tatsächlichen Werbungskosten für den Steuerpflichtigen schwierig und deren Überprüfung wäre für die Finanzverwaltung äußerst zeitaufwendig. Dies wäre angesichts der Vielzahl von Arbeitnehmern praktisch auch nahezu undurchführbar. Die meisten Arbeitnehmer können jedoch zumindest einen steuerlich zu berücksichtigenden Arbeitsweg vorweisen. Dies ist einer der gängigsten Fälle, in denen die steuerliche Berücksichtigung von Werbungskosten mit Hilfe einer Pauschalierungsnorm für viele Steuerpflichtige erleichtert wird. Die steuerliche Erfassung von anderen Wegstrecken führt zu ähnlichen Komplikationen, die der Gesetzgeber mit eigenen Vereinfachungsnormen abzumildern versucht[337].

Der Gesetzgeber hat nach zuerst missglückten Formulierungen letztendlich doch einen Weg gefunden, die Werbungskosten für Arbeitswege zu vereinfachen[338]. Hierbei werden die Aufwendungen zwischen Wohnung und erster Tätigkeitsstätte unabhängig vom Verkehrs-

---

337 Ausführlich zu den einzelnen Normen unten bei der Einordnung in das System unter: 3. Kap. B.

338 Vgl. zu den verfassungsrechtlichen Fragen vergangener Formulierung: BVerfG v. 9.12.2008 – 2 BvL 1/07, 2 BvL 2/07, 2 BvL 1/08, 2 BvL 2/08, BVerfGE 122, 210;

mittel pauschaliert, sog. Entfernungspauschale gem. § 9 Abs. 1 Satz 3 Nr. 4 EStG[339]. Es ist also unerheblich, ob der Arbeitnehmer zu Fuß, mit dem Fahrrad, mit öffentlichen Verkehrsmitteln oder mit einem Pkw die Strecke zur Arbeit zurücklegt. Es werden stets 0,30 Euro pro Kilometer der kürzesten Straßenverbindung zwischen der Wohnung und der ersten Tätigkeitsstätte als Werbungskosten berücksichtigt. Es ist ferner irrelevant, ob dem Arbeitnehmer überhaupt Kosten für diese Wegstrecke entstehen, weil er beispielsweise zu Fuß geht oder kostenlos von jemand anderen mitgenommen wird. Dies hat neben Vereinfachungserwägungen auch Subventionscharakter für Fahrgemeinschaften oder öffentliche Verkehrsmittel, da hier jeder Arbeitnehmer den vollen Betrag ansetzen kann; unabhängig davon, ob unter Umständen tatsächlich lediglich deutlich geringere Aufwendungen entstanden sind[340]. Diese relativ spezifische Vereinfachungsnorm hat aufgrund der Masse der Arbeitnehmer und ihrer Verkehrsmittelunabhängigkeit einen breiten Anwendungsbereich und somit eine große Vereinfachungswirkung für die Finanzverwaltung und den Steuerpflichtigen.

Aufwendungen des Arbeitnehmers für andere Wegstrecken als jene zwischen der Wohnung und der ersten Tätigkeitsstätte werden durch § 9 Abs. 1 Satz 3 Nr. 4a EStG erfasst[341]. Dieser lässt neben dem pauschalen Abzug gestaffelt nach dem verwendeten Fortbewegungsmittel nach Bundesreisekostengesetz (§ 9 Abs. 1 Satz 3 Nr. 4a Satz 2

Bergkemper in: Herrmann/Heuer/Raupach, EStG/KStG, § 9 EStG Rz. 441 u. 443; *Loschelder* in: Schmidt, § 9 EStG Rz. 180; *Becker*, BB 2011, 2391 (2394 f.)

339 Vgl. allgemein zu der sog. Entfernungspauschale: *Loschelder* in: Schmidt, § 9 EStG Rz. 179 ff.; *Bergkemper* in: Herrmann/Heuer/Raupach, EStG/KStG, § 9 EStG Rz. 440 ff.; *v. Beckerath* in: Kirchhof, Einkommensteuergesetz, § 9 EStG Rz. 41 ff.; *Fuhrmann* in: Korn, Einkommensteuergesetz, § 9 EStG Rz. 88 ff.; *Hey* in: Tipke/Lang[22], Steuerrecht, § 8 Rz. 261 f.

340 BT-Drucks. 16/12099, 1, 6 u. 8; *Loschelder* in: Schmidt, § 9 EStG Rz. 179 u. 201; *v. Beckerath* in: Kirchhof, Einkommensteuergesetz, § 9 EStG Rz. 42 f. u. 46; *Bergkemper* in: Herrmann/Heuer/Raupach, EStG/KStG, § 9 EStG Rz. 442, der einen Vereinfachungszweck wegen der großen Förderungswirkung verneint.

341 Vgl. hierzu allgemein: *Loschelder* in: Schmidt, § 9 EStG Rz. 203 ff.; *Bergkemper* in: Herrmann/Heuer/Raupach, EStG/KStG, § 9 EStG Rz. 475 ff.; *v. Beckerath* in: Kirchhof, Einkommensteuergesetz, § 9 EStG Rz. 76 ff.

EStG)[342] auch einen individuell zu berechnenden Kilometersatz zu. Insbesondere durch die pauschal festgesetzten Kilometersätze werden die Steuerpflichtigen und die Finanzämter entlastet. Die Möglichkeit einer individuellen Berechnung bringt dennoch eine gewisse Flexibilität mit in das Verfahren ein, sodass Besonderheiten berücksichtigt werden können. Dieser individuell zu berechnende Kilometersatz wäre hingegen bei der Entfernungspauschale nach § 9 Abs. 1 Satz 3 Nr. 4 EStG alleine aufgrund der Masse der zu bewältigenden Fälle nicht praktikabel.

Neben den speziellen Vereinfachungsnormen auf der Ausgabenseite wie § 9 Abs. 1 Satz 3 Nr. 4, 4a, 5 und 5a EStG sind noch allgemeine Pauschalierungen zu finden. Diese führen wohl zu den größten Erleichterungen im Massenverfahren des Lohnsteuerrechts überhaupt. Sie beruhen auf dem Umstand, dass neben den speziellen Vereinfachungstatbeständen auf der Ausgabenseite noch andere unterschiedlichste Werbungskosten abziehbar sind[343]. Bei diesen ist es jedoch nur schwer möglich, für jede Kategorie von Werbungskosten eine spezielle Vereinfachungsnorm zu normieren. Eine solche Masse an einzuführenden Pauschalierungen würde zu einer ähnlich unübersichtlichen Situation führen wie auf der Einnahmenseite[344]. Der Gesetzgeber führte daher zwei allgemeine Werbungskostenpauschalen ein (§ 9a Satz 1 Nr. 1 lit. a) und b) EStG)[345]. Mit diesen pauschalen Abzügen von festen Grundwerten an Werbungskosten, die bei den meisten Arbeitnehmern anfallen, entfällt die Notwendigkeit einer Einzelfallprüfung und somit tritt eine verhältnismäßig große Vereinfachungswirkung für den Steuerpflichtigen und die Finanzverwaltung ein[346].

342 Für die Nutzung eines Pkw 0,30 Euro pro gefahrenen Kilometer, für Motorroller 0,13 Euro, für Moped/Mofa 0,08 Euro und 0,05 Euro für Fahrrad, vgl. BMF v. 24.10.2014, BStBl. I 2014, 1412 Rz. 36 und *Loschelder* in: Schmidt, § 9 EStG Rz. 203.

343 Vgl. hierzu das ABC der Werbungskosten: *Thürmer* in: Blümich, EStG § 9 Rz. 700; *Bergkemper* in: Herrmann/Heuer/Raupach, EStG/KStG, § 9 EStG Rz. 614.

344 Vgl. oben unter: 2. Kap. B. II. 2. b) bb).

345 Vgl. allgemein hierzu: *Loschelder* in: Schmidt, § 9a EStG Rz. 1 ff.; *Prinz* in: Herrmann/Heuer/Raupach, EStG/KStG, § 9a EStG Rz. 1 ff.; *v. Beckerath* in: Kirchhof, Einkommensteuergesetz, § 9a EStG Rz. 1 ff.; *Fuhrmann* in: Korn, Einkommensteuergesetz, § 9a EStG Rz. 1 ff.

346 Zum Zweck der Norm: BFH v. 10.6.2008 – VIII R 76/05, BFHE 222, 313; BFH v. 29.10.1998 – XI R 63/97, BFHE 188, 143; BFH v. 25.10.1985 – VI R 15/81,

Die gängigere der beiden Pauschalen ist die des § 9a Satz 1 Nr. 1 lit. a) EStG. Diese setzt den sog. Werbungskostenpauschbetrag für Arbeitnehmer bei 1000 Euro pro Jahr fest. Dies sorgt jedoch in manchen Fällen – gerade im unteren Bereich der Einkommensleiter – für einen relativ großzügigen pauschalen Werbungskostenabzug. Spiegelbildlich dazu sorgt der Werbungskostenpauschbetrag am oberen Ende der Einkommensskala für relativ wenig Erleichterung. Auch bei Arbeitnehmern gilt nämlich tendenziell, dass mit steigenden Einnahmen die berufsbedingten Ausgaben wachsen. So sind Schulungen für Führungskräfte deutlich kostenintensiver, aber auch der erfolgreiche Vertriebsmitarbeiter hat in der Regel höhere Aufwendungen als der weniger erfolgreiche. Daher ist auch bei den Vereinfachungsnormen auf der Ausgabenseite Optimierungspotenzial zu erkennen. Hierbei sind unterschiedliche Modelle denkbar[347]. Das gemeinsame Ziel sollte aber eine Anpassung des pauschalen Werbungskostenabzugs an das Einkommen sein. So wäre ein Stufenmodell mit unterschiedlich hohen, am Einkommen orientierten Werbungskostenpauschbeträgen möglich. Alternativ hierzu bietet sich ein am Einkommen orientierter prozentualer Werbungskostenpauschbetrag an. Diese Modelle würden die Realität besser abbilden, mithin auch näher an den „typischen" Fall heranreichen, der bei Pauschalierungsnormen stets so gut es geht zu beachten ist[348]. Außerdem würden sie die Steuerpflichtigen und die Finanzverwaltung mehr entlasten, da weniger Nachweise geführt und geprüft werden müssten.

Auf der Ausgabenseite ergibt sich demnach ein anderes Bild als auf der Einnahmenseite. Hier sind bisher lediglich wenige Vereinfachungsnormen existent, obgleich das Potential hoch ist. So könnte man für je-

---

BFHE 145, 181; *Prinz* in: Herrmann/Heuer/Raupach, EStG/KStG, § 9a EStG Rz. 5; *v. Beckerath* in: Kirchhof, Einkommensteuergesetz, § 9a EStG Rz. 2 f.; *Fuhrmann* in: Korn, Einkommensteuergesetz, § 9a EStG Rz. 1; *Thürmer* in: Blümich, EStG § 9a Rz. 3.

347 Vgl. hierzu unten unter: 4. Kap. C. II.

348 St. Rspr. vgl. nur: BVerfG v. 9.12.2008 – 2 BvL 1/07, 2 BvL 2/07, 2 BvL 1/08, 2 BvL 2/08, BVerfGE 122, 210 (240); BVerfG 21.6.2006 – 2 BvL 2/99, BVerfGE 116, 164 (183); BVerfG v. 16.3.2005 – 2 BvL 7/00, BVerfGE 112, 268 (280 f.); BVerfG v. 11.1.2005 – 2 BvR 167/02, BVerfGE 112, 164 (180 f.); BFH v. 17.7.2014 – VI R 8/12, BFHE 247, 64 unter B.III.3.c); *Loschelder* in: Schmidt, § 9 EStG Rz. 4; *Birk/Desens/Tappe*, Steuerrecht Rz. 218.

de Art der Werbungskosten eine eigene Pauschale einführen, beispielsweise eine Pauschale für Aufwendungen für das häusliche Arbeitszimmer, für typische Arbeitsmittel u.s.w.[349]. Dies würde jedoch auf lange Sicht zu dem gleichen Effekt wie auf der Einnahmenseite führen. Die einzuführenden Spezialnormen würden die Generalklauseln verdrängen und so nicht nur die Prinzipien des Steuerrechts verschleiern, sondern kontraproduktiv wirken. Die Ausgabenseite würde so unübersichtlich wie die Einnahmenseite. Glücklicherweise hat sich der Gesetzgeber mit der Einführung von einzelfallorientierten Vereinfachungsnormen auf der Ausgabenseite bisher zurückgehalten. Neben den beiden generellen Werbungskostenpauschalen des § 9a Satz 1 Nr. 1 EStG sind lediglich vier auf spezielle Fälle zugeschnittene Vereinfachungsnormen zu finden[350]. Dies bewahrt die Übersichtlichkeit. Außerdem haben die bisher verwendeten Normen einen relativ großen Anwendungsbereich. Zwar haben sie dadurch eine vergröbernde Wirkung, was jedoch diesen Formen von Vereinfachungsnormen immanent ist. Vereinfachungsnormen – Pauschalierungen, Typisierungen, etc. – müssen geradezu vergröbern, um ihre vereinfachende Wirkung optimal entfalten zu können. Wegen diesem breiten Anwendungsbereich können die Normen auf der Ausgabenseite noch tatsächlich vereinfachend wirken.

dd) Zwischenergebnis

Die Untersuchung der besonderen Konstellation der Beteiligten im Lohnsteuerabzugsverfahren und der darauf aufbauenden Vereinfachungsnormen des Gesetzgebers hat gezeigt, dass das Lohnsteuerverfahren für die Beteiligten sehr unterschiedlich ausgestaltet ist. Der Arbeitnehmer ist zweifelsfrei der Nutznießer dieses Verfahrens. Ihn treffen praktisch keine steuergesetzlichen Pflichten mehr. Das Finanzamt profitiert von der zumeist durch den Arbeitgeber oder dessen Berater in das Verfahren eingebrachten Professionalität, die das Verfahren einfacher handhabbar macht. Der Staatshaushalt wird bei der stärksten Einnahmenquelle durch einen steten und sicheren Zufluss gestärkt.

349 Vgl. *Prinz* in: Herrmann/Heuer/Raupach, EStG/KStG, § 9a EStG Rz. 5.
350 § 9 Abs. 1 Satz 3 Nr. 4, 4a, 5 und 5a EStG.

Diese Erleichterungen und alle anderen positive Effekte dieses Verfahrens gehen jedoch zu Lasten des Arbeitgebers. Er steht vor einer enormen Belastung, wenn er die Lohnsteuer korrekt abführen will. Zum einen ist dies eine finanzielle Last, die wie gezeigt[351], gerade bei kleineren Unternehmen ohne eigene Lohnbuchhaltungen, die auf externe Experten angewiesen sind, enorm seien kann. Zum anderen ist das lohnsteuerrechtliche Verfahren im europäischen Vergleich sehr arbeitszeitintensiv[352], was selbst bei einer unternehmenseigenen Lohnbuchhaltung die Kosten steigen lässt.

Um dieser Belastung entgegenzuwirken führte der Gesetzgeber diverse Vereinfachungsnormen ein. Auf der Einnahmenseite ergibt sich jedoch mittlerweile ein Bild von vielen einzelfallorientierten Normen, die keine tatsächliche Vereinfachungswirkung mehr erzielen, weil sie erstens die generellen steuerrechtlichen Prinzipien verschleiern und zweitens die Voraussetzungen der Vereinfachungsnormen teilweise so detailliert sind, dass schon ihre eigene Anwendung kompliziert ist, und sie drittens teilweise handwerklich misslungen sind. Die Ausgabenseite erscheint dagegen in einem positiveren Licht. Hier wurden bisher nur wenige Vereinfachungsnormen mit relativ großen Anwendungsbereichen verwendet, die auch verhältnismäßig einfach anzuwenden sind. Obgleich auch hier Optimierungspotential besteht, führt dies dazu, dass auf der Ausgabenseite eine gewisse Übersichtlichkeit erhalten geblieben ist, die es den Normen ermöglicht, vereinfachend zu wirken.

Daher muss man den Schluss ziehen, dass bei einem zukünftigen Einsatz von Vereinfachungsnormen in der Lohnsteuer, diese so wie auf der Ausgabenseite strukturiert werden sollten. D.h. es sollte eine Konzentration auf wenige Normen mit großen Anwendungsbereichen erfolgen. Darüber hinaus sollten nur vereinzelt Spezialnormen eingeführt werden. Der Wald an bestehenden Spezialnormen auf der Einnahmenseite muss jedoch gelichtet werden[353]. So wird sowohl die Arbeitszeitbelastung als auch die damit einhergehende finanzielle Belastung des Arbeitgebers minimiert. Denn eine einfache Steueranwen-

351 Vgl. oben unter: 2. Kap. B. II. 2. b) aa).

352 Vgl. oben unter: 2. Kap. B. II. 2. b) aa).

353 Auch für den Abbau von Spezialnormen und für die Rückkehr zu den allgemeinen Regeln: *Hey* in: Tipke/Lang[22], Steuerrecht, § 8 Rz. 143 u. 250; ähnlich: Tipke, Steuerrechtsordnung, Bd. 2, S. 844 ff., 854.

dung sorgt nicht nur für ein gerechteres und gleichmäßigeres Steuerrecht, sondern auch für eine höhere Bereitschaft, die Steuern ordnungsgemäß abzuführen.

c) Das Lohnsteuerabzugsverfahren als Quellenabzug – Die Grundentscheidung auf dem Prüfstand?

Die Untersuchung des besonderen Dreiecksverhältnisses in der Lohnsteuer hat gezeigt, dass dieses System erhebliche Ungleichbehandlungen und Komplikationen mit sich bringt. Daher stellt sich die Frage nach dem grundsätzlichen Nutzen und der Sinnhaftigkeit eines solchen Systems. Diese Frage wurde bereits bei der Einführung in das Gesetz im Jahre 1920 kontrovers diskutiert[354].

Die Kritiker dieses Systems führten damals schon die Belastung des Arbeitgebers durch das Quellenabzugsverfahren an[355]. Diese Belastung hat, wie bereits gezeigt, mittlerweile kaum noch zumutbare Ausmaße angenommen[356]. Es zeigt sich also, dass sich die Befürchtungen der Gegner in diesem Punkt verwirklicht haben. Die Befürchtung, dass die Arbeitnehmer ihre Lohnforderungen um den Steuereinbehalt erhöhen würden und es so zu einer Inflation käme, waren indessen unbegründet.

Die Befürworter des Quellenabzugsverfahrens waren der Meinung, dass durch dieses einfache Verfahren eine Einsparung an Beamten möglich sei[357]. Die Gegner des Verfahrens erwiderten hingegen, dass das Verfahren derart kompliziert sei, dass eine Einsparung von Arbeitskräften nicht möglich sei. Die sachliche Komplexität des heuti-

354 Allgemein zu dieser Diskussion vgl.: Bericht des 10. Ausschusses über den Entwurf eines Reichseinkommensteuergesetzes, Nr. 1624 der Drucksachen der Nationalversammlung, zu § 44; RT-Drucks, III. Wahlperiode 1924/25, Nr. 795; *Trzaskalik* in: K/S/M, EStG, § 38 Rz. A 72; *Kruse,* Prolegomena zum Lohnsteuerrecht, DStJG 1986, S. 5 f.; *Drüen,* FR 2004, 1134 (1138 f.); vgl. ferner zur Historie des Lohnsteuerabzugs oben unter: 1. Kap. B.

355 Vgl.: Bericht des 10. Ausschusses über den Entwurf eines Reichseinkommensteuergesetzes, Nr. 1624 der Drucksachen der Nationalversammlung, zu § 44; RT-Drucks, III. Wahlperiode 1924/25, Nr. 795; *Trzaskalik* in: K/S/M, EStG, § 38 Rz. A 72; *Kruse,* Prolegomena zum Lohnsteuerrecht, DStJG 1986, S. 5 f.

356 Vgl. oben unter: 2. Kap. B. II. 2. b) aa).

357 *Trzaskalik* in: K/S/M, EStG, § 38 Rz. A72; *Winter,* Der Arbeitgeber im Lohnsteuerrecht, S. 4 f.

gen Verfahrens wurde bereits oben anhand der Arbeitszeitbelastung belegt[358]. Zum 1.1.2016 waren in Nordrhein-Westfalen, dem bevölkerungsreichsten Bundesland, insgesamt 22.073 Vollzeitäquivalente (VZÄ)[359] in den Finanzämtern beschäftigt. Hiervon entfielen 2.692,66 VZÄ auf die Arbeitnehmerveranlagung und gerade einmal 73,92 VZÄ auf die Lohnsteueranmeldung. Somit befassen sich insgesamt 2766,58 VZÄ der Finanzämter in Nordrhein-Westfalen mit der Lohnsteuer. Das entspricht einem Anteil von 12,53% der VZÄ.[360] Dies zeigt, dass auf behördlicher Seite die Arbeitsbelastung gemessen daran, dass es sich lediglich um eine Einkunftsart der Einkommensteuer handelt, zwar relativ hoch, aber gemessen an dem Umfang der Lohnsteuer noch vertretbar ist. Dies resultiert wohl maßgeblich daraus, dass ein Großteil der Arbeit auf die Arbeitgeber verlagert worden ist.

Das Argument der Befürworter, dieses Verfahren sei zur Sicherung eines steten Zuflusses bei dieser bedeutenden Einnahmenquelle des Staates notwendig, korreliert stark mit der Zahlungsmoral der Arbeitnehmer. Zu Beginn des 20. Jahrhunderts war die Zahlungsmoral der Arbeitnehmer denkbar schlecht. Es waren enorme Steuerausfälle und Beitreibungsbemühungen zu verzeichnen. So mussten in 1902 in Chemnitz in 88% der Fälle Zwangsvollstreckungen betrieben werden[361]. Auch zehn Jahre später im Jahre 1912 haben von 278 000 Steuerpflichtigen in Leipzig lediglich 73 000 sofort gezahlt und 95 000 auf eine Mahnung. Gegen die restlichen 110 000 Steuerpflichtigen musste die Zwangsvollstreckung eingeleitet werden[362]. Dies entspricht einer Quote für Beitreibungen von ca. 40 v. H. Diese recht unterschiedlichen, aber dennoch sehr hohen Quoten stammen jedoch aus einer Zeit, in der die Einsicht in die Notwendigkeit für das Zahlen von Steu-

358 Vgl. oben unter: 2. Kap. B. II. 2. b) aa).

359 VZÄ sind aufsummierte Beschäftigungsanteile, d.h. bei der Zahl der Beschäftigten handelt es sich um Vollzeitstellen (keine Kopfzahl). Die wirkliche Anzahl der Personen ist deutlich höher. Hierin nicht enthalten sind Beschäftigte in Elternzeit sowie Mutterschutzfrist, beurlaubte Beschäftigte und Beamte in Aufstiegsausbildung.

360 Für die Zahlenwerte danke ich Frau Ingrid Krug vom Finanzministerium des Landes Nordrhein-Westfalen, die mir diese Werte nach einer Anfrage gem. § 4 Abs. 1 IFG NW zur Verfügung gestellt hat.

361 *Drüen*, FR 2004, 1134 (1139).

362 Vgl. *Kruse*, Prolegomena zum Lohnsteuerrecht, DStJG 1986, S. 5 f.

ern wenig verbreitet war. Heutzutage ist die Bereitschaft, seine Steuern ordnungsgemäß abzuführen, sicherlich höher. Das Quellenabzugsverfahren ist aber im Vergleich zur Einzelveranlagung dennoch das zuverlässigere und weniger ausfallgefährdete Instrument der steuerlichen Behandlung solcher Massen an Steuerpflichtigen. Die Erleichterung für den Arbeitnehmer ist evident. Der Finanzverwaltung wird die Kontrolle erleichtert, indem sie i. d. R. nur einen Akteur (den Arbeitgeber) kontrollieren muss, um so eine Vielzahl von Steuerpflichtigen im Blick zu haben[363]. Ferner ist der Staatshaushalt auf den steten Zufluss an finanziellen Mitteln angewiesen. Die Lohnsteuer sichert diesen Zufluss auf angemessene Art und Weise ab ohne die Einkünfte der Arbeitnehmer bereits in dem laufenden Jahr zu sehr zu belasten, indem viele steuermindernde Umstände bereits beim Lohnsteuerabzug berücksichtigt werden können und so der Steuersatz bereits im laufenden Jahr verhältnismäßig genau einbehalten und abgeführt wird[364].[365] Würde man diese Basis für den Zufluss aus dieser wichtigsten Einnahmequelle der Bundesrepublik erodieren, so wäre dies eine Tendenz in die falsche Richtung.

Aus verfassungsrechtlicher Sicht erscheint das Quellenabzugsverfahren in der Lohnsteuer relativ unproblematisch. Das Lohnsteuerabzugsverfahren in seiner jetzigen Gestalt wurde von dem Grundgesetzgeber übernommen und in Art. 107 Abs. 1 Satz 2 GG erwähnt. Dies verleiht der Lohnsteuer keinen Verfassungsrang. Sie hat die gleichen verfassungsrechtlichen Anforderungen zu achten wie alle anderen Gesetze. Gerade dies wird angesichts der Belastungen für den Arbeitgeber teils kritisch gesehen[366]. Die meisten Stimmen in der Literatur sehen in der Lohnsteuer und insbesondere in deren Erhebung jedoch keine Verletzung des Grundgesetzes[367]. Auch die Rechtsprechung sieht darin

---

363 Vgl. *Hey* in: FS Kruse, S. 278 f.

364 Vgl. *Hey* in: FS Kruse, S. 279.

365 Allg. zu den Vorteilen eines Quellenabzugsverfahren vgl.: Handbuch der Finanzwissenschaft, S. 390.

366 Vgl. *Drüen*, FR 2004, 1134 (1139 ff.), bzgl. der Haftungstatbestände *Hey* in: FS Kruse, S. 286 f.

367 *Thürmer* in: Blümich, EStG § 38 Rz. 126; *Pflüger* in: Herrmann/Heuer/Raupach, EStG/KStG, § 38 EStG Rz. 6; so grds. auch: *Seifert* in: Korn, Einkommensteuergesetz, § 38 EStG Rz. 3.

keinen Verstoß gegen das Grundgesetz[368]. Dem ist in Bezug auf die Grundentscheidung zuzustimmen. Das Lohnsteuerverfahren ist insbesondere an Art. 12 Abs. 1 GG zu messen. Dabei stellt es jedoch lediglich eine Berufsausübungsregelung dar. Diese ist aber angesichts der bereits erwähnten vielfältigen Vorteile des Verfahrens vom Arbeitgeber (noch) zu tragen.[369] Der Punkt, an dem die Last des Arbeitgebers diesen in einem Maße belastet, dass er seinem Beruf nur noch unter unzumutbaren Schwierigkeiten nachgehen könnte, ist noch nicht erreicht. Allerdings kann dies in einzelnen Punkten – wie beispielsweise bei § 38 Abs. 1 Satz 3 EStG – bereits durchaus kritisch gesehen werden, da dem Arbeitgeber hier nahezu nicht erfüllbare Pflichten auferlegt werden[370].

Die grundlegende Entscheidung für ein Quellenabzugsverfahren in der Lohnsteuer ist demnach nicht in Frage zu stellen. Es handelt sich grundsätzlich um ein zuverlässiges und sinnvolles Verfahren, was die Steuererhebung für den Staat vereinfacht und die Einnahmen sichert. Das Besondere am Lohnsteuerabzugsverfahren ist, dass die meisten Steuerpflichtigen in diesem Verfahren ausschließlich oder nahezu ausschließlich Einkünfte aus nichtselbständiger Arbeit haben und bereits durch die Berücksichtigung von steuermindernden Tatbeständen ein relativ genauer Steuerabzug vollzogen wird. Daher ist ein Quellenabzugsverfahren geradezu prädestiniert für die Besteuerung von Einkünften aus nichtselbständiger Arbeit[371].

Die konkrete Ausgestaltung dieses Quellenabzugsverfahrens weist indessen Mängel auf und sollte daher überarbeitet werden, um insbesondere die ansteigenden Belastungen der Arbeitgeber zu minimieren. Hierbei sollte vor allem überdacht werden, ob es sinnvoll ist, dass ein Steuerabzug nahezu stets durch den Arbeitgeber erfolgt.

368 BVerfG v. 10.4.1997 – 2 BvL 77/92, BVerfGE 96, 1; BVerfG v. 8.10.1991 – 1 BvL 50/86, BVerfGE 84, 348; BVerfG v. 17.2.1977 – 1 BvR 33/76, BVerfGE 44, 103; BVerfG v. 29.11.1967 – 1 BvR 176/66, BVerfGE 22, 380; vgl. zusammenfassend und besprechend: *Drüen*, FR 2004, 1134 (1139 ff.).

369 Vgl. *Pflüger* in: Herrmann/Heuer/Raupach, EStG/KStG, § 38 EStG Rz. 6.

370 *Seifert* in: Korn, Einkommensteuergesetz, § 38 EStG Rz. 3.

371 *Hey* in: FS Kruse, S. 284.

d) Gesetzliche Ausgangslage bei der Besteuerung von Lohnzahlungen oder Sachzuwendungen und Analyse der Sinnhaftigkeit der Wahl des jeweils Verpflichteten

Zur Untersuchung, ob der Steuerabzug stets sinnvollerweise durch den Arbeitgeber vorgenommen werden sollte, werden im Folgenden die bisherigen Lohnsteuerabzugsregelungen dahingehend näher analysiert, wer den Lohnsteuerabzug vornehmen muss, und aus welchen Gründen sich der Gesetzgeber für die jeweiligen Akteure entschieden hat. Dabei sind allerdings ausschließlich zwei Akteure denkbar. Zum einen der Arbeitgeber und zum anderen ein Dritter, der in irgendeiner Art und Weise im Zusammenhang mit der Vorteilsgewährung an den Arbeitnehmer steht.

aa) Die Grundnorm des Lohnsteuerabzugs – § 38 EStG

Die Grundnorm des Lohnsteuerabzugs ist § 38 Abs. 1 Satz 1 EStG. Diese Norm ist die Generalklausel für den Lohnsteuerabzug bei allen Einkünften aus nichtselbständiger Arbeit, soweit sie von einem inländischen Arbeitgeber[372] gem. § 38 Abs. 1 Satz 1 Nr. 1 EStG gezahlt werden oder von einem ausländischen Arbeitnehmer-Verleiher[373], dessen Arbeitnehmer aber im Inland arbeiten, § 38 Abs. 1 Satz 1 Nr. 2 EStG. In beiden Fällen ist der Arbeitgeber zum Lohnsteuerabzug verpflichtet. Da dies die beiden Grundfälle des Lohnsteuerabzugs sind, gelten hier die Gründe für die Einführung des Lohnsteuerabzugs entsprechend[374]. Insbesondere die für die Finanzverwaltung und den Arbeitnehmer leichtere steuerrechtliche Behandlung dieser Sachverhalte und der regelmäßige sichere Steuerzufluss für den Staat waren für die Einführung des Quellenabzugsverfahrens in der Lohnsteuer ausschlaggebend.

---

372 Vgl. näher dazu: *Krüger* in: Schmidt, § 38 EStG Rz. 3; *Eisgruber* in: Kirchhof, Einkommensteuergesetz, § 38 EStG Rz. 7; *Pflüger* in: Herrmann/Heuer/Raupach, EStG/KStG, § 38 EStG Rz. 27 f.; *Küch* in: Lippross, Basiskommentar, § 38 EStG Rz. 16 ff.

373 Vgl. näher dazu: *Krüger* in: Schmidt, § 38 EStG Rz. 4; *Eisgruber* in: Kirchhof, Einkommensteuergesetz, § 38 EStG Rz. 8; *Pflüger* in: Herrmann/Heuer/Raupach, EStG/KStG, § 38 EStG Rz. 30 ff.; *Küch* in: Lippross, Basiskommentar, § 38 EStG Rz. 23 f.

374 Vgl. oben unter: 1. Kap. B. und 2. Kap. B. II. 2. c).

Auch in dem Fall des § 38 Abs. 1 Satz 3 EStG, in dem eine Lohnzuwendung durch einen Dritten vorliegt, muss der Arbeitgeber die Lohnsteuer einbehalten und abführen, wenn er die Zuwendungen kannte oder hätte erkennen können. Das Erkennenkönnen wird dabei vermutet, wenn es sich bei dem Dritten und dem Arbeitgeber um verbundene Unternehmen i.S.v. § 15 AktG handelt. Hierbei erfasst § 38 Abs. 1 Satz 3 EStG ausschließlich die echte Lohnzahlung eines Dritten, d.h. Fälle in denen der Dritte nicht als Zahlstelle auftritt, sondern selbstständig aus eigenem Interesse die Zuwendung tätigt[375]. Die Norm ist jedoch in der Praxis so gut wie nicht handhabbar, da unter anderem der Arbeitgeber die Bemessungsgrundlage schätzen muss und das Merkmal des Erkennenkönnens für die Rechtsprechung nur sehr schwer zu fassen ist[376].

Obgleich der Gesetzgeber diese Probleme bereits im Gesetzgebungsverfahren erkannte[377], nahm er keine wirkungsvollen Änderungen bzw. Klarstellungen vor. Zu den Gründen für diese Regelung führte der Gesetzgeber aus, dass der Arbeitgeber „bereits bisher nach höchstrichterlicher Rechtsprechung Lohnsteuer für den von dritter Seite gezahlten Arbeitslohn einzubehalten hat, wenn der Dritte in der praktischen Auswirkung nur die Stellung einer zahlenden Kasse hat oder zwischen dem Arbeitgeber und dem Dritten eine enge wirtschaftliche oder tatsächliche Verflechtung oder enge Beziehung sonstiger Art besteht“[378]. Damit bezieht sich der Gesetzgeber jedoch lediglich auf die unechte Lohnzahlung eines Dritten einerseits, die gerade von der echten Lohnzahlung eines Dritten zu unterscheiden ist, und zum anderen auf verbundene Unternehmen. Eine Bezugnahme auf die durch die Norm geregelte echte Lohnzahlung eines Dritten fehlt indessen. Der Gesetzgeber bezieht sich ferner auf Sachzuwendungen eines Dritten an Arbeitnehmer, sofern der Arbeitgeber hieran mitgewirkt hat. Hierbei

375 Vgl. zu der Unterscheidung *Krüger* in: Schmidt, § 38 EStG Rz. 5 f.; *Thürmer* in: Blümich EStG, § 38 Rz. 93 f.; *Pflüger* in: Herrmann/Heuer/Raupach, EStG/KStG, § 38 EStG Rz. 40; vgl. ferner auch oben unter: 2. Kap. B. II. 1. d) cc) (2).

376 Auch krit.: *Krüger*, in: Schmidt, § 38 EStG Rz. 7; *Albert*, FR 2009, 857 (859 f.); *Gersch*, FR 2004, 938 (941); durch die Fülle der Aufgaben des Arbeitgebers fast einen Verfassungsverstoß annehmend: *Drüen*, FR 2004, 1134 (1146 ff.); zu den damit einhergehenden Problemen vgl. oben unter: 2. Kap. B. II. 1. d) cc) (2).

377 Vgl. BT-Drucks. 15/1798, 4.

378 BT-Drucks. 15/1562, 33 f.

wird erkannt, dass die bis dahin geltende Praxis, bei der der Arbeitgeber für diese Sachzuwendungen die Lohnsteuer abführt, ins Wanken geriet.[379] Diese Art von Lohnzuwendungen von Dritten könnten schon eher als echte Lohnzahlung eines Dritten angesehen werden, obgleich die Mitwirkung des Arbeitgebers irritiert und bezüglich der Selbstständigkeit der Zuwendung durch den Dritten auch problematisch sein dürfte. Die weitere Begründung der Indienstnahme des Arbeitgebers erschöpft sich in den gängigen Argumenten, dass der Vollzug der Besteuerung von Einkünften Verfassungsrang habe und durch dieses Verfahren eine wesentlich einfachere Steuererhebung sichergestellt sei[380]. Aus der Perspektive der Finanzverwaltung mag dies schlüssig sein. Dies überzeugt indessen nicht aus der Perspektive des Arbeitgebers. Trotz Auskunftspflicht des Arbeitnehmers gegenüber dem Arbeitgeber gem. § 38 Abs. 4 Satz 3 EStG ist es für den Arbeitgeber in den meisten Fällen nur schätzweise möglich, den Wert der Zuwendung zu ermitteln. Es erscheint unverhältnismäßig, die Bemessungsgrundlage hierfür auf eine derart ungewisse Grundlage zu stellen und dem Arbeitgeber dennoch eine mögliche Haftung gem. § 42d Abs. 1 und 2 EStG aufzubürden[381]. Ferner hat der Arbeitgeber eine echte Lohnzahlung eines Dritten nicht unmittelbar selbst ausgelöst. Zusammenfassend kann man daher festhalten, dass der Arbeitgeber für einen Lohnsteuerabzug zuständig ist, den er selbst nicht durch eine Lohnzahlung ausgelöst hat, dessen exakte Höhe er meist nur schätzen kann, dessen wirtschaftliche Lasten (Buchhaltungskosten etc.[382]) er trägt und wofür er gegebenenfalls sogar haftet. Es ist daher wenig verständlich, bei echten Lohnzahlungen eines Dritten trotzdem den Arbeitgeber in die Pflicht zu nehmen[383], zumal vergleichbare Pflichten zum Lohnsteuereinbehalt bereits jetzt von Dritten erfüllt werden[384]. Ferner wäre ein von einem Dritten durchgeführter Lohnsteuerabzug für die Finanzverwaltung ebenso einfach in der Handhabung.

379 Vgl. BT-Drucks. 15/1562, 34.
380 BT-Drucks. 15/1562, 34.
381 Ähnlich: *Drüen*, FR 2004, 1134 (1146 ff.).
382 Vgl. oben unter: 2. Kap. B. II. 2. b) aa).
383 Vgl. weitergehend unten unter: 4. Kap. B. I.
384 Bspw. §§ 37a, 38 Abs. 3a EStG.

Eine der wenigen Lohnsteuereinbehaltungspflichten für Dritte ist in § 38 Abs. 3a Satz 1 EStG normiert. Diese Norm ist auf einen speziellen Fall zugeschnitten und wurde als Reaktion auf eine Entscheidung des BFH[385] geschaffen. Soweit sich aus einem Dienstverhältnis oder einem früheren Dienstverhältnis tarifvertragliche Ansprüche des Arbeitnehmers auf Arbeitslohn unmittelbar gegen einen Dritten mit Wohnsitz, Geschäftsleitung oder Sitz im Inland richten und von diesem durch die Zahlung von Geld erfüllt werden, hat der Dritte die Pflichten des Arbeitgebers zu übernehmen, § 38 Abs. 3a Satz 1 EStG. Hierzu zählt bespielweise die gemeinsame Einrichtung einer Lohnausgleichskasse der Bauwirtschaft durch die Tarifparteien[386]. Bei der Einführung der Norm wurden vom Gesetzgeber keine durchgreifenden Gründe für deren Legitimierung angeführt. Aus der der Einführung der Norm zugrundeliegenden Entscheidung[387] kann man aber schlussfolgern, dass die Norm eine Besteuerungslücke schließen sollte. Bei derartigen Zahlungen eines Dritten handelt es sich um Arbeitslohn für den Arbeitnehmer[388]. Der Arbeitgeber hatte dabei jedoch keinen Einfluss darauf und auch keine Kenntnis davon, weswegen eine Besteuerung durch selbigen nach damaligem Recht nicht in Betracht kam. Auch heute stünde das Merkmal der Kenntnis des Arbeitgebers einer Anwendung des § 38 Abs. 1 Satz 3 EStG entgegen, obgleich das Merkmal des Erkennenkönnens heute in diesem Fall potentiell einschlägig wäre. Dennoch eröffnete sich hier eine Lücke im Steuerabzug. Bei echten Lohnzahlungen eines Dritten, von denen der Arbeitgeber keine Kenntnis hatte, war niemand für den Steuerabzug zuständig. Diese Lücke sollte der § 38 Abs. 3a Satz 1 EStG schließen. Warum der Gesetzgeber gerade in diesen Fällen auf den Dritten zurückgegriffen hat, ist allerdings nur schwer nachzuvollziehen. Es stellt zudem einen Bruch zu § 38 Abs. 1 Satz 3 EStG dar, der auch echte Lohnzahlungen eines Dritten behandelt, bei dem jedoch der Arbeitgeber in die Lohnsteuerabzugspflicht genommen wird. Der einzige Unterschied zwischen den Normen ist das Merkmal der Kenntnis bzw. des Erkennen-

385 BFH v. 21.2.2003 – VI R 74/00, BFHE 201, 300.

386 *Krüger*, in: Schmidt, § 38 EStG Rz. 16; vgl. BFH v. 21.2.2003 – VI R 74/00, BFHE 201, 300.

387 BFH v. 21.2.2003 – VI R 74/00, BFHE 201, 300.

388 BFH v. 21.2.2003 – VI R 74/00 unter 2.a).

könnens des Arbeitgebers, welches zurecht kritisch gesehen wird[389] und bestenfalls aus dem Gesetz entfernt werden sollte. Dieses Merkmal erscheint daher als Differenzierungsgrund nicht geeignet. Daher ist der Systembruch des Gesetzgebers nur schwer nachzuvollziehen, obgleich der Dritte hier wohl der aus praktischer Sicht kompetentere Ansprechpartner ist, da er nicht auf Auskünfte der Arbeitnehmer und unsicheren Schätzungen aufbauen muss, sondern die Zahlungen selbst steuert.

Eine freiwillige Möglichkeit des Lohnsteuerabzugs durch einen Dritten ist in § 38 Abs. 3a Satz 2 ff. EStG zu finden. Diese Norm regelt Fälle, in denen ein Dritter mit Wohnsitz, Geschäftsführung oder Sitz im Inland die Pflichten des Arbeitgebers im eigenen Namen erfüllt. Hierbei kann der Dritte auf Antrag die lohnsteuerrechtlichen Pflichten des Arbeitgebers übernehmen, wenn er sich hierzu gegenüber dem Arbeitgeber verpflichtet hat, den Lohn auszahlt oder er nur Arbeitgeberpflichten für von ihm vermittelte Arbeitnehmer übernimmt und die Steuererhebung nicht beeinträchtigt wird.[390] Dies gilt insbesondere für Fälle der studentischen Arbeitnehmerüberlassung sowie die Vermittlung von Langzeitarbeitslosen oder Arbeitnehmern von Wohnungseigentümergemeinschaften[391]. Die Norm hat einen begrenzten Anwendungsbereich und legalisierte lediglich eine bereits bestehende Praxis der Finanzverwaltung[392]. Da der Dritte in diesen Fällen „auf Grund besonderer rechtlicher oder organisatorischer Verflechtung mit dem Arbeitgeber den Arbeitslohn zahlt oder er die Arbeitnehmer vermit-

389 Auch krit.: *Krüger*, in: Schmidt, § 38 EStG Rz. 7; *Albert*, FR 2009, 857 (859 f.); *Gersch*, FR 2004, 938 (941); durch die Fülle der Aufgaben des Arbeitgebers fast einen Verfassungsverstoß annehmend: *Drüen*, FR 2004, 1134 (1146 ff.); zu den damit einhergehenden Problemen vgl. oben unter: 2. Kap. B. II 1. d) cc) (2).

390 Vgl. § 38 Abs. 3a Sätze 2 und 3.

391 Für mehr Bsp. und nähere Ausführungen vgl.: *Pflüger* in: Herrmann/Heuer/Raupach, EStG/KStG, § 38 EStG Rz. 52; *Krüger* in: Schmidt, § 38 EStG Rz. 17; *Eisgruber* in: Kirchhof, Einkommensteuergesetz, § 38 EStG Rz. 21 ff.; *Seifert* in: Korn, Einkommensteuergesetz, § 38 EStG Rz. 46 ff.; *Küch* in: Lippross, Basiskommentar, § 38 EStG Rz. 76 ff.; *Niermann/Plenker*, DB 2003, 2724 (2726).

392 Vgl. BT-Drucks. 15/1562, 34; *Pflüger* in: Herrmann/Heuer/Raupach, EStG/KStG, § 38 EStG Rz. 52; *Eisgruber* in: Kirchhof, Einkommensteuergesetz, § 38 EStG Rz. 22; *Küch* in: Lippross, Basiskommentar, § 38 EStG Rz. 76; *Niermann/Plenker*, DB 2003, 2724 (2726).

telt“[393], ist die Übertragung der Pflichten ausschließlich in diesem begrenzten Maße sinnvoll. Hieraus lässt sich auch schließen, dass der Dritte gewählt wurde, da er in diesen speziellen Fällen dem Arbeitnehmer in der Regel näher steht als der Arbeitgeber. Ferner soll beispielsweise bei Langzeitarbeitslosen oder studentischen Arbeitnehmern, die zumeist nur Aushilfstätigkeiten verrichten, der Einsatz und die Integration dieser in einen Betrieb für den Arbeitgeber so problemlos wie möglich sein. Die fixe Anlaufstelle für derartige Beschäftigte ist eher der Dritte und nicht der Arbeitgeber. Daher ist hier die Wahl des Dritten als für den Lohnsteuerabzug Zuständigen richtig.

bb) Die sog. lex Lufthansa – § 37a EStG

Eine weitere Norm, bei der der Dritte den Steuerabzug vornimmt, ist § 37a EStG. Diese Norm ist auch als „lex Lufthansa“ bekannt[394]. Hiernach kann ein Unternehmen, welches Sachprämien i.S.v. § 3 Nr. 38 EStG gewährt, auf Antrag den Teil, der nicht steuerfrei ist, pauschal und mit abgeltender Wirkung mit einem Steuersatz von 2,25 v.H. versteuern[395]. Handelt es sich bei dem Prämienempfänger um einen Arbeitnehmer und kann dieser die beruflich erzielten Sachprämien privat einsetzen, so handelt es sich um Arbeitslohn[396]. Gem. § 37a Abs. 2 Satz 1 i.V.m. § 40 Abs. 3 EStG wird der Dritte auch zum Schuldner der pauschal abzuführenden Einkommensteuer. Bezogen auf Arbeitnehmer handelt es sich bei den zugewandten Sachprämien wohl um eine echte Lohnzahlung eines Dritten, da der Dritte hier nicht lediglich als Zahlstelle des Arbeitgebers eingesetzt wird oder im Auftrag des Arbeitgebers handelt, sondern selbstständig die Zuwendung vor-

393 BT-Drucks. 15/1562, 34.

394 Da die Lufthansa AG im Vorfeld des Gesetzgebungsverfahrens, mit Blick auf deren Vielfliegerprogramm (Miles&More), mit eingebunden wurde, *Bleschick* in: Herrmann/Heuer/Raupach, EStG/KStG, § 37a EStG Rz. 3; *Seibel*, FR 1997, 889 (891).

395 § 37a Abs. 1 EStG

396 Vgl. hierzu: BAG v. 11.04.2006 – 9AZR 500/05, BAGE 118, 16 und weiter zu der Abgrenzung wann eine steuerbare Zuwendung vorliegt *Bergan* in: Lademann, § 37a EStG Rz. 20 ff.; *Schmieszek* in: Bordewin/Brandt, § 37a EStG Rz. 20 ff.; *Bleschick* in: Herrmann/Heuer/Raupach, EStG/KStG, § 37a EStG Rz. 7; Ettlich in: Blümich EStG § 37a Rz. 2; *Loschelder*, in: Schmidt, § 37a EStG Rz. 3 ff.; *Giloy*, BB 1998, 717 (718).

nimmt[397]. Dennoch ist hier der Dritte – das prämiengewährende Unternehmen – für den Steuerabzug zuständig und nicht der Arbeitgeber wie in § 38 Abs. 1 Satz 3 EStG. Sicherlich ist dies auch dem Umstand geschuldet, dass nicht ausschließlich Arbeitnehmer in den Anwendungsbereich des § 37a EStG fallen und so nicht stets ein Arbeitgeber existiert, der den Steuerabzug vornehmen könnte. In der Gesetzesbegründung wird die Indienstnahme des Dritten lediglich klargestellt und nicht näher begründet[398]. Aber auch der Gesetzgeber war sich bei der Einführung der erheblichen Erfassungsschwierigkeiten derartiger Zuwendungen bewusst[399]. Die Verpflichtung des Dritten erschien hier wohl die einzig zuverlässige Möglichkeit der Versteuerung, da nur er den exakten Wert der Sachprämien und damit die Bemessungsgrundlage der Einkommensteuer bestimmen kann. Ferner hat er die steuerpflichtige Zuwendung ausgelöst. Daher sollte er sinnvollerweise auch den Aufwand der Versteuerung tragen. Die Verpflichtung des Dritten ist daher auch bei § 37a EStG zweckmäßig. Diese Prinzipien scheinen bei der späteren Einführung des § 38 Abs. 1 Satz 3 EStG allerdings wieder in Vergessenheit geraten zu sein.

cc) Pauschalierung von Sachzuwendungen durch den Arbeitgeber gem. § 37b EStG

§ 37b Abs. 1 EStG befasst sich mit Sachzuwendungen und fungiert als eine Art Generalklausel für die Besteuerung von Sachzuwendungen, aber auch im Speziellen bei der Sachzuwendung an Arbeitnehmer. Dabei gilt die nach dieser Norm abgeführte Steuer gem. § 37b Abs. 4 Satz 1 EStG als Lohnsteuer. Die Sachzuwendungen können pauschal mit einem Steuersatz von 30% versteuert werden.[400] Nachfolgend soll

397 Vgl. zu der Abgrenzung zwischen echter und unechter Lohnzahlung eines Dritten: *Krüger* in: Schmidt, § 38 EStG Rz. 5 f.; *Thürmer* in: Blümich EStG, § 38 Rz. 91 ff.; *Pflüger* in: Herrmann/Heuer/Raupach, EStG/KStG, § 38 EStG Rz. 40; vgl. ferner auch oben unter: 2. Kap. B. II 1. d) cc) (2).

398 BT-Drucks. 13/5952, 48.

399 BT-Drucks. 13/5952, 32.

400 Näher zu § 37b EStG vgl. unten unter: 3. Kap. A. II. 4. und *Ettlich* in: Blümich, EStG § 37b Rz. 1 ff.; *Lingemann* in: Herrmann/Heuer/Raupach, EStG/KStG, § 37b EStG Rz. 1; *Küch* in: Lippross, Basiskommentar, § 37b EStG Rz. 1 ff.; *Eisgruber* in: Kirchhof, Einkommensteuergesetz, § 37b EStG Rz. 1; *Loschelder* in: Schmidt,

ausschließlich die Besteuerungssituation nach § 37b EStG von Sachzuwendungen an Arbeitnehmer untersucht werden.

Hierbei muss zwischen zwei Zuwendungssituationen unterschieden werden. Zum einen kann der Arbeitnehmer Sachzuwendungen von seinem eigenen Arbeitgeber erhalten, die sodann gem. § 37b Abs. 2 i.V.m. Abs. 1 EStG pauschal versteuert werden können. Zum anderen können Dritte Sachzuwendungen an fremde Arbeitnehmer über § 37b Abs. 1 EStG pauschal versteuern. Hierbei wird deutlich, dass das Gesetz bei der pauschalen Versteuerung von Sachzuwendungen danach unterscheidet, wer die Zuwendung auslöst. Jeweils der die Sachzuwendung Auslösende kann auch die Lohnsteuerpauschalierung des § 37b EStG nutzen. Dies ist folgerichtig, da insbesondere bei Sachzuwendungen leicht Ermittlungsschwierigkeiten bzgl. des Wertes derselben und somit der Besteuerungsgrundlage für alle Beteiligten entstehen. Dies gilt nur für denjenigen nicht, der die Sachzuwendung zugewendet hat, da dieser in der Regel dafür bezahlt hat. Außerdem ist es oftmals für den Zuwendungsempfänger – gerade wenn die Zuwendung von Dritter Seite kommt – nicht ersichtlich, dass diese u.U. versteuert werden muss. Daher sind die in § 37b EStG der pauschalen Versteuerung zugeordneten Akteure richtig ausgewählt worden.

dd) Die Lohnsteuerpauschalierungen der §§ 40 ff. EStG

Bei den Lohnsteuerpauschalierungen der §§ 40a und 40b EStG gilt der § 40 Abs. 3 EStG entsprechend gem. § 40a Abs. 5 EStG und § 40b Abs. 5 Satz 1 EStG. Bei § 40 EStG gilt § 40 Abs. 3 EStG direkt. Das bedeutet, dass bei den Lohnsteuerpauschalierungen der §§ 40 ff. EStG der Arbeitgeber stets die pauschale Lohnsteuer zu übernehmen hat und Steuerschuldner dieser wird. Dies erscheint folgerichtig, da es sich auch bei den pauschal zu versteuernden Lohnzahlungen oder Sachzuwendungen in der Regel um Lohnzuwendungen des Arbeitgebers und nicht eines Dritten an den Arbeitnehmer handelt. Eine Ausnahme stellt lediglich § 40b Abs. 4 EStG dar, der ein Fremdkörper im Einkommensteuerrecht ist, da er im Kern eine von der Leistungsfähigkeit los-

---

§ 37a EStG Rz. 1f.; *Niermann*, DB 2008, 1231; insb. zu den Entwicklungen in der Rechtsprechung: *Hey/v. Wolfersdorff*, DB 2015, 153.

gelöste Besteuerung vollzieht und gegen den deshalb zu Recht verfassungsrechtliche Bedenken geäußert werden[401]. Ansonsten tritt jedoch bei den Zuwendungen im Rahmen der Lohnsteuerpauschalierungen kein Dritter auf, der besser als der Arbeitgeber geeignet wäre, die Lohnsteuer einzubehalten und abzuführen.

ee) Ergebnis

Der Eindruck, den diese Bestandsaufnahme der lohnsteuerrechtlichen Abzugsnormen bei dem unbefangenen Betrachter erzeugt, ist ambivalent. Einerseits sind die Ansätze eines Systems zu erkennen in welchem grundsätzlich der Arbeitgeber für den Lohnsteuerabzug zuständig ist, da er die Lohnzahlung oder Zuwendung selbst ausgelöst hat und somit am ehesten zuverlässig versteuern kann. Andererseits wird dieser Grundsatz beim Hinzutreten eines Dritten nicht folgerichtig durchgesetzt. Hier bedient sich der Gesetzgeber lediglich zu Teilen der Dienste des Dritten beim Lohnsteuerabzug. Dies ist begrüßenswert in den Fällen, in denen es für den Arbeitgeber eine unzumutbare Belastung darstellen würde, den genauen steuerrelevanten Sachverhalt zu ermitteln, da der Dritte als Leistungsgewährender der Zuwendung viel nähersteht und somit der geeignetere Inanspruchzunehmende ist. Ähnlich wie der Arbeitgeber bei der üblichen Lohnzahlung der verlässlichste Partner für den Steuerabzug ist. Diesen Grundsatz hat der Gesetzgeber insbesondere bei den eher einzelfallorientierten Situationen, die von §§ 37a und 38 Abs. 3a EStG erfasst werden, beachtet. Hier ist der Dritter als derjenige, der die Zuwendung an den Arbeitnehmer kontrolliert, für den Lohnsteuerabzug zuständig. Die Generalklausel zur Versteuerung von echten Lohnzahlungen eines Dritten, § 38 Abs. 1 Satz 3 EStG, steht hierzu leider im Widerspruch. Sie nimmt den im Falle einer echten Lohnzahlung eines Dritten für den Steuerabzug wenig geeigneten Arbeitgeber in die Pflicht und durchbricht so den eigentlich sinnvollen Grundsatz, den der Leistung am nächsten stehenden Akteur zu verpflichten. Da § 38 Abs. 1 Satz 3 EStG für echte Lohnzahlun-

401 Vgl. oben unter 2. Kap. B. II. 2. b) bb) und so insb. auch mit verfassungsrechtliche Bedenken: BFH v. 14.11.2013 – VI R 49/12, BFHE 243, 524: Az BVerfG 2 BvL 7/14; *Krüger* in: Schmidt, § 40b EStG Rz. 12; *Sonnleitner/Engels/Winkelhog*, BB 2014, 791 (793 f.); *Birk/Specker*, DB 2008, 488 (491); *Glaser*, BB 2006, 2217.

gen von Dritten wie eine Generalklausel wirkt, hat dies verhältnismäßig große Auswirkungen auf die Belastung des Arbeitgebers im Lohnsteuerabzugsverfahren. Dieser Systembruch wirkt in Verbindung mit den zusätzlichen administrativen Belastungen für den Arbeitgeber verkomplizierend auf die Lohnsteuer ein.

Es muss daher festgehalten werden, dass gerade im Bereich der Lohnzahlungen durch Dritte Potential besteht, den Arbeitgeber im Lohnsteuerabzugsverfahren zu entlasten, indem man die noch auf ihn entfallenden Pflichten auf den hierfür wesentlich besser geeigneten Dritten verlagert. Dies erfolgt bisher ausschließlich in Spezialfällen. Eine einheitliche Pauschalierungsnorm für alle arbeitslohnauslösende Zuwendungen eines Dritten an einen Arbeitnehmer hätte das Potential, eine erheblich vereinfachende Wirkung zu entfalten[402].

e) Die § 19 EStG gleich § 38 EStG Rechtsprechung des Bundesfinanzhofes – oder: Sollte sinnvollerweise grundsätzlich der Arbeitgeber für den Steuerabzug vom Lohn zuständig sein?

Die Belastungen des Arbeitgebers und der damit einhergehende Vereinfachungsbedarf im Lohnsteuerabzugsverfahren sind nicht ausschließlich auf die gesetzgeberische Ausgangslage zurückzuführen. Vielmehr hat auch die Judikative ihren Beitrag hierzu geleistet. Hierbei ist das grundsätzliche System des Quellenabzugs in der Lohnsteuer zwar für die Mehrzahl der in der Lohnsteuer auftretenden Steuerfälle sinnvoll. So können die üblichen Lohnzuwendungen des Arbeitgebers von diesem in der Regel gut ermittelt und die darauf entfallende Einkommensteuer einbehalten und abgeführt werden. Es ist jedoch auch in der Judikative der Hang zu erkennen, dem Arbeitgeber für alle Vorteile, die der Arbeitnehmer durch seine Arbeit erlangt, den Lohnsteuerabzug aufzubürden. Etwaige Lücken in dem gesetzlich ausgestalteten Quellenabzugsverfahren werden in diesem Sinne geschlossen. Diese Entwicklung kann man auch prägnanter als § 19 EStG gleich § 38 EStG Rechtsprechung des Bundesfinanzhofs bezeichnen.[403] Nachfolgend wird diese Rechtsprechung auf ihren Beitrag zur Verkomplizierung des

402 Vgl. unten unter: 4. Kap. B. I.

403 Vgl. *Hey* in: Tipke/Lang[22], Steuerrecht, § 8 Rz. 474.

Lohnsteuerrechts bzw. zur Belastung des Arbeitgebers näher untersucht.

aa) Einführung

Um sich der Rechtsprechung des Bundesfinanzhofes in diesem Bereich zu nähern, muss man zunächst rekapitulieren, welche Arten von Lohnzuwendungen im Rahmen des § 19 EStG existieren und von wem der Steuerabzug wie durchgeführt wird. Hierbei sollen Lohnzuwendungen sowohl als Barlohn als auch als Sachzuwendungen verstanden werden. Von Relevanz für diesen Teil der Arbeit ist ausschließlich, dass sie zu steuerpflichtigem Arbeitslohn führen. Betrachtet man Lohnzuwendungen nach den gewährenden Parteien, so sind im Grunde lediglich zwei verschiedene Arten zu identifizieren: Zum einen die Lohnzuwendung durch den Arbeitgeber und zum anderen die Lohnzuwendungen durch Dritte.

Bei Ersterer hat richtigerweise der Arbeitgeber den Lohnsteuerabzug unter den Voraussetzungen des § 38 Abs. 1 Sätze 1 und 2 EStG nach dem jeweiligen Tarif oder pauschal nach den §§ 40 ff. EStG durchzuführen, da er als die Lohnsteuer auslösender Akteur diese am einfachsten und zuverlässigsten abführen kann[404]. Diese Pflichten des Arbeitgebers sind auch weitestgehend im Gesetz normiert.

Bei Letzterer muss man hingegen unterscheiden, ob es sich um eine sog. unechte oder echte Lohnzahlung eines Dritten handelt[405]. Von einer unechten Lohnzahlung durch einen Dritten spricht man, wenn der Dritte lediglich als Leistungsmittler des Arbeitgebers auftritt, d.h. wenn er die Stellung einer Kasse, eines Beauftragten oder die einer Zahlstelle innehat. Demnach muss der Dritte für eine unechte Lohnzahlung unselbstständig bzw. auf Anweisung tätig sein.[406] Dies ist gerade der Unterschied zur echten Lohnzahlung eines Dritten. Hier wird

404 Vgl. oben zu der allgemeinen Diskussion zum Quellenabzugsverfahren: 2. Kap. B. II. 2. c).

405 Vgl. zu der Unterscheidung *Krüger* in: Schmidt, § 38 EStG Rz. 5 f.; *Thürmer* in: Blümich EStG, § 38 Rz. 90 ff.; *Pflüger* in: Herrmann/Heuer/Raupach, EStG/KStG, § 38 EStG Rz. 40.

406 Vgl. zu unechten Lohnzahlungen eines Dritten: BFH v. 28.6.2007 – VI R 45/02, BFH/NV 2007, 1871; BFH v. 12.4.2007 – VI R 36/04, BFH/NV 2007, 1851; BFH v. 7.11.2006 – VI R 81/02, BFH/NV 2007, 426; BFH v. 10.5.2006 – IX R 82/98,

der Dritte nicht bloß als Leistungsmittler tätig, sondern selbstständig. Dies geschieht teils aufgrund einer eigenen vertraglichen Beziehung zum Arbeitnehmer oder aber auch weil der Dritte ein originär eigenes Interesse an der Zahlung hat.[407]

Bei der echten Lohnzahlung eines Dritten wird der Arbeitgeber ausschließlich über den § 38 Abs. 1 Satz 3 EStG in die Pflicht genommen, wenn er von der echten Lohnzahlung des Dritten weiß oder sie hätte erkennen können, wobei dies bei nach § 15 AktG verbundenen Unternehmen vermutet wird[408]. Ansonsten regeln einzelfallorientierte Spezialnormen weitere Fälle, in denen ausnahmsweise der Dritte für den Lohnsteuerabzug zuständig ist, so in § 37a EStG (lex Lufthansa)[409] oder § 38 Abs. 3a EStG[410].

Liegt hingegen eine unechte Lohnzahlung eines Dritten vor, so soll pauschal der Arbeitgeber hierfür zuständig sein. Hierbei ist zu beachten, dass die Unterscheidung zwischen echter und unechter Lohnzahlung eines Dritten ein Konstrukt der Rechtsprechung ist. Diese Termini sind dem Gesetz nicht zu entnehmen. Dennoch knüpft die Rechtsprechung die Lohnsteuereinbehaltungs- und Abführungspflicht des Arbeitgebers für unechte Lohnzahlungen eines Dritten in ständiger Rechtsprechung an den § 38 Abs. 1 Satz 1 EStG[411]. Damit dehnt die Rechtsprechung den Pflichtenkreis des Arbeitgebers über das im Ge-

---

BFHE 213, 487; BFH v. 4.4.2006 – VI R 11/03, BFHE 212, 568; BFH v. 21.2.2003 – VI R 74/00, BFHE 201, 300; BFH v. 23.7.2001 – VI B 63/99, BFH/NV 2001, 1557; BFH v. 30.5.2001 – VI R 123/00, BFHE 195, 376; *Krüger* in: Schmidt, § 38 EStG Rz. 5; *Thürmer* in: Blümich EStG, § 38 Rz. 90 ff.; *Pflüger* in: Herrmann/Heuer/Raupach, EStG/KStG, § 38 EStG Rz. 40; *Seifert* in: Korn, Einkommensteuergesetz, § 38 EStG Rz. 20; *Eisgruber* in: Kirchhof, Einkommensteuergesetz, § 38 EStG Rz.11; *Küch* in: Lippross, Basiskommentar, § 38 EStG Rz. 41.

407 Vgl. zu echten Lohnzahlungen eines Dritten: BFH v. 28.6.2007 – VI R 45/02, BFH/NV 2007, 1871; BFH v. 30.5.2001 – VI R 123/00, BFHE 195, 376; *Krüger* in: Schmidt, § 38 EStG Rz. 6; *Thürmer* in: Blümich EStG, § 38 Rz. 93 f.; *Pflüger* in: Herrmann/Heuer/Raupach, EStG/KStG, § 38 EStG Rz. 40; *Seifert* in: Korn, Einkommensteuergesetz, § 38 EStG Rz. 20; *Eisgruber* in: Kirchhof, Einkommensteuergesetz, § 38 EStG Rz.12; *Küch* in: Lippross, Basiskommentar, § 38 EStG Rz. 43 ff.

408 Vgl. näher zum § 38 Abs. 1 Satz 3 EStG oben unter: 2. Kap. B. II. 2. d) aa).

409 Vgl. oben unter: 2. Kap. B. II. 2. d) bb).

410 Wobei dieser zwei unterschiedliche Fälle beinhaltet, vgl. dazu oben unter: 2. Kap. B. II. 2. d) aa).

411 St. Rspr., vgl. nur: BFH v. 28.6.2007 – VI R 45/02, BFH/NV 2007, 1871; BFH v. 12.4.2007 – VI R 36/04, BFH/NV 2007, 1851; BFH v. 7.11.2006 – VI R 81/02,

setz ausdrücklich genannte Maß aus. Diese richterliche Rechtsfortbildung soll im Folgenden näher untersucht werden.

bb) Darstellung der § 19 EStG gleich § 38 EStG Rechtsprechung des Bundesfinanzhofes

Die Rechtsprechung des Bundesfinanzhofes zu § 38 EStG und die damit verbundene Ausweitung der Aufgaben des Arbeitgebers über die gesetzlichen Grenzen hinaus beginnt bereits im Jahre 1958. In seiner Entscheidung vom 28.3.1958[412] nimmt der Bundesfinanzhof erstmal dazu Stellung, wie Leistungen einer Unterstützungskasse (Altersrenten) an Arbeitnehmer, die aus Mitteln des Arbeitgebers und aufgrund des (früheren) Dienstverhältnisses zum Arbeitnehmer gewährt worden sind, steuerrechtlich zu behandeln sind. Neben der Einordnung als Arbeitslohn stellt der Bundesfinanzhof fest, dass die Verpflichtung, die Lohnsteuer bei der Auszahlung einzubehalten, den Arbeitgeber trifft. Dieser könne sich seiner lohnsteuerrechtlichen Pflichten nicht durch die Bedienung einer Kasse als Erfüllungsgehilfe entledigen.[413] Durch die Verwendung des Bildes eines Erfüllungsgehilfens wird bereits damals die Grundidee der unechten Lohnzahlung deutlich gemacht. Ein zivilrechtlicher Erfüllungsgehilfe gem. § 278 BGB ist, wer nach den tatsächlichen Gegebenheiten des Falles mit Wissen und Wollen im Pflichtenkreis des Schuldners tätig wird und ihm bei der Erfüllung seiner Pflichten dient[414]. Überträgt man dieses Bild in das Steuerrecht, so zeigt sich, dass der Bundesfinanzhof den Arbeitgeber bereits damals als Schuldner der Lohnsteuerabführungspflicht ansah. Ferner verdeutlicht es die unselbstständige Stellung des Dritten bei einer unechten Lohnzahlung eines Dritten.

Obgleich damals noch nicht der Terminus einer unechten Lohnzahlung verwendet wurde, sind die Ursprünge dieser Figur deutlich zu

---

BFH/NV 2007, 426; BFH v. 10.5.2006 – IX R 82/98, BFHE 213, 487; BFH v. 4.4.2006 – VI R 11/03, BFHE 212, 568; BFH v. 21.2.2003 – VI R 74/00, BFHE 201, 300; BFH v. 23.7.2001 – VI B 63/99, BFH/NV 2001, 1557; BFH v. 30.5.2001 – VI R 123/00, BFHE 195, 376.

412 BFH v. 28.3.1958 – VI 233/56 S, BFHE 66, 701.

413 BFH v. 28.3.1958 – VI 233/56 S, BFHE 66, 701, a.E.

414 Vgl. zum Erfüllungsgehilfen im Zivilrecht: *Georg Caspers* in: Staudinger, § 278 BGB, Rz. 18 ff.; *H. P. Westermann* in: Erman, § 278 BGB, Rz. 14 ff.

erkennen. Drei Jahre später bezog sich der Bundesfinanzhof am 27.1.1961 in einer neuen Entscheidung[415] auf die oben genannte Ausgangsentscheidung[416] und bediente sich erneut des Bildes einer unselbständigen, auf Anweisung tätigen Kasse, die aus Mitteln des Arbeitgebers gefüllt wurde und deren Einsatz nicht den Arbeitgeber von seinen lohnsteuerrechtlichen Einbehaltungs- und Abführungspflichten befreit. Diese Entscheidung betraf ebenfalls Zahlungen aus einer Unterstützungskasse (Sozialkasse für Geburtshilfen, Sterbegelder, etc.), die unter anderem mit Mitteln der Arbeitgeberin ausgestattet wurde.

Auf diesen beiden ersten Entscheidungen aufbauend hat der Bundesfinanzhof im Mai 2001[417] den Terminus der unechten Lohnzahlung bei der vergünstigten Vermittlung von Versicherungsverträgen an Arbeitnehmer verwendet. Hier konturierte er auch die Figur des Leistungsmittlers, der für den Arbeitgeber tätig ist und ähnlich wie eine Kasse agiert. Diese Tätigkeit des Dritten kann zu der Annahme einer unechten Lohnzahlung eines Dritten führen. Ferner hat er klargestellt, dass sich seiner Ansicht nach die Pflicht zum Lohnsteuereinbehalt und -abzug aus § 38 Abs. 1 Satz 1 EStG ergibt, obgleich dies dem § 38 Abs. 1 Satz 1 EStG auch damals schon nicht direkt zu entnehmen war. In dieser Entscheidung grenzte der Bundesfinanzhof die unechte Lohnzahlung eines Dritten auch bereits von der echten ab. Diese Entscheidung wird in der darauf folgenden ständigen Rechtsprechung des Bundesfinanzhofes zu unechten und echten Lohnzahlungen durch Dritte immer wieder als Referenz herangezogen[418]. Daher kommt ihr eine Schlüsselstellung in dieser Rechtsprechung zu, indem sie die in den 50er und 60er Jahren getroffenen Grundentscheidungen[419] weiter mit Leben füllt und sie zu einer Rechtsprechungslinie ausbaut.

415 BFH v. 27.1.1961 – VI 249/60 U, BFHE 72, 456, a.E.

416 BFH v. 28.3.1958 – VI 233/56 S, BFHE 66, 701.

417 BFH v. 30.5.2001 – VI R 123/00, BFHE 195, 376.

418 Vgl. nur: BFH v. 28.6.2007 – VI R 45/02, BFH/NV 2007, 1871; BFH v. 7.11.2006 – VI R 81/02, BFH/NV 2007, 426; BFH v. 10.5.2006 – IX R 82/98, BFHE 213, 487; BFH v. 4.4.2006 – VI R 11/03, BFHE 212, 568; BFH v. 21.2.2003 – VI R 74/00, BFHE 201, 300; BFH v. 30.5.2001 – VI R 123/00, BFHE 195, 376.

419 BFH v. 28.3.1958 – VI 233/56 S, BFHE 66, 701; BFH v. 27.1.1961 – VI 249/60 U, BFHE 72, 456

Mit Beschluss vom 23.7.2001[420] deutete der Bundesfinanzhof an, dass es seiner Meinung nach keinen Fall der unechten Lohnzahlung eines Dritten darstellt, wenn eine ausländische Muttergesellschaft des Arbeitgebers dem Arbeitnehmer sogenannte Stock Options anbietet. Dies leitet der Bundesfinanzhof aus der Überlegung ab, dass bei der Gewährung von sogenannten Stock Options durch die Muttergesellschaft wohl kaum die Tochtergesellschaft (Arbeitgeber) die wirtschaftlichen Lasten trägt. Ferner sei es in diesem Fall unwahrscheinlich, dass sich die Tochtergesellschaft der Muttergesellschaft als Zahlstelle bediene.[421]

Diese Ansicht bestätigte der Bundesfinanzhof durch ein Urteil vom 4.4.2006[422]. Unter Bezugnahme auf oben genannten Fall entschied der Bundesfinanzhof einen sehr ähnlich gelagerten Sachverhalt. Auch hier wurden Aktienoptionen durch die Muttergesellschaft an Arbeitnehmer der Tochtergesellschaft ausgegeben. Diese Aktienoptionen wurden (gemeinsam mit anderen Vorteilen) den Arbeitnehmern direkt von der Muttergesellschaft zur betrieblichen Altersvorsorge angeboten. Hierzu leistete die Muttergesellschaft einen Zuschuss von 60 v.H. auf die monatlichen Einzahlungen.[423] Jedoch wurde dieser Altersvorsorgeplan direkt mit der Konzernmuttergesellschaft geschlossen. Die Arbeitgeberin war hieran nicht direkt beteiligt und die Vereinbarungen zwischen den Arbeitnehmern und der Konzernmuttergesellschaft wurden auch nicht Bestandteil des Arbeitsvertrages. Es bestand somit eine eigenständige vertragliche Bindung zwischen der Dritten (der Konzernmuttergesellschaft) und dem Arbeitnehmer, auf die die Arbeitgeberin keinen Einfluss nehmen konnte und auf deren Grundlage die Dritte leistete. Daher ist die Dritte in diesem Fall auch nicht als Leistungsmittlerin, Kasse oder Beauftragte der Arbeitgeberin eingesetzt worden, was die Annahme einer unechten Lohnzahlung einer Dritten ausschließt.[424]

---

420 BFH v. 23.7.2001 – VI B 63/99, BFH/NV 2001, 1557.

421 Vgl. BFH v. 23.7.2001 – VI B 63/99, BFH/NV 2001, 1557, a.E.

422 BFH v. 4.4.2006 – VI R 11/03, BFHE 212, 568; Parallelentscheidung: BFH v. 4.4.2006 – VI R 12/03.

423 Vgl. näher zum Sachverhalt: BFH v. 4.4.2006 – VI R 11/03, BFHE 212, 568 unter I.

424 Vgl. BFH v. 4.4.2006 – VI R 11/03, BFHE 212, 568 unter II. b).

Die bereits angesprochene[425] Entscheidung[426], aufgrund dessen § 38 Abs. 3a Satz 1 EStG eingeführt wurde, thematisierte ebenfalls die unechte Lohnzahlung eines Dritten. Zur Entscheidung stand, ob die Entschädigungszahlungen einer Urlaubs- und Lohnausgleichskasse der Bauwirtschaft Arbeitslohn darstellen und wer für den Steuerabzug zuständig ist. Zunächst stellte der Bundesfinanzhof fest, dass es sich bei diesen Zahlungen um Arbeitslohn handele[427]. Die für eine unechte Lohnzahlung eines Dritten notwendige organisatorische und wirtschaftliche Verflechtung zwischen dem Arbeitgeber und dem Dritten sei in diesem Fall jedoch nicht gegeben. Der Arbeitnehmer hat nämlich einen direkten Anspruch gegen die Urlaubs- und Lohnausgleichskasse der Bauwirtschaft. Dieser Anspruch ersetzt den Anspruch des Arbeitnehmers gegen den Arbeitgeber auf Urlaub. Daher liegt in diesem Fall keine unechte Lohnzahlung eines Dritten vor.[428] Es handelt sich zwar um eine echte Lohnzahlung eines Dritten, jedoch hatte der Arbeitgeber keine Kenntnis von der Zahlung des Dritten, sodass er auf Basis der damaligen Gesetzeslage auch keine Lohnsteuer einbehalten musste[429]. Dies offenbarte eine Lücke im Steuerabzug, da so echte Lohnzahlungen eines Dritten weder von dem Dritten selbst noch – bei Unkenntnis – vom Arbeitgeber dem Lohnsteuerquellenabzug unterworfen wurden. Daher musste der Arbeitnehmer als Steuerpflichtiger für die Abführung der Einkommensteuer herangezogen werden[430].

Mit Urteil vom 10.5.2006[431] entschied der Bundesfinanzhof darüber, wie an Arbeitnehmer gewährte Vorteile aus einem verbilligten Wareneinkauf steuerrechtlich zu behandeln sind, wenn dieser Verkauf von einem Schwesterunternehmen der Arbeitgeberin durchgeführt wird. Der Bundesfinanzhof stellte zunächst richtigerweise fest, das derartige Vorteile steuerbarer Arbeitslohn seien[432]. Es stellte sich jedoch im Anschluss die Frage, wer für den Steuerabzug zuständig war. Die

425 Vgl. oben unter 2. Kap. B. II. 2. d) aa).
426 BFH v. 21.2.2003 – VI R 74/00, BFHE 201, 300.
427 BFH v. 21.2.2003 – VI R 74/00, BFHE 201, 300 unter 2.a).
428 BFH v. 21.2.2003 – VI R 74/00, BFHE 201, 300 unter 2.c).
429 BFH v. 21.2.2003 – VI R 74/00, BFHE 201, 300 unter 2.d).
430 BFH v. 21.2.2003 – VI R 74/00, BFHE 201, 300 unter 4.
431 BFH v. 10.5.2006 – IX R 82/98, BFHE 213, 487.
432 BFH v. 10.5.2006 – IX R 82/98, BFHE 213, 487 unter II.1.

Vorinstanz entschied, dass die Arbeitgeberin hierfür zuständig sei[433]. Demgegenüber stellte der Bundesfinanzhof klar, dass die für eine unechte Lohnzahlung notwendige Stellung des Dritten als Leistungsmittler oder Erfüllungsgehilfen des Arbeitgebers bei der Lohnzahlung hier nicht gegeben sei. Alleine der Umstand, dass die Arbeitgeberin dem Schwesterunternehmen (die Dritte) es ermöglichte auf ihrem Betriebsgelände die Verkäufe durchzuführen, reiche für eine solche Stellung der Dritten nicht aus. Die Schwestergesellschaft wurde auch nicht von der Arbeitgeberin beauftragt, die Vorteile an die Arbeitnehmer zu leisten. Vielmehr hatte die Schwestergesellschaft die Verkaufsstände in eigener Verantwortung geleitet. Dies schloss sowohl die Annahme einer Leistungsmittlerin als auch die einer Erfüllungsgehilfin und somit eine unechte Lohnzahlung eines Dritten aus.[434] Beachtlicher Weise bezieht sich der Bundesfinanzhof in dieser Entscheidung wieder auf das Bild des Erfüllungsgehilfens in Bezug auf den Dritten[435], dass schon in der Ausgangsentscheidung aus dem Jahre 1958[436] Verwendung gefunden hat. Dadurch schlägt er die Brücke zu dieser frühen Judikatur und verdeutlicht noch einmal die für eine unechte Lohnzahlung eines Dritten notwendige unselbständige Stellung des Dritten bei der Lohnzuwendung als das übergeordnete Merkmal für diese spezielle Form der Lohnzuwendung.

Einen ähnlich gelagerten Fall hatte der Bundesfinanzhof am 12.4.2007[437] zu entscheiden. Der Sachverhalt betraf ebenfalls Einkaufsvorteile, die den Arbeitnehmern durch ein der Arbeitgeberin nahestehendes Unternehmen gewährt wurden, und die Frage, wer für den Lohnsteuereinbehalt verantwortlich war. Mit dieser Entscheidung bestätigt der Bundesfinanzhof das zuvor dargestellte Urteil[438]. Danach ist eine unechte Lohnzahlung eines Dritten ausgeschlossen, wenn der Dritte aufgrund einer eigenen vertraglichen Verpflichtung dem Arbeitnehmer Vorteile gewährt, obgleich diese Vorteile ihren Ursprung auch

433 Vgl. BFH v. 10.5.2006 – IX R 82/98, BFHE 213, 487 unter I.; Vorinstanz: FG Münster v. 4.2.1998 – K 5956/96 L, EFG 1998, 1126.

434 BFH v. 10.5.2006 – IX R 82/98, BFHE 213, 487 unter II.2.a).

435 BFH v. 10.5.2006 – IX R 82/98, BFHE 213, 487 unter II.2.a) bb).

436 BFH v. 28.3.1958 – VI 233/56 S, BFHE 66, 701.

437 BFH v. 12.4.2007 – VI R 36/04, BFH/NV 2007, 1851.

438 BFH v. 10.5.2006 – IX R 82/98, BFHE 213, 487.

im Arbeitsverhältnis haben, indem ausschließlich Arbeitnehmer der Arbeitgeberin derartige Rabatte erhielten. Die Dritte war in diesem Fall keine Leistungsmittlerin oder Beauftragte der Arbeitgeberin. Sie wurde auf Nachfrage der Arbeitnehmer tätig und nicht aufgrund einer Anweisung der Arbeitgeberin. Ferner hatte die Arbeitgeberin keine Informationen über den Umfang der den Arbeitnehmern gewährten Vorteile. Sie konnte weder rechtlich noch tatsächlichen Einfluss auf die Geschäfte zwischen den Arbeitnehmern und der Dritten ausüben. Daher war die Dritte auch hier keine Leistungsmittlerin o.ä., sodass eine unechte Lohnzahlung eines Dritten zu verneinen war.[439]

In einem weiteren Urteil entschied der Bundesfinanzhof am 7.11.2006[440], wer den Lohnsteuerabzug für eine dem Arbeitnehmer von Dritter Seite vergünstigt in Rechnung gestellte Maklercourtage zu übernehmen hat. Die Arbeitnehmer der Arbeitgeberin nahmen in diesem Fall die Maklerdienste einer Drittgesellschaft (X-KG) in Anspruch. Die X-KG beauftragte die Arbeitgeberin mit der Vermittlung von Immobilien in ihrem Namen. Hierfür erhielt die Arbeitgeberin im Erfolgsfall einen gewissen Prozentsatz der anfallenden Maklerprovision. Wenn ein Arbeitnehmer der Arbeitgeberin die Maklerdienste der X-KG in Anspruch nahm, musste dieser aufgrund von arbeitsvertraglichen Regelungen lediglich eine verringerte Maklerprovision bezahlen. Dabei kürzte sich der von der X-KG an die Arbeitgeberin zu zahlende Provisionsanteil in diesen Fällen um den Betrag, um den sich die Maklercourtage für die Arbeitnehmer im Vergleich zum Normalkunden verringerte.[441] Dieser Verringerung des Maklerentgeltes ist ein durch das Arbeitsverhältnis veranlasster Vorteil und mithin Arbeitslohn. Auch hier stellte sich jedoch die Frage, wer für den Steuerabzug zuständig war. Der Bundesfinanzhof nahm richtigerweise an, dass die Dritte – die X-KG – hierfür nicht in Frage kommt, da Sie lediglich Leistungsmittlerin der Arbeitgeberin sei. Daher liege eine unechte Lohnzahlung eines Dritten vor, bei der der Arbeitgeber gem. § 38 Abs. 1 Satz 1 EStG für den Lohnsteuereinbehalt und -abzug zuständig sei.[442] Dies wird auch dadurch deutlich, dass der Vorteil des Arbeit-

439 BFH BFH v. 12.4.2007 – VI R 36/04, BFH/NV 2007, 1851 unter II. 1.b)aa).

440 BFH v. 7.11.2006 – VI R 81/02, BFH/NV 2007, 426.

441 Vgl. zum Sachverhalt: BFH v. 7.11.2006 – VI R 81/02, BFH/NV 2007, 426 unter I.

442 BFH v. 7.11.2006 – VI R 81/02, BFH/NV 2007, 426 unter II.2.b).

nehmers bei der „Entlohnung“ der Arbeitgeberin wieder in Abzug gebracht wird. Demnach wirkt die X-KG gewissermaßen als Zahlstelle, indem Sie dem Arbeitnehmer durch die Verringerung der Maklercourtage zwar den Vorteil gewährt, diesen jedoch im Anschluss mit der Arbeitgeberin verrechnet.

Mit Beschluss vom 28.6.2007[443] entschied der Bundesfinanzhof über die lohnsteuerrechtliche Behandlung von innerhalb eines Versicherungskonzernverbundes gewährten Preisnachlässen auf Versicherungsleistungen für Arbeitnehmer von einem dem Konzern angehörigen Unternehmen. Hierbei erhielten die Arbeitnehmer der Klägerin Preisnachlässe auf Sachversicherungen, die bei der Klägerin nahestehenden Unternehmen abgeschlossen wurden. Hierzu wurde ein konzerninternes Rabattsystem eingerichtet.[444] Der Bundesfinanzhof blieb seiner Linie treu und stufte diese Rabatte aus verschiedenen Gründen nicht als unechte Lohnzahlung eines Dritten ein. Die rabattgewährenden Drittgesellschaften seien keine Leistungsmittler der Klägerin, da es an der Einflussnahme dieser auf die Verträge zwischen den Drittgesellschaften und den Arbeitnehmern fehle. Die Drittgesellschaften wurden hierzu nicht von der Klägerin beauftragt. Auch ein konzerninternes Rabattsystem vermag dieses Auftragsverhältnis nicht zu begründen, da dieses lediglich die Rahmenbedingungen festlegt. Die in einem Konzern allgemein vorzufindende wirtschaftliche und organisatorische Verflechtung führt zu keiner Stellung der Drittgesellschaften als Leistungsmittler der Klägerin o.ä. Insbesondere trägt die Klägerin die wirtschaftliche Last der Rabatte nicht selbst. Vielmehr tragen die Drittgesellschaften die wirtschaftlichen Folgen der gewährten Beitragsermäßigungen, was darauf schließen lässt, dass die Dritten nicht als Zahlstelle der Klägerin tätig wurden. Daher liegt hier keine unechte Lohnzahlung eines Dritten vor.

cc) Bewertung der Rechtsprechung

Die Rechtsprechung des Bundesfinanzhofes zur unechten Lohnzahlen eines Dritten hat sich im Wesentlichen einer gesetzlichen Lücke im

443 BFH v. 28.6.2007 – VI R 45/02, BFH/NV 2007, 1871.

444 Vgl. zum Sachverhalt: BFH v. 28.6.2007 – VI R 45/02, BFH/NV 2007, 1871 unter I.

Lohnsteuerabzugsverfahren angenommen. So ist bis heute gesetzlich nicht klar geregelt, wer den Steuerabzug vornehmen muss, wenn ein Dritter als Leistungsmittler oder sonstiger Erfüllungsgehilfe des Arbeitgebers tätig wird und eine Lohnzuwendung an Arbeitnehmer des Arbeitgebers tätigt. § 38 Abs. 1 Satz 1 EStG, der zwar in ständiger Rechtsprechung vom Bundesfinanzhof als Rechtsgrundlage der Indienstnahme des Arbeitgebers angeführt wird[445], schweigt zu diesem Problem. Es ist daher danach zu fragen, wer sinnvollerweise für den Steuerabzug zuständig seien sollte. Diese Frage ist im Rahmen von Lohnzuwendungen eines Dritten stets auch eine Frage des Interessensausgleichs, da hier ein Akteur mehr zur Verfügung steht, als im regulären Lohnsteuerabzugsverfahren.

Grundsätzlich müsste der Arbeitnehmer selbst diese Vorteile in seiner Einkommensteuererklärung erfassen, wenn weder der Arbeitgeber noch der Dritte für den Lohnsteuereinbehalt zuständig ist[446]; zumal der Arbeitnehmer in der Regel Steuerschuldner bleibt (§ 38 Abs. 2 Satz 1 EStG). Gerade bei Rabatten u.ä. ist der konkrete Vorteil jedoch für den einzelnen Arbeitnehmer oftmals nur schwer zu ermitteln und die steuerlich zutreffende Behandlung damit schwer zu realisieren. Außerdem sind diese Zuwendungen aus der Sicht des Arbeitnehmers oftmals verhältnismäßig geringe Vorteile, die er vermutlich vielfach auch nicht als Lohnzuwendung identifizieren könnte. Dies würde wohl in einer relativ hohen Bereitschaft münden, die Einkommensteuer zu hinterziehen. Daher ist eine Verpflichtung des Arbeitnehmers in diesem Bereich wenig sinnvoll und letztlich abzulehnen.

Die eingangs in Frage gestellte Ausdehnung des Pflichtenkreises des Arbeitgebers durch die Rechtsprechung des Bundesfinanzhofes zu unechten Lohnzahlungen eines Dritten ist nicht per se als misslungen

445 St. Rspr., vgl. nur: BFH v. 28.6.2007 – VI R 45/02, BFH/NV 2007, 1871; BFH v. 12.4.2007 – VI R 36/04, BFH/NV 2007, 1851; BFH v. 7.11.2006 – VI R 81/02, BFH/NV 2007, 426; BFH v. 10.5.2006 – IX R 82/98, BFHE 213, 487; BFH v. 4.4.2006 – VI R 11/03, BFHE 212, 568; BFH v. 21.2.2003 – VI R 74/00, BFHE 201, 300; BFH v. 23.7.2001 – VI B 63/99, BFH/NV 2001, 1557; BFH v. 30.5.2001 – VI R 123/00, BFHE 195, 376.

446 Vgl. BFH v. 21.2.2003 – VI R 74/00, BFHE 201, 300, hier wurde mangels echter oder unechter Lohnzahlung eines Dritten und weil daher weder der Dritte noch der Arbeitgeber zum Lohnsteuereinbehalt verpflichtet waren, letztendlich der Arbeitnehmer zur Steuerzahlung verpflichtet.

zu kritisieren. Bei unechten Lohnzahlungen eines Dritten ist der Dritte ein unselbstständiges Hilfsmittel des Arbeitgebers. Nicht ohne Grund werden zum Zwecke der Abgrenzung zur echten Lohnzahlung eines Dritten Begriffe wie Kasse, Zahlstelle, Beauftragter, Leistungsmittler oder Erfüllungsgehilfe des Arbeitgebers verwendet[447]. Die Gemeinsamkeiten dieser Bezeichnungen für die Stellung des Dritten im Gesamtgefüge der unechten Lohnzahlung eines Dritten sind die Unselbständigkeit und die Weisungsgebundenheit des Dritten gegenüber dem Arbeitgeber. Dies unterscheidet die unechte signifikant von der echten Lohnzahlung eines Dritten, bei der der Dritte ein eigenes Interesse an der Zuwendung hat und/oder eigene vertragliche Verpflichtungen mit dem Arbeitnehmer bedient und gerade nicht als Leistungsmittler des Arbeitgebers fungiert. Jedenfalls ist der Dritte bei einer echten Lohnzahlung eines Dritten eigenverantwortlich tätig und nicht weisungsgebunden oder beauftragt worden.[448] Der eigentlich für die Lohnzuwendung Verantwortliche ist daher der Arbeitgeber. Er steht zumeist auch wirtschaftlich hinter der Lohnzuwendung, indem er die durch die unechte Lohnzahlung eines Dritten entstandenen ökonomischen Lasten trägt. Daher ist das Tragen der wirtschaftlichen Last auch Entscheidungskriterium bei der Abgrenzung zwischen echter und unechter Lohnzahlung eines Dritten[449]. Dies spiegelt auch die für eine unechte Lohnzahlung eines Dritten notwendige wirtschaftliche und organisatorische Verbundenheit zwischen dem Arbeitgeber und dem Dritten wieder. Infolgedessen ist diese Art der Lohnzuwendung oftmals innerhalb von Konzernen zu finden, da gerade hier unternehmensübergrei-

447 Vgl. BFH v. 28.6.2007 – VI R 45/02, BFH/NV 2007, 1871; BFH v. 12.4.2007 – VI R 36/04, BFH/NV 2007, 1851; BFH v. 7.11.2006 – VI R 81/02, BFH/NV 2007, 426; BFH v. 10.5.2006 – IX R 82/98, BFHE 213, 487; BFH v. 4.4.2006 – VI R 11/03, BFHE 212, 568; BFH v. 21.2.2003 – VI R 74/00, BFHE 201, 300; BFH v. 23.7.2001 – VI B 63/99, BFH/NV 2001, 1557; BFH v. 30.5.2001 – VI R 123/00, BFHE 195, 376.

448 Vgl. BFH v. 28.6.2007 – VI R 45/02, BFH/NV 2007, 1871; BFH v. 12.4.2007 – VI R 36/04, BFH/NV 2007, 1851; BFH v. 10.5.2006 – IX R 82/98, BFHE 213, 487; BFH v. 4.4.2006 – VI R 11/03, BFHE 212, 568; BFH v. 21.2.2003 – VI R 74/00, BFHE 201, 300; BFH v. 30.5.2001 – VI R 123/00, BFHE 195, 376.

449 Vgl. BFH v. 28.6.2007 – VI R 45/02, BFH/NV 2007, 1871; BFH v. 10.5.2006 – IX R 82/98, BFHE 213, 487; BFH v. 21.2.2003 – VI R 74/00, BFHE 201, 300.

fend innerhalb eines Konzerns den Mitarbeitern Vorteile gewährt werden.

Da jedoch bei einer unechten Lohnzahlung stets der Arbeitgeber der eigentliche Urheber der Zuwendung an den Arbeitnehmer und der Dritte lediglich Mittel zum Zweck ist, ist es grundsätzlich interessengerecht, den Arbeitgeber für den Lohnsteuerabzug heranzuziehen. Wegen der wirtschaftlichen und organisatorischen Verbundenheit zwischen dem Arbeitgeber und dem Dritten – insbesondere im Rahmen einer Konzernierung – ist auch anzunehmen, dass die Wertermittlung der Zuwendung und die damit verbundene exakte Lohnsteuerabführung für den Arbeitgeber zumutbar sind. Dies gilt vor allem, da der Arbeitgeber in der Regel bei einer unechten Lohnzahlung eines Dritten die wirtschaftlichen Lasten selbst trägt bzw. der Dritte teils sogar aus seinen Mitteln finanziert wird. Den Dritten in diesen Fällen zu verpflichten erscheint nicht interessengerecht, da er dem Arbeitgeber lediglich als Werkzeug dient. Der grundsätzlichen Linie des Bundesfinanzhofes, bei unechten Lohnzahlungen eines Dritten den Arbeitgeber für den Lohnsteuereinbehalt und -abzug zu verpflichten, ist daher zuzustimmen. Weniger begrüßenswert ist jedoch der Mangel einer diesbezüglichen gesetzlichen Regelung. Die Auferlegung derartiger Pflichten alleine aufgrund von richterlicher Rechtsfortbildung sorgt für den Arbeitgeber für nicht zu unterschätzende zusätzliche Belastungen und Rechtsunsicherheiten; auch wenn es sich um eine gefestigte Rechtsprechung handelt. Dies hat nicht zuletzt zur Folge, dass die Anwendung des Lohnsteuerrechts verkompliziert wird. Außerdem stellt die durch diese Rechtsprechung verursachte Ausdehnung des Pflichtenkreises des Arbeitgebers einen Eingriff in Art. 12 Abs. 1 GG dar. Es ist daher dringend geboten, mittels einer adäquaten gesetzlichen Rechtsgrundalge die verfassungsrechtlichen und somit auch rechtstaatlichen Anforderungen an eine solche Eingriffsverwaltung zu erfüllen. Daher ist eine Legaldefinition der unechten Lohnzahlung wünschenswert sowie die gesetzliche Feststellung der längst gelebten Rechtsprechung dahingehend, dass der Arbeitgeber für den Lohnsteuerabzug bei unechten Lohnzahlungen eines Dritten zuständig ist[450].

450 Vgl. unten unter: 4. Kap. B. I.

f) Gesamtbewertung des Lohnsteuerabzugsverfahren

Das Lohnsteuerabzugsverfahren ist ein komplexes und oft nur schwer handhabbares Verfahren[451]. Es ist jedoch in seiner Grundentscheidung praktisch alternativlos[452]. Die konkrete Ausgestaltung dieses Verfahrens durch die Legislative und die Judikative setzt jedoch für diese Analyse einen in Frage zu stellenden Schwerpunkt.

Das momentan geltende Lohnsteuerabzugsverfahren stellt den Arbeitnehmer weitestgehend von jedweden Pflichten aus dem Steuerabzug frei, obgleich er der Steuerpflichtige ist und zumeist auch Steuerschuldner bleibt. Dies ist zwar aus diversen Gründen[453] zu befürworten, hat aber die Konsequenz, dass der Arbeitgeber in die Pflicht zu nehmen ist. Bei vielen Lohnzuwendungen ist dies für den Arbeitgeber mit vertretbarem Aufwand handhabbar. So sind alle Zuwendungen, die ihren Ursprung in der Sphäre des Arbeitgebers haben, für ihn verhältnismäßig einfach zu ermitteln. Doch gerade beim Hinzutreten eines weiteren Akteurs bei den Lohnzuwendungen ist es fraglich, wer der geeignetste Lohnsteuerabzugspflichtige ist. Entstammt nämlich die Lohnzuwendung hauptsächlich der Sphäre des Dritten, so ist es für den Arbeitgeber nahezu unmöglich, einen korrekten Lohnsteuerabzug vorzunehmen. Die Legislative hat dennoch die Grundentscheidung getroffen, dass so gut wie jeder Lohnsteuereinbehalt vom Arbeitgeber durchzuführen ist; gleichgültig, ob die Zuwendung von einem Dritten geleistet wurde oder nicht. Ausschließlich in einigen wenigen Normen, die zu Teilen recht einzelfallorientiert ausgestaltet sind, wird der Dritte in die Pflicht genommen[454]. Ansonsten muss fast ausschließlich der Arbeitgeber den Lohnsteuereinbehalt und -abzug vornehmen, was gerade in den Fällen, in denen ein Dritter involviert ist, eine erhebliche organisatorische und wirtschaftliche Belastung darstellt. Ferner ist die Verpflichtung des Arbeitgebers manchmal schon in tatsächlicher Hinsicht wenig geeignet, weil ihm die nötigen Informationen fehlen, um einen korrekten Lohnsteuerabzug vornehmen zu können[455].

451 So auch: Kölner EStG Rz. 158.
452 Vgl. oben unter: 2. Kap. B. II. 2. c).
453 Vgl. oben unter: 2. Kap. B. II. 2. c).
454 §§ 37a, 37b Abs. 1 und 38 Abs. 3a EStG.
455 Vgl. hierzu oben die Ausführungen zu § 38 Abs. 1 Satz 3 EStG: 2. Kap. B. II. 2. d) aa).

Die Rechtsprechung sieht den Arbeitgeber ebenfalls als primär zu Verpflichtenden an. Dies wird besonders deutlich bei der Betrachtung der ständigen Rechtsprechung zu unechten Lohnzahlungen Dritter[456]. Hier dehnt die Rechtsprechung den § 38 Abs. 1 Satz 1 EStG über den Wortlaut hinaus dahingehend aus, dass der Arbeitgeber auch für unechte Lohnzahlungen eines Dritten Lohnsteuer einbehalten und abführen muss. Dies führt mangels ausdrücklicher gesetzlicher Regelung zu Rechtsunsicherheit beim Lohnsteuerabzugsverfahren. Im Hinblick auf die dadurch verursachten zusätzlichen Verpflichtungen des Arbeitgebers, die einen Eingriff in den Art. 12 Abs. 1 GG darstellen, ist das Fehlen einer gesetzlichen Regelung kritisch zu sehen.

Ferner sind einige der vom Gesetzgeber verwendeten Vereinfachungsnormen im Bereich des Lohnsteuerabzugsverfahrens verfehlt. So sind viele Vereinfachungsnormen sehr einzelfallorientiert gestaltet. Hierauf gehen eine Vielzahl von verschiedenen Normen zurück, um die gängigen Fälle abzudecken, was dem Lohnsteuerabzugsverfahren die Übersichtlichkeit nimmt. Des Weiteren sind einige Normen auch handwerklich misslungen. Dies verkompliziert nicht nur die Anwendung der Normen, sondern führt teilweise auch zu Rechtsunsicherheit, insbesondere da manche Normen auf dem verfassungsrechtlichen Prüfstand stehen.[457]

Folglich ist aus der Analyse des Lohnsteuerabzugsverfahrens der Schluss zu ziehen, dass die Komplexität dieses Verfahrens zum Ersten aus handwerklich misslungen und einzelfallorientierten Vereinfachungsnormen resultiert, die in ihrer Summe mehr Unübersichtlichkeit schaffen, als diese zu verhindern. Zum anderen sind die immer größer werdenden – und teilweise auch unrealistischen[458] – Anforderungen an den Arbeitgeber eine Entwicklung, die das Lohnsteuerabzugsverfahren für den Arbeitgeber immer schwerer durchführbar macht. Daher sollten Vereinfachungsnormen systematisch zusammengeführt und verfehlte Normen aus dem Gesetz entfernt werden. Au-

---

456 Vgl. oben unter: 2. Kap. B. II. 2. e).

457 Vgl. hierzu oben unter: 2. Kap. B. II. 2. b).

458 Vgl. hierzu oben die Ausführungen zu § 38 Abs. 1 Satz 3 EStG: 2. Kap. B. II. 2. d) aa).

ßerdem muss die Belastung des Arbeitgebers im Lohnsteuerabzugsverfahren auf ein vertretbares Maß verringert werden.[459]

3. Ergebnis der Analyse des besonderen Vereinfachungsbedarfs in der Lohnsteuer

Die Analyse des besonderen Vereinfachungsbedarfs in der Lohnsteuer hat drei Ursachen ermittelt, auf die im Wesentlichen der besondere Vereinfachungsbedarf bzw. die besondere Komplexität der Lohnsteuer zurückzuführen ist. Dies ist erstens der weite und unpräzise Arbeitslohnbegriff, zweitens der komplexe und oft nur schwer handhabbare Lohnsteuerabzug und drittens darauf aufbauende – bzw. deswegen eingeführte – einzelfallorientierte Vereinfachungsnormen, die teilweise den Auswirkungen der ersten beiden Punkte normativ entgegenwirken sollen, aber in ihrer Summe Unübersichtlichkeit schaffen.

Der sehr weite und unpräzise Arbeitslohnbegriff hat wegen seiner besonderen Bedeutung für die Lohnsteuer einen großen Anteil an der Komplexität der Lohnsteuer. Die Weite des Arbeitslohnbegriffs ist zwar aus gesetzgeberischer Sicht nachvollziehbar, da so jede potentiell steuerbare Zuwendung für die Lohnsteuer greifbar gemacht wird. Jedoch sorgt eben diese Weite für eine mittlerweile ausufernde Kasuistik, die zu Teilen nötig ist, um den weiten Arbeitslohnbegriff zu konturieren. Doch immer dort, wo der Gesetzgeber sich zurückzieht oder unpräzise arbeitet, überlässt er der Rechtsprechung und Literatur die konkrete Ausformung des Rechts. Dies ist sicherlich bei Detailfragen akzeptabel. Jedoch ist die Definition des Arbeitslohnbegriffs derart defizitär und weit gehalten, dass die Rechtsprechung massiv eingreifen muss[460]. Dies birgt jedoch potentielle Rechtsunsicherheit für den Anwender, da eine Rechtsprechung schneller geändert ist als ein formelles Gesetz. Gerade bei einem so wichtigen Bestandteil der wichtigsten Einkunftsquelle des Staates sollte die Unsicherheit indessen auf ein Minimum reduziert werden.[461]

Als zweite Hauptursache für das besondere Vereinfachungsbedürfnis in der Lohnsteuer ist das komplexe und oft nur schwer handhabba-

459 Zu den konkreten Verbesserungsvorschlägen vgl. unten im 4. Kap.
460 Vgl. oben unter: 2. Kap. B. II. 1. d).
461 Vgl. zu den Reformvorschlägen unten unter: 4. Kap. A.

re Lohnsteuerabzugsverfahren identifiziert worden. Dieses stellt den Arbeitnehmer großzügiger Weise faktisch von fast allen Verpflichtungen frei. Stattdessen fokussiert es sich auf den Arbeitgeber, ungeachtet ob dies im jeweiligen Fall sinnvoll ist oder nicht. Gerade bei Lohnzahlungen durch Dritte verursacht dies Komplikationen. Der Dritte wird jedoch nur vereinzelt als Verantwortlicher im Lohnsteuerabzugsverfahren herangezogen[462]. Der durch die Fokussierung des Lohnsteuerabzugsverfahrens auf den Arbeitgeber für diesen entstandene Arbeitsaufwand und die damit einhergehenden Kosten[463] haben insgesamt ein nur noch schwer zumutbares Maß erreicht, da immer mehr Sonderregelungen vom Arbeitgeber beachtet werden müssen. Ferner ist es in manchen Situationen für den Arbeitgeber ausschließlich unter großen Mühen oder sogar überhaupt nicht möglich, die für einen korrekten Lohnsteuerabzug notwendigen Daten zu ermitteln, wie beispielsweise beim Lohnsteuerabzug für echte Lohnzahlungen eines Dritten gem. § 38 Abs. 1 Satz 3 EStG.

Sowohl auf dem unpräzisen und weiten Arbeitslohnbegriff, als auch auf dem komplexen Lohnsteuerabzugsverfahren aufbauend führte der Gesetzgeber diverse Normen zur Vereinfachung der Rechtslage ein. Die Vereinfachungsnormen entfalten jedoch entgegen ihren Intentionen keine vereinfachende Wirkung mehr. Dies resultiert aus der einzelfallorientierten und kleinteiligen Ausgestaltung dieser Normen. Es wurden zu viele verschiedene hochspezialisierte Vereinfachungsnormen geschaffen, die in ihrer Masse Unübersichtlichkeit generieren. Dieser Hang zum exzessiven Ausdifferenzieren wirkt im Hinblick auf die beabsichtigte Vereinfachung kontraproduktiv.[464] Außerdem sind manche Vereinfachungsnormen schlicht handwerklich misslungen, verfehlen ihre Wirkungen oder widersprechen einander. Jedenfalls kann weder mit hochspezialisierten noch mit handwerklich misslungenen Vereinfachungsnormen eine Entlastung der am Lohnsteuerverfahren Beteiligten erreicht werden. Die Bemühungen des Gesetzgebers, durch diese Normen in bestimmte Richtungen lenkend auf die Steuer-

462 So bspw.: §§ 37a und 38 Abs. 3a EStG.
463 Vgl. oben unter: 2. Kap. B. II. 2. b) aa).
464 So auch: *Albert/Strohner,* DB 2002, 2504; insb. im Bezug auf die sehr ausdifferenzierte Rechtsprechung: *Raupach,* Steuervereinfachung durch die Rspr., DStJG 1998, S. 176.

pflichtigen einzuwirken, führt in der Regel zu weiteren Komplikationen, die dem eigentlichen Zweck – der Vereinfachung – entgegenwirken.

III. Das deduktive System

Aufbauend auf diesen Ergebnissen der Analyse der Einkünfte aus nichtselbstständiger Arbeit und insbesondere des besonderen Vereinfachungsbedarfs dieser Einkunftsart wird im Folgenden eine Systematisierung der Vereinfachungsnormen der Lohnsteuer entwickelt. Diese soll zuallererst helfen, den durch die Masse der Vereinfachungsnormen verloren gegangenen Überblick in der Lohnsteuer wiederherzustellen. Ferner ist es das Ziel, mit ihrer Hilfe den bereits angesprochenen Reformierungsbedarf bei den Vereinfachungsnormen zu identifizieren. Es soll herausgefunden werden, in welchen Bereichen man Vereinfachungsnormen zusammenfassen und/oder streichen kann. Hierfür ist jedoch zunächst eine systematische Übersicht über die in der Lohnsteuer verwendeten Vereinfachungsnormen notwendig. Die hier entwickelte Systematisierung gliedert sich in drei Bereiche mit jeweils zwei Unterpunkten. Die drei Bereiche sind die Einnahmenseite, die Ausgabenseite und eine neutrale Kategorie.

1. Die Einnahmenseite

Die auf der Einnahmenseite verwendeten Vereinfachungsnormen lassen sich in zwei Unterpunkte einordnen. Zum einen sind hier Steuerfreistellungen zur meist normativen Einschränkung des weiten Arbeitslohnbegriffs zu finden (I. Kategorie). Diese schränken nicht zwingend den Arbeitslohnbegriff an sich, sondern vielmehr dessen Auswirkungen im Lohnsteuerrecht ein. In Fällen, in denen eine exakte Erfassung der Einnahmen für die Finanzverwaltung und/oder den Steuerpflichtigen zu komplex wäre oder gar nicht gewollt ist, aber dennoch zu Teilen eine gewisse Steuerwürdigkeit besteht, werden zum anderen Steuerfreistellungen oder Pauschalierungen als Vereinfachungsnormen auf der Einnahmenseite eingesetzt (II. Kategorie). Teilweise haben diese Normen durch einen relativ niedrigen Pauschsteuersatz o.ä. eine subventionierende Wirkung. Denn wie bereits erwähnt versucht der Gesetzgeber den Arbeitslohnbegriff und das gesamte Lohnsteuerrecht durch derartige Vereinfachungsnormen zu konturieren und zur steuerlichen Lenkung zu nutzen. Die auf der Einnahmenseite verwendeten Vereinfachungsnormen werden zwar auch zur steuerlichen Lenkung verwendet, ihr primärer Nutzen soll jedoch zumeist die Vereinfachung sein.

2. Die Ausgabenseite

Auf der Ausgabenseite sind ebenfalls zwei verschiedene Arten von Vereinfachungsnormen zu erkennen. Zunächst fallen die Vereinfachungsnormen auf, die voll abziehbare Werbungskosten betreffen, welche bei allen Arbeitnehmern anfallen und daher pauschaliert werden (III. Kategorie). Darüber hinaus sind Vereinfachungsnormen für schwer exakt erfassbare Werbungskosten in der Lohnsteuer eingeführt worden, die bei vielen Arbeitnehmern anfallen (IV. Kategorie). Diese sind teils aus normativen Gründen eingeführt worden und daher auch teils nur begrenzt steuerlich abziehbar. Da – wie bereits angedeutet[465] – sich die Lage der Vereinfachungsnormen auf der Ausgabenseite deutlich übersichtlicher gestaltet als auf der Einnahmenseite, sind hier entsprechend weniger Normen in die Systematisierung einzuordnen.

3. Die neutrale Kategorie

Die letzte Kategorie umfasst alle rein deklaratorischen Vereinfachungsnormen im Lohnsteuerrecht (V. Kategorie). Der Gesetzgeber führte sie überwiegend wegen der unübersichtlichen Weite des Arbeitslohnbegriffs ein, um Rechtsunsicherheiten klarstellend entgegenzuwirken. Mit einer konturierteren Arbeitslohndefinition könnte man die rein deklaratorischen Normen optimaler Weise aus dem Gesetz entfernen. Neben den deklaratorischen Normen werden auch jene Normen in der neutralen Kategorie erfasst, die in diesem System nicht eindeutig zuzuordnen sind (VI. Kategorie). Hierbei handelt es sich allerdings lediglich um wenige Einzelfälle.

---

465 Vgl. oben unter: 2. Kap. B. II. 2. b) cc).

3. Kapitel: Einordnung der einzelnen Vereinfachungsnormen in die Systematisierung

Bei der Einordnung der Einzelvorschriften in die Systematisierung werden zunächst jene Vereinfachungsnormen im Einkommensteuergesetz identifiziert, die im Zusammenhang mit der Lohnsteuer stehen. Diese werden sodann insbesondere auf ihre Intentionen hin überprüft. Hierzu wird neben den Gesetzesmaterialien auch auf die Literatur und die Rechtsprechung rekurriert. Um eine Norm in die zuvor vorgestellten Kategorien einordnen zu können, bedarf es einer Gesamtschau aller Merkmale der Vereinfachungsnorm.

A. Vereinfachungsnormen auf der Einnahmenseite

Die Vereinfachungsnormen auf der Einnahmenseite werden nachfolgend in zwei Kategorien eingeteilt. Sie bestehen hauptsächlich zum einen aus gänzlichen sowie teilweisen Steuerfreistellungen und zum anderen aus Steuerpauschalierungen. Die hier zu besprechenden Normen sind alle zumindest auch in die Kategorien der Einnahmenseite einzuordnen. Vereinzelt ist eine doppelte Zuordnung erforderlich.

I. Steuerfreistellungen zur (normativen) Einschränkung der steuerlichen Auswirkungen des weiten Arbeitslohnbegriffs (I. Kategorie)

Die I. Kategorie der Vereinfachungsnormen im Lohnsteuerrecht betrifft Steuerfreistellungen zur teils normativen Einschränkung der steuerlichen Auswirkungen des weiten Arbeitslohnbegriffs. Aufgrund des Charakters als Steuerfreistellung sind die meisten dieser Normen in § 3 EStG verortet. Dies ist bereits auf den Wortlaut der Norm[466] zurückzuführen.

Man unterscheidet grundsätzlich zwischen persönlichen und sachlichen Steuerbefreiungen. Persönliche Steuerbefreiungen sind solche, die nur bestimmten Personen zu Gute kommen, wie beispielsweise früher Monarchen oder Diktatoren[467]. Sachliche Steuerbefreiungen stellen ausschließlich bestimmte Sachverhalte bzw. steuerlich relevante Vorfälle steuerfrei[468]. § 3 umfasst demnach ausschließlich sachliche Steuerbefreiungen. Diese verfolgen jedoch unterschiedlichste Zwecke. Dabei sind einzelne Steuerbefreiungen nicht immer eindeutig den Normenkategorien der Sozialzweck-, Fiskalzweck- oder Vereinfachungszwecknormen zuzuordnen. Vielmehr vermischen sich die unterschiedlichen Zwecke miteinander.[469] Ferner sind deklaratorische Normen im § 3 EStG zu finden. Diese deklaratorischen Steuerfreistellungen des § 3 EStG sind streng genommen im § 3 EStG systematisch fehlerhaft verortet, da durch sie kein steuerrechtlicher Sachverhalt von der Steuer freigestellt wird. Er war nämlich bereits steuerfrei. Daher muss für die Systematisierung untersucht werden, wo der Schwerpunkt der jeweiligen Norm liegt. Ferner sind die Steuerbefreiungen des § 3 EStG ungeordnet erfolgt[470], sodass bereits deswegen hier eine gewisse Systematisierung von Nöten ist. Die nachfolgenden Normen sind entweder vollständig oder zumindest teilweise der ersten Kategorie zuzuordnen.

1. Sachzuwendungen an Vollzugsbeamte und Feuerwehrleute (§ 3 Nr. 4 EStG)

§ 3 Nr. 4 EStG regelt die Steuerfreiheit von Sachzuwendungen an Angehörige der Bundeswehr, der Bundespolizei, der Zollverwaltung, der Bereitschaftspolizei der Länder, der Vollzugspolizei und der Berufsfeuerwehr der Länder und Gemeinden und bei Vollzugsbeamten der Kri-

466 Vgl. § 3 EStG am Anfang: „Steuerfrei sind...“.

467 *Hey* in: Tipke/Lang[22], Steuerrecht, § 8 Rz. 1.

468 *Seer* in: Tipke/Lang[22], Steuerrecht, § 6 Rz. 41.

469 *Hey* in: Tipke/Lang[22], Steuerrecht, § 8 Rz. 137.

470 *Hey* in: Tipke/Lang[22], Steuerrecht, § 8 Rz. 137; *Erhard* in: Blümich, EStG § 3 Rz. 1 f.; *Bergkemper* in: Herrmann/Heuer/Raupach, EStG/KStG, § 3 EStG Rz. 1; *Heinicke* in: Schmidt, § 3 EStG, Vorbemerkung, der sich sogar wegen der Fehlen Systematik für eine alphabetische Kommentierung der Norm entschieden hat.

minalpolizei des Bundes, der Länder und Gemeinden. Diese Norm stellt den Geldwert der ihnen aus Dienstbeständen überlassenen Dienstkleidung (a), Einkleidungsbeihilfen und Abnutzungsentschädigungen für die Dienstkleidung der zum Tragen oder Bereithalten von Dienstkleidung Verpflichteten und für dienstlich notwendige Kleidungsstücke der Vollzugsbeamten der Kriminalpolizei sowie der Angehörigen der Zollverwaltung (b), im Einsatz gewährte Verpflegung oder Verpflegungszuschüsse (c) und den Geldwert der auf Grund gesetzlicher Vorschriften gewährten Heilfürsorge (d) steuerfrei.

§ 3 Nr. 4 EStG kann aber nicht einheitlich einer Kategorie zugeordnet werden. So ist die Gestellung von aus Dienstbeständen überlassener Dienstkleidung, § 3 Nr. 4 lit. a) EStG, bereits kein Arbeitslohn[471], da der Arbeitgeber hier aus überwiegend eigenbetrieblichem Interesse[472] tätig wird. Bei den Einkleidungsbeihilfen und Abnutzungsentschädigungen für die Dienstkleidung, § 3 Nr. 4 lit. b) EStG, muss unterschieden werden, ob es sich um typische Berufskleidung handelt oder ob diese auch einen privaten Nutzen haben kann. Ist sie ausschließlich dienstlich einsetzbar (Uniformen, Schutzkleidung, etc.), so handelt sich bereits um keinen Arbeitslohn, da auch hier das eigenbetriebliche Interesse des Arbeitgebers an einem berufsadäquaten Auftreten der Angestellten überwiegt. Hat die Kleidung allerdings auch einen privaten Nutzen, so ist Arbeitslohn in der Regel zu bejahen.[473] Ähnliches gilt für die im Einsatz unentgeltlich abgegebene Verpflegung. Bei Verpflegungszuschüssen indessen handelt es sich grundsätzlich um Arbeitslohn, § 3 Nr. 4 lit. c) EStG.[474] § 3 Nr. 4 lit. d) EStG muss ebenfalls differenziert betrachtet werden. Der Geldwert der auf Grund gesetzlicher Vorschriften dem Steuerpflichtigen gewährten Heilfürsorge ist kein Arbeitslohn, da auch hier das überwiegende Interesse des Arbeitgebers überwiegt. Dies gilt nicht, wenn dieser Geldwert auf

471 BFH v. 29.10.1965 – VI 49/65 U, BFHE 84, 205; *Geserich* in: Blümich, EStG § 19 Rz. 280 unter „Arbeitskleidung"; *Krüger* in: Schmidt, § 19 EStG Rz. 100 unter „Berufskleidung"; *Pflüger* in: Herrmann/Heuer/Raupach, EStG/KStG, § 19 EStG Rz. 600 unter „Arbeitskleidung".

472 Vgl. dazu näher oben unter: 2. Kap. B. II. 1. d) bb) (2).

473 *Geserich* in: Blümich, EStG § 19 Rz. 280 unter „Arbeitskleidung"; *Krüger* in: Schmidt, § 19 EStG Rz. 100 unter „Berufskleidung"; *Pflüger* in: Herrmann/Heuer/Raupach, EStG/KStG, § 19 EStG Rz. 600 unter „Arbeitskleidung".

474 *Bergkemper* in: Herrmann/Heuer/Raupach, EStG/KStG, § 3 Nr. 4 EStG Rz. 3.

Grund von gesetzlichen Vorschriften auch den Angehörigen des Steuerpflichtigen zu Gute kommt. Bei diesen Vorteilen handelt es sich grundsätzlich um Arbeitslohn.[475]

Die Steuerfreistellung enthält sowohl deklaratorische, als auch normative Elemente. Dementsprechend lässt sich folgern, dass überall dort, wo bereits kein Arbeitslohn vorliegt, der § 3 Nr. 4 EStG rein deklaratorisch wirkt und nur in den Fällen, in denen doch Arbeitslohn gegeben ist, die Norm tatsächlich konstitutiven Charakter hat. Die Norm gehört in Bezug auf ihren konstitutiven Teil jedenfalls auf die Einnahmenseite der Systematik. Es handelt sich um eine gänzliche Steuerfreistellung, die insoweit eine Sozialzwecknorm ist. Die Privilegierung der Polizei und des Militärs ist jedoch nur noch historisch in dem gedanklichen Ursprung der Norm im preußischen Einkommensteuerrecht zu erklären. Dieses enthielt diverse Privilegierungen für die Polizei und das Militär. Jedoch vermögen solche fast schon persönlichen Steuerfreistellungen heute nicht mehr zu überzeugen.[476] Mangels durchgreifender Rechtfertigung sollte über eine Entfernung des konstitutiv wirkenden Teils der Norm aus dem Einkommensteuerrecht nachgedacht werden. Die in § 3 Nr. 4 EStG enthaltenen konstitutiven Steuerfreistellungen[477] sind in ihrer jetzigen Gestalt in die I. Kategorie auf der Einnahmenseite einzuordnen, da sie eine normative Wirkung hat, die die Wirkungen des Arbeitslohnbegriffs einschränkt. Soweit die Norm deklaratorisch wirkt, ist sie der V. Kategorie zuzuordnen.

2. Aus öffentlichen Kassen gezahlte Aufwandsentschädigungen (§ 3 Nr. 12 EStG)

§ 3 Nr. 12 EStG stellt Aufwandsentschädigungen steuerfrei, die aus öffentlichen Kassen gezahlt werden. Im Satz 1 werden aus einer Bundeskasse oder Landeskasse gezahlte Bezüge, die erstens in einem Bundesgesetz oder Landesgesetz (lit. a), auf Grundlage einer bundesgesetzli-

475 *Bergkemper* in: Herrmann/Heuer/Raupach, EStG/KStG, § 3 Nr. 4 EStG Rz. 3.

476 *Bergkemper* in: Herrmann/Heuer/Raupach, EStG/KStG, § 3 Nr. 4 EStG Rz. 3; *Tormöhlen* in: Korn, Einkommensteuergesetz, § 3 Nr. 4 EStG Rz. 4.

477 Einkleidungsbeihilfen und Abnutzungsentschädigungen für die Dienstkleidung bei Straßenkleidung, § 3 Nr. 4 lit. b) EStG; Verpflegungszuschüsse, § 3 Nr. 4 lit. c) EStG; Heilfürsorgeleistungen für Angehörige des Steuerpflichtigen, § 3 Nr. 4 lit. d) EStG.

chen oder landesgesetzlichen Ermächtigung beruhenden Bestimmung (lit. b) oder von der Bundesregierung oder einer Landesregierung (lit. c) als Aufwandsentschädigung festgesetzt sind, und die zweitens jeweils auch als Aufwandsentschädigung im Haushaltsplan ausgewiesen werden, steuerfrei gestellt. Nach Satz 2 sind Bezüge, die als Aufwandsentschädigung aus öffentlichen Kassen an öffentlichen Dienst leistende Personen gezahlt werden, ebenfalls steuerfrei, soweit nicht festgestellt wird, dass sie für Verdienstausfall oder Zeitverlust gewährt werden oder den Aufwand, der dem Empfänger erwächst, offenbar übersteigen.[478]

Die Norm bedient sich hierbei im Grunde zweier Annahmen. Zum einen, dass ausschließlich dem Arbeitnehmer tatsächlich entstandener Aufwand entschädigt wird und zum anderen, dass bei einer eigenen Belastung des Steuerpflichtigen dieser Aufwand als Werbungskosten oder Betriebsausgabe abzugsfähig wäre.[479] Daher wäre § 3 Nr. 12 EStG prima facie den Werbungskostenersatzsteuerfreistellungen zuzurechnen. Werbungskostenersatzleistungen sind üblicherweise als Arbeitslohn anzusehen[480]. Das besondere hierbei ist, dass den Werbungskostenersatzleistungen der Abzug der Werbungskosten in gleicher Höhe entgegensteht. Außerdem wurden viele Werbungskostenersatzleistungen zur Vereinfachung der steuerlichen Handhabung steuerfrei gestellt[481].

Problematisch bei § 3 Nr. 12 ist der Satz 1, da dieser auch jene Bezüge erfasst und steuerfrei stellt, die nicht als Werbungskosten beim Steuerpflichtigen abzugsfähig wären[482]. Hierdurch entsteht eine Ungleichbehandlung im Verhältnis zu anderen Arbeitnehmern und ins-

478 Näher zu den jeweiligen Einzelvoraussetzungen vgl. *v. Beckerath* in: Kirchhof, Einkommensteuergesetz, § 3 Nr. 12 EStG Rz. 31 f.; *Bergkemper* in: Herrmann/Heuer/Raupach, EStG/KStG, § 3 Nr. 12 EStG Rz. 3 f.

479 *v. Beckerath* in: Kirchhof, Einkommensteuergesetz, § 3 Nr. 12 EStG Rz. 30; *Heinicke* in: Schmidt, § 3 EStG, unter „Aufwandsentschädigung"; differenzierend: *Bergkemper* in: Herrmann/Heuer/Raupach, EStG/KStG, § 3 Nr. 12 EStG Rz. 3 f.

480 *Mody* in: Korn, Einkommensteuergesetz, § 19 EStG Rz. 55 f.; *Pflüger* in: Herrmann/Heuer/Raupach, EStG/KStG, § 19 EStG Rz. 161; *Geserich* in: Blümich EStG, § 19 Rz. 215 ff.; *Krüger* in: Schmidt, § 19 EStG Rz. 65 ff.

481 Vgl. hierzu und zur Abgrenzung zum Auslagenersatz bereits oben unter: 2. Kap. B. II. 1. d) bb) (3).

482 BVerfG v. 11.11.1998 – 2 BvL 10/95, BVerfGE 99, 280; BFH v. 21.10.1994 – VI R 15/94, BFHE 175, 368; BFH v. 23.8.1991 – VI B 44/91, BFHE 165, 172; *Bergkem-*

besondere zu Arbeitnehmern, die aus privaten Kassen vergleichbare Leistungen erhalten[483]. Diese manifestiert sich auch darin, dass die Leistungen aus einer Bundes- oder Landeskasse bei Erfüllung der Voraussetzungen des § 3 Nr. 12 Satz 1 EStG ohne weitere Nachprüfung steuerfrei sind, wohingegen bei Zahlungen aus anderen Kassen entweder den Finanzbehörden – bei Erfüllung der weiteren Voraussetzungen für eine Steuerfreiheit – ein Nachprüfungsrecht nach § 3 Nr. 12 Satz 2 EStG zusteht oder diese – insbesondere aus privaten Kassen gezahlte – Zahlungen zu versteuern sind bzw. unter den Voraussetzungen des § 9 EStG als Werbungskosten abgezogen werden können.[484] Diese Ungleichbehandlung ist auch nicht zu rechtfertigen, weswegen das Bundesverfassungsgericht die Norm für mit Art. 3 Abs. 1 GG unvereinbar erklärte[485]. Sie ist aber weiterhin anwendbar, bis eine verfassungskonforme Regelung in Kraft tritt[486].

Obgleich Satz 2 dies nicht ausdrücklich formuliert, wird er vom Bundesfinanzhof in verfassungskonformer Weise dahingehend ausgelegt, dass ausschließlich solche Ersatzleistungen unter Satz 2 fallen, die bei dem Steuerpflichtigen als Werbungskosten oder Betriebsausgaben in Abzug zu bringen wären[487]. Mit dieser verfassungskonformen Aus-

---

per in: Herrmann/Heuer/Raupach, EStG/KStG, § 3 Nr. 12 EStG Rz. 4,8; *Tormöhlen* in: Korn, Einkommensteuergesetz, § 3 Nr. 12 EStG Rz. 2; *Bergkemper*, FR 1999, 517 (518).

483 BVerfG v. 11.11.1998 – 2 BvL 10/95, BVerfGE 99, 280; BFH v. 21.10.1994 – VI R 15/94, BFHE 175, 368; bereits zweifelnd: BFH v. 23.8.1991 – VI B 44/91, BFHE 165, 172; *Bergkemper* in: Herrmann/Heuer/Raupach, EStG/KStG, § 3 Nr. 12 EStG Rz. 4; *Tormöhlen* in: Korn, Einkommensteuergesetz, § 3 Nr. 12 EStG Rz. 2; *Erhard* in: Blümich, EStG § 3 Nr. 12 Rz. 2; *Bergkemper*, FR 1999, 517 (518).

484 BVerfG v. 11.11.1998 – 2 BvL 10/95, BVerfGE 99, 280; *Bergkemper* in: Herrmann/Heuer/Raupach, EStG/KStG, § 3 Nr. 12 EStG Rz. 4; *ders.*, FR 1999, 517 (518).

485 BVerfG v. 11.11.1998 – 2 BvL 10/95, BVerfGE 99, 280; vgl. hinsichtlich eines Verfassungsverstoßes in Bezug auf die Abgeordnetenpauschalen: *Bergkemper*, FR 2007, 92 ff.; *Waldhoff*, FR 2007, 225 ff.; *Tipke*, FR 2006, 949 (953 ff.).

486 BVerfG v. 11.11.1998 – 2 BvL 10/95, BVerfGE 99, 280; *v. Beckerath* in: Kirchhof, Einkommensteuergesetz, § 3 Nr. 12 EStG Rz. 30.

487 BFH v. 29.11.2006 – VI R 3/04, BFHE 216, 163; BFH v. 27.5.1994 – VI R 67/92, BFHE 175, 57; BFH v. 8.10.1993 – VI R 9/93, BFH/NV 1994, 312; BFH v. 9.7.1992 – IV R 7/91, BFHE 169, 144; *Bergkemper* in: Herrmann/Heuer/Raupach, EStG/KStG, § 3 Nr. 12 EStG Rz. 17; *v. Beckerath* in: Kirchhof, Einkommensteuergesetz, § 3 Nr. 12 EStG Rz. 32; *Hillmoth* in: Lippross, Basiskommentar, § 3 Nr. 12 EStG Rz. 10; *Bergkemper*, FR 2007, 498.

legung begegnet Satz 2 keinen durchgreifenden verfassungsrechtlichen Bedenken[488].

Man muss daher zwischen den beiden Sätzen des § 3 Nr. 12 unterscheiden. Satz 2 ist eine Steuerfreistellung, die Werbungskostenersatzleistungen erfasst. Dies ist dem Grunde nach eine Vereinfachungsvorschrift, die ihren Ursprung in dem weiten Arbeitslohnbegriff hat, da Werbungskostenersatzleistungen eigentlich Arbeitslohn darstellen. Satz 1 – in seiner immer noch geltenden Form – hingegen geht darüber hinaus und stellt eine nicht zu rechtfertigende Privilegierung von im öffentlichen Dienst stehenden Arbeitnehmern dar. Dies ist jedoch auch eine normative Einschränkung des weiten Arbeitslohnbegriffs, da auch diese Bezüge grundsätzlich steuerbarer Arbeitslohn wären. Demnach ist § 3 Nr. 12 EStG, zwar aus unterschiedlichen Gründen, aber dennoch vollständig der I. Kategorie zuzuordnen.

3. Aus öffentlichen Kassen gezahlte Reisekostenvergütungen, Umzugskostenvergütungen und Trennungsgelder (§ 3 Nr. 13 EStG)

Der § 3 Nr. 13 EStG nimmt sich eines ähnlichen Bereichs an wie § 3 Nr. 12 EStG. Durch § 3 Nr. 13 EStG werden die aus öffentlichen Kassen gezahlten Reisekostenvergütungen, Umzugskostenvergütungen und Trennungsgelder steuerfrei gestellt. Reisekostenvergütungen, die als Vergütungen für Verpflegung gezahlt wurden, sind lediglich insoweit steuerfrei, als sie die Pauschbeträge nach § 9 Abs. 4a EStG nicht übersteigen. Trennungsgelder sind auch lediglich bis zu dem Betrag steuerfrei, soweit sie die nach § 9 Abs. 1 Satz 3 Nr. 5 und Abs. 4a EStG abziehbaren Aufwendungen nicht übersteigen. Auch diese Steuerfreistellung erfasst ausschließlich Zahlungen aus öffentlichen Kassen in Abgrenzung zu den Zahlungen aus privaten Kassen. Ebenso wie bei § 3 Nr. 12 EStG besteht bei § 3 Nr. 13 EStG das Problem, dass der Gesetzgeber voraussetzte, dass aus öffentlichen Kassen ausschließlich Aufwandsentschädigungen gezahlt werden, die den tatsächlichen Kosten

---

488 BVerfG v. 26.11.1982 – 1 BvR 989/82, NVwZ 1983, 667, a.A.: *Bergkemper* in: Herrmann/Heuer/Raupach, EStG/KStG, § 3 Nr. 12 EStG Rz. 4

entsprechen[489]. Daher ist auch bei § 3 Nr. 13 EStG dem Wortlaut nicht explizit zu entnehmen, dass die Aufwendungen, hätte sie der Steuerpflichtige selbst zu tragen, zu abzugsfähigen Werbungskosten geführt haben müssten. Dies ist jedoch aus verfassungsrechtlicher Sicht notwendig, um einer Ungleichbehandlung im Verhältnis zu den Empfängern von Zuwendungen aus privaten Kassen zu vermeiden, da diese nur insoweit steuerfrei stehen, wie sie die tatsächlich entstandenen Aufwendungen nicht übersteigen.[490] Daher wendet der Bundesfinanzhof wie auch schon bei § 3 Nr. 12 EStG auch hier eine verfassungskonforme Reduktion dahingehend an, dass nur jene Bezüge steuerfrei sind, die beim Steuerpflichtigen zu abzugsfähigen Werbungskosten geführt hätten, hätte er sie selbst zu tragen[491]. Daher ist § 3 Nr. 13 EStG auch als Werbungskostenersatznorm anzusehen[492].

Diese werden wie bereits erwähnt[493] im Lohnsteuerrecht zur Vereinfachung verwendet, da ansonsten der Abzug der Werbungskosten ein gleich hoher Betrag an steuerbarem Arbeitslohn entgegenstünde, sodass auch § 3 Nr. 13 EStG zur Vereinfachung in das Lohnsteuerrecht eingeführt wurde[494].

Dieses Vereinfachungsbedürfnis hat seinen Ursprung in dem weiten Arbeitslohnbegriff. Dieser soll durch die vermeintlich vereinfa-

489 *Bergkemper* in: Herrmann/Heuer/Raupach, EStG/KStG, § 3 Nr. 12 EStG Rz. 4, § 3 Nr. 13 Rz. 2, wobei diese Annahme ihren Ursprung in dem EStG von 1920 hatte, was neben den aus öffentlichen Kassen gezahlten Aufwandsentschädigungen auch die aus privaten Kassen gezahlte steuerfrei stellte, vgl. *Bergkemper* in: Herrmann/Heuer/Raupach, EStG/KStG, § 3 Nr. 12 EStG Rz. 2; *Hillmoth* in: Lippross, Basiskommentar, § 3 Nr. 13 EStG Rz. 2

490 *Bergkemper* in: Herrmann/Heuer/Raupach, EStG/KStG, § 3 Nr. 13 EStG Rz. 2; vgl. unten unter: 3. Kap. A. I. 4. bzgl. § 3 Nr. 16 EStG, der für die Zahlungen aus privaten Kassen gilt und eben diese Beschränkung enthält.

491 BFH v. 21.4.2009 – VIII R 66/06, BFH/NV 2009, 1422; BFH v. 12.4.2007 – VI R 53/04, BFHE 217, 551.

492 BFH v. 12.4.2007 – VI R 53/04, BFHE 217, 551; *Bergkemper* in: Herrmann/Heuer/Raupach, EStG/KStG, § 3 Nr. 13 EStG Rz. 2; *v. Beckerath* in: Kirchhof, Einkommensteuergesetz, § 3 Nr. 13 EStG Rz. 33; *Erhard* in: Blümich, EStG § 3 Nr. 13 Rz. 2.

493 Vgl. oben unter: 2. Kap. B. II. 1. d) bb) (3).

494 *Bergkemper* in: Herrmann/Heuer/Raupach, EStG/KStG, § 3 Nr. 13 EStG Rz. 2; *Erhard* in: Blümich, EStG § 3 Nr. 13 Rz. 1; *Tormöhlen* in: Korn, Einkommensteuergesetz, § 3 Nr. 13 EStG Rz. 1; *Hillmoth* in: Lippross, Basiskommentar, § 3 Nr. 13 EStG Rz. 1.

chend wirkenden Normen, die den Werbungskostenersatz steuerfrei stellen, normativ eingeschränkt werden. Das Vereinfachungsbedürfnis entspringt nicht Erfassungsproblemen, da Geldzahlungen üblicherweise verhältnismäßig leicht zu ermitteln sind. Daher scheidet eine Einordnung in die II. Kategorie aus. Da solche Zahlungen ohne die Steuerbefreiung des § 3 Nr. 13 EStG zumeist steuerpflichtiger Arbeitslohn wären, handelt es sich bei der Norm um eine konstitutive Steuerbefreiung[495]. Jedoch gibt es auch im Bereich der Reise- und Umzugskostenerstattung Fälle, in denen kein Arbeitslohn vorliegt, weil beispielsweise das eigenbetriebliche Interesse des Arbeitgebers überwiegt[496], insoweit hat die Norm deklaratorischen Charakter. Der Schwerpunkt der Norm liegt jedoch nicht in ihrer deklaratorischen Wirkung, sondern in der gestaltenden konstitutiven Steuerbefreiung von ansonsten als Arbeitslohn zu wertenden Bezügen. Daher ist auch § 3 Nr. 13 EStG in die I. Kategorie auf der Einnahmenseite der Systematisierung einzuordnen.

4. Aus privaten Kassen gezahlte Reisekosten, Umzugskosten oder Mehraufwendungen bei doppelter Haushaltsführung (§ 3 Nr. 16 EStG)

§ 3 Nr. 16 EStG ist parallel zu § 3 Nr. 13 EStG ausgestaltet. Die Normen unterscheiden sich praktisch nur in zwei Punkten. Zum einen werden hier aus privaten Kassen geleistete Zahlungen erfasst. Zum anderen sind sie der Höhe nach auf die nach § 9 EStG abziehbaren Werbungskosten beschränkt, was die zuvor erwähnten verfassungsrechtlichen Probleme begründet[497]. Außerdem gilt § 3 Nr. 16 EStG auch bei Aufwendungen, die dem Arbeitnehmer aus einer doppelten Haushaltsführung entstehen und erstattet werden.[498] Es handelt sich jedoch ebenfalls um eine Norm, die Werbungskostenersatzleistungen steuerfrei stellt. Nach der Gesetzesbegründung[499] soll § 3 Nr. 16 EStG vereinfa-

495 *Bergkemper* in: Herrmann/Heuer/Raupach, EStG/KStG, § 3 Nr. 13 EStG Rz. 2

496 Zur Abgrenzung vgl. näher: *v. Bornhaupt*, StuW 1990, 46; *Offerhaus*, BB 1990, 2017.

497 Vgl. oben unter: 3. Kap. A. I. 2. und 3.

498 Vgl. allg. zu § 3 Nr. 16 EStG: *Bergkemper* in: Herrmann/Heuer/Raupach, EStG/KStG, § 3 Nr. 16 EStG Rz. 1; *v. Beckerath* in: Kirchhof, Einkommensteuergesetz, § 3 Nr. 16 EStG Rz. 36 f.; *Tormöhlen* in: Korn, Einkommensteuergesetz, § 3 Nr. 16 EStG Rz. 1 ff.; *Hillmoth* in: Lippross, Basiskommentar, § 3 Nr. 16 EStG Rz. 1 ff.

499 BT-Drucks. 17/10774, 12.

chend wirken und Rechtssicherheit schaffen[500]. Das Vereinfachungsbedürfnis resultiert wie bei den vorgenannten Normen aus dem weiten Arbeitslohnbegriff, der diese Art Werbungskostenersatzleistung grundsätzlich erfassen würde, obgleich diesen Einnahmen unverzüglich in gleicher Höhe der Werbungskostenabzug entgegenstünde. Da es sich jedoch bei den Ersatzleistungen um Arbeitslohn handelt, ist § 3 Nr. 16 EStG nicht deklaratorischer sondern konstitutiver Natur [501]. Er schränkt die Auswirkungen des weiten Arbeitslohnbegriff normativ ein und gehört damit ebenfalls zur I. Kategorie der Systematisierung.

5. Nebenberufliche privilegierte Tätigkeiten (§ 3 Nr. 26 EStG)

§ 3 Nr. 26 EStG stellt Einnahmen aus nebenberuflicher Tätigkeit als Übungsleiter, Ausbilder, Erzieher, Betreuer oder vergleichbaren nebenberuflichen Tätigkeiten, aus nebenberuflichen künstlerischen Tätigkeiten oder der nebenberuflichen Pflege alter, kranker oder behinderter Menschen im Dienst oder im Auftrag einer juristischen Person des öffentlichen Rechts oder einer unter § 5 Abs. 1 Nr. 9 KStG fallenden Einrichtung zur Förderung gemeinnütziger, mildtätiger und kirchlicher Zwecke (§§ 52 bis 54 AO) bis zur Höhe von insgesamt 2400 Euro im Jahr steuerfrei. Er richtet sich daher vornehmlich an ehrenamtlich Tätige, die eine gewisse Entlohnung für ihre Dienste erhalten. Diese Entlohnung ist bei einer nebenberuflichen Tätigkeit unter bestimmten Umständen grundsätzlich als steuerpflichtiges Einkommen anzusehen[502], wobei hier eine Tätigkeit sowohl als Selbständiger als auch als Nichtselbständiger in Betracht kommt[503]. Handelt es sich um eine nichtselbständige Tätigkeit, so sind etwaige Zuwendungen wegen des

---

500 So auch: *Bergkemper* in: Herrmann/Heuer/Raupach, EStG/KStG, § 3 Nr. 16 EStG Rz. 1; *v. Beckerath* in: Kirchhof, Einkommensteuergesetz, § 3 Nr. 16 EStG Rz. 36 f.; *Tormöhlen* in: Korn, Einkommensteuergesetz, § 3 Nr. 16 EStG Rz. 1 ff.; *Erhard* in: Blümich, EStG § 3 Nr. 16 Rz. 1.

501 *Bergkemper* in: Herrmann/Heuer/Raupach, EStG/KStG, § 3 Nr. 16 EStG Rz. 1; *Tormöhlen* in: Korn, Einkommensteuergesetz, § 3 Nr. 16 EStG Rz. 1.

502 *Bergkemper* in: Herrmann/Heuer/Raupach, EStG/KStG, § 3 Nr. 26 EStG Rz. 2; *Tormöhlen* in: Korn, Einkommensteuergesetz, § 3 Nr. 26 EStG Rz. 1; *Wagner*, FR 1991, 683 (685 f.).

503 Vgl. *Pflüger* in: Herrmann/Heuer/Raupach, EStG/KStG, § 19 EStG Rz. 600 unter „Ehrenamt“; *Wagner*, FR 1991, 683 (685 f.).

weiten Arbeitslohnbegriffs als Arbeitslohn anzusehen. Zur Förderung des ehrenamtlichen Engagements und zur Vereinfachung der Besteuerung wurden deshalb bestimmte Tätigkeiten bis zu einem Jahreseinkommen von 2400 Euro begünstigend steuerfrei gestellt[504]. § 3 Nr. 26 EStG ist daher eine konstitutive Steuerbefreiung[505]. Die Norm ist ferner als Sozialzwecknorm zur Begünstigung der ehrenamtlich Tätigen und zur Entlastung der karitativen Einrichtungen, die andernfalls unter Umständen einen Lohnsteuerabzug vornehmen müssten, einzustufen[506]. Das politisch motivierte Bedürfnis, diese Einnahmen von der Einkommensteuer zu befreien, ist zumindest in Bezug auf das Lohnsteuerrecht dem weiten Arbeitslohnbegriff geschuldet, der durch diese Steuerfreistellung wertend indirekt eine Einschränkung erfährt. § 3 Nr. 26 EStG ist daher der I. Kategorie der Systematisierung zuzuordnen.

6. Ehrenamtliche Tätigkeiten (§ 3 Nr. 26a EStG)

§ 3 Nr. 26a EStG ist in seiner Ausgestaltung nahezu identisch mit § 3 Nr. 26 EStG. Die Norm unterscheidet sich von § 3 Nr. 26 EStG lediglich zum einen im Anwendungsbereich und zum anderen in der Höhe des Freibetrages. Der sachliche Anwendungsbereich der Norm ist größer als der des § 3 Nr. 26 EStG, da die Steuerfreistellung nicht auf bestimmte Tätigkeiten begrenzt ist, sondern alle denkbaren Tätigkeiten im ehrenamtlichen Bereich erfasst[507]. Damit ist der Einsatzbereich der Norm somit ungleich größer als bei § 3 Nr. 26 EStG. Daher wird sie

504 BFH v. 30.3.1990 – VI R 188/87, BFHE 160, 486; BT-Drucks. 14/2070, 15 f.; *Bergkemper* in: Herrmann/Heuer/Raupach, EStG/KStG, § 3 Nr. 26 EStG Rz. 2.; *v. Beckerath* in: Kirchhof, Einkommensteuergesetz, § 3 Nr. 26 EStG Rz. 49; *Tormöhlen* in: Korn, Einkommensteuergesetz, § 3 Nr. 26 EStG Rz. 1; *Hillmoth* in: Lippross, Basiskommentar, § 3 Nr. 26 EStG Rz. 1; *Erhard* in: Blümich, EStG § 3 Nr. 26 Rz. 1; *Hüttemann*, DB 2007, 127 (129 f.).

505 *Bergkemper* in: Herrmann/Heuer/Raupach, EStG/KStG, § 3 Nr. 26 EStG Rz. 2.

506 BFH v. 11.5.2005 – VI R 25/04, BFHE 209, 523; *Erhard* in: Blümich, EStG § 3 Nr. 26 Rz. 1; *Bergkemper* in: Herrmann/Heuer/Raupach, EStG/KStG, § 3 Nr. 26 EStG Rz. 2.; *Hüttemann*, DB 2007, 127 (129 f.).

507 *Bergkemper* in: Herrmann/Heuer/Raupach, EStG/KStG, § 3 Nr. 26a EStG Rz. 1; *Erhard* in: Blümich, EStG § 3 Nr. 26a Rz. 3; *v. Beckerath* in: Kirchhof, Einkommensteuergesetz, § 3 Nr. 26a EStG Rz. 53; *Tormöhlen* in: Korn, Einkommensteuergesetz, § 3 Nr. 26a EStG Rz. 1.

auch teilweise als Grundtatbestand verstanden[508]. Der Freibetrag von 720 Euro ist dementsprechend deutlich geringer, was die unterschiedlichen Förderungsintensitäten der beiden Normen widerspiegelt. Auch hier sind die von den Tätigen erzielten Einnahmen unter bestimmten Umständen steuerpflichtig. Diese Einnahmen können neben der Einordnung als solcher aus selbständiger Tätigkeit als erster Möglichkeit auch als Arbeitslohn aus einer nichtselbständigen Tätigkeit zu werten sein, die dementsprechend zu versteuern sind. Die Steuerfreistellung wirkt daher konstitutiv.

Auch mit § 3 Nr. 26a EStG soll das ehrenamtliche Engagement in der Gesellschaft gefördert werden und die Besteuerung für die ehrenamtlich Tätigen und die Institutionen erleichtert werden[509]. Diese Einnahmen sind daher durch die Steuerfreistellung aus Sozialzweckerwägungen, die ihren Ursprung in politisch motivierten Überlegungen haben, dem Arbeitslohn und damit der Lohnsteuer entzogen worden. Dieser wertende Eingriff in die Lohnsteuer ist auf Grund des weiten Arbeitslohnbegriffs notwendig, weswegen auch diese Norm der I. Kategorie der Systematisierung zuzuordnen ist.

7. Bezüge von Diplomaten und diplomatischen Angestellten (§ 3 Nr. 29 EStG)

Die Norm des § 3 Nr. 29 EStG stellt das Gehalt und die Bezüge von diplomatischen Vertretern ausländischer Staaten, den ihnen zugewiesenen Beamten und den in ihren Diensten stehenden Personen steuerfrei, es sei denn sie sind deutsche Staatsangehörige oder im Inland ständig ansässige Personen (lit. a). Des Weiteren werden das Gehalt und die Bezüge der Berufskonsuln, der Konsulatsangehörigen und ihres Personals steuerfrei gestellt, soweit sie Angehörige des Entsendestaates sind (lit. b) Satz 1). Die Steuerfreistellung des § 3 Nr. 29 lit. b) EStG ist jedoch ausgeschlossen, wenn die Personen im Inland ständig ansässig sind oder außerhalb ihres Amtes oder Dienstes einen Beruf,

---

508 So *Bergkemper* in: Herrmann/Heuer/Raupach, EStG/KStG, § 3 Nr. 26a EStG Rz. 1; *Erhard* in: Blümich, EStG § 3 Nr. 26a Rz. 1; wohl a.A. *Tormöhlen* in: Korn, Einkommensteuergesetz, § 3 Nr. 26a EStG Rz. 4.

509 BFH v. 25.4.2012 – VIII B 202/11, BFH/NV 2012, 1330; BT-Drucks. 17/11316, 8; *Bergkemper* in: Herrmann/Heuer/Raupach, EStG/KStG, § 3 Nr. 26a EStG Rz. 1; *v. Beckerath* in: Kirchhof, Einkommensteuergesetz, § 3 Nr. 26a EStG Rz. 52; *Hillmoth* in: Lippross, Basiskommentar, § 3 Nr. 26a EStG Rz. 1.

ein Gewerbe oder eine andere gewinnbringende Tätigkeit im Inland ausüben (lit. b) Satz 2).

Diese Privilegierungen werden als einfaches Recht zwar praktisch von dem Wiener Übereinkommen über diplomatische Beziehungen vom 18.4.1961[510] und vom Wiener Übereinkommen über konsularische Beziehungen v. 24.4.1963[511] als Völkerrecht gem. Art. 25 GG, § 2 AO zurückgedrängt[512]. Der Anwendungsbereich der Steuerfreistellung ist daher auf die Fälle begrenzt, in denen keine völkerrechtlichen Bestimmungen eingreifen[513]. Ohne diese Vorschriften wären etwaige Bezüge grundsätzlich als Arbeitslohn und somit als steuerbare Einnahmen i.S.v. § 19 Abs. 1 Satz 1 EStG zu werten[514]. § 3 Nr. 29 EStG wirkt damit als echte Steuerbefreiung konstitutiv und setzt international allgemein gültige Prinzipien für die Besteuerung von diplomatischen und konsularischen Beschäftigten um[515].

Die Intention hinter der Steuerbefreiung ist somit politischer Natur, indem diese internationalen Prinzipien selbstverständlich auch in Deutschland gelten sollen. Die Notwendigkeit der Steuerfreistellung ist jedoch in dem weiten Arbeitslohnbegriff zu finden, der eben diese Bezüge grundsätzlich miteinbezieht. Der Gesetzgeber schränkt damit die praktische Wirkung des Arbeitslohnbegriffs aus politischen Gründen normativ ein. Dementsprechend ist § 3 Nr. 29 EStG der I. Kategorie der Systematisierung zuzuordnen.

510 Wiener Übereinkommen über diplomatische Beziehungen v. 18.4.1961, BGBl. II 1964, 957.

511 Wiener Übereinkommen über konsularische Beziehungen v. 24.4.1963, BGBl. II 1965, 147.

512 *Bergkemper* in: Herrmann/Heuer/Raupach, EStG/KStG, § 3 Nr. 29 EStG Rz. 1; *Erhard* in: Blümich, EStG § 3 Nr. 29 Rz. 1; *Hillmoth* in: Lippross, Basiskommentar, § 3 Nr. 29 EStG Rz. 3; *Tormöhlen* in: Korn, Einkommensteuergesetz, § 3 Nr. 29 EStG Rz. 2; *Heinicke* in: Schmidt, § 3 EStG, unter „Diplomatenbezüge".

513 *Bergkemper* in: Herrmann/Heuer/Raupach, EStG/KStG, § 3 Nr. 29 EStG Rz. 1; *Erhard* in: Blümich, EStG § 3 Nr. 29 Rz. 1; *Heinicke* in: Schmidt, § 3 EStG, unter „Diplomatenbezüge".

514 *Bergkemper* in: Herrmann/Heuer/Raupach, EStG/KStG, § 3 Nr. 29 EStG Rz. 1.

515 *v. Beckerath* in: Kirchhof, Einkommensteuergesetz, § 3 Nr. 29 EStG Rz. 58.

8. Werkzeuggeld (§ 3 Nr. 30 EStG)

Die Steuerfreistellung des § 3 Nr. 30 EStG ist auch bekannt als Werkzeuggeld. Sie stellt die an den Arbeitnehmer gezahlten Entschädigungen für die betriebliche Nutzung von privaten Werkzeugen steuerfrei, soweit die Zahlungen die Aufwendungen des Arbeitnehmers nicht offensichtlich übersteigen. Werkzeuge i.S.d. Norm sind Geräte zur handwerklichen Herstellung oder Bearbeitung von Gegenständen, wobei Personal Computer oder Musikinstrumente nicht dazu gehören[516]. Die Zahlungen können vom Arbeitgeber recht großzügig festgesetzt werden, da nur das offensichtliche Überschreiten der Aufwendungen schädlich ist[517].

Diese Steuerfreistellung gehört zu den Normen der Werbungskostenersatzsteuerfreistellungen[518], d.h. die Aufwendungen des Arbeitnehmers wären ohne sie als Werbungskosten abziehbar und die Zahlungen des Arbeitgebers grundsätzlich als Arbeitslohn steuerbar. Daher wirkt die Norm, wie auch die anderen Werbungskostenersatznormen, konstitutiv[519]. Die Intention des Gesetzgebers bei der Einführung der Norm war es, solche „Werbungskostenersatzleistungen steuerfrei zu stellen, die im besonderen Interesse des Arbeitgebers liegen, weil sie die Betriebskosten senken (...) oder die Betriebsführung erleichtern (...). Die Steuerfreistellung dieser Leistungen vereinfacht zugleich die betriebliche Lohnabrechnung und vermeidet vor allem steuerliche und

---

516 BFH v. 21.8.1995 – VI R 30/95, BFHE 178, 350; *Bergkemper* in: Herrmann/Heuer/Raupach, EStG/KStG, § 3 Nr. 30 EStG Rz. 2; *Erhard* in: Blümich, EStG § 3 Nr. 30 Rz. 1; *Hillmoth* in: Lippross, Basiskommentar, § 3 Nr. 30 EStG Rz. 5; *Tormöhlen* in: Korn, Einkommensteuergesetz, § 3 Nr. 30 EStG Rz. 1; *v. Beckerath* in: Kirchhof, Einkommensteuergesetz, § 3 Nr. 30 EStG Rz. 59; *Heinicke* in: Schmidt, § 3 EStG, unter „Werkzeuggeld"; *Seifert*, DStZ 2015, 199 (205).

517 *Bergkemper* in: Herrmann/Heuer/Raupach, EStG/KStG, § 3 Nr. 30 EStG Rz. 2; *Hillmoth* in: Lippross, Basiskommentar, § 3 Nr. 30 EStG Rz. 9 ff.; *Tormöhlen* in: Korn, Einkommensteuergesetz, § 3 Nr. 30 EStG Rz. 2; *v. Beckerath* in: Kirchhof, Einkommensteuergesetz, § 3 Nr. 30 EStG Rz. 59; *Heinicke* in: Schmidt, § 3 EStG, unter „Werkzeuggeld".

518 *Bergkemper* in: Herrmann/Heuer/Raupach, EStG/KStG, § 3 Nr. 30 EStG Rz. 1; *v. Beckerath* in: Kirchhof, Einkommensteuergesetz, § 3 Nr. 30 EStG Rz. 59; *Hillmoth* in: Lippross, Basiskommentar, § 3 Nr. 30 EStG Rz. 1; *Erhard* in: Blümich, EStG § 3 Nr. 30 Rz. 1.

519 *Hillmoth* in: Lippross, Basiskommentar, § 3 Nr. 30 EStG Rz. 1.

sozialabgabenmäßige Belastungen der Arbeitnehmer“[520]. Die Norm soll daher zum einen sozialpolitisch wirken, indem die Belastungen des Arbeitnehmers minimiert werden, wenn dieser privates Werkzeug in den Dienst des Arbeitgebers stellt. Zum anderen soll sie wie alle Werbungskostenersatzsteuerfreistellungen des § 3 EStG vereinfachend wirken. Dieses Vereinfachungsbedürfnis entspringt jedoch nicht unzumutbaren Erfassungsschwierigkeiten, da die Geldzahlungen des Arbeitgebers für die Benutzung der privaten Werkzeuge verhältnismäßig einfach zu ermitteln sind. Daher scheidet eine Einordnung in die II. Kategorie der Systematisierung aus. Der Schwerpunkt des Vereinfachungsbedürfnisses entspringt dem Arbeitslohnbegriff. In seiner weiten Gestaltung bezieht er diese Zahlungen grundsätzlich mit ein. Um die Handhabung zu erleichtern und die Benutzung von privatem Werkzeug für betriebliche Zwecke zu unterstützen, führte der Gesetzgeber § 3 Nr. 30 EStG ein. Dieser schränkt die Wirkungen des Arbeitslohnbegriffs demnach normativ ein. Daher ist die Norm der I. Kategorie der Systematisierung zuzuordnen.

9. Gestellung sowie Barablösung typischer Berufskleidung (§ 3 Nr. 31 EStG)

Die Steuerfreistellung des § 3 Nr. 31 EStG stellt ähnlich wie die des § 3 Nr. 4 EStG[521] die unentgeltliche oder verbilligte Überlassung von typischer Berufskleidung vom Arbeitgeber an den Arbeitnehmer steuerfrei (1. HS). Ebenfalls steuerfrei ist die Barablösung eines nicht nur einzelvertraglichen Anspruchs auf Gestellung von typischer Berufskleidung, wenn die Barablösung betrieblich veranlasst ist und die entsprechenden Aufwendungen des Arbeitnehmers nicht offensichtlich übersteigt (2. HS). § 3 Nr. 31 EStG dient grundsätzlich der Vereinfachung[522], indem bei dieser Form der Sachleistung nicht der Vorteil für den einzelnen Arbeitnehmer ermittelt und versteuert werden muss.

Die Norm ist jedoch in ihren Wirkungen unterschiedlich. Ebenso wie bei § 3 Nr. 4 EStG ist bei § 3 Nr. 31 EStG zu differenzieren, ob die Steuerfreistellung konstitutiv oder deklaratorisch wirkt. Dies wiederum hängt davon ab, ob die Gestellung der Arbeitskleidung bzw. die

520 BT-Drucks. 11/4803, 17.
521 Vgl. oben unter: 3. Kap. A. I. 1.
522 *Erhard* in: Blümich, EStG § 3 Nr. 31 Rz. 1.

Barablösung als Arbeitslohn zu werten ist oder nicht. § 3 Nr. 31 EStG erfasst nämlich beide Fälle. Die verbilligte oder unentgeltliche Übereignung von typischer Berufskleidung ist in der Regel kein geldwerter Vorteil für den Arbeitnehmer, da hier das eigenbetriebliche Interesse des Arbeitgebers überwiegt[523], bspw. die mit dem Firmenlogo bedruckten T-Shirts der Bäckereifachverkäufer. Hier liegt demnach kein Arbeitslohn vor und die Norm wirkt deklaratorisch[524]. Sie ist somit der V. Kategorie der Systematisierung zuzuordnen.

Die Barablösung hingegen ist in der Regel als Arbeitslohn anzusehen[525]. Insoweit wirkt die Steuerfreistellung konstitutiv[526] und es ist zu fragen, ob sie der I. oder II. Kategorie der Systematisierung zuzuordnen ist. Hier ist der Vereinfachungsbedarf zum einen mit dem weiten Arbeitslohnbegriff zu begründen, der diese Zuwendungen erst steuerbar macht. Zum anderen ist bei Sachzuwendungen auch immer eine gewisse Erfassungsschwierigkeit vorhanden. Dies gilt allerdings nicht für die Barablösung. Geldzuwendungen sind in der Regel zuverlässig ermittelbar. Die Sachzuwendungen der Arbeitskleidung, bei denen es zu solchen Erfassungsschwierigkeiten kommen könnte, sind aber deklaratorischer Natur. Die Barablösungen wurden wohl rein aus Gleichstellungsgründen mit der Gestellung von Arbeitskleidung mit in den § 3 Nr. 31 EStG aufgenommen. Der Grund hierfür ist der weite Arbeitslohnbegriff, der die Barablösung ansonsten erfasst und einer Besteuerung zugänglich gemacht hätte. Daher ist § 3 Nr. 31 EStG, soweit er konstitutiv wirkt, eine normative Einschränkung der Wirkungen des weiten Arbeitslohnbegriffs (I. Kategorie).

523 BFH v. 22.6.2006 – VI R 21/06, BFHE 214, 252; *Bergkemper* in: Herrmann/Heuer/Raupach, EStG/KStG, § 3 Nr. 31 EStG Rz. 1; *Erhard* in: Blümich, EStG § 3 Nr. 31 Rz. 1; *Tormöhlen* in: Korn, Einkommensteuergesetz, § 3 Nr. 31 EStG Rz. 5; aber mit Ausnahmen vgl.: BFH v. 11.4.2006 – VI R 60/02, BFHE 212, 574.

524 *Bergkemper* in: Herrmann/Heuer/Raupach, EStG/KStG, § 3 Nr. 31 EStG Rz. 1; *Erhard* in: Blümich, EStG § 3 Nr. 31 Rz. 1; *Tormöhlen* in: Korn, Einkommensteuergesetz, § 3 Nr. 31 EStG Rz. 5.

525 *Bergkemper* in: Herrmann/Heuer/Raupach, EStG/KStG, § 3 Nr. 31 EStG Rz. 1; *Erhard* in: Blümich, EStG § 3 Nr. 31 Rz. 1; *Tormöhlen* in: Korn, Einkommensteuergesetz, § 3 Nr. 31 EStG Rz. 7.

526 *Bergkemper* in: Herrmann/Heuer/Raupach, EStG/KStG, § 3 Nr. 31 EStG Rz. 1; *Erhard* in: Blümich, EStG § 3 Nr. 31 Rz. 1; *Tormöhlen* in: Korn, Einkommensteuergesetz, § 3 Nr. 31 EStG Rz. 7.

10. Betreuung von nicht schulpflichtigen Kindern von Arbeitnehmern (§ 3 Nr. 33 EStG)

§ 3 Nr. 33 EStG stellt zusätzlich zum ohnehin geschuldeten Arbeitslohn erbrachte Leistungen des Arbeitgebers zur Unterbringung und Betreuung von nicht schulpflichtigen Kindern der Arbeitnehmer in Kindergärten oder vergleichbaren Einrichtungen steuerfrei. Hierbei erfasst die Steuerfreistellung sowohl Geldleistungen als auch Sachleistungen z. B. in der Form der Gestellung eines Kindergartenplatzes o.ä.[527]. Die Intention des Gesetzgebers bei der Einführung der Norm war wohl die bessere Vereinbarkeit von Familie und Beruf zu fördern[528]. Es handelt sich dementsprechend um eine Sozialzwecknorm[529].

Die Norm wirkt grundsätzlich konstitutiv[530], da sowohl die Gestellung eines Kindergartenplatzes o.ä. als auch Geldleistungen für einen solchen eine Bereicherung des Arbeitsnehmers darstellen, die üblicherweise nicht im ganz überwiegenden eigenbetrieblichen Interesses des Arbeitgebers liegt. Vereinzelt wirkt die Norm jedoch deklaratorisch, weswegen sie auch in die V. Kategorie einzuordnen zu seien könnte. Dies gilt beispielsweise in den Fällen, in denen der Arbeitgeber lediglich dafür sorgt, dass dem Arbeitnehmer ein Kindergartenplatz o.ä. zur Verfügung gestellt wird, er aber keinerlei finanzielle Hilfe gewährt. Hier liegt schon kein steuerbarer Lohn vor[531]. Diese Fälle sind jedoch bei der Einführung der Norm nicht primär im Fokus des Gesetzgebers gewesen. Ferner ist bereits zweifelhaft, ob dies als Leistung des Arbeitgebers i.S.v. § 3 Nr. 33 EStG angesehen werden kann. Daher ist der Schwerpunkt der Norm nicht in einer deklaratorischen Wirkung zu sehen.

527 *Bergkemper* in: Herrmann/Heuer/Raupach, EStG/KStG, § 3 Nr. 33 EStG Rz. 2; *Hillmoth* in: Lippross, Basiskommentar, § 3 Nr. 33 EStG Rz. 3 f.; *Tormöhlen* in: Korn, Einkommensteuergesetz, § 3 Nr. 33 EStG Rz. 2 ff.; *v. Beckerath* in: Kirchhof, Einkommensteuergesetz, § 3 Nr. 33 EStG Rz. 62.

528 Vgl. BR-Drucks. 432/14, 44 f., die explizit sich ausschließlich auf § 3 Nr. 34a EStG bezieht, aber die Gründe auch für § 3 Nr. 33 EStG nennt.

529 *Hillmoth* in: Lippross, Basiskommentar, § 3 Nr. 33 EStG Rz. 1.

530 *Bergkemper* in: Herrmann/Heuer/Raupach, EStG/KStG, § 3 Nr. 33 EStG Rz. 1; *Erhard* in: Blümich, EStG § 3 Nr. 33 Rz. 1.

531 *Hillmoth* in: Lippross, Basiskommentar, § 3 Nr. 33 EStG Rz. 4.

Problematischer ist allerdings die Abgrenzung, ob die Norm in die I. oder II. Kategorie der Systematisierung einzuordnen ist. Indem die Norm sowohl Geld- als auch Sachleistungen erfasst, sorgt sie in Bezug auf die Sachleistungen auch für eine Erfassungsvereinfachung in der Gestalt, dass diese Sachleistungen nicht mehr bewertet und versteuert werden müssen. Dies spricht für eine Einordnung in die II. Kategorie. Der Schwerpunkt der Norm liegt jedoch nicht in ihrer Vereinfachungswirkung, zumal diese auch ausschließlich bei den Sachleistungen Wirkung entfaltet. Vielmehr liegt der Schwerpunkt in der Förderung der Vereinbarkeit von Familie und Beruf. Um eine Besteuerung dieser Leistungen zu vermeiden, die ansonsten unter den weiten Arbeitslohnbegriff fallen würden, hat sich der Gesetzgeber entschieden, sie steuerfrei zu stellen. Daher grenzt die Steuerfreistellung des § 3 Nr. 33 EStG die Wirkungen des weiten Arbeitslohnbegriffs normativ ein und gehört somit zur I. Kategorie der Systematisierung.

11. Gesundheitsförderungsleistungen (§ 3 Nr. 34 EStG)

Die Steuerfreistellung des § 3 Nr. 34 EStG erfasst zusätzlich zum ohnehin geschuldeten Arbeitslohn erbrachte Leistungen des Arbeitgebers an den Arbeitnehmer zur Verbesserung des allgemeinen Gesundheitszustands und der betrieblichen Gesundheitsförderung, die hinsichtlich Qualität, Zweckbindung und Zielgerichtetheit den Anforderungen der §§ 20 und 20a SGB V genügen. Hierbei gilt ein Freibetrag von 500 Euro pro Kalenderjahr. Hierunter fallen zum einen Maßnahmen der Primärprävention, die vor Beginn einer Krankheit ansetzen und bestenfalls dessen Ausbrechen vermeiden, wie zum Beispiel Bewegungstherapie oder Ernährungsberatung. Zum anderen werden Maßnahmen der betrieblichen Gesundheitsförderung erfasst, die gezielt arbeitsbedingte gesundheitliche Missstände korrigieren sollen, wie beispielsweise Stressreduzierungen oder die Behandlung von arbeitsbedingten Beeinträchtigungen des Bewegungsapparates. Hierbei werden sowohl Sachleistungen als auch Geldleistungen für derartige Maßnahmen gefördert.[532]

532 Vgl. weiter zu den unterschiedlichen erfassten Maßnahmen: BT-Drucks. 16/10189, 47; *Bergkemper* in: Herrmann/Heuer/Raupach, EStG/KStG, § 3 Nr. 34 EStG Rz. 2; *Hillmoth* in: Lippross, Basiskommentar, § 3 Nr. 34 EStG Rz. 4 ff.; *Tor-*

Die Intention des Gesetzgebers bei der Schaffung dieser Steuerfreistellung ist offenkundig. Die Norm dient der Verbesserung des allgemeinen Gesundheitszustandes der Arbeitnehmer und der Förderung der betrieblichen Gesundheitsmaßnahmen. Ferner entfällt durch sie – im Rahmen des Freibetrages – die Differenzierung, ob bei den jeweiligen Maßnahmen Arbeitslohn vorliegt und wenn ja in welcher Höhe, sodass die Norm zumindest auch der Vereinfachung dient. Dass die Leistung zusätzlich zum ohnehin geschuldeten Arbeitslohn gewährt werden muss, sorgt dafür, dass die Gesundheitsförderungsleistungen nicht als Lohnsurrogat zweckentfremdet werden. Die Norm ist somit sowohl Sozialzweck- als auch Vereinfachungsnorm.[533]

Die von der Norm erfassten Sach- und Geldleistungen wären in der Regel als steuerbarer Arbeitslohn zu erfassen, da der Arbeitnehmer durch sie bereichert ist und das Interesse an der eigenen Gesundheit bei dem Arbeitnehmer in der Regel höher sein wird als bei dem Arbeitsgeber. Ausschließlich in wenigen Fällen kann man annehmen, dass das Interesse des Arbeitgebers an der Gesundheitsvorsorge der Arbeitnehmer im Vergleich zum Eigeninteresse der Arbeitnehmer überwiegt und so kein Arbeitslohn vorliegt. Daher wirkt die Norm ihrem Schwerpunkt nach konstitutiv.[534]

Die durch die Norm mitverwirklichte Vereinfachungswirkung in Bezug auf die Erfassung und Einordnung von Sachleistungen tritt im Vergleich zu der sozialpolitischen Zielsetzung nach einer Gesamtbetrachtung der Wirkungen der Norm in den Hintergrund. Daher ist eine Einordnung in die II. Kategorie der Systematisierung nicht möglich. Vielmehr ist auch diese Steuerfreistellung notwendig, da die Leistungen des Arbeitgebers ansonsten vom weiten Arbeitslohnbegriff er-

---

möhlen in: Korn, Einkommensteuergesetz, § 3 Nr. 34 EStG Rz. 3 ff.; *v. Beckerath* in: Kirchhof, Einkommensteuergesetz, § 3 Nr. 34 EStG Rz. 64; *Heinicke* in: Schmidt, § 3 EStG, unter „Gesundheitsförderung"; *Erhard* in: Blümich, EStG § 3 Nr. 34 Rz. 4 f.; *Seifert*, DStZ 2009, 29 (30); *Niermann*, DB 2009, 138.

533 BT-Drucks. 16/10189, 47 f.; *Bergkemper* in: Herrmann/Heuer/Raupach, EStG/KStG, § 3 Nr. 34 EStG Rz. 1; *Hillmoth* in: Lippross, Basiskommentar, § 3 Nr. 34 EStG Rz. 4; *Tormöhlen* in: Korn, Einkommensteuergesetz, § 3 Nr. 34 EStG Rz. 1; *v. Beckerath* in: Kirchhof, Einkommensteuergesetz, § 3 Nr. 34 EStG Rz. 63

534 *Bergkemper* in: Herrmann/Heuer/Raupach, EStG/KStG, § 3 Nr. 34 EStG Rz. 1; *Erhard* in: Blümich, EStG § 3 Nr. 34 Rz. 2; teils wohl a.A.: *Tormöhlen* in: Korn, Einkommensteuergesetz, § 3 Nr. 34 EStG Rz. 1.1.

fasst würden und so einer Besteuerung zugänglich gemacht würden. Um diese Wirkungen des Arbeitslohnbegriffs aus den oben genannten sozialpolitischen Gründen zu vermeiden, hat der Gesetzgeber solche die Gesundheit fördernde Leistungen steuerfrei gestellt. Daher ist die Steuerfreistellung eine normative Einschränkung der Wirkungen des weiten Arbeitslohnbegriffs und somit in die I. Kategorie der Systematisierung einzuordnen.

12. Familienbetreuungsleistungen (§ 3 Nr. 34a EStG)

Der § 3 Nr. 34a EStG stellt Serviceleistungen des Arbeitgebers für den Arbeitnehmer im Bereich der Familienbetreuung steuerfrei[535]. In lit. a) werden Beratungs- und Personalvermittlungsleistungen steuerfrei gestellt, die der Arbeitnehmer wegen der Betreuung von Kindern oder pflegebedürftigen Angehörigen von Dienstleistungsunternehmen im Auftrag und auf Rechnung des Arbeitgebers erhält. In lit. b) der Norm werden Leistungen des Arbeitgebers zur kurzfristigen Betreuung von Kindern im Sinne des § 32 Abs. 1 EStG, die das 14. Lebensjahr noch nicht vollendet haben oder die wegen einer vor Vollendung des 25. Lebensjahres eingetretenen körperlichen, geistigen oder seelischen Behinderung außerstande sind, sich selbst zu unterhalten, oder pflegebedürftigen Angehörigen des Arbeitnehmers, wenn die Betreuung aus zwingenden und beruflich veranlassten Gründen notwendig ist, auch wenn sie im privaten Haushalt des Arbeitnehmers stattfindet, steuerfrei gestellt. Hierbei gilt ein Freibetrag von 600 Euro im Kalenderjahr. Die Betreuung ist kurzfristig, wenn sie nicht absehbar war und in der Regel nur einige Tage andauert[536]. Die zwingend erforderliche betriebliche Notwendigkeit der Betreuung ist bei dienstlich veranlassten Fortbildungsmaßnahmen, einem zwingenden beruflichen Einsatz zu außergewöhnlichen Dienstzeiten o.ä. gegeben[537]. Dass die Leistungen so-

535 Vgl. BT-Drucks. 18/3017, 41; BR-Drucks. 432/14, 44 f.

536 *Erhard* in: Blümich, EStG § 3 Nr. 34a Rz. 8 spricht von maximal einer Woche; *Bergkemper* in: Herrmann/Heuer/Raupach, EStG/KStG, § 3 Nr. 34 EStG Rz. 2 zieht einen Vergleich zu § 40a Abs. 1 Satz 2 EStG.

537 BT-Drucks. 18/3017, 41; BR-Drucks. 432/14, 44 f.; *Bergkemper* in: Herrmann/Heuer/Raupach, EStG/KStG, § 3 Nr. 34a EStG Rz. 4; *Hillmoth* in: Lippross, Basiskommentar, § 3 Nr. 34a EStG Rz. 5; *Tormöhlen* in: Korn, Einkommensteuergesetz, § 3 Nr. 34a EStG Rz. 14; *v. Beckerath* in: Kirchhof, Einkommensteuergesetz, § 3

wohl bei lit. a) als auch bei lit. b) zusätzlich zum ohnehin geschuldeten Arbeitslohn erbracht werden müssen, stellt sicher, dass sie nicht als Lohnsurrogat im Rahmen einer Entgeltumwandlung verwendet werden[538].

Die Intention des Gesetzgebers bei Einführung der Norm war es, dass der Arbeitgeber mit der steuerfreien Gestellung von Serviceleistungen an den Arbeitnehmer im Bereich der Familienbetreuung allgemein die Vereinbarkeit von Familie und Beruf fördert. Ferner soll die Norm konkret den Wiedereinstieg in das Berufsleben nach der Elternzeit erleichtern und Arbeitnehmer mit pflegebedürftigen Angehörigen unterstützen. Es handelt sich daher um eine Sozialzwecknorm.[539] § 3 Nr. 33 und 34a EStG sind ihren Intentionen nach zwar sehr ähnlich, allerdings geht § 3 Nr. 34a EStG zeitlich und inhaltlich einen Schritt weiter, indem hier die Betreuung von älteren Kindern und weiteren Familienangehörigen unterstützt wird[540].

Die Leistungen des Arbeitgebers i.S.v. § 3 Nr. 34a EStG führen in der Regel zu einer Ersparnis bei dem Arbeitnehmer. Zwar muss die Betreuung bei § 3 Nr. 34a lit. b) EStG aus zwingenden beruflichen Gründen veranlasst sein. Allerdings ist hieran kein überwiegend eigenbetriebliches Interesse des Arbeitgebers an der Betreuung zu erkennen, da das Interesse des Arbeitnehmers an der Betreuung seiner Angehörigen wohl überwiegen wird und er sie ohne die Hilfe des Arbeitgebers bei zwingenden beruflichen Gründen anders organisieren müsste. Daher läge ohne die Steuerbefreiung in Bezug auf die Leistun-

---

Nr. 34a EStG Rz. 67c; *Heinicke* in: Schmidt, § 3 EStG, unter „Kinderbetreuungszuschüsse des ArbG“; *Erhard* in: Blümich, EStG § 3 Nr. 34a Rz. 8; *Seifert*, DStZ 2015, 75 (83).

538 BT-Drucks. 18/3017, 41; BR-Drucks. 432/14, 44 f.; *Hillmoth* in: Lippross, Basiskommentar, § 3 Nr. 34a EStG Rz. 2; *Tormöhlen* in: Korn, Einkommensteuergesetz, § 3 Nr. 34a EStG Rz. 16; *v. Beckerath* in: Kirchhof, Einkommensteuergesetz, § 3 Nr. 34a EStG Rz. 67e; *Seifert*, DStZ 2015, 75 (83).

539 BT-Drucks. 18/3017, 41; BR-Drucks. 432/14, 44 f.; *Bergkemper* in: Herrmann/Heuer/Raupach, EStG/KStG, § 3 Nr. 34a EStG Rz. 1; *Hillmoth* in: Lippross, Basiskommentar, § 3 Nr. 34a EStG Rz. 1; *Tormöhlen* in: Korn, Einkommensteuergesetz, § 3 Nr. 34a EStG Rz. 1; *v. Beckerath* in: Kirchhof, Einkommensteuergesetz, § 3 Nr. 34a EStG Rz. 67a; *Seifert*, DStZ 2015, 75 (82).

540 *Bergkemper* in: Herrmann/Heuer/Raupach, EStG/KStG, § 3 Nr. 34a EStG Rz. 1; *Tormöhlen* in: Korn, Einkommensteuergesetz, § 3 Nr. 34a EStG Rz. 5.

gen des Arbeitgebers steuerbarer Arbeitslohn vor. Daher wirkt die Norm konstitutiv und nicht deklaratorisch.[541]

Indem die Norm fast ausschließlich Sachleistungen erfasst liegt hier die Annahme nahe, dass durch sie Erfassungsschwierigkeiten der Steuerpflichtigen und Arbeitgeber verhindert werden sollen, da dies bei Sachleistungen stets ein Aspekt ist. Dies spräche für eine Einordnung in die II. Kategorie. Angesichts der Gesetzesbegründung[542] und auch der tatsächlichen Wirkungen sorgt die Norm jedoch in erster Linie dafür, dass der sozialpolitische Zweck erfüllt wird. Durch sie wird die Vereinbarkeit von Familie und Beruf gefördert. Die Verringerung der Erfassungsschwierigkeiten tritt daher in den Hintergrund. § 3 Nr. 34a EStG sorgt dementsprechend dafür, dass die sozialpolitisch unerwünschten Folgen des weiten Arbeitslohnbegriffs, der solche Leistungen ansonsten einer Besteuerung zugänglich machen würde, verhindert bzw. – bei Überschreiten des Freibetrages – abgemildert werden. Daher ist die Norm Teil der I. Kategorie.

13. Vermögensbeteiligung der Arbeitnehmer am Unternehmen (§ 3 Nr. 39 EStG)

Die Norm des § 3 Nr. 39 EStG wurde als Ersatz für den ab dem 1.1.2009 nicht mehr geltenden § 19a EStG geschaffen[543]. Sie stellt den Vorteil des Arbeitnehmers aus der unentgeltlichen oder verbilligten

---

541 *Bergkemper* in: Herrmann/Heuer/Raupach, EStG/KStG, § 3 Nr. 34a EStG Rz. 1; *Erhard* in: Blümich, EStG § 3 Nr. 34a Rz. 2.

542 BT-Drucks. 18/3017, 41; BR-Drucks. 432/14, 44 f.

543 *Bergkemper* in: Herrmann/Heuer/Raupach, EStG/KStG, § 3 Nr. 39 EStG Rz. 1; *Hillmoth* in: Lippross, Basiskommentar, § 3 Nr. 39 EStG Rz. 1 f.; *Tormöhlen* in: Korn, Einkommensteuergesetz, § 3 Nr. 39 EStG Rz. 4 f.; *v. Beckerath* in: Kirchhof, Einkommensteuergesetz, § 3 Nr. 39 EStG Rz. 73; *Heinicke* in: Schmidt, § 3 EStG, unter „Mitarbeiterbeteiligung"; *Erhard* in: Blümich, EStG § 3 Nr. 39 Rz. 1.

Überlassung von Vermögensbeteiligungen[544] am Unternehmen[545] des Arbeitgebers, der im Rahmen eines gegenwärtigen Dienstverhältnisses gewährt wird, steuerfrei, soweit der Vorteil insgesamt 360 Euro im Kalenderjahr nicht übersteigt. Hierfür müssen zumindest alle Mitarbeiter, die ununterbrochen mindestens ein Jahr ab Bekanntgabe des Angebotes in einem Dienstverhältnis zum Unternehmen stehen, die Möglichkeit haben dieses Angebot zu nutzen.

Die Norm soll wie auch schon die Vorgängervorschrift die Mitarbeiterkapitalbeteiligung fördern und somit den Arbeitnehmern die Möglichkeit eröffnen, stärker vom Erfolg des Unternehmens zu profitieren. Außerdem sollen dadurch neue Mitarbeiter gewonnen werden und alte an das Unternehmen gebunden werden. Die Eigenkapitalbasis des Unternehmens soll hierdurch ebenfalls verbessert werden.[546] Es handelt sich daher um eine Sozialzwecknorm mit zusätzlichen wirtschaftspolitischen Erwägungen.

Die durch die Norm steuerfrei gestellten Vorteile der Arbeitnehmer wären grundsätzlich als Arbeitslohn anzusehen, da sie einen finanziellen Vorteil für den Arbeitnehmer darstellen, der durch das Dienstverhältnis veranlasst ist. Die Verbesserung der Eigenkapitalbasis des Unternehmens vermag als eigenbetriebliches Interesse des Arbeitgebers nicht das Interesse des Arbeitnehmers an der vergünstigten oder gar unentgeltlichen Überlassung von Unternehmensanteilen zu

544 Sind solche i.S.d. § 2 Abs. 1 Nr. 1 lit. a), b) und f) bis l) und Abs. 2 bis 5 des Fünften Vermögensbildungsgesetzes in der Fassung der Bekanntmachung vom 4. März 1994 (BGBl. I S. 406), zuletzt geändert durch Art. 2 des Gesetzes v. 7. März 2009 (BGBl. I S. 451), in der jeweils geltenden Fassung, vgl. § 3 Nr. 39 Satz 1 EStG; näher zu den einzelnen Arten von Vermögensbeteiligungen: *Bergkemper* in: Herrmann/Heuer/Raupach, EStG/KStG, § 3 Nr. 39 EStG Rz. 6; *Tormöhlen* in: Korn, Einkommensteuergesetz, § 3 Nr. 39 EStG Rz. 18 ff.; *v. Beckerath* in: Kirchhof, Einkommensteuergesetz, § 3 Nr. 39 EStG Rz. 80 ff.; *Heinicke* in: Schmidt, § 3 EStG, unter „Mitarbeiterbeteiligung"; *Erhard* in: Blümich, EStG § 3 Nr. 39 Rz. 6 f.; *Hasbargen/Schmitt/Betz*, BB 2010, 1951 (1952 f.).

545 Gem. § 3 Nr. 39 Satz 3 EStG gelten auch Unternehmen nach § 18 AktG (Konzernunternehmen) als Unternehmen des Arbeitgebers.

546 BT-Drucks. 16/11679, 1 u. 15; *Bergkemper* in: Herrmann/Heuer/Raupach, EStG/KStG, § 3 Nr. 39 EStG Rz. 3; *Tormöhlen* in: Korn, Einkommensteuergesetz, § 3 Nr. 39 EStG Rz. 1; *v. Beckerath* in: Kirchhof, Einkommensteuergesetz, § 3 Nr. 39 EStG Rz. 73; krit. angesichts der geringen Förderung: *Hasbargen/Schmitt/Betz*, BB 2010, 1951 (1955).

überwiegen. Demnach wirkt die Norm rein konstitutiv.[547] Eine Einordnung in die V. Kategorie der Systematisierung scheidet somit aus.

Da die Norm– wenn überhaupt – lediglich völlig untergeordnet Erfassungsschwierigkeiten vermeiden soll, kommt eine Zuordnung zur II. Kategorie der Systematisierung nicht in Betracht. Vielmehr wirkt auch diese Norm den Auswirkungen des weiten Arbeitslohnbegriffs aus sozialpolitischen Erwägungen entgegen. Dementsprechend gehört die Norm ebenfalls zur I. Kategorie der Systematisierung.

14. Trinkgeld (§ 3 Nr. 51 EStG)

Der § 3 Nr. 51 EStG stellt von Arbeitnehmern bezogene Trinkgelder steuerfrei. Trinkgelder i.S.d. Norm sind Gelder, die anlässlich einer Arbeitsleistung dem Arbeitnehmer von Dritten freiwillig und ohne dass ein Rechtsanspruch auf sie besteht, zusätzlich zu dem Betrag gegeben werden, der für diese Arbeitsleistung zu zahlen ist[548].

Trinkgelder stellen als von Dritter Seite geleistete Zuwendungen Arbeitslohn dar, da sie ein Vorteil sind, der durch das Arbeitsverhältnis veranlasst ist und unmittelbar dem Arbeitnehmer zu Gute kommt[549]. Die Steuerfreistellung des § 3 Nr. 51 EStG wirkt daher konstitutiv[550].

Der Zweck der Norm ist nicht eindeutig zu identifizieren. Es kommen sowohl Sozialzweck- als auch Vereinfachungserwägungen in Be-

---

547 *Bergkemper* in: Herrmann/Heuer/Raupach, EStG/KStG, § 3 Nr. 39 EStG Rz. 3; *Erhard* in: Blümich, EStG § 3 Nr. 39 Rz. 1.

548 Näher zum Begriff des Trinkgeldes vgl.: *Bergkemper* in: Herrmann/Heuer/Raupach, EStG/KStG, § 3 Nr. 51 EStG Rz. 2; *Hillmoth* in: Lippross, Basiskommentar, § 3 Nr. 51 EStG Rz. 5; *Tormöhlen* in: Korn, Einkommensteuergesetz, § 3 Nr. 51 EStG Rz. 7 ff.; *v. Beckerath* in: Kirchhof, Einkommensteuergesetz, § 3 Nr. 51 EStG Rz. 133; *Heinicke* in: Schmidt, § 3 EStG, unter „Trinkgelder"; *Erhard* in: Blümich, EStG § 3 Nr. 51 Rz. 3.

549 Vgl. dazu bereits oben unter: 2. Kap. B. II. 1. d) cc) und *Hey* in: Tipke/Lang[22], Steuerrecht, § 8 Rz. 474 f.; *Pflüger* in: Herrmann/Heuer/Raupach, EStG/KStG, § 19 EStG Rz. 170 ff.; *Bergkemper* in: Herrmann/Heuer/Raupach, EStG/KStG, § 3 Nr. 51 EStG Rz. 1; *Geserich* in: Blümich, EStG § 3 Nr. 19 Rz. 280 unter „Trinkgelder"; *Krüger* in: Schmidt, § 19 EStG Rz. 70; *Hillmoth* in: Lippross, Basiskommentar, § 3 Nr. 51 EStG Rz. 1; *Richter,* DStR 1999, 843.

550 *Bergkemper* in: Herrmann/Heuer/Raupach, EStG/KStG, § 3 Nr. 51 EStG Rz. 1; *Tormöhlen* in: Korn, Einkommensteuergesetz, § 3 Nr. 51 EStG Rz. 1 ff.; *v. Beckerath* in: Kirchhof, Einkommensteuergesetz, § 3 Nr. 51 EStG Rz. 132.

tracht. Vereinfachungserwägungen liegen nahe, da Trinkgelder für den Arbeitgeber und die Finanzverwaltung nur mit Mühe exakt zu ermitteln sind, weil in den Bereichen, in denen Trinkgeldzahlungen vorgenommen werden, diese oftmals mittels Bargeld erfolgen[551]. Arbeitnehmer hingegen wissen in der Regel sehr genau, wie viel Trinkgeld ihnen am Ende eines Arbeitstages gewährt wurde. Für eine exakte Ermittlung des Trinkgeldes und die Abführung der darauf entfallenden Lohnsteuer durch den Arbeitgeber wäre daher ein sehr großes Maß an Kontrolle durch den Arbeitgeber notwendig. Dies stünde vermutlich in keinem Verhältnis zum steuerlichen Ertrag. Daher wurde bereits seit den 1950er Jahren ein gewisser Sockelbetrag an Trinkgeldern steuerfrei gestellt[552]. Da jedoch dieses System zufriedenstellend funktionierte, ist die gänzliche Steuerfreistellung von Trinkgeld seit dem Jahr 2002[553] nicht ausschließlich mit Vereinfachungsründen zu erklären[554]. Dies geschah vielmehr zur Arbeitsmarktförderung, insbesondere bestimmter Dienstleistungsberufe, da dort die Trinkgelder einen bedeutenden Teil des Einkommens ausmachen und so ein Anreiz geschaffen werden sollte diese Berufe auszuüben. Ferner sollte die Schwarzarbeit eingedämmt werden.[555] Die Norm ist daher durch die Ausweitung auf alle Trinkgeldzahlungen im Schwerpunkt eine Sozialzwecknorm mit teilweiser vereinfachender Wirkung.

Die Beschränkung des Anwendungsbereichs der Norm auf Arbeitnehmer sorgt allerdings für durchgreifende verfassungsrechtliche Bedenken. Selbstständig Tätige oder Gewerbetreibende müssen ihr

551 BT-Drucks. 14/9029, 3; BT-Drucks. 14/9428, 1; *Bergkemper* in: Herrmann/Heuer/Raupach, EStG/KStG, § 3 Nr. 51 EStG Rz. 1; *Tormöhlen* in: Korn, Einkommensteuergesetz, § 3 Nr. 51 EStG Rz. 1 ff.; *v. Beckerath* in: Kirchhof, Einkommensteuergesetz, § 3 Nr. 51 EStG Rz. 132.

552 Mit dem StÄndG v. 18.7.1958 (BGBl. I 1958, 473) wurde der Freibetrag in § 3 EStG eingeführt, der Freibetrag wurde von 1200 DM auf 2400 DM bzw. 1224 Euro erhöht bis zu seiner vollständigen Steuerfreistellung, vgl. auch *Bergkemper* in: Herrmann/Heuer/Raupach, EStG/KStG, § 3 Nr. 51 EStG Rz. 1

553 Gesetz zur Steuerfreistellung von Arbeitnehmertrinkgeldern v. 8.8.2002 (BGBl. I 2002, 3111.

554 So auch: *Hey* in: Tipke/Lang[22], Steuerrecht, § 8 Rz. 139.

555 BT-Drucks. 14/9029, 3; BT-Drucks. 14/9428, 1; *Bergkemper* in: Herrmann/Heuer/Raupach, EStG/KStG, § 3 Nr. 51 EStG Rz. 1; *Tormöhlen* in: Korn, Einkommensteuergesetz, § 3 Nr. 51 EStG Rz. 1 ff.; *v. Beckerath* in: Kirchhof, Einkommensteuergesetz, § 3 Nr. 51 EStG Rz. 132.

Trinkgeld voll versteuern, wohingegen Arbeitnehmer dieses steuerfrei erhalten. Diese Ungleichbehandlung ist auch nicht mit den zuvor genannten Vereinfachungs- oder Sozialzweckerwägungen zu rechtfertigen[556] und verstößt somit gegen Art. 3 Abs. 1 GG. Diese Privilegierung sollte daher aus dem Einkommensteuergesetz entfernt werden.[557]

Eine Einordnung der Norm in die Systematisierung könnte somit in die I. oder II. Kategorie vorgenommen werden. Die Steuerfreistellung bewirkt zumindest auch die Verringerung von Erfassungsschwierigkeiten, was für die II. Kategorie spräche. Jedoch ist die gänzliche Steuerfreistellung von Trinkgeldern wie bereits erwähnt nur noch teilweise mit diesem Zweck begründbar. Der Schwerpunkt der Norm ist der gestaltende Eingriff in die Auswirkungen des weiten Arbeitslohnbegriffs. Aus arbeitsmarkt- und wirtschaftspolitischen Gründen wurde diese Steuerfreistellung, insbesondere zur Förderung des Niedriglohnsektors im Dienstleistungsbereich, auf alle Trinkgelder ausgedehnt. Daher ist die Norm der I. Kategorie der Systematisierung zuzuordnen.

15. Umlagefinanzierte betriebliche Altersvorsorgen (§ 3 Nr. 56 EStG)

Zuwendungen des Arbeitgebers nach § 19 Abs. 1 Satz 1 Nr. 3 Satz 1 EStG aus dem ersten Dienstverhältnis an eine Pensionskasse zum Aufbau einer nicht kapitalgedeckten betrieblichen Altersversorgung, bei der eine Auszahlung der zugesagten Alters-, Invaliditäts- oder Hinterbliebenenversorgung in Form einer Rente oder eines Auszahlungsplans vorgesehen ist, sind gem. § 3 Nr. 56 Satz 1 EStG steuerfrei gestellt. Die Norm richtet sich demnach an umlagefinanzierte betriebliche Altersvorsorgen. Dies gilt soweit Zuwendungen im Kalenderjahr 1% der Beitragsbemessungsgrenze in der allgemeinen Rentenversicherung nicht übersteigen. Ferner erhöht sich der Freibetrag bis 2025 schrittweise auf 4% der Beitragsbemessungsgrenze in der allgemeinen Rentenversicherung, § 3 Nr. 56 Satz 2 EStG. Die Förderung nach § 3

---

556 *Hey* in: Tipke/Lang[22], Steuerrecht, § 8 Rz. 139; *Bergkemper* in: Herrmann/Heuer/Raupach, EStG/KStG, § 3 Nr. 51 EStG Rz. 1.

557 *Hey* in: Tipke/Lang[22], Steuerrecht, § 8 Rz. 139, 143; *Bergkemper* in: Herrmann/Heuer/Raupach, EStG/KStG, § 3 Nr. 51 EStG Rz. 1; *v. Beckerath* in: Kirchhof, Einkommensteuergesetz, § 3 Nr. 51 EStG Rz. 132; *Tormöhlen* in: Korn, Einkommensteuergesetz, § 3 Nr. 51 EStG Rz. 6.

Nr. 63 EStG wird gem. § 3 Nr. 56 Satz 3 EStG angerechnet, um eine doppelte Förderung zu vermeiden[558].

Indem solche Zuwendungen von Seiten des Arbeitgebers explizit gem. § 19 Abs. 1 1 Satz 1 Nr. 3 Satz 1 EStG als Einnahmen aus nichtselbständiger Arbeit gelten, erübrigt sich die Frage danach, ob die Norm, welche sie steuerfrei stellt, konstitutiv oder deklaratorisch wirkt[559].

Das Ziel der Norm, die eng mit dem § 3 Nr. 63 EStG verknüpft ist, ist es, die Gleichbehandlung der umlagefinanzierten mit der kapitalgedeckten betrieblichen Altersvorsorge sicherzustellen und das System der sog. nachgelagerten Besteuerung weiter zu etablieren[560]. Das System der nachgelagerten Besteuerung sorgt für eine Besteuerung von Altersvorsorgeleistungen erst in der Auszahlphase, wohingegen die Ansparphase steuerlich freigestellt oder zumindest begünstigt wird. Der Gesetzgeber versucht mit dieser Förderung die Bereitschaft zu erhöhen, dass Arbeitnehmer im Rahmen einer betrieblichen Altersvorsorge abgesichert werden. Die Norm verfolgt daher einen sozialpolitischen Zweck.[561]

Da Zahlungen im Rahmen einer betrieblichen Altersvorsorge i. d. R. keine Erfassungsschwierigkeiten mit sich bringen, ist eine Einordnung in die II. Kategorie der Systematisierung nicht möglich. Vielmehr grenzt der Gesetzgeber mit dieser Norm die sozialpolitisch – zumindest teilweise – unerwünschten Auswirkungen des weiten Arbeits-

---

558 *Bergkemper* in: Herrmann/Heuer/Raupach, EStG/KStG, § 3 Nr. 56 EStG Rz. 6; *Hillmoth* in: Lippross, Basiskommentar, § 3 Nr. 56 EStG Rz. 3; *Tormöhlen* in: Korn, Einkommensteuergesetz, § 3 Nr. 56 EStG Rz. 3 u. 12; *v. Beckerath* in: Kirchhof, Einkommensteuergesetz, § 3 Nr. 56 EStG Rz. 156; *Erhard* in: Blümich, EStG § 3 Nr. 56 Rz. 7.

559 Nach ganz h.M. stellen diese Art von Leistungen des Arbeitgebers Arbeitslohn dar, vgl. nur: BFH v. 15.9.2011 – VI R 36/09, BFH/NV 2012, 201; BFH v. 7.5.2009 – VI R 8/07, BFHE 225, 68; *Bergkemper* in: Herrmann/Heuer/Raupach, EStG/KStG, § 3 Nr. 56 EStG Rz. 3; *Tormöhlen* in: Korn, Einkommensteuergesetz, § 3 Nr. 56 EStG Rz. 6; *v. Beckerath* in: Kirchhof, Einkommensteuergesetz, § 3 Nr. 56 EStG Rz. 154; dies ist jedoch richtigerweise nicht immer so eindeutig, vgl.: *Bergkemper*, FR 2011, 1043; *Seeger*, DB 2005, 1588.

560 Vgl. BT-Drucks. 16/2712, 40.

561 Vgl. BT-Drucks. 16/2712, 40 f.; *Bergkemper* in: Herrmann/Heuer/Raupach, EStG/KStG, § 3 Nr. 56 EStG Rz. 3; *Tormöhlen* in: Korn, Einkommensteuergesetz, § 3 Nr. 56 EStG Rz. 1; *v. Beckerath* in: Kirchhof, Einkommensteuergesetz, § 3 Nr. 56 EStG Rz. 153.

lohnbegriffs normativ ein, da diese Art von Zuwendungen ansonsten Arbeitslohn darstellen würden. Daher gehört der § 3 Nr. 56 EStG in die I. Kategorie der Systematisierung.

16. Unterstützungsleistungen für Beschäftigte der Montanindustrie (§ 3 Nr. 60 EStG)

Wegen Stilllegungs-, Einschränkungs-, Umstellungs- oder Rationalisierungsmaßnahmen aus öffentlichen Mitteln an Arbeitnehmer aus der Montanindustrie[562] gewährte Leistungen sind gem. § 3 Nr. 60 EStG steuerfrei gestellt. Hierzu zählen neben Geldleistungen in Form von Abfindungen, Lohnbeihilfen u.s.w. auch Umschulungsmaßnahmen o.ä., solange es sich um Leistungen aus öffentlichen Mitteln handelt. Die bezogenen Leistungen sind grundsätzlich als Arbeitslohn zu qualifizieren, was die Norm konstitutiv wirken lässt[563].

Der Grund für die Steuerfreistellung ist arbeitsmarkt- und wirtschaftspolitischer Natur[564]. Hierdurch soll der Übergang in einen neuen Beruf möglichst reibungslos gestaltet werden. Die Norm schränkt damit die Wirkungen des weiten Arbeitslohnbegriffs, der ansonsten solche Leistungen der Besteuerung zugänglich gemacht hätte, aus sozialpolitischen Gründen normativ ein. Daher ist § 3 Nr. 60 EStG der I. Kategorie der Systematisierung zuzuordnen.

17. Diverse Zukunftssicherungsleistungen zu Gunsten der Arbeitnehmer (§ 3 Nr. 62 EStG)

§ 3 Nr. 62 EStG befreit diverse Zukunftssicherungsleistungen des Arbeitgebers zugunsten eines Arbeitnehmers von der Besteuerung. Hierbei ist jedoch zu unterscheiden, welche Art von Zukunftssicherungsleistungen betroffen ist.

Nach § 3 Nr. 62 Satz 1 EStG sind Ausgaben des Arbeitgebers für die Zukunftssicherung des Arbeitnehmers von der Besteuerung ausgenommen, soweit der Arbeitgeber dazu nach sozialversicherungsrecht-

562 Dazu zählen Steinkohle-, Pechkohle- und Erzbergbau, Braunkohlentiefbau und Eisen- und Stahlindustrie.

563 *Bergkemper* in: Herrmann/Heuer/Raupach, EStG/KStG, § 3 Nr. 60 EStG Rz. 1.

564 *Tormöhlen* in: Korn, Einkommensteuergesetz, § 3 Nr. 60 EStG Rz. 1.

lichen oder anderen gesetzlichen Vorschriften oder nach einer auf gesetzlicher Ermächtigung beruhenden Bestimmung verpflichtet ist und es sich nicht um Zuwendungen oder Beiträge des Arbeitgebers nach den Nummern 56 und 63 handelt. Die gesetzlich vorgeschriebenen Ausgaben des Arbeitgebers für die Zukunftssicherung seiner Arbeitnehmer sind allerdings nicht als Gegenleistung für die Arbeitsleistung des Arbeitnehmers zu werten, weswegen sie keinen Arbeitslohn darstellen[565]. Daher hat § 3 Nr. 62 Satz 1 EStG rein deklaratorische Bedeutung[566], was eine Einordnung in die V. Kategorie der Systematisierung nach sich zieht.

Die Sätze 2 und 3 des § 3 Nr. 62 EStG befreien Zuschüsse des Arbeitgebers zu den Aufwendungen des Arbeitnehmers für bestimmte Zukunftssicherungsleistungen[567] von der Besteuerung, wenn der Arbeitnehmer von der gesetzlichen Rentenversicherung befreit worden ist. Ebenso sind gem. § 3 Nr. 62 Satz 4 EStG Zuschüsse des Arbeitsgebers zu Pensionskassen für Arbeitnehmer steuerfrei, die nicht im Inland beschäftigt sind. Diese beiden Arten von Leistungen des Arbeitgebers gelten i. d. R. als Arbeitslohn, was die Sätze 2 bis 4 des § 3 Nr. 62 EStG zu konstitutiven Steuerbefreiungen macht[568]. Ähnlich wie bei § 3 Nr. 56 EStG ist auch hier der Zweck dieser Befreiung die Förderung des Aufbaus von Zukunftssicherungsleistungen in der Arbeitnehmerschaft mit Hilfe des Arbeitgebers. Die Norm verfolgt demnach zumin-

---

565 BFH v. 7.5.2009 – VI R 8/07, BFHE 225, 68; BFH v. 5.9.2006 – VI R 38/04, BFHE 214, 573; *Bergkemper* in: Herrmann/Heuer/Raupach, EStG/KStG, § 3 Nr. 62 EStG Rz. 3; *Hillmoth* in: Lippross, Basiskommentar, § 3 Nr. 62 EStG Rz. 4; *Tormöhlen* in: Korn, Einkommensteuergesetz, § 3 Nr. 62 EStG Rz. 1.1; *Heinicke* in: Schmidt, § 3 EStG, unter „Zukunftssicherungsleistungen".

566 *Bergkemper* in: Herrmann/Heuer/Raupach, EStG/KStG, § 3 Nr. 62 EStG Rz. 3; *Tormöhlen* in: Korn, Einkommensteuergesetz, § 3 Nr. 62 EStG Rz. 1.1; *v. Beckerath* in: Kirchhof, Einkommensteuergesetz, § 3 Nr. 62 EStG Rz. 162; *Erhard* in: Blümich, EStG § 3 Nr. 62 Rz. 1; *Niermann*, DB 2009, 138 (140).

567 Bspw. für Lebensversicherungen, freiwillige Versicherungen in der gesetzlichen Rentenversicherung oder einer öffentlich-rechtlichen Versicherungs- oder Versorgungseinrichtung der Berufsgruppe des Arbeitnehmers; *Bergkemper* in: Herrmann/Heuer/Raupach, EStG/KStG, § 3 Nr. 62 EStG Rz. 6 ff.; *Tormöhlen* in: Korn, Einkommensteuergesetz, § 3 Nr. 62 EStG Rz. 23ff.

568 *Bergkemper* in: Herrmann/Heuer/Raupach, EStG/KStG, § 3 Nr. 62 EStG Rz. 3; *Tormöhlen* in: Korn, Einkommensteuergesetz, § 3 Nr. 62 EStG Rz. 1.2; *Erhard* in: Blümich, EStG § 3 Nr. 62 Rz. 1.

dest auch sozialpolitische Ziele[569]. Ferner soll hiermit das System der nachgelagerten Besteuerung im Einkommensteuerrecht weiter etabliert werden, was zusätzlich ein Fiskalzweckinteresse erkennen lässt[570].

Daher grenzen die Sätze 2 bis 4 des § 3 Nr. 62 EStG die durch den weiten Arbeitslohnbegriff eröffneten Besteuerungsmöglichkeiten aus sozial- und fiskalpolitischen Erwägungen, mithin aus normativen Gründen, ein. Erfassungsschwierigkeiten sind hier nicht ersichtlich. Die Steuerbefreiungen des § 3 Nr. 62 Sätze 2 bis 4 EStG sind daher der I. Kategorie der Systematisierung zuzuordnen.

18. Beiträge des Arbeitgebers zum Aufbau einer kapitalgedeckten betrieblichen Altersversorgung (§ 3 Nr. 63 EStG)

Beiträge des Arbeitgebers aus dem ersten Dienstverhältnis an einen Pensionsfonds, eine Pensionskasse oder für eine Direktversicherung zum Aufbau einer kapitalgedeckten betrieblichen Altersversorgung, bei der eine Auszahlung der zugesagten Alters-, Invaliditäts- oder Hinterbliebenenversorgungsleistungen in Form einer Rente oder eines Auszahlungsplans (§ 1 Abs. 1 Satz 1 Nr. 4 Altersvorsorgeverträge-Zertifizierungsgesetz)[571] vorgesehen ist, werden gem. § 3 Nr. 63 Satz 1 EStG von der Besteuerung ausgenommen. Der Freibetrag hierfür beträgt 4% der Beitragsbemessungsgrenze der allgemeinen Rentenversicherung im Kalenderjahr. Die Norm ist eng mit § 3 Nr. 56 EStG verbunden. Allerdings richtet sich § 3 Nr. 63 EStG im Unterschied zu § 3 Nr. 56 EStG an kapitalgedeckte betriebliche Altersvorsorgen.

Beiträge des Arbeitgebers i.S.v. § 3 Nr. 63 EStG sind nach vorherrschender Ansicht mehrheitlich als Arbeitslohn zu qualifizieren, da der Arbeitnehmer i. d. R. einen unmittelbaren Anspruch gegen die Versorgungsanstalt erhält. Bei einigen Versorgungsmodellen ist dies jedoch

---

569 *Hillmoth* in: Lippross, Basiskommentar, § 3 Nr. 62 EStG Rz. 1; *Tormöhlen* in: Korn, Einkommensteuergesetz, § 3 Nr. 62 EStG Rz. 1.

570 *Hey* in: Tipke/Lang[22], Steuerrecht, § 8 Rz. 142.

571 Vgl. zu den einzelnen begünstigten Formen der betrieblichen Altersvorsorge: *Bergkemper* in: Herrmann/Heuer/Raupach, EStG/KStG, § 3 Nr. 63 EStG Rz. 5; *Risthaus* in: Lippross, Basiskommentar, § 3 Nr. 63 EStG Rz. 13 ff.; *Tormöhlen* in: Korn, Einkommensteuergesetz, § 3 Nr. 63 EStG Rz. 13 ff.; *v. Beckerath* in: Kirchhof, Einkommensteuergesetz, § 3 Nr. 63 EStG Rz. 164; *Heinicke* in: Schmidt, § 3 EStG, unter „Altersvorsorge"; *Erhard* in: Blümich, EStG § 3 Nr. 63 Rz. 5 ff.

nicht der Fall, was die Annahme von Arbeitslohn ausschließt.[572] Dies qualifiziert die Norm als teils deklaratorisch und teils konstitutiv. Der Schwerpunkt liegt jedoch in ihrem konstitutiven Charakter, da die Mehrzahl der Leistungen zu steuerpflichtigem Arbeitslohn führen würde.[573]

Das Ziel der Norm ist es, den Aufbau von kapitalgedeckten Altersvorsorgen für Arbeitnehmer zu fördern. Ferner soll die Norm das System der nachgelagerten Besteuerung im Bereich der kapitalgedeckten betrieblichen Altersvorsorge ausbauen. Dies gelingt allerdings ausschließlich für die von § 3 Nr. 63 EStG erfassten Formen der Altersvorsorge. Die Norm hat somit sowohl sozialpolitische als auch fiskalzweckorientierte Motivation.[574]

Der geringfügig deklaratorische Charakter der Norm tritt angesichts dieser Ziele in den Hintergrund. Außerdem ist der deklaratorische Teil der Norm unselbstständig. Daher kommt eine getrennte Zuordnung nicht in Betracht. Die Steuerbefreiung behebt keinerlei Erfassungsschwierigkeiten. Vielmehr werden auch hier die steuerlichen Auswirkungen des weiten Arbeitslohnbegriffs normativ – vordringlich aus sozialpolitischen Gründen – eingeschränkt. Daher ist die Vorschrift der I. Kategorie zuzuordnen.

19. Auslandszuschläge und Kaufkraftausgleiche (§ 3 Nr. 64 EStG)

Diese Steuerfreistellung betrifft Auslandszuschläge und Kaufkraftausgleiche, die an Arbeitnehmer bezahlt werden, denen durch die Arbeit im Ausland höhere Lebenshaltungskosten entstehen. Die Norm unterscheidet auf der einen Seite zwischen Arbeitnehmern im öffentlichen

572 Näher dazu, wann im Falle des § 3 Nr. 63 EStG grds. Arbeitslohn vorgelegen hätte und wann nicht, vgl.: *Bergkemper* in: Herrmann/Heuer/Raupach, EStG/KStG, § 3 Nr. 63 EStG Rz. 3; *Bick/Strohner*, DStR 2005, 1033 (1035 ff.).

573 Auch für einen konstitutiven Charakter der Norm: *Bergkemper* in: Herrmann/Heuer/Raupach, EStG/KStG, § 3 Nr. 63 EStG Rz. 3; *Tormöhlen* in: Korn, Einkommensteuergesetz, § 3 Nr. 63 EStG Rz. 1 u. 8; *Erhard* in: Blümich, EStG § 3 Nr. 63 Rz. 3.

574 Vgl. BT-Drucks. 14/5150, 33 f.; ausschließlich eine sozialpolitische Motivation sehend: *Bergkemper* in: Herrmann/Heuer/Raupach, EStG/KStG, § 3 Nr. 63 EStG Rz. 3; *Tormöhlen* in: Korn, Einkommensteuergesetz, § 3 Nr. 63 EStG Rz. 1; *v. Erhard* in: Blümich, EStG § 3 Nr. 63 Rz. 3; für eine Fiskalzweckbefreiung: *Hey* in: Tipke/Lang[22], Steuerrecht, § 8 Rz. 142.

Dienst und Arbeitnehmern, die ihren Lohn aus öffentlichen Kassen beziehen, sowie sonstigen – demnach der Privatwirtschaft zugehörigen – Arbeitnehmern, die eine begrenzte Zeit im Ausland tätig sind. Bei der ersten Gruppe ist die Steuerfreiheit der Auslandszuschläge und Kaufkraftausgleiche nicht begrenzt. Diese Bezüge sind bei der zweiten Gruppe auf den für vergleichbare Auslandsdienstbezüge nach § 55 des Bundesbesoldungsgesetzes zulässigen Betrag und somit auf den Kaufkraftausgleich begrenzt.[575]

Diese Unterscheidung führt zu durchgreifenden verfassungsrechtlichen Bedenken in Bezug auf den Gleichbehandlungsgrundsatz des Art. 3 Abs. 1 GG. Da hier nicht nur Arbeitnehmer gegenüber anderen Erwerbstätigen bevorzugt werden, sondern auch Arbeitnehmer des öffentlichen Dienstes gegenüber solchen der Privatwirtschaft, ist die Norm dringend reformbedürftig.[576]

Obgleich solche Zahlungen grundsätzlich die faktische Leistungsfähigkeit nicht erhöhen[577], sind es dennoch nominelle Vorteile, die dem Arbeitnehmer auf Grund seiner beruflichen Tätigkeit unmittelbar zu Gute kommen. Die durch § 3 Nr. 64 EStG privilegierten Bezüge wären ohne die Steuerfreistellung grundsätzlich als steuerpflichtiger Arbeitslohn zu werten, da sie lediglich ein Mehr an Arbeitslohn darstellen[578]. Daher wirkt die Norm konstitutiv.

Die Norm verfolgt den Zweck, die durch eine Auslandstätigkeit des Arbeitnehmers verursachten höheren Lebenshaltungskosten zu

---

575 Näher zu den allg. Voraussetzungen: *Bergkemper* in: Herrmann/Heuer/Raupach, EStG/KStG, § 3 Nr. 64 EStG Rz. 3 ff.; *Hillmoth* in: Lippross, Basiskommentar, § 3 Nr. 64 EStG Rz. 5 ff.; *Tormöhlen* in: Korn, Einkommensteuergesetz, § 3 Nr. 64 EStG Rz. 5 ff.; *v. Beckerath* in: Kirchhof, Einkommensteuergesetz, § 3 Nr. 64 EStG Rz. 170; *Heinicke* in: Schmidt, § 3 EStG, unter „Kaufkraftausgleich und Auslandsbezüge"; *Erhard* in: Blümich, EStG § 3 Nr. 64 Rz. 2 ff.

576 Vgl. dazu FG Hamburg v. 21.11.1996 – V 161/94, EFG 1997, 1385; auch verfassungsrechtlich krit.: *Bergkemper* in: Herrmann/Heuer/Raupach, EStG/KStG, § 3 Nr. 64 EStG Rz. 2; *Tormöhlen* in: Korn, Einkommensteuergesetz, § 3 Nr. 64 EStG Rz. 4; *v. Beckerath* in: K/S/M, EStG, § 3 Nr. 64 Rz. B 64/36.

577 *Bergkemper* in: Herrmann/Heuer/Raupach, EStG/KStG, § 3 Nr. 64 EStG Rz. 2; *Tormöhlen* in: Korn, Einkommensteuergesetz, § 3 Nr. 64 EStG Rz. 4.1; *v. Beckerath* in: Kirchhof, Einkommensteuergesetz, § 3 Nr. 64 EStG Rz. 170; *Erhard* in: Blümich, EStG § 3 Nr. 64 Rz. 1.

578 *Heinicke* in: Schmidt, § 3 EStG, unter „Kaufkraftausgleich und Auslandsbezüge"; ähnl. BT-Drucks. 14/6877, 24.

kompensieren und so die wirtschaftliche Leistungsfähigkeit anzugleichen. Die Norm wird auch als Ausgrenzungsbefreiung bezeichnet[579], weil sie im Ausland tätigen Arbeitnehmern gleiche wirtschaftliche Verhältnisse ermöglichen soll wie solchen, die im Inland tätig sind.[580] Die Norm schränkt damit den von der Einkommensteuer erfassbaren Teil des Lohnes aufgrund von sozialen Erwägungen ein. Demnach werden die steuerlichen Konsequenzen des weiten Arbeitslohnbegriffs durch die Vorschrift normativ eingegrenzt. Daher ist die Norm Teil der I. Kategorie der Systematisierung.

20. Zuschläge zur Sonntags-, Feiertags- und Nachtarbeit (§ 3b EStG)

Die Vorschrift des § 3b EStG stellt Zuschläge zur Sonntags-, Feiertags- und Nachtarbeit, die an Arbeitnehmer gezahlt werden, in einem gewissen Maße und unter bestimmten Umständen von der Steuer frei. Sie ist die einzige Norm außerhalb des § 3 EStG, welche in die I. Kategorie einzuordnen ist. Die Wirkungen der Norm wurde durch die nationalsozialistische Gesetzgebung bereits während des zweiten Weltkrieges eingeführt[581]. Heute wird die Steuerbefreiung mit sozial- und wirtschaftspolitischen Erwägungen begründet sowie damit, dass ein allgemeines Interesse an der Sonntags-, Feiertags- und Nachtarbeit bestünde[582]. Von der höchstrichterlichen Rechtsprechung wird diese Privilegierung als Kompensation für die Erschwernisse und Belastungen der

579 *Bergkemper* in: Herrmann/Heuer/Raupach, EStG/KStG, § 3 Nr. 64 EStG Rz. 2; *Erhard* in: Blümich, EStG § 3 Nr. 64 Rz. 1.

580 *Bergkemper* in: Herrmann/Heuer/Raupach, EStG/KStG, § 3 Nr. 64 EStG Rz. 2; *v. Beckerath* in: Kirchhof, Einkommensteuergesetz, § 3 Nr. 64 EStG Rz. 170; *Erhard* in: Blümich, EStG § 3 Nr. 64 Rz. 1.

581 Vgl. RdF-VO v. 7.11.1940, RStBl. 1940, 945; *Kanzler* in: Herrmann/Heuer/Raupach, EStG/KStG, § 3b EStG Rz. 2; *Erhard* in: Blümich, EStG § 3b Rz. 2; *Wernsmann*, ZRP 2010, 124 (125); *Tipke*, FR 2006, 949 (950).

582 BT-Drucks. 11/2157, 138; *Kanzler* in: Herrmann/Heuer/Raupach, EStG/KStG, § 3b EStG Rz. 4; *Hillmoth* in: Lippross, Basiskommentar, § 3b EStG Rz. 1; *v. Beckerath* in: Kirchhof, Einkommensteuergesetz, § 3b EStG Rz. 2; *Erhard* in: Blümich, EStG § 3b Rz. 5; *Wernsmann*, ZRP 2010, 124 (125); *Tipke*, FR 2006, 949 (950).

Sonn-, Feiertags- und Nachtarbeit angesehen[583]. Die Norm wird daher als Sozialzwecknorm eingestuft[584].

Es bestehen indessen durchgreifende verfassungsrechtliche Bedenken gegen sie, da ausschließlich Arbeitnehmer von dieser Vorschrift profitieren. Gewerbetreibende und Selbstständige – die ebenfalls zu Teilen unfreiwillig nachts oder feiertags arbeiten müssen – erfahren keine steuerliche Privilegierung. Eine solche Besserstellung ist nicht durch Kompensationserwägungen oder aus sozialpolitischen Gründen zu rechtfertigen, weswegen die Norm gegen Art. 3 Abs. 1 GG verstößt[585]. Die Kompensation der Arbeitnehmer für die geleistete Sonn-, Feiertags- und Nachtarbeit ist der erhöhte Arbeitslohn. Eine Steuerfreistellung dieser Zuschläge ist ein nicht zu rechtfertigendes zusätzliches Privileg. Eine gänzliche oder auch nur teilweise Abschaffung der Norm wurde jedoch aus politischen Erwägungen stets verhindert[586]. Angesichts von Steuermindereinnahmen durch diese Vorschrift von mehr als 2,8 Mrd. Euro – was der Norm Platz 3 unter den 20 größten Steuervergünstigungen überhaupt und sogar Platz1 innerhalb der Einkommensteuer einbringt [587] – wäre eine Besteuerung dieser Zuschläge auch aus haushaltspolitischer Sicht wünschenswert[588].

Die von der Norm erfassten Zulagen sind Arbeitslohn und wären ohne die Steuerbefreiung des § 3b EStG voll zu versteuern[589]. Demnach schränkt die Norm aus Sozialzweckerwägungen auf verfassungswidrige Weise die steuerrechtlichen Wirkungen des Arbeitslohnbe-

583 BVerfG v. 2.5.1978 – 1 BvR 174/78, DB 1978, 2003; BFH v. 26.10.1984 – VI R 199/80, BFHE 142, 146.

584 *Hey* in: Tipke/Lang[22], Steuerrecht, § 8 Rz. 140.

585 so auch *Hey* in: Tipke/Lang[22], Steuerrecht, § 8 Rz. 140; *Kanzler* in: Herrmann/Heuer/Raupach, EStG/KStG, § 3b EStG Rz. 6; *Wernsmann*, ZRP 2010, 124 (125 f.); *Tipke*, FR 2006, 949 (951 ff.); ähnlich: *v. Beckerath* in: Kirchhof, Einkommensteuergesetz, § 3b EStG Rz. 1; unentschieden: *Erhard* in: Blümich, EStG § 3b Rz. 6.

586 *Erhard* in: Blümich, EStG § 3b Rz. 5.

587 Vgl. für das Kassenjahr 2016 den 25. Subventionsbericht in BT-Drucks. 18/5940, 21, man vgl. auch die stetige Steigerung der Mindereinnahmen auf S. 327; sich auf das Jahr 2005 beziehend: *Kanzler* in: Herrmann/Heuer/Raupach, EStG/KStG, § 3b EStG Rz. 4.

588 Zum Argument der leeren Kassen für den Subventionsabbau vgl. *Hey*, StuW 1998, 298 (304).

589 *Kanzler* in: Herrmann/Heuer/Raupach, EStG/KStG, § 3b EStG Rz. 4; *v. Beckerath* in: Kirchhof, Einkommensteuergesetz, § 3b EStG Rz. 2.

griffs ein. Die Norm ist daher der I. Kategorie der Systematisierung zuzuordnen.

II. Begrenzte Steuerfreistellungen oder Pauschalierungen mit Vereinfachungs- und/oder Sozialzweckzielsetzung, bei denen eine exakte Erfassung der Einnahmen zu komplex oder nicht gewünscht ist, aber dennoch eine gewisse Steuerwürdigkeit besteht (II. Kategorie)

In der II. Kategorie auf der Einnahmenseite sind begrenzte Steuerfreistellungen und Lohnsteuerpauschalierungen erfaßt, wobei letztere in Anbetracht der zumeist sehr niedrigen Pauschsteuersätze einer partiellen Steuerfreistellung gleichstehen. Diese Normen verfolgen sowohl Vereinfachungs- als auch Sozialzwecke. Fast immer wäre eine exakte Erfassung der Einnahmen in diesen Fällen zu komplex oder ist aus unterschiedlichen Gründen nicht gewünscht. Deshalb dienen diese Normen u. a. der Vereinfachung. Dennoch besteht bei den folgenden Vorschriften aus der Sicht des Gesetzgebers eine gewisse Steuerwürdigkeit, weshalb von einer gänzlichen Steuerfreistellung abgesehen wurde.

1. Sachprämien zur Kundenbindung (§ 3 Nr. 38 EStG)

Die Steuerfreistellung des § 3 Nr. 38 EStG betrifft Sachprämien, die der Steuerpflichtige für die persönliche Inanspruchnahme von Dienstleistungen von Unternehmen unentgeltlich erhält, die diese zum Zwecke der Kundenbindung im allgemeinen Geschäftsverkehr in einem jedermann zugänglichen planmäßigen Verfahren gewähren. Diese Sachprämien sind bis zu einem Freibetrag von 1080 Euro pro Steuerpflichtigen im Kalenderjahr steuerfrei.[590]

590 Vgl. zu den einzelnen Merkmalen: *Bergkemper* in: Herrmann/Heuer/Raupach, EStG/KStG, § 3 Nr. 38 EStG Rz. 2; *Hillmoth* in: Lippross, Basiskommentar, § 3 Nr. 38 EStG Rz. 5 ff.; *Tormöhlen* in: Korn, Einkommensteuergesetz, § 3 Nr. 38 EStG Rz. 2 f.; *v. Beckerath* in: Kirchhof, Einkommensteuergesetz, § 3 Nr. 38 EStG Rz. 72; *Heinicke* in: Schmidt, § 3 EStG, unter „Sachprämien"; *Erhard* in: Blümich, EStG § 3 Nr. 38 Rz. 2 ff.

Die Norm steht in einem unmittelbaren Zusammenhang zu § 37a EStG[591]. Beide Normen wurden insbesondere mit Blick auf das Bonusprogramm der Lufthansa AG eingeführt[592], sind jedoch mittlerweile grundsätzlich auf diverse Bonusprogramme anwendbar[593]. Die Intention war daher wohl - wie auch bei § 37a EStG - die Verhinderung von Wettbewerbsnachteilen für deutsche Unternehmen und die Verringerung des Verwaltungsaufwandes, da derartige Prämien nur schwer steuerlich exakt erfasst werden können[594]. Die Wirkung der Norm ist dabei allerdings sehr unterschiedlich, je nachdem ob steuerbare Einnahmen vorliegen oder nicht. Bei der Besteuerung von solchen Sachprämien muss zunächst gefragt werden, ob diese überhaupt als steuerbare Einnahmen - bzw. in dem hier relevanten Fall als steuerbarer Arbeitslohn - gelten. Dies ist nämlich lediglich bei Sachprämien der Fall, die beruflich veranlasst verdient, jedoch zu privaten Zwecken eingesetzt werden[595]. Bei Arbeitnehmern kommt noch hinzu, dass der Arbeitgeber die private Verwendung der beruflich erworbenen Sachprämien gestatten muss, da die Sachprämien ansonsten dem Arbeitgeber zustehen[596]. Solche Sachprämien führen daher nur in sehr begrenzten

591 vgl. unten unter: 3. Kap. A. II. 3.; *Bergkemper* in: Herrmann/Heuer/Raupach, EStG/KStG, § 3 Nr. 38 EStG Rz. 1; *v. Beckerath* in: Kirchhof, Einkommensteuergesetz, § 3 Nr. 38 EStG Rz. 72.

592 § 37a und § 3 Nr. 38 EStG werden auch als „lex Lufthansa" bezeichnet, da die Lufthansa AG im Vorfeld des Gesetzgebungsverfahrens, mit Blick auf deren Vielfliegerprogramm (Miles&More), mit eingebunden wurde, vgl. *Bleschick* in: Herrmann/Heuer/Raupach, EStG/KStG, § 37a EStG Rz. 3; *Bergkemper* in: Herrmann/Heuer/Raupach, EStG/KStG, § 3 Nr. 38 EStG Rz. 1; *Seibel*, FR 1997, 889 (891); *Thomas*, DStR 1997, 305.

593 bspw. von Hotels, Mietwagengesellschaften oder der Deutsche Bahn AG.

594 Wettbewerbsnachteile waren zu befürchten, da viele andere westliche Staaten diese Art von Sachprämien wegen der damit verbundenen Erfassungsschwierigkeiten gänzlich steuerfrei stellten, vgl. dazu unten unter: 3. Kap. A. II. 3.; BT-Drucks. 13/5952, 32; *Bleschick* in: Herrmann/Heuer/Raupach, EStG/KStG, § 37a EStG Rz. 1 u. 3; *Bergan* in: Lademann, § 37a EStG Rz. 7; *v. Beckerath* in: Kirchhof, Einkommensteuergesetz, § 3 Nr. 38 EStG Rz. 72.

595 Vgl. zu der Abgrenzung wann steuerbares Einkommen vorliegt bei der Parallelvorschrift des § 37a EStG, was jedoch auch bei § 3 Nr. 38 EStG herangezogen werden kann: *Bergan* in: Lademann, § 37a EStG Rz. 20 ff.; *Schmieszek* in: Bordewin/Brandt, § 37a EStG Rz. 20 ff.; *Bleschick* in: Herrmann/Heuer/Raupach, EStG/KStG, § 37a EStG Rz. 7; *Ettlich* in: Blümich EStG § 37a Rz. 2; *Loschelder* in: Schmidt, § 37a EStG Rz. 3 ff.

596 BAG v. 11.04.2006 - 9AZR 500/05, BAGE 118, 16; vgl. dazu *Kock*, DB 2007, 462.

Fällen überhaupt zu steuerbaren Einkünften. Die Norm des § 3 Nr. 38 EStG erfasst jedoch grundsätzlich alle Sachprämien unabhängig davon, ob sie privat oder geschäftlich verwendet werden. Daher hat die Norm zum Teil deklaratorischen Charakter, was auch dem Gesetzgeber bei der Einführung bewusst war[597]. Soweit steuerbare Einnahmen durch Sachprämien vorliegen hat die Norm zwar grundsätzlich konstitutiven Charakter[598]. Jedoch überlagern sich hier der Anwendungsbereich der Norm mit dem des § 37a EStG, der eben diese Sachprämien der pauschalen und abgeltenden Besteuerung durch das prämiengewährende Unternehmen mit einem Steuersatz von 2,25% zugänglich macht[599]. Dies bedeutet, dass die Steuerfreistellung ihre volle konstitutive Wirkung ausschließlich bei Sachprämien, die zu steuerbaren Einnahmen führen und nicht durch § 37a EStG pauschal versteuert werden, entfaltet. Der Nutzen der Norm ist daher eher begrenzt.

Wegen diesen unterschiedlichen Wirkungen ist die Einordnung der Norm in die Systematisierung problematisch. Auf der einen Seite wirkt sie deklaratorisch, was für die V. Kategorie der Systematisierung spräche. Auf der anderen Seite beugt sie Erfassungsschwierigkeiten bei der Besteuerung von Sachprämien vor, was eine Einordnung in die II. Kategorie nahe legen würde. Eine Einordnung in die I. Kategorie hingegen ist wegen der wenigen Fälle, in denen überhaupt steuerbare Einnahmen von der Norm erfasst werden, nicht sinnvoll. Ein Schwerpunkt der Norm kann nicht klar festgestellt werden. Daher ist sie sowohl Teil der II. als auch der V. Kategorie der Systematisierung.

2. Private Nutzung von betrieblichen Datenverarbeitungs- und Telekommunikationsgeräten (§ 3 Nr. 45 EStG)

Die Norm stellt alle Vorteile des Arbeitnehmers aus der privaten Nutzung von betrieblichen Datenverarbeitungsgeräten und Telekommunikationsgeräten sowie deren Zubehör, aus zur privaten Nutzung über-

597 BT-Drucks. 13/5952, 45; *Bergkemper* in: Herrmann/Heuer/Raupach, EStG/KStG, § 3 Nr. 38 EStG Rz. 1; *Hillmoth* in: Lippross, Basiskommentar, § 3 Nr. 38 EStG Rz. 7; *Thomas*, DStR 1997, 305 (306).

598 *Bergkemper* in: Herrmann/Heuer/Raupach, EStG/KStG, § 3 Nr. 38 EStG Rz. 1; *Erhard* in: Blümich, EStG § 3 Nr. 38 Rz. 1.

599 Vgl. unten unter: 3. Kap. A. II. 3.

lassenen System- und Anwendungsprogrammen, die der Arbeitgeber auch in seinem Betrieb einsetzt, und aus den im Zusammenhang mit diesen Zuwendungen erbrachten Dienstleistungen steuerfrei. Das bedeutet, dass alle Vorteile aus der privaten Nutzung von betrieblich bedingt an den Arbeitnehmer überlassenen Datenverarbeitungsgeräten steuerfrei sind.[600]

Die Norm hatte primär das Ziel die Verbreitung und Akzeptanz des Internets zu erhöhen[601]. Dieses Ziel mag bei Einführung der Norm im Jahre 2000[602] aktuell gewesen sein, ist jedoch mittlerweile überholt. Das zweite durch die Norm verfolgte Ziel erscheint jedoch immer noch aktuell. Sie soll die steuerliche Behandlung der Vorteile aus der privaten Nutzung eines betrieblichen Datenverarbeitungsgerätes erleichtern, da der Aufwand zur Abgrenzung zwischen geschäftlicher und privater Nutzung in keinem Verhältnis zum erwarteten steuerlichen Ertrag stünde[603]. Eine gänzliche Steuerfreistellung ist hier sicherlich die radikalste Methode. Außerdem steht sie in einem gewissen tatsächlichen Konkurrenzverhältnis zu § 40 Abs. 2 Satz 1 Nr. 5 EStG, da sich die Anwendungsbereiche faktisch überschneiden. § 40 Abs. 2 Satz 1 Nr. 5 EStG eröffnet jedoch lediglich die Möglichkeit einer pauschalen Besteuerung der Übereignung von Datenverarbeitungsgeräten an Arbeitnehmer mit einem Steuersatz von 25%[604]. Dies lässt § 3 Nr. 45 EStG für alle Beteiligten attraktiver erscheinen. Der § 3 Nr. 45

600 Zu den einzelnen Voraussetzungen vgl.: *Bergkemper* in: Herrmann/Heuer/Raupach, EStG/KStG, § 3 Nr. 45 EStG Rz. 2 f.; *Hillmoth* in: Lippross, Basiskommentar, § 3 Nr. 45 EStG Rz. 2 ff.; *Tormöhlen* in: Korn, Einkommensteuergesetz, § 3 Nr. 45 EStG Rz. 7 ff.; *v. Beckerath* in: Kirchhof, Einkommensteuergesetz, § 3 Nr. 45 EStG Rz. 126b ff.; *Heinicke* in: Schmidt, § 3 EStG, unter „Arbeitsmittelgestellung durch ArbG"; *Erhard* in: Blümich, EStG § 3 Nr. 45 Rz. 2 ff.

601 BT-Drucks. 14/4626, 6; *Tormöhlen* in: Korn, Einkommensteuergesetz, § 3 Nr. 45 EStG Rz. 2; *v. Beckerath* in: Kirchhof, Einkommensteuergesetz, § 3 Nr. 45 EStG Rz. 126.

602 Eingeführt durch das Gesetz zur Änderung des InvZulG 1999 v. 20.12.00, BGBl. 2000, 1850.

603 BT-Drucks. 14/4626, 6; *Tormöhlen* in: Korn, Einkommensteuergesetz, § 3 Nr. 45 EStG Rz. 2; *v. Beckerath* in: Kirchhof, Einkommensteuergesetz, § 3 Nr. 45 EStG Rz. 126; *Erhard* in: Blümich, EStG § 3 Nr. 45 Rz. 1; *Fischer*, DStR 2001, 201 (202).

604 Für den Arbeitgeber ist daher die Nutzungsüberlassung ad finitum im Gegensatz zur Übereignung steuerlich günstiger, da er selbst das Gerät in der Bilanz erfassen kann und keine Lohnsteuer hierfür einbehalten muss, vgl. unten unter: 3. Kap. A. II. 6. f) und *Wagner* in: Herrmann/Heuer/Raupach, EStG/KStG, § 40 EStG Rz. 43.

EStG beugt erheblichen Erfassungsschwierigkeiten auf der Einnahmenseite vor, weswegen er am ehesten als Vereinfachungszwecknorm bezeichnet werden kann[605]. Denn ohne die Norm würden die Vorteile aus der privaten Nutzung von betrieblichen Datenverarbeitungsgeräten als Arbeitslohn gewertet werden[606]. Dementsprechend wirkt die Steuerfreistellung konstitutiv[607].

Als konstitutive Steuerfreistellung kommt eine Einordnung in die V. Kategorie der Systematisierung nicht in Betracht. Da der einzig sinnvollerweise von der Norm zu verfolgende Zweck die Vermeidung von Erfassungsschwierigkeiten bei der steuerlichen Erfassung der privaten Nutzung von betrieblichen Datenverarbeitungsgeräten ist, ist die Norm Teil der II. Kategorie der Systematisierung.

3. Die lex Lufthansa (§ 37a EStG)

Mit dem § 37a EStG beginnt die Einordnung der Vereinfachungsnormen, die auf der Seite der Steuererhebung verortet sind. Hier sind einige Normen zu finden, die den Steuersatz für bestimmte Tätigkeiten oder in sonst speziell gelagerten Fällen pauschalieren. Dies unterscheidet sie von den Normen der §§ 3 und 3b EStG, die bestimmte Einnahmen gänzlich oder partiell bereits auf der Einnahmenseite steuerfrei stellen, sowie den die §§ 9 und 9a EStG, die vereinfachend wirken, indem sie auf der Ausgabenseite Werbungskosten pauschalieren oder sie aus normativen Gründen nur begrenzt zum Abzug zulassen. Das bedeutet, dass sich die §§ 37a ff. EStG grundsätzlich mit gänzlich steuerbaren Einkünften befassen. Ihre vereinfachende Wirkung liegt regelmäßig in dem pauschalen Steuersatz, der jedoch vielfach so niedrig angesetzt wird, dass er als indirekte Subvention anzusehen ist und die vereinfachende Wirkung in den Hintergrund tritt.

---

605 *Hey* in: Tipke/Lang[22], Steuerrecht, § 8 Rz. 139; *Tormöhlen* in: Korn, Einkommensteuergesetz, § 3 Nr. 45 EStG Rz. 2; *v. Beckerath* in: Kirchhof, Einkommensteuergesetz, § 3 Nr. 45 EStG Rz. 126; *Erhard* in: Blümich, EStG § 3 Nr. 45 Rz. 1.

606 *Bergkemper* in: Herrmann/Heuer/Raupach, EStG/KStG, § 3 Nr. 45 EStG Rz. 1; *Hillmoth* in: Lippross, Basiskommentar, § 3 Nr. 45 EStG Rz. 1; *Tormöhlen* in: Korn, Einkommensteuergesetz, § 3 Nr. 45 EStG Rz. 9; *Erhard* in: Blümich, EStG § 3 Nr. 45 Rz. 1.

607 *Bergkemper* in: Herrmann/Heuer/Raupach, EStG/KStG, § 3 Nr. 45 EStG Rz. 1; *Erhard* in: Blümich, EStG § 3 Nr. 45 Rz. 1.

Der § 37a EStG und seine Anwendung wurde bereits zuvor angesprochen[608]. Der Zweck der Norm ist die Verhinderung von Wettbewerbsnachteilen deutscher Unternehmen im internationalen Wettbewerb, da viele andere westlichen Staaten diese Art von Sachprämien wegen den damit verbundenen Erfassungsschwierigkeiten komplett steuerfrei gestellt haben. Außerdem soll durch die pauschale Versteuerung durch das prämiengewährende Unternehmen eben diesen Erfassungsschwierigkeiten vorgebeugt werden, da – wenn überhaupt – ausschließlich das prämiengewährende Unternehmen zuverlässig den Wert der Sachprämie bestimmen kann.[609]

Die Pauschalierung des § 37a EStG mit einem Steuersatz von 2,25% kommt jedoch eher einer Subvention gleich, insb. da die dem Gesetz zugrundeliegende Berechnung des Steuersatzes nur schwerlich nachzuvollziehen ist[610]. Die pauschale Steuer auf alle Sachprämien – egal ob steuerpflichtig oder nicht[611] – soll den mit der steuerlichen Erfassung dieser Vorteile verbundenen Schwierigkeiten vorbeugen. Der Grund, warum der Gesetzgeber die Besteuerung der Sachprämien einer gänzlichen Steuerfreistellung vorgezogen hat, liegt darin, dass damals sowohl Trinkgelder als auch Belegschaftsrabatte nur teilweise steuerfrei gestellt waren, diese jedoch ähnliche Erfassungsschwierigkeiten aufweisen[612]. Mittlerweile wurden Trinkgelder jedoch gänzlich steuerfrei gestellt, vgl. § 3 Nr. 51 EStG. Daher ist dieser Argumentation teilweise die Grundlage entzogen. Nach Ansicht des Gesetzgebers be-

608 Vgl. oben unter: 2. Kap. B. II. 2. d) bb) und einen Überblick gebend: *Giloy*, BB 1998, 717.

609 BT-Drucks. 13/5952, 32; *Bleschick* in: Herrmann/Heuer/Raupach, EStG/KStG, § 37a EStG Rz. 1 u. 3; *Bergan* in: Lademann, § 37a EStG Rz. 7; *Book/Hillmoth* in: Lippross, Basiskommentar, § 37a EStG Rz. 1; *Ettlich* in: Blümich, EStG § 37a Rz. 1; *Schmieszek* in: Bordewin/Brandt, § 37a EStG Rz. 2; *Hoffmann* in: K/S/M, EStG, § 37a Rz. A2.

610 Vgl. zur Begründung des Gesetzgebers: BT-Drucks. 13/5952, 48; krit.: *Hoffmann* in: K/S/M, EStG, § 37a Rz. A 39; *Bleschick* in: Herrmann/Heuer/Raupach, EStG/KStG, § 37a EStG Rz. 4; *Seibel*, FR 1997, 889 (894).

611 Vgl. zu der Abgrenzung wann steuerbares Einkommen vorliegt oben unter: 2. Kap. A. II. 1. und: *Bergan* in: Lademann, § 37a EStG Rz. 20 ff.; *Schmieszek* in: Bordewin/Brandt, § 37a EStG Rz. 20 ff.; *Bleschick* in: Herrmann/Heuer/Raupach, EStG/KStG, § 37a EStG Rz. 7; *Ettlich* in: Blümich EStG § 37a Rz. 2; *Loschelder* in: Schmidt, § 37a EStG Rz. 3 ff.; *Lindberg* in: Frotscher, § 37a EStG Rz. 3 ff.

612 BT-Drucks. 13/5952, 32.

steht aber wohl immer noch eine gewisse Steuerwürdigkeit. Daher erfüllt der § 37a EStG alle Kriterien der II. Kategorie der Systematisierung, indem die Pauschalierungsnorm sowohl Vereinfachungs- als auch Förderungsbelange verfolgt.

4. Lohnsteuerpauschalierung bei Sachzuwendungen (§ 37b EStG)

Im Geschäftsleben ist es üblich, dass Unternehmen ihren Geschäftspartnern, Arbeitnehmern, Kunden o.ä. geschäftlichen Kontakten geldwerte Vorteile zukommen lassen, um die geschäftlichen Beziehungen, den Ruf des Unternehmens oder das Arbeitsklima zu pflegen. Aber auch als Belohnung oder Anreiz für die Dienste des Beschenkten kommen solche Zuwendungen in Betracht. Solche Vorteile sind beispielsweise Einladungen zu kulturellen oder sportlichen Veranstaltungen, zu sog. Incentive-Reisen oder aber auch Sachgeschenke. Diese Aufmerksamkeiten führen bei dem Beschenkten allerdings regelmäßig zu steuerpflichtigen Einnahmen, seien es Betriebseinnahmen beim Geschäftspartner oder Arbeitslohn beim Arbeitnehmer. Der Empfänger wird sich u.U. der Steuerpflichtigkeit solcher Zuwendungen nicht bewusst sein und auch der Wert des Geschenkes wird für den Empfänger zumeist nur schwer zu ermitteln sein. Ferner hat der Schenker ein Interesse daran, den Eindruck eines Geschenkes aufrecht zu erhalten, und möchte somit eine Versteuerung durch den Empfänger verhindern. § 37b EStG bietet dem Zuwendenden hierfür die Möglichkeit einer pauschalen Versteuerung mit abgeltender Wirkung zu einem Steuersatz von 30%. Diese Steuer gilt gem. § 37b Abs. 4 Satz 1 EStG als Lohnsteuer. Der Schenker ist Steuerschuldner gem. § 37b Abs. 3 Satz 2 i.V.m. § 40 Abs. 3 EStG. Der Empfänger ist gem. § 37b Abs. 3 Satz 3 EStG von der Steuerübernahme zu unterrichten, was in gewissem Maße im Widerspruch zu dem Interesse des Unternehmens steht, den Geschenkcharakter zu bewahren. Die Pauschalierung ist ausgeschlossen, wenn die Zuwendungen je Empfänger und Wirtschaftsjahr oder die einzelne Zuwendung den Betrag von 10.000 Euro übersteigen, vgl. § 37a Abs. 1 Satz 3 EStG.[613]

613 Vgl. zu den allg. Wirkungen des § 37b EStG: *Ettlich* in: Blümich, EStG § 37b Rz. 1 ff.; *Lingemann* in: Herrmann/Heuer/Raupach, EStG/KStG, § 37b EStG Rz. 1; *Küch* in: Lippross, Basiskommentar, § 37b EStG Rz. 1 ff.; *Eisgruber* in: Kirchhof,

Die Intention hinter der Norm ist, die Besteuerung von Sachzuwendungen zu vereinfachen. Zum einen ist es für den Beschenkten nur schwer möglich, den Wert des Geschenkes und somit die Bemessungsgrundalge der Besteuerung zu bestimmen. Wäre der Beschenkte in der Versteuerungspflicht, so würde dies für die Finanzverwaltung zusätzlichen Ermittlungsaufwand bedeuten. Der Schenker sollte indessen ohne Aufwand in der Lage sein, den Wert der Sachzuwendung zu bestimmen, weswegen er hier richtigerweise in die Pflicht genommen wird. Zum anderen wird die Steuererhebung mit dem Pauschsteuersatz von 30% und der abgeltenden Wirkung möglichst einfach gehalten. Ferner löst diese bundeseinheitliche Vorschrift die zuvor unterschiedlichen Erlasse der Exekutive ab[614]. Dies schafft Rechtssicherheit für alle Beteiligten und stellt die Steuereinnahmen sicher.[615] Der § 37b EStG ist daher eine Lohnsteuerpauschalierung, bei der eine exakte Erfassung der Einnahmen zumindest für einen Teil der Beteiligten nur schwer möglich ist, aber dennoch wegen des mit den Sachbezügen verbundenen Vorteils eine gewisse Steuerwürdigkeit besteht. Die Norm erfüllt somit alle Kriterien der II. Kategorie der Systematisierung.

5. In einer größeren Zahl von Fällen vom Arbeitgeber gewährte Bezüge und Nacherhebung von fehlerhaft einbehaltener Lohnsteuer (§ 40 Abs. 1 EStG)

Die Lohnsteuerpauschalierungsvorschrift des § 40 EStG trägt insgesamt die Überschrift „Pauschalierung der Lohnsteuer in besonderen

Einkommensteuergesetz, § 37b EStG Rz. 1; *Loschelder* in: Schmidt, § 37a EStG Rz. 1f.; *Niermann,* DB 2008, 1231; insb. zu den Entwicklungen in der Rechtsprechung: *Hey/v. Wolfersdorff,* DB 2015, 153.

614 Vgl. die zuvor geltenden BMF-Schreiben betreffend: Incentive-Reisen (BMF v. 14.10.1996, BStBl. I 1996, 1192), Sponsoring (BMF v. 18.2.1998, BStBl. I 1998, 212), Aufwendungen für VIP-Logen in Sportstätten (BMF v. 22.8.2005, BStBl. I 2005, 845), Hospitality-Leistungen im Rahmen der FIFA-WM 2006 (BMF v. 30.3.2006, BStBl. I 2006, 307) und VIP-Logen ähnliche Vorteile in Sportstätten (BMF v. 11.7.2006, BStBl. I 2006, 447); *Lingemann* in: Herrmann/Heuer/Raupach, EStG/KStG, § 37b EStG Rz. 3; *Niermann,* NWB 2007, Fach 6, 4835.

615 Zum Zweck der Norm: *Ettlich* in: Blümich, EStG § 37b Rz. 1; *Lingemann* in: Herrmann/Heuer/Raupach, EStG/KStG, § 37b EStG Rz. 1; *Eisgruber* in: Kirchhof, Einkommensteuergesetz, § 37b EStG Rz. 1; *Loschelder* in: Schmidt, § 37a EStG Rz. 1; *Graw* in: K/S/M, EStG, § 37b Rz. A 1; *Hey/v. Wolfersdorff,* DB 2015, 153; *Niermann,* DB 2008, 1231; *ders.,* NWB 2007, Fach 6, 4835; *Albert,* FR 2006, 913 (914).

Fällen". Dies fasst die darunter zu subsumierenden Situationen treffend zusammen. Von eher allgemein gehaltenen Fällen, wie dem der Nacherhebung der Lohnsteuer (§ 40 Abs. 1 Satz 1 Nr. 2 EStG), bis hin zu speziell gelagerten, wie aus Anlass einer Betriebsveranstaltung gezahlter Arbeitslohn (§ 40 Abs. 2 Satz 1 Nr. 2 EStG), erfasst die Norm einen bunten Strauß diverser Zuwendungen. Viele von ihnen sind von Erfassungsschwierigkeiten gekennzeichnet, weswegen die abgeltende Wirkung der pauschalen Steuersätze fast stets zumindest auch vereinfachend wirkt[616]. Allerdings sind die Steuersätze teilweise so gering, dass eine Subventionswirkung deutlich zu erkennen ist.

Der § 40 Abs. 1 EStG betrifft zum einen sonstige Bezüge, die vom Arbeitgeber in einer größeren Zahl von Fällen gewährt werden (§ 40 Abs. 1 Satz 1 Nr. 1 EStG), und zum anderen die Nacherhebung von Lohnsteuer in einer größeren Zahl von Fällen, weil der Arbeitgeber die Lohnsteuer nicht vorschriftsgemäß einbehalten hat (§ 40 Abs. 1 Satz 1 Nr. 2 EStG). Sonstige Bezüge i.S.v. § 40 Abs. 1 Satz 1 Nr. 1 EStG sind einmalige Bezüge, die neben dem üblichen Lohn gezahlt werden, beispielsweise Abfindungen, Tantiemen, Gratifikationen, 13. und 14. Monatsgehälter u.s.w.[617] In beiden Fällen gilt ab 20 Arbeitnehmer das Erfordernis einer größeren Zahl von Fällen als erfüllt[618]. § 40 Abs. 1 EStG schreibt anders als die meisten Pauschalierungsnormen keinen starren Pauschalsteuersatz vor. Vielmehr wird ein individueller Pauschsteuersatz unter Berücksichtigung des § 38a EStG ermittelt und angewandt[619]. Im Falle des § 40 Abs. 1 Satz 1 Nr. 1 EStG ist die Pauschalie-

---

616 Vgl. *Giloy*, Nettolohnverträge und Lohnsteuerpauschalierung, DStJG 1986, S. 217 ff.

617 Lohnsteuer-Richtlinie 2015 R 39b.2 Abs. 2; *Wagner* in: Herrmann/Heuer/Raupach, EStG/KStG, § 40 EStG Rz. 23; *Eisgruber* in: Kirchhof, Einkommensteuergesetz, § 40 EStG Rz. 11 und § 39b EStG Rz. 5; *Krüger* in: Schmidt, § 40 EStG Rz. 6 und § 39b EStG Rz. 5; *Trzaskalik* in: K/S/M, EStG, § 40 Rz. B 3 und § 39b Rz. D1.

618 Lohnsteuer-Richtlinie 2015 R 40.1 Abs. 1; *Krüger* in: Schmidt, § 40 EStG Rz. 6; *Trzaskalik* in: K/S/M, EStG, § 40 Rz. B 3; *Wagner* in: Herrmann/Heuer/Raupach, EStG/KStG, § 40 EStG Rz. 22; *Küch* in: Lippross, Basiskommentar, § 40 EStG Rz. 33; *Eisgruber* in: Kirchhof, Einkommensteuergesetz, § 40 EStG Rz. 12; *Thürmer* in: Blümich, EStG § 40 Rz. 51.

619 Zur Berechnung vgl. Lohnsteuer-Richtlinie 2015 R 40.1 Abs. 3; bestätigt durch: BFH v. 11.3.1988 – VI R 106/84, BFHE 153, 324; *Thürmer* in: Blümich, EStG § 40 Rz. 63; *Eisgruber* in: Kirchhof, Einkommensteuergesetz, § 40 EStG Rz. 17.

rung ausgeschlossen, soweit der Arbeitgeber einem Arbeitnehmer mehr als 1000 Euro pro Kalenderjahr an sonstigen Bezügen gewährt, § 40 Abs. 1 Satz 3 EStG. Der Arbeitgeber ist hierbei der Steuerschuldner gem. § 40 Abs. 3 Satz 2 1. HS EStG.[620]

Die Norm hat zum Ziel, den Arbeitsaufwand bei der Lohnsteuerabführung für den Arbeitsgeber möglichst zu verringern und so das Lohnsteuerverfahren zu vereinfachen[621]. Allerdings ist das Berechnungsverfahren des betriebsindividuellen Pauschsteuersatzes recht kompliziert. Diese Berechnung muss jedes Jahr erneut durchgeführt werden[622]. Der Arbeitgeber hat dem Antrag auf Anwendung des Pauschsteuersatzes eine Berechnung beizufügen, aus der sich der durchschnittliche Steuersatz unter Zugrundelegung der durchschnittlichen Jahresarbeitslöhne und der durchschnittlichen Jahreslohnsteuer in jeder Steuerklasse für diejenigen Arbeitnehmer ergibt, denen die Bezüge gewährt werden sollen oder gewährt worden sind, § 40 Abs. 1 Satz 4 EStG.

Dieser Aufwand mag im Bereich der Nacherhebung fehlerhaft einbehaltener Lohnsteuer (§ 40 Abs. 1 Satz 1 Nr. 2 EStG) sowohl für den Arbeitgeber als auch für die Finanzverwaltung vom Arbeitsaufwand her attraktiver sein, als für jeden Arbeitnehmer individuell auszurechnen, wie viel Lohnsteuer nachgezahlt werden muss. Im Zeitalter digitaler Steuerberechnungsprogramme ist jedoch nicht verständlich, warum es einfacher seien soll, Einmalzahlung wie Tantiemen, Gratifikationen 13. und 14. Monatsgehälter oder andere Arten von sonstigen Bezügen nach § 40 Abs. 1 Satz 1 Nr. 1 EStG mit einem betriebsindividuell auszurechnenden Pauschalsteuersatz zu versteuern, anstatt sie einfach

620 Allg. zu der Norm vgl.: *Krüger* in: Schmidt, § 40 EStG Rz. 6 ff.; *Trzaskalik* in: K/S/M, EStG, § 40 Rz. B 1 ff.; *Wagner* in: Herrmann/Heuer/Raupach, EStG/KStG, § 40 EStG Rz. 15 ff.; *Küch* in: Lippross, Basiskommentar, § 40 EStG Rz. 31 ff.; *Eisgruber* in: Kirchhof, Einkommensteuergesetz, § 40 EStG Rz. 5 ff.; *Thürmer* in: Blümich, EStG § 40 Rz. 19 ff.; *Daumke*, Grundriss des deutschen Steuerrechts, S. 208 f.

621 Allg. zum Zweck: BT-Drucks. 11/2157, 157; *Wagner* in: Herrmann/Heuer/Raupach, EStG/KStG, § 40 EStG Rz. 3; *Eisgruber* in: Kirchhof, Einkommensteuergesetz, § 40 EStG Rz. 4; *Thürmer* in: Blümich, EStG § 40 Rz. 2; *Trzaskalik* in: K/S/M, EStG, § 40 Rz. A2; *Paetsch* in: Frotscher, § 40 EStG Rz. 1.

622 *Krüger* in: Schmidt, § 40 EStG Rz. 9; *Wagner* in: Herrmann/Heuer/Raupach, EStG/KStG, § 40 EStG Rz. 18.

wie „normalen" Arbeitslohn zu behandeln. Bei sonstigen Bezügen sind Erfassungsschwierigkeiten anders als bei der Lohnsteuernacherhebung, die alleine durch den zeitlichen Abstand zwischen Zahlung und Nacherhebung bereits problematisch ist, in der Regel nicht gegeben. Die Zahlungen könnten genauso effektiv über den regulären Lohnsteuereinbehalt versteuert werden. In diesem Fall entfiele die komplizierte Berechnung des Pauschalsteuersatzes und die Antragsstellung samt der einzureichenden Anlagen. Es ist demnach nicht zu erkennen, wie § 40 Abs. 1 Satz 1 Nr. 1 EStG die Besteuerung von sonstigen Bezügen vereinfachen soll[623]. Auch eine indirekte Subvention sonstiger Bezüge durch § 40 Abs. 1 Satz 1 Nr. 1 EStG ist nicht gegeben, da ein betriebsindividueller Pauschsteuersatz dem tatsächlichen Steuersatz der Arbeitnehmer so nah kommt wie ein Pauschalsteuersatz nur kommen kann[624]. Der tatsächliche Zweck von § 40 Abs. 1 Satz 1 Nr. 1 EStG ist daher unklar.

Zusammengefasst ist § 40 Abs. 1 Satz 1 Nr. 2 EStG eine Pauschalierungsvorschrift, die bei Erfassungsschwierigkeiten für die Finanzverwaltung und den Arbeitgeber eine vereinfachende Erfassung der Lohnsteuernacherhebung ermöglicht. Sie ist daher der II. Kategorie der Systematisierung zuzuordnen. § 40 Abs. 1 Satz 1 Nr. 1 EStG hingegen ist wegen der unklaren Zielsetzung der Norm in der VI. Kategorie (nicht zuzuordnende Normen) erfasst[625].

6. Lohnsteuerpauschalierungen bei diversen Sachzuwendungen oder zweckgebundenen Zuwendungen (§ 40 Abs. 2 EStG)

Die Pauschalierungen des § 40 Abs. 2 EStG haben feste Steuersätze i.H.v. 25% bzw. 15%. Anders als bei § 40 Abs. 1 EStG bedarf es bei § 40 Abs. 2 EStG keiner Genehmigung des Finanzamtes, um die Pauschalierungen nutzen zu können. Ferner muss keine größere Zahl von Fällen vorliegen. Die Norm pauschaliert verschiedene Zuwendungen des Arbeitgebers an den Arbeitnehmer, wobei viele Sachzuwendungen dar-

623 Ebenfalls krit. bzgl. der vereinfachenden Wirkung von § 40 Abs. 1 Satz 1 Nr. 1 EStG: *Trzaskalik* in: K/S/M, EStG, § 40 Rz. A2 und A28.

624 *Krüger* in: Schmidt, § 40 EStG Rz. 9.

625 Vgl. hierzu näher unten unter: 3. Kap. C. II. 1.

stellen.[626] Angesichts der niedrigen Steuersätze drängt sich jedoch der Verdacht auf, dass die Vorschriften nicht ausschließlich Vereinfachungsziele verfolgen, sondern vielmehr subventionierenden Charakter haben. Allesamt sind der zweiten Kategorie der Systematisierung zuzuordnen.

a) Vom Arbeitgeber gewährte Mahlzeiten oder Barzuschüsse an Unternehmer zu diesem Zweck (§ 40 Abs. 2 Satz 1 Nr. 1 EStG)

Die Vorschrift des § 40 Abs. 2 Satz 1 Nr. 1 EStG pauschaliert die Besteuerung von unentgeltlich oder verbilligt überlassenen Mahlzeiten an die Arbeitnehmer oder von Barzuschüssen an andere Unternehmen, die ihrerseits unentgeltlich oder verbilligt Mahlzeiten an die Arbeitnehmer ausgeben. Der pauschale Steuersatz beträgt 25% auf den Vorteil des Arbeitnehmers aus der unentgeltlichen oder verbilligten Essensgestellung. Die Mahlzeiten dürfen gem. § 40 Abs. 2 Satz 1 Nr. 1 Satz 2 EStG nicht Lohnbestandteil sein.[627]

Da die exakte und arbeitnehmerindividuelle Versteuerung dieser Vorteile mit erheblichem Aufwand für den Arbeitgeber verbunden wäre, wurde die Möglichkeit der pauschalen Versteuerung eingeführt[628]. Die zuvor durch eine Verwaltungsrichtlinie eröffnete Möglichkeit der Pauschalierung wurde aus Gründen der Rechtssicherheit in das Gesetz übernommen[629]. Neben diesen Vereinfachungs- und Rechtssicherheitserwägungen ist aber auch ein Sozialzweckinteresse des Gesetzgebers an der Norm zu erkennen, wenn dieser die Einführung eines festen Pauschsteuersatzes damit begründet, dass der Arbeitgeber die ver-

626 *Krüger* in: Schmidt, § 40 EStG Rz. 9; *Wagner* in: Herrmann/Heuer/Raupach, EStG/KStG, § 40 EStG Rz. 32; *Küch* in: Lippross, Basiskommentar, § 40 EStG Rz. 56; *Eisgruber* in: Kirchhof, Einkommensteuergesetz, § 40 EStG Rz. 18; *Thürmer* in: Blümich, EStG § 40 Rz. 86; *Paetsch* in: Frotscher, § 40 EStG Rz. 19.

627 Allg. zu der Norm vgl.: *Krüger* in: Schmidt, § 40 EStG Rz. 12; *Wagner* in: Herrmann/Heuer/Raupach, EStG/KStG, § 40 EStG Rz. 35 f.; *Küch* in: Lippross, Basiskommentar, § 40 EStG Rz. 59 f.; *Eisgruber* in: Kirchhof, Einkommensteuergesetz, § 40 EStG Rz. 19; *Thürmer* in: Blümich, EStG § 40 Rz. 87; *Paetsch* in: Frotscher, § 40 EStG Rz. 20 ff.

628 BT-Drucks. 11/2157, 157 f.; BT-Drucks. 13/5952, 48; *Wagner* in: Herrmann/Heuer/Raupach, EStG/KStG, § 40 EStG Rz. 3; *Thürmer* in: Blümich, EStG § 40 Rz. 2 u. 86; *Paetsch* in: Frotscher, § 40 EStG Rz. 1.

629 BT-Drucks. 11/2157, 157 f.

billigte Essensausgabe bei einem komplizierteren Verfahren einstellen könnte. Daher soll die Norm auch die Ausgabe von Mahlzeiten durch den Arbeitgeber an den Arbeitnehmer unterstützen. Zuvor musste der Arbeitgeber nämlich einen Durchschnittssteuersatz der begünstigten Arbeitnehmer ähnlich wie bei § 40 Abs. 1 EStG ermitteln[630]. Durch den geringen Steuersatz hat die Norm deutlich subventionierenden Charakter[631].

Sie soll demnach sowohl Erfassungsschwierigkeiten vorbeugen als auch durch ihren relativ geringen Steuersatz die Ausgabe von verbilligten oder unentgeltlichen Mahlzeiten fördern. Da ein relativ geringer Pauschsteuersatz in der Wirkung einer teilweisen Steuerfreistellung gleichkommt und die Norm auch die anderen Kriterien der II. Kategorie erfüllt, ist sie in diese einzuordnen.

b) Von einem Dritten gewährte Mahlzeiten (§ 40 Abs. 2 Satz 1 Nr. 1a EStG)

Nach dieser Norm können die auf Veranlassung des Arbeitgebers dem Arbeitnehmer von Dritter Seite anlässlich einer beruflichen Tätigkeit außerhalb der Wohnung des Arbeitnehmers und der ersten Tätigkeitsstätte unentgeltlich oder verbilligt zur Verfügung gestellten üblichen[632] Mahlzeiten mit einem Pauschalsteuersatz von 25% versteuert werden. Voraussetzung ist, dass die Besteuerung der Mahlzeiten nicht bereits wegen § 8 Abs. 2 Satz 9 EStG unterbleibt. Dies ist beispielsweise der Fall, wenn bei einer eintägigen Auswärtstätigkeit die Mindestabwesenheitszeit nicht erzielt wird oder der Arbeitgeber die nötigen Aufzeichnungen nicht geführt hat[633].[634]

---

630 Vgl. BT-Drucks. 11/2157, 157 f.

631 BT-Drucks. 11/2157, 157 f.; *Trzaskalik* in: K/S/M, EStG, § 40 Rz. C3; *Wagner* in: Herrmann/Heuer/Raupach, EStG/KStG, § 40 EStG Rz. 3

632 d.h. nicht wertvoller als 60 Euro, vgl. § 8 Abs. 2 Satz 8 EStG; *Thürmer* in: Blümich, EStG § 40 Rz. 93; *Eisgruber* in: Kirchhof, Einkommensteuergesetz, § 40 EStG Rz. 20; *Küch* in: Lippross, Basiskommentar, § 40 EStG Rz. 61; *Wagner* in: Herrmann/Heuer/Raupach, EStG/KStG, § 40 EStG Rz. 37; *Niermann*, DB 2013, 1015 (1021).

633 BT-Drucks. 17/10774, 18; *Krüger* in: Schmidt, § 40 EStG Rz. 13; *Wagner* in: Herrmann/Heuer/Raupach, EStG/KStG, § 40 EStG Rz. 37.

634 Allg. zu der Norm vgl.: *Krüger* in: Schmidt, § 40 EStG Rz. 13; *Wagner* in: Herrmann/Heuer/Raupach, EStG/KStG, § 40 EStG Rz. 37; *Küch* in: Lippross, Basiskommentar, § 40 EStG Rz. 61 ff.; *Eisgruber* in: Kirchhof, Einkommensteuergesetz,

Auch der § 40 Abs. 2 Satz 1 Nr. 1a EStG wurde wohl wegen vergleichbarer Erfassungsschwierigkeiten wie bei § 40 Abs. 2 Satz 1 Nr. 1 EStG vordergründig aus Vereinfachungserwägungen eingeführt[635]. Aber auch hier ist aufgrund des verhältnismäßig geringen Steuersatzes eine subventionelle Wirkung ähnlich wie bei § 40 Abs. 2 Satz 1 Nr. 1 EStG indiziert. Ferner werden die Mahlzeiten i.S.v. § 40 Abs. 2 Satz 1 Nr. 1 EStG mit den auswärts gewährten Mahlzeiten steuerlich gleichgestellt. Wegen dieser sehr ähnlichen Ausgestaltung und Zielrichtung der Norm ist sie – wie auch schon § 40 Abs. 2 Satz 1 Nr. 1 EStG – in die II. Kategorie der Systematisierung einzuordnen.

c) Aus Anlass von Betriebsveranstaltungen gewährter Arbeitslohn (§ 40 Abs. 2 Satz 1 Nr. 2 EStG)

Gem. § 40 Abs. 2 Satz 1 Nr. 2 EStG kann der Arbeitgeber aus Anlass von Betriebsveranstaltungen gewährten Arbeitslohn pauschal mit 25% versteuern. Die Zuwendung muss jedoch in direktem Zusammenhang mit der Veranstaltung stehen. Tantiemen, Weihnachtsgelder oder ähnliches, die nur aus Anlass einer Betriebsveranstaltung ausgezahlt werden, dürfen nicht pauschal versteuert werden[636]. Tombolagewinne oder vergleichbares, die auf einer Betriebsveranstaltung verlost werden, können hingegen pauschal versteuert werden. Dies gilt jedoch nicht, wenn eine Tombola ohne „Nieten" durchgeführt wird, sodass jeder Teilnehmer „gewinnt"[637]. Auch Veranstaltungen, die nicht allen Arbeitnehmern offenstehen, sondern beispielsweise nur der Führungsebene, werden nicht von § 40 Abs. 2 Satz 1 Nr. 2 EStG privilegiert[638].[639]

§ 40 EStG Rz. 20; *Thürmer* in: Blümich, EStG § 40 Rz. 93; *Niermann*, DB 2013, 1015 (1021).

635 BT-Drucks. 17/10774, 18; *Thürmer* in: Blümich, EStG § 40 Rz. 2; *Wagner* in: Herrmann/Heuer/Raupach, EStG/KStG, § 40 EStG Rz. 3.

636 BFH v. 7.2.1997 – VI R 3/96, BFHE 182, 559.

637 So FG München v. 17.2.2012 – 8 K 3916/08, EFG 2012, 2313 rkr; vgl. zu im Rahmen einer Betriebsveranstaltung an alle Mitarbeiter ausgegebene Goldmünzen: BFH v. 7.11.2006 – VI R 58/04, BFHE 215, 249; *Krüger* in: Schmidt, § 40 EStG Rz. 14.

638 BFH v. 15.1.2009 – VI R 22/06, BFHE 224, 136.

639 Allg. hierzu und zu der Norm vgl.: *Krüger* in: Schmidt, § 40 EStG Rz. 14; *Wagner* in: Herrmann/Heuer/Raupach, EStG/KStG, § 40 EStG Rz. 38; *Küch* in: Lippross, Basiskommentar, § 40 EStG Rz. 64 f.; *Eisgruber* in: Kirchhof, Einkommensteuer-

Diese Vorschrift soll laut Bundesfinanzhof dem Arbeitgeber die steuerliche Behandlung solcher Zuwendungen erleichtern, da er „kaum die Möglichkeit hätte, die von ihm zur Betriebsveranstaltung eingeladenen Arbeitnehmer im Wege des LSt-Abzugs mit der auf die Betriebsveranstaltung entfallenden Lohnsteuer zu belasten“[640]. Die Norm des § 40 Abs. 2 Satz 1 Nr. 2 EStG erfüllt daher wie die meisten der Lohnsteuerpauschalierungen der §§ 40 ff. EStG einen gewissen Vereinfachungszweck[641]. Daneben ist jedoch eine zumindest teilweise steuerliche Förderung von Zuwendungen, die anlässlich von Betriebsveranstaltungen gewährt werden, zu erkennen, da der relativ niedrige Steuersatz von 25% bereits unter dem der oberen Progressionszone liegt[642]. Ein Grund, warum diese Zuwendungen steuerrechtlich gefördert werden, ist nicht ersichtlich[643]. Damit erfüllt die Norm beide Kriterien der II. Kategorie der Systematisierung. Sie soll Erfassungsschwierigkeiten vorbeugen und wirkt wegen des verhältnismäßig geringen Steuersatzes zumindest teilweise wie eine steuerliche Förderung. Sie ist daher in die II. Kategorie der Systematisierung einzuordnen.

d) Erholungsbeihilfen (§ 40 Abs. 2 Satz 1 Nr. 3 EStG)

Nach dieser Norm können vom Arbeitgeber gewährte Erholungsbeihilfen mit einem Pauschalsteuersatz von 25% versteuert werden. Voraussetzung ist, dass der Arbeitgeber sicherstellt, dass die Erholungsbeihilfen auch zu diesem Zweck verwendet werden. Ferner können sie ausschließlich pauschal besteuert werden, wenn sie insgesamt 156 Euro pro Kalenderjahr und Arbeitnehmer, 104 Euro bei seinem Ehegatten und 52 Euro pro Kind nicht übersteigen. Hierbei handelt es sich

---

gesetz, § 40 EStG Rz. 21; *Thürmer* in: Blümich, EStG § 40 Rz. 97; *Trzaskalik* in: K/S/M, EStG, § 40 Rz. C6; *Paetsch* in: Frotscher, § 40 EStG Rz. 23 ff.; *Stickan* in: Littmann/Bitz/Pust, § 40 EStG Rz. 49b.

640 BFH v. 7.2.1997 - VI R 3/96, BFHE 182, 559.

641 *Giloy*, Nettolohnverträge und Lohnsteuerpauschalierung, DStJG 1986, S. 217 ff.; allg. zum Vereinfachungsziel des § 40 EStG: *Wagner* in: Herrmann/Heuer/Raupach, EStG/KStG, § 40 EStG Rz. 3; *Thürmer* in: Blümich, EStG § 40 Rz. 2 u. 86; *Paetsch* in: Frotscher, § 40 EStG Rz. 1.

642 Der Durchschnittssteuersatz der oberen Progressionszone (Einkommen zwischen 13.470 Euro und 52.881 Euro) liegt bei 26,42%, wobei der Grenzsteuersatz von 23,97% linear auf 42% ansteigt vgl. *Loschelder* in: Schmidt, § 32a EStG Rz. 8.

643 Krit.: *Trzaskalik* in: K/S/M, EStG, § 40 Rz. C6.

aufgrund des Wortlautes[644] um eine Freigrenze[645]. Bei Überschreiten der Freigrenze können die Zuwendungen nach § 40 Abs. 1 Satz 1 Nr. 1 EStG bei vorliegen der dort genannten Voraussetzungen versteuert werden. Erholungsbeihilfen sind sowohl Sach- als auch Geldleistungen. Entscheidend bei Barzuwendungen ist, dass sie als Erholungsbeihilfe bezeichnet werden und zweckgebunden sind.[646]

Neben der stets bei diesen Normen anzutreffenden Grundvereinfachungswirkung durch den abgeltend wirkenden pauschalen Steuersatz[647] ist kein besonderer Vereinfachungseffekt oder ein Bedürfnis hierfür im Bereich der Erholungsbeihilfen zu erkennen. Die Norm hat vielmehr einen deutlich überwiegenden subventionellen Charakter.[648] Dafür spricht, dass die Versteuerung von Erholungsbeihilfen zu einem relativ geringen Steuersatz die Arbeitgeber zur Gewährung solcher Zuwendungen motivieren soll, insbesondere weil die Freigrenze pro Arbeitnehmer und deren Familie überschaubar ist. Dies entspricht ferner sozialpolitischen Zielsetzungen des Gesetzgebers, der stets bemüht scheint, den Arbeitgeber zur Fürsorglichkeit für seine Mitarbeiter anzuhalten. Die Norm bewältigt demnach nur geringfügig Erfassungsschwierigkeiten, was prima facie die Einordnung in die II. Kategorie der Systematisierung erschweren würde. Für die Einordnung ist aber

644 In § 40 Abs. 2 Satz 1 Nr. 3 steht „wenn", was für eine Freigrenze spricht. In Abgrenzung zu „soweit", was für einen Freibetrag stünde.

645 So auch: *Krüger* in: Schmidt, § 40 EStG Rz. 15; *Wagner* in: Herrmann/Heuer/Raupach, EStG/KStG, § 40 EStG Rz. 39; *Küch* in: Lippross, Basiskommentar, § 40 EStG Rz. 71; *Eisgruber* in: Kirchhof, Einkommensteuergesetz, § 40 EStG Rz. 22; *Thürmer* in: Blümich, EStG § 40 Rz. 101; *Stickan* in: Littmann/Bitz/Pust, § 40 EStG Rz. 49c; *Paetsch* in: Frotscher, § 40 EStG Rz. 28; a.A.: *Trzaskalik* in: K/S/M, EStG, § 40 Rz. C7.

646 Allg. zu der Norm vgl.: *Krüger* in: Schmidt, § 40 EStG Rz. 15; *Wagner* in: Herrmann/Heuer/Raupach, EStG/KStG, § 40 EStG Rz. 39; *Küch* in: Lippross, Basiskommentar, § 40 EStG Rz. 70; *Eisgruber* in: Kirchhof, Einkommensteuergesetz, § 40 EStG Rz. 22; *Thürmer* in: Blümich, EStG § 40 Rz. 101 f.; *Stickan* in: Littmann/Bitz/Pust, § 40 EStG Rz. 49c; *Paetsch* in: Frotscher, § 40 EStG Rz. 27 ff.; *Trzaskalik* in: K/S/M, EStG, § 40 Rz. C7.

647 Vgl. hierzu: *Giloy*, Nettolohnverträge und Lohnsteuerpauschalierung, DStJG 1986, S. 217 ff.; allg. zum Vereinfachungsziel des § 40 EStG: *Wagner* in: Herrmann/Heuer/Raupach, EStG/KStG, § 40 EStG Rz. 3; *Thürmer* in: Blümich, EStG § 40 Rz. 2 u. 86; *Paetsch* in: Frotscher, § 40 EStG Rz. 1.

648 Für einen rein subventionellen Charakter: *Trzaskalik* in: K/S/M, EStG, § 40 Rz. C7.

das Gesamtbild der Norm entscheidend. Die Normen der II. Kategorie der Systematisierung verfolgen, wie eingangs dargestellt, häufig auch Lenkungszwecke[649]. Bei § 40 Abs. 2 Satz 1 Nr. 3 EStG überwiegt dieser deutlich den Vereinfachungszweck. Dennoch ist beides vorhanden. Die Norm ist daher Teil der II. Kategorie der Systematisierung.

e) Verpflegungsmehraufwendungen anlässlich einer Auswärtstätigkeit des Arbeitnehmers (§ 40 Abs. 2 Satz 1 Nr. 4 EStG)

§ 40 Abs. 2 Satz 1 Nr. 4 EStG ermöglicht es dem Arbeitgeber Verpflegungsmehraufwendungen, die anlässlich einer Auswärtstätigkeit dem Arbeitnehmer vergütet werden, pauschal mit 25% zu versteuern. Dafür dürfen diese Vergütungen nicht bereits gem. § 3 Nr. 13[650] oder 16[651] EStG steuerfrei sein. Ferner dürfen sie nur soweit pauschal versteuert werden, wie die gesetzlich nach § 9 Abs. 4a Satz 3, 5 und 6 EStG festsetzten Pauschalen nicht mehr als um 100% überstiegen werden.[652]

Wie auch schon bei den anderen Pauschalierungstatbeständen des § 40 Abs. 2 Satz 1 EStG, die Mahlzeiten für Arbeitnehmer betreffen[653], ist auch bei § 40 Abs. 2 Satz 1 Nr. 4 EStG die Intention der Vereinfachung unschwer zu erkennen. Üblicherweise verursachen Mahlzeitengestellungen u.ä. einen erheblichen Erfassungsaufwand beim Arbeitgeber, weswegen hier eine pauschale Versteuerung zur Vereinfachung der steuerlichen Erfassung eingesetzt wird. Dies wird auch bei § 40 Abs. 2 Satz 1 Nr. 4 EStG als Ziel angeführt.[654] Bei Vergütungen für Verpflegungsmehraufwendungen sind allerdings keine besonderen Ermitt-

---

649 Vgl. oben unter: 2. Kap. B. III. 1.

650 Vgl. oben unter: 3. Kap. A. I. 3.

651 Vgl. oben unter: 3. Kap. A. I. 4.

652 Allg. zu der Norm vgl.: *Krüger* in: Schmidt, § 40 EStG Rz. 16; *Wagner* in: Herrmann/Heuer/Raupach, EStG/KStG, § 40 EStG Rz. 39; *Küch* in: Lippross, Basiskommentar, § 40 EStG Rz. 75 f.; *Eisgruber* in: Kirchhof, Einkommensteuergesetz, § 40 EStG Rz. 23; *Thürmer* in: Blümich, EStG § 40 Rz. 103 f.; *Stickan* in: Littmann/Bitz/Pust, § 40 EStG Rz. 50; *Paetsch* in: Frotscher, § 40 EStG Rz. 31 ff.; *Trzaskalik* in: K/S/M, EStG, § 40 Rz. C7a; *Zehetmair/Kotschy*, DStR 1998, 322.

653 Vgl. oben unter: 3. Kap. A. II. 6. a) und b) zu § 40 Abs. 2 Satz 1 Nr. 1 und 1a EStG.

654 BT-Drucks. 13/5952, S. 48; *Trzaskalik* in: K/S/M, EStG, § 40 Rz. A36; *Wagner* in: Herrmann/Heuer/Raupach, EStG/KStG, § 40 EStG Rz. 3 u. 42; *Thürmer* in: Blümich, EStG § 40 Rz. 2; zur vereinfachenden Wirkung der Bemessungsgrundlage: *Zehetmair/Kotschy*, DStR 1998, 322.

lungs-, Bewertungs- oder Versteuerungsprobleme zu erkennen, da es sich hier ausschließlich um Geldleistungen handelt und Sachleistungen anders als bei § 40 Abs. 2 Satz 1 Nr. 1 und 1a EStG nicht Teil des Anwendungsbereichs sind. Geldleistungen sorgen aber i. d. R. nicht für Erfassungsschwierigkeiten.[655] Vielmehr wirkt auch hier der verhältnismäßig niedrige Steuersatz wie eine steuerliche Förderung. Dieser Pauschalierungstatbestand ist daher genauso wie die Vorherigen eine steuerliche Förderung im Kleide einer Vereinfachungsnorm.[656] Wegen der großen Ähnlichkeit zu den vorrangegangenen Pauschalierungen des § 40 Abs. 2 EStG, insbesondere im Hinblick auf die Zielsetzung, ist auch § 40 Abs. 2 Satz 1 Nr. 4 EStG der II. Kategorie zuzuordnen, da er vordergründig Erfassungsschwierigkeiten verringern soll, jedoch tatsächlich einen starken steuerlichen Lenkungscharakter hat.

f) Unentgeltliche oder verbilligte Übereignung von Datenverarbeitungsgeräten (§ 40 Abs. 2 Satz 1 Nr. 5 EStG)

Diese Vorschrift betrifft die unentgeltliche oder verbilligte Übereignung von Datenverarbeitungsgeräten vom Arbeitgeber an den Arbeitnehmer. Der Arbeitgeber kann diesen Vorteil des Arbeitnehmers pauschal mit 25% versteuern. Das gleiche gilt für übereignetes Zubehör oder einen Internetzugang sowie Zuschüsse zu den Aufwendungen des Arbeitnehmers für die Internetnutzung. Voraussetzung ist jedoch, dass alle diese Vorteile zusätzlich zum ohnehin geschuldeten Arbeitslohn gewährt werden.[657]

Bei der Nutzungsüberlassung oder Übereignung von Datenverarbeitungsgeräten sowie Zubehör an Arbeitnehmer ist es schwierig abzugrenzen, inwiefern dies beruflichen und inwiefern privaten Nutzen hat. Üblicherweise werden Datenverarbeitungsgeräte privat und betrieblich genutzt. Gleiches gilt für Internetanschlüsse. Gerade in Zeiten

---

655 So auch: *Trzaskalik* in: K/S/M, EStG, § 40 Rz. A36 u. C7a.

656 Wohl ebenfalls dieser Ansicht: *Trzaskalik* in: K/S/M, EStG, § 40, Rz C7a.

657 Allg. zu der Norm vgl.: *Krüger* in: Schmidt, § 40 EStG Rz. 17; *Wagner* in: Herrmann/Heuer/Raupach, EStG/KStG, § 40 EStG Rz. 43 f.; *Küch* in: Lippross, Basiskommentar, § 40 EStG Rz. 81 ff.; *Eisgruber* in: Kirchhof, Einkommensteuergesetz, § 40 EStG Rz. 24; *Thürmer* in: Blümich, EStG § 40 Rz. 105; *Stickan* in: Littmann/Bitz/Pust, § 40 EStG Rz. 51; *Paetsch* in: Frotscher, § 40 EStG Rz. 34 ff.; *Trzaskalik* in: K/S/M, EStG, § 40 Rz. C7c f.

von Gleitzeit- und Homeofficeregelungen sind die Grenzen zwischen betrieblicher und privater Sphäre beim Arbeitnehmer fließend. Dies führt zwangsläufig zu Abgrenzungs- und Erfassungsschwierigkeiten. Daher ist das mit § 40 Abs. 2 Satz 1 Nr. 5 EStG zumindest auch verfolgte grundsätzliche Bestreben, dies durch eine pauschale Versteuerung zu vereinfachen, begrüßenswert. Die Differenzierung des Gesetzgebers zwischen der steuerfreien Nutzungsüberlassung von Datenverarbeitungsgeräten gem. § 3 Nr. 45 EStG[658] und der pauschal zu versteuernden Übereignung ist hierbei jedoch nicht nachvollziehbar, wirkt der Vereinfachung entgegen und sollte daher angeglichen werden[659]. Daneben wirkt die Norm aufgrund des relativ geringen Steuersatzes auch wie eine steuerliche Förderung.[660] Dies wird insbesondere deutlich, wenn man die Gesetzesbegründung der Norm hinzuzieht. Hiernach soll die Norm das Heranführen der Arbeitnehmer an das neue Medium Internet unterstützen[661]. Dieser Zweck ist weder dem Gesetz zu entnehmen, noch ist er im Jahre 2016 aktuell. Aufgrund des § 3 Nr. 45 EStG, der im Bereich der Datenverarbeitungsgeräte die für den Arbeitgeber attraktiveren Rechtsfolgen bereit stellt[662], wird die Förderungswirkung des § 40 Abs. 2 Satz 1 Nr. 5 EStG im Bereich der Datenverarbeitungsgeräte überschaubar sein. Dennoch verfolgt die Norm das sozialpolitische Ziel den Arbeitgeber zu motivieren, seinen Arbeitnehmern verbilligt oder unentgeltlich Datenverarbeitungsgeräte und Zubehör hierfür zu übereignen sowie kostengünstig einen Internetzugang zu ermöglichen. Mittlerweile ist dies wohl eher deswegen von Interesse, da sich die Arbeit vieler Arbeitnehmer aufgrund von Gleitzeit- und Homeofficeregelungen immer weiter in die häusliche Sphäre verlagert und hierfür Datenverarbeitungsgeräte und Internetanschlüsse zwin-

658 Vgl. oben unter: 3. Kap. A. II. 2.

659 Vgl. unten unter: 4. Kap. B. II.

660 Zum Ziel der Norm zumeist ähnlich wie hier: *Trzaskalik* in: K/S/M, EStG, § 40 Rz. C7c; *Wagner* in: Herrmann/Heuer/Raupach, EStG/KStG, § 40 EStG Rz. 3 u. 43; *Paetsch* in: Frotscher, § 40 EStG Rz. 34 f.; ausschließlich einen subventionellen Charakter sehend: *Thürmer* in: Blümich, EStG § 40 Rz. 2.

661 BT-Drucks. 14/4921, 50 f.

662 Für den Arbeitgeber ist die Nutzungsüberlassung ad finitum im Gegensatz zur Übereignung steuerlich günstiger, da er selbst das Gerät in der Bilanz erfassen kann und keine Lohnsteuer hierfür einbehalten muss, vgl. *Wagner* in: Herrmann/Heuer/Raupach, EStG/KStG, § 40 EStG Rz. 43.

gend notwendig sind, jedoch privat angeschaffte Geräte hierfür üblicherweise nur ungern genutzt werden.

Demgemäß verfolgt § 40 Abs. 2 Satz 1 Nr. 5 EStG sowohl das Ziel der Vermeidung von Erfassungsschwierigkeiten, als auch die steuerliche Förderung von sozialpolitisch motivierten Zielen. Dies spricht für eine Einordnung in die II. Kategorie. Ferner wurde die mit § 40 Abs. 2 Satz 1 Nr. 5 EStG eng verbundene Norm des § 3 Nr. 45 EStG in die II. Kategorie der Systematisierung eingeordnet[663]. Daher ist auch diese Norm in die II. Kategorie der Systematisierung einzugruppieren.

g) Sachbezüge und Barzuschüsse für Fahrten zwischen der Wohnung und der ersten Tätigkeitsstätte (§ 40 Abs. 2 Satz 2 u. 3 EStG)

Diese Pauschalierungsmöglichkeit betrifft Fahrten zwischen der Wohnung und der ersten Tätigkeitsstätte. Der Arbeitgeber hat die Möglichkeit, Sachbezüge und Barzuschüsse hierfür mit einem Steuersatz von 15% für den Arbeitnehmer zu versteuern. Unter Sachzuwendungen bei Fahrten zwischen der Wohnung und der ersten Tätigkeitsstätte ist sowohl die Fahrzeuggestellung als auch jede sonstige verbilligte oder unentgeltliche Beförderung des Arbeitnehmers zwischen der Wohnung und der ersten Tätigkeitsstätte zu verstehen[664]. Auch durch den Arbeitgeber gezahlter Unfallkostenersatz kann nach § 40 Abs. 2 Satz 2 u. 3 EStG pauschal versteuert werden[665]. Barzuschüsse zu den Aufwendungen des Arbeitnehmers für solche Fahrten müssen zusätzlich zum ohnehin vereinbarten Arbeitslohn gezahlt werden. Hierdurch soll – wie auch bei den anderen Normen, die eine solche Regelung enthalten – eine Barlohnumwandlung verhindert werden. Für die Pauschalierung muss die Zuwendung jedoch zu Arbeitslohn führen, was beispielsweise in den Fällen des § 3 Nr. 32[666] EStG ausgeschlossen ist. Die Pauschalierungsmöglichkeit des § 40 Abs. 2 Sätze 2 u. 3 EStG ist betragsmäßig begrenzt. Sie gilt nur, soweit der Arbeitnehmer die Beträge

663 Vgl. oben unter: 3. Kap. A. II. 2.

664 Bspw.: Job-Tickets oder Werkverkehr, sofern er nicht unter § 3 Nr. 32 EStG fällt.

665 *Krüger* in: Schmidt, § 40 EStG Rz. 19; *Seifert* in: Korn, Einkommensteuergesetz, § 40 EStG Rz. 34.3; *Küch* in: Lippross, Basiskommentar, § 40 EStG Rz. 97; *Eisgruber* in: Kirchhof, Einkommensteuergesetz, § 40 EStG Rz. 25; *Offerhaus*, BB 1991, 257 (257 f.).

666 Zur Sammelbeförderung der AN vgl. unten unter: 3. Kap. C. I. 3.

nach § 9 Abs. 1 Satz 3 Nr. 4[667], Abs. 2 EStG absetzen könnte. Wie sich aus dem Wortlaut der Norm ergibt[668] handelt es sich um einen Pauschalierungsfreibetrag. Darüber hinausgehende Zuwendungen können entweder dem Regelbesteuerungsverfahren zugeführt werden oder – bei Erfüllen der Voraussetzungen – auch der Pauschalierung des § 40 Abs. 1 Satz 1 Nr. 1 EStG.[669]

Die Pauschalierungsmöglichkeit des § 40 Abs. 2 Sätze 2 und 3 EStG betrifft grundsätzlich steuerpflichtigen Werbungskostenersatz[670]. Ausweislich der Gesetzesbegründung soll der geringe Steuersatz von 15% und die Aufnahme in den § 40 Abs. 2 EStG diese Belastung des Arbeitgebers ausgleichen, da die pauschal nach § 40 Abs. 2 EStG versteuerten Bezüge nicht zum sozialversicherungsrechtlichen Arbeitsentgelt zählen. Ferner sollte die Besteuerung an die anderen die Beförderung des Arbeitnehmers betreffenden Pauschalierungsvorschriften und Steuerfreistellungen[671] angeglichen werden.[672] Dieser Zweck überzeugt nicht, da nicht ersichtlich ist weshalb hier eine Entlastung des Arbeitgebers notwendig sein soll[673]. Die Norm bewirkt durch den pauschalen Steuersatz und die abgeltende Wirkung lediglich dasselbe Mindestmaß an Vereinfachung wie die anderen Pauschalierungen des § 40 Abs. 1 und 2 EStG. Eine darüberhinausgehende und somit ein solches Entgegenkommen rechtfertigende Vereinfachungswirkung oder ein dementsprechender Vereinfachungsbedarf ist nicht ersichtlich. Vielmehr hat die Norm stark subventionelle Wirkung. Dies wird insbeson-

---

667 Vgl. zu § 9 Abs. 1 Satz 3 Nr. 4 EStG unten unter: 3. Kap. B. II. 1.

668 Vgl. § 40 Abs. 2 Satz 2 EStG in dem dieser Pauschalierungsfreibetrag mit „soweit" eingeführt wird: „...erheben, soweit diese Bezüge den Betrag nicht übersteigen, den der Arbeitnehmer nach § 9 Absatz 1 Satz 3 Nummer 4 und Absatz 2 als Werbungskosten geltend machen könnte...".

669 Allg. zu der Norm vgl.: *Krüger* in: Schmidt, § 40 EStG Rz. 18 ff.; *Wagner* in: Herrmann/Heuer/Raupach, EStG/KStG, § 40 EStG Rz. 45 ff.; *Küch* in: Lippross, Basiskommentar, § 40 EStG Rz. 95 ff.; *Eisgruber* in: Kirchhof, Einkommensteuergesetz, § 40 EStG Rz. 25; *Thürmer* in: Blümich, EStG § 40 Rz. 106 ff.; *Stickan* in: Littmann/Bitz/Pust, § 40 EStG Rz. 52; *Paetsch* in: Frotscher, § 40 EStG Rz. 37 ff.; *Trzaskalik* in: K/S/M, EStG, § 40 Rz. C8 f.

670 Vgl. allg. zum Werbungskostenersatz oben unter: 2. Kap. B. II. 1. d) bb) (3).

671 §§ 9 Abs. 1 Satz 3 Nr. 4 und § 3 Nr. 32 EStG.

672 Vgl. BT-Drucks. 11/5970, S. 40 f.; *Wagner* in: Herrmann/Heuer/Raupach, EStG/KStG, § 40 EStG Rz. 45 krit.: *Trzaskalik* in: K/S/M, EStG, § 40 Rz. C8.

673 Vgl. auch *Trzaskalik* in: K/S/M, EStG, § 40 Rz. C8; *Thürmer* in: Blümich, EStG § 40 Rz. 106.

dere durch den niedrigen Steuersatz von 15% deutlich, der fast dem Eingangssteuersatz von 14% entspricht[674], sodass so gut wie alle Arbeitnehmer bzw. Arbeitgeber von diesem Steuersatz profitieren. Ferner können die Arbeitnehmer, die von dieser Vorschrift begünstigt werden daneben noch den Werbungskostenpauschbetrag ungeschmälert in Anspruch nehmen. Dies bestärkt den Eindruck einer Subvention, wenn man sich vor Augen führt, dass § 40 Abs. 2 Sätze 2 u. 3 EStG Werbungskostenersatzleistungen betrifft.[675]

Da die Norm neben der starken subventionellen Wirkung auch eine grundsätzlich zumindest leicht vereinfachende Wirkung hat, handelt es sich um eine Pauschalierungsnorm, bei der eine exakte Erfassung der Einnahme gar nicht gewollt ist, aber dennoch eine gewisse Steuerwürdigkeit besteht. Somit ist der § 40 Abs. 2 Sätze 2 u. 3 EStG Teil der II. Kategorie der Systematisierung.

7. Lohnsteuerpauschalierung für kurzfristig und geringfügig Beschäftigte (§ 40a EStG)

Die Pauschalierungsvorschrift des § 40a EStG befasst sich mit Teilzeitbeschäftigten und geringfügig Beschäftigten. Dabei unterliegen die unterschiedlichen Gruppen dieser Arbeitnehmer verschiedenen Tatbestandsvoraussetzungen und Einschränkungen. Die Pauschsteuersätze reichen von 2% bis 25%. Die Tatbestände gliedern sich in drei Gruppen: Erstens die der kurzfristig Beschäftigten (Abs. 1), zweitens die Beschäftigten, die im geringen Umfang oder gegen geringen Lohn beschäftigt sind (Abs. 2 und 2a) und drittens die Aushilfskräfte der Land- und Forstwirtschaft (Abs. 3). [676] Bei allen Pauschalierungen wird der Arbeitgeber Steuerschuldner gem. §§ 40a Abs. 5, 40 Abs. 3 Satz 1, 2 1.

674 Der Eingangssteuersatz der unteren Progressionszone liegt bei 14% und erhöht sich linear auf 23,97%, wobei hiervon Einkommen ab dem Grundfreibetrag von 8355 Euro erfasst werden, vgl.: *Loschelder* in: Schmidt, § 32a EStG Rz. 8.

675 Die Norm auch als Subventionsvorschrift sehend: *Trzaskalik* in: K/S/M, EStG, § 40 Rz. C8; *Thürmer* in: Blümich, EStG § 40 Rz. 106.

676 Einen Überblick über die Rechtslage der geringfügig Beschäftigten gebend: *vom Stein/Beyer-Petz,* DStR 2011, 977; *Niermann/Plenker,* DB 2003, 304; *Daumke,* Grundriss des deutschen Steuerrechts, S. 212 ff.

HS EStG[677]. Den Pauschalierungen dieser Norm gemein ist, dass sie alle der zweiten Kategorie zuzuordnen sind.

a) Kurzfristig Beschäftigte (§ 40a Abs. 1 EStG)

Nach dieser Pauschalierungsvorschrift kann die Lohnsteuer für kurzfristig Beschäftigte vom Arbeitgeber pauschal mit 25% erhoben werden. Die Beschäftigung dieser Arbeitnehmer darf ausschließlich gelegentlich notwendig sein, d.h. die Arbeitnehmer dürfen nicht regelmäßig wiederkehrend beschäftigt werden und die Beschäftigungsdauer darf 18 zusammenhängende Arbeitstage nicht überschreiten, damit sie kurzfristig i.S.d. Norm ist, vgl. § 40a Abs. 1 Satz 2 EStG[678]. Ferner darf das Arbeitsentgelt nicht höher als 68 Euro pro Tag und Arbeitnehmer sein oder die Notwendigkeit der Tätigkeit muss zu einem unvorhersehbaren Zeitpunkt aufgetreten sein[679]. Die Pauschalierung ist gem. § 40a Abs. 4 EStG außerdem ausgeschlossen, wenn der Stundenlohn der Teilzeitbeschäftigten 12 Euro übersteigt oder der Arbeitnehmer von dem Arbeitgeber bereits Lohn bezieht und dieser dem gängigen Lohnsteuerabzug unterworfen wird.[680]

Die Pauschalierungsmöglichkeit des § 40a Abs. 1 EStG soll reine Vereinfachungswirkung entfalten, weswegen der Steuersatz bereits von 10% auf 25% angehoben wurde, da vormals Vollzeitbeschäftigungen durch mehrere Teilzeitbeschäftigungen ersetzt wurden[681]. Zwar hat ein Steuersatz von 25% immer noch eine gewisse Anreizwirkung. In den

677 *Wagner* in: Herrmann/Heuer/Raupach, EStG/KStG, § 40 EStG Rz. 51; *Thürmer* in: Blümich, EStG § 40 Rz. 113; Früher hielt der BFH die pauschale LohnSt deshalb für eine Unternehmenssteuer eigener Art, diese Qualifizierung hat er jedoch zurecht wieder aufgegeben, vgl. hierzu *Jarzyk-Dehne*, Pauschalierungen im Steuerrecht, 2003, S. 77, m.w.N.

678 Vgl. § 40a Abs. 1 Satz 2 EStG.

679 Vgl. § 40a Abs. 1 Satz 2 Nr. 1 und 2 EStG.

680 Vgl. allg. zu der Norm: *Krüger* in: Schmidt, § 40a EStG Rz. 6; *Wagner* in: Herrmann/Heuer/Raupach, EStG/KStG, § 40a EStG Rz. 17 ff.; *Küch* in: Lippross, Basiskommentar, § 40a EStG Rz. 49 ff.; *Eisgruber* in: Kirchhof, Einkommensteuergesetz, § 40a EStG Rz. 5 ff.; *Thürmer* in: Blümich, EStG § 40a Rz. 40 ff.; *Stickan* in: Littmann/Bitz/Pust, § 40a EStG Rz. 36 ff.; *Paetsch* in: Frotscher, § 40a EStG Rz. 19 ff.; *Trzaskalik* in: K/S/M, EStG, § 40a Rz. B1 ff.; *Wierschem* in: Bordewin/Brandt, § 40a EStG Rz. 26.

681 Durch das Steuerreformgesetz vom 25.7.1988, BGBl. I 1988, 224 u. 1093; zur Begründung vgl. BT-Drucks. 11/2157, 158.

Kompetenz- und Lohnbereichen von Teilzeitbeschäftigten dürfte diese allerdings derart gering sein, dass bei der Norm kein überwiegend subventioneller Charakter zu erkennen ist. Denn der individuelle Grenzsteuersatz solcher Arbeitnehmer wird i. d. R. 25% nicht wesentlich übersteigen[682]. Das Grundproblem dieser Beschäftigungsverhältnisse ist jedoch vielmehr, dass der exakte lohnsteuerrechtliche Erfassungsaufwand von Aushilfskräften in keinem Verhältnis zu deren wirtschaftlichen Nutzen stünde. Dies gilt insbesondere, da sie zeitlich – auf ein ganzes Jahr betrachtet – recht wenig eingesetzt werden bzw. werden dürfen.

Die Pauschalierungsnorm des § 40a Abs. 1 EStG beugt damit ebenfalls Erfassungsschwierigkeiten vor, die bei der Regelbesteuerung entstünden. Zwar ist der der Besteuerung zugrundeliegende Sachverhalt nicht zu kompliziert, als dass er nicht sinnvollerweise dem Regelbesteuerungsverfahren zugeführt werden könnte. Vielmehr ist die Besteuerung an sich im Verhältnis zum Umfang der Aushilfstätigkeiten zu aufwendig. Demnach hat die Norm auch arbeitsmarktpolitische Ziele, indem die Versteuerung von Teilzeitkräften für Arbeitgeber so leicht wie möglich gestaltet werden soll, um so gerade gering qualifizierten Arbeitnehmern eine Chance zu geben, im Arbeitsmarkt Fuß zu fassen. Eine möglichst einfache Besteuerung dient ferner der Verhinderung von Schwarzarbeit.[683] Die Norm beugt jedoch im Schwerpunkt unverhältnismäßigem Erfassungsaufwand vor. Dies ist mit der Verringerung von Erfassungsaufwand im Sinne der Systematisierung gleichzusetzen. Somit ist sie der II. Kategorie der Systematisierung zuzuordnen.

b) Geringfügig Beschäftigte (§ 40a Abs. 2 und Abs. 2a EStG)

Der grundlegende Unterschied zwischen diesen und der vorgegangenen Pauschalierungsmöglichkeit ist, dass die § 40a Abs. 2 u. Abs. 2a

682 Dies wäre erst ab ca. 14.200 Euro pro Jahr der Fall.

683 Zum Zweck des § 40a Abs. 1 EStG vgl.: als Vereinfachungs- und Sozialzwecknorm bewertend: *Krüger* in: Schmidt, § 40a EStG Rz. 1; *Wagner* in: Herrmann/Heuer/Raupach, EStG/KStG, § 40a EStG Rz. 3; *Thürmer* in: Blümich, EStG § 40a Rz. 3; *Paetsch* in: Frotscher, § 40a EStG Rz. 1 ff.; *Stickan* in: Littmann/Bitz/Pust, § 40a EStG Rz. 5 ff.; *Hey* in: Tipke/Lang[22], Steuerrecht, § 8 Rz. 488; als wirtschaftslenkende Norm sehend: *Trzaskalik* in: K/S/M, EStG, § 40a Rz. A1.

EStG Dauerarbeitsverhältnisse betreffen und keine zeitliche Restriktion oder Stundenlohnobergrenze kennen. Beide Pauschalierungstatbestände betreffen geringfügig Beschäftigte.

Die Pauschalierungsmöglichkeit des § 40a Abs. 2 EStG betrifft Fälle des § 8 Abs. 1 Nr. 1 SGB IV (Entgeltgeringfügigkeit) und des § 8a SGB IV (haushaltsnahe Dienstleistungen). In beiden Fällen muss das Arbeitsverhältnis sozialversicherungspflichtig sein. Ferner darf das Arbeitsentgelt 450 Euro pro Monat nicht übersteigen. Nur dann kann der Arbeitgeber dieses pauschal mit einem Steuersatz von 2% versteuern. Dies führt bei geringfügig Beschäftigten nach § 8 Abs. 1 Nr. 1 SGB IV zu einer Gesamtbelastung mit Abgaben i.H.v. 30% (inkl. Sozialversicherungsbeiträgen). Bei haushaltsnahen Dienstleistungen liegt diese nur bei 12%. Dafür muss es sich bei diesen Tätigkeiten jedoch um solche handeln, die ausschließlich in Privathaushalten ausgeführt werden und sonst gewöhnlich durch Mitglieder des privaten Haushalts erledigt werden[684].[685]

Der § 40a Abs. 2a EStG erfasst im Unterschied zu § 40a Abs. 2 EStG geringfügig Beschäftigte, für die der Arbeitgeber die Sozialabgaben nicht pauschal versteuert, sondern die vollen Sozialabgaben entrichtet bzw. entrichten muss. Dies kann bei mehreren geringfügigen Beschäftigungen der Fall sein, wenn diese die Geringfügigkeitsgrenze überschreiten. In diesem Falle beträgt der Pauschalsteuersatz der Einkommensteuer 20%. Die weiteren Voraussetzungen sind weitestgehend identisch mit denen des § 40a Abs. 2 EStG.[686]

---

684 Vgl. § 8a SGB IV.

685 Allg. zu der Norm vgl.: *Krüger* in: Schmidt, § 40a EStG Rz. 9; *Wagner* in: Herrmann/Heuer/Raupach, EStG/KStG, § 40a EStG Rz. 35 ff.; *Küch* in: Lippross, Basiskommentar, § 40a EStG Rz. 9 ff.; *Eisgruber* in: Kirchhof, Einkommensteuergesetz, § 40a EStG Rz. 8 ff.; *Thürmer* in: Blümich, EStG § 40a Rz. 53 ff.; *Stickan* in: Littmann/Bitz/Pust, § 40a EStG Rz. 43 ff.; *Paetsch* in: Frotscher, § 40a EStG Rz. 26 ff.; *Trzaskalik* in: K/S/M, EStG, § 40a Rz. C1 ff.; *Wierschem* in: Bordewin/Brandt, § 40a EStG Rz. 27 f.; *Niermann/Plenker*, DB 2004, 2118 (2124).

686 Allg. zu der Norm vgl.: *Krüger* in: Schmidt, § 40a EStG Rz. 10; *Wagner* in: Herrmann/Heuer/Raupach, EStG/KStG, § 40a EStG Rz. 41 ff.; *Küch* in: Lippross, Basiskommentar, § 40a EStG Rz. 9 ff.; *Eisgruber* in: Kirchhof, Einkommensteuergesetz, § 40a EStG Rz. 16; *Thürmer* in: Blümich, EStG § 40a Rz. 53 ff. u. 61; *Stickan* in: Littmann/Bitz/Pust, § 40a EStG Rz. 43 ff.; *Paetsch* in: Frotscher, § 40a EStG Rz. 26 ff.; *Niermann/Plenker*, DB 2003, 304 (306).

Es handelt sich bei beiden Vorschriften um Vereinfachungs- und Sozialzwecknormen. Der pauschal mit abgeltender Wirkung abzuführende Steuersatz von 2% bzw. 20% erleichtert die Besteuerung von geringfügig Beschäftigten. Insbesondere für private Haushalte wäre eine exakte lohnsteuerrechtliche Erfassung nur schwerlich möglich. Diese Vereinfachung der steuerlichen Erfassung sorgt ähnlich wie bei § 40a Abs. 1 EStG dafür, dass der Erfassungsaufwand nicht außer Verhältnis zum wirtschaftlichen Nutzen von Aushilfskräften gerät[687]. Ferner verfolgt insbesondere § 40a Abs. 2 EStG arbeitsmarktpolitische Ziele. Der extrem niedrige Steuersatz von 2% soll einen Anreiz zur Einstellung von geringfügig Beschäftigten darstellen, die zumeist nur über eine geringe Qualifikation verfügen. Ferner soll somit die Schwarzarbeit bekämpft werden. Bei § 40a Abs. 2a EStG ist dieses Sozialzweckziel wegen des erhöhten Steuersatzes nicht so sehr ausgeprägt wie bei § 40a Abs. 2 EStG. Dennoch ist der Steuersatz verhältnismäßig gering, sodass er gerade bei mehreren geringfügigen Beschäftigungen für den Arbeitnehmer im Vergleich zum Regelbesteuerungsverfahren vorteilhaft sein kann[688].[689]

Demnach sind die Pauschalierungsvorschriften des § 40a Abs. 2 und Abs. 2a EStG solche, die unverhältnismäßigen Erfassungsaufwand vermeiden und so weitere sozialpolitische Ziele verfolgen. Dies entspricht den Charakteristika der II. Kategorie der Systematisierung.

c) Aushilfskräfte der Land- und Forstwirtschaft (§ 40a Abs. 3 EStG)

§ 40a Abs. 3 EStG regelt die Besteuerung von Aushilfskräften in der Land- und Forstwirtschaft. Hierbei kann der Arbeitgeber die Lohnsteuer mit einem Pauschsteuersatz von 5% des Arbeitslohns erheben, wenn es sich um eine ungelernte Aushilfskraft handelt[690], die aus-

687 Vgl. oben unter: 3. Kap. A. II. 7. a).

688 Vgl. *Wagner* in: Herrmann/Heuer/Raupach, EStG/KStG, § 40a EStG Rz. 43.

689 Weitestgehend der gleichen Ansicht zum Zweck von § 40a Abs. 2 und 2a EStG: *Wagner* in: Herrmann/Heuer/Raupach, EStG/KStG, § 40a EStG Rz. 3; *Trzaskalik* in: K/S/M, EStG, § 40a Rz. A1 u. C1; *Thürmer* in: Blümich, EStG § 40a Rz. 2 f.; *Paetsch* in: Frotscher, § 40a EStG Rz. 2; *Stickan* in: Littmann/Bitz/Pust, § 40a EStG Rz. 5 f.; *Hey* in: Tipke/Lang[22], Steuerrecht, § 8 Rz. 488.

690 Zur Definition einer Aushilfskraft und der Abgrenzung zu einer Fachkraft vgl. zunächst den Wortlaut von § 40a Abs. 3 Satz 2 f. EStG und Thürmer in: Blümich,

schließlich mit typisch land- und forstwirtschaftlichen Tätigkeiten betraut ist[691]. Die Aushilfskraft muss grundsätzlich saisonalen Tätigkeiten nachgehen (§ 40a Abs. 3 Satz 2 EStG), darf nicht zu den land- und forstwirtschaftlichen Fachkräften gehören und nicht mehr als 180 Tage im Jahr beschäftigt werden (§ 40a Abs. 3 Satz 3 EStG). Allerdings ist eine Beschäftigung mit anderen land- und forstwirtschaftlichen Tätigkeiten, d.h. ganzjährig anfallenden Tätigkeiten, unschädlich, solange sie die Schwelle von 25% der Gesamtbeschäftigungsdauer nicht übersteigt. Ferner darf der Stundenlohn nicht mehr als 12 Euro betragen (§ 40a Abs. 4 Nr. 1 EStG).[692]

Nach Ansicht des Gesetzgebers hat die Vorschrift des § 40a Abs. 3 EStG ausschließlich vereinfachende Wirkung. In den Gesetzesunterlagen ist keine Förderungsintention zu erkennen.[693] Jedoch spricht der sehr geringe Steuersatz von 5% dafür, dass die Norm subventionellen Charakter hat. Außerdem ist der Anwendungsbereich der Norm sehr gering, da sie ausschließlich Teilzeitbeschäftigte eines Wirtschaftszweiges, nämlich der Land- und Forstwirtschaft, begünstigt. Auch dies spricht für eine Subventionsnorm. Es ist nicht ersichtlich, warum – außer aus Förderungsgesichtspunkten – hier ein niedriger Steuersatz bzw. eine eigene Pauschalierungsvorschrift von Nöten ist und nicht die anderen Pauschtatbestände des § 40a EStG angewandt werden können. Sicherlich hat die Existenz der Norm historische Gründe[694]. Mittlerweile stellt sie allerdings wegen des geringen Steuersatzes, der lediglich

EStG § 40 Rz. 70; *Wagner* in: Herrmann/Heuer/Raupach, EStG/KStG, § 40a EStG Rz. 51 f.; *Seifert* in Korn, Einkommensteuergesetz, § 40a EStG Rz. 33.

691 Was unter einer typisch land- und forstwirtschaftlichen Tätigkeit zu verstehen ist, ist von Einzelfall zu Einzelfall zu untersuchen, vgl. hierzu *Thürmer* in: Blümich, EStG § 40 Rz. 69; *Wagner* in: Herrmann/Heuer/Raupach, EStG/KStG, § 40a EStG Rz. 49; *Eisgruber* in: Kirchhof, Einkommensteuergesetz, § 40a EStG Rz. 17; *Seifert* in Korn, Einkommensteuergesetz, § 40a EStG Rz. 32.

692 Vgl. allg. zu der Norm: *Krüger* in: Schmidt, § 40a EStG Rz. 11; *Wagner* in: Herrmann/Heuer/Raupach, EStG/KStG, § 40a EStG Rz. 48 ff.; *Küch* in: Lippross, Basiskommentar, § 40a EStG Rz. 59 ff.; *Eisgruber* in: Kirchhof, Einkommensteuergesetz, § 40a EStG Rz. 17; *Thürmer* in: Blümich, EStG § 40a Rz. 65 ff.; *Stickan* in: Littmann/Bitz/Pust, § 40a EStG Rz. 48 ff.; *Paetsch* in: Frotscher, § 40a EStG Rz. 42 ff.; *v. Twickel*, DB 2006, Beil 6 zu Heft 39, S. 66.

693 Vgl. BT-Drucks.: 7/1470, 305; BT-Drucks.: 11/2157, 158; BT-Drucks.: 13/5952, 48; BT-Drucks.: 13/3677, 32.

694 Eingeführt vom RdF durch Erlass vom 2.6.1943, RStBl. 1943, 457 zur Vereinfachung des Besteuerungsverfahrens wurde die Pauschalierungsmöglichkeit dann

Arbeitnehmern der Land- und Forstwirtschaft zu Teil wird, eine Subventionsvorschrift dieses Wirtschaftszweiges dar. Gegen sie werden zu Recht verfassungsrechtliche Bedenken erhoben, da insbesondere ein sachlicher Differenzierungsgrund zu Aushilfskräften anderer Branchen nicht ersichtlich ist[695].

Die Vorschrift hat mit Ausnahme des Pauschsteuersatzes keine besondere Vereinfachungswirkung. Sie ist vielmehr eine weit überwiegende Subventionsvorschrift.[696] Dies macht die Einordnung der Norm in die Systematik prima facie problematisch, da die einzig in Frage kommende Kategorie die II. ist. Diese setzt jedoch das Verringern von Erfassungsschwierigkeiten voraus. Pauschalierungsnormen werden aber oftmals auch für Lenkungszwecke verwendet. Dies wird insbesondere bei § 40a Abs. 3 EStG deutlich. Die Vorschrift wurde jedoch ursprünglich zur Vereinfachung eingeführt[697] und hat über die Jahre durch das Hinzutreten von allgemeineren Pauschalierungsvorschriften mit höheren Steuersätzen einen subventionellen Charakter bekommen. In Anbetracht des vereinfachenden Ursprungs der Norm ist sie daher im Ergebnis der II. Kategorie der Systematisierung zuzuordnen.

8. Lohnsteuerpauschalierung bei bestimmten Zukunftssicherungsleistungen (§ 40b EStG)

Die Vorschrift des § 40b EStG ermöglicht in den Abs. 1 bis 3 die pauschale Versteuerung von bestimmten Zukunftssicherungsleistungen durch den Arbeitgeber zu Gunsten des Arbeitnehmers. Abs. 4 ist hingegen eine fakultative Pauschalierungsvorschrift. Die Steuersätze variieren dabei zwischen 15% und 20%. Auch hier wird der Arbeitgeber zum Schuldner der pauschalen Einkommensteuer gem. §§ 40b Abs. 5 Satz 1 i.V.m. § 40 Abs. 3 Satz 1, 2 1. HS EStG. Bei dieser Norm ist eben-

---

durch das 3. Steuerreformgesetz v. 5.8.1974 (BGBl. I 1974, 1769 u. 530) in das Einkommensteuergesetz aufgenommen, vgl. BT-Drucks. 7/1470, 305.

695 *Wagner* in: Herrmann/Heuer/Raupach, EStG/KStG, § 40a EStG Rz. 3; für eine Ausdehnung auf alle Branchen mit saisonal erhöhtem Personalaufwand: *Seifert* in Korn, Einkommensteuergesetz, § 40a EStG Rz. 29.

696 Auch eine überwiegende Subventionsvorschrift sehend: *Wagner* in: Herrmann/Heuer/Raupach, EStG/KStG, § 40a EStG Rz. 3; *Thürmer* in: Blümich, EStG § 40a Rz. 3; *König*, RWP 1982, 323.

697 Vgl. Erlass des RdF vom 2.6.1943, RStBl. 1943, 457.

so wie bei den vorrangegangenen ein Spannungsverhältnis zwischen Vereinfachungsbedürfnis und Förderungsinteresse zu erkennen. Dabei nimmt § 40b Abs. 4 EStG allerdings eine besondere Stellung ein. Die Vorschrift des § 40b EStG ist größtenteils in der II. Kategorie der Systematisierung zu verorten. § 40 Abs. 4 EStG ist hingegen Teil der VI. Kategorie und wird dementsprechend dort besprochen[698].

a) Zuwendungen zum Aufbau einer nicht kapitalgedeckten betrieblichen Altersvorsorge an eine Pensionskasse (§ 40b Abs. 1 und 2 EStG)

Nach dieser Pauschalierungsvorschrift kann der Arbeitgeber die Zuwendungen zum Aufbau einer nicht kapitalgedeckten betrieblichen Altersvorsorge an eine Pensionskasse mit 20% der Zuwendung versteuern. Neben diesen Zuwendungen sind wegen der Übergangsregelung des § 52 Abs. 40 EStG auch Beiträge an kapitalgedeckte Pensionskassen und Direktversicherungen der Pauschalierungsmöglichkeit zugänglich, soweit die Versorgungszusage vor dem 1.1.2005 erteilt wurde. § 40b Abs. 2 Satz 1 schreibt neben anderen Restriktionen[699] insbesondere vor, dass ein Pauschalierungsfreibetrag für Zuwendungen gem. Abs. 1 i.H.v. 1752 Euro je Arbeitnehmer und Kalenderjahr gilt und dass die Zuwendungen aus dem ersten Dienstverhältnis bezogen werden müssen. Die Norm kann nur bei solchen Zuwendungen eingesetzt werden, die nicht bereits nach § 3 EStG – insbesondere Nr. 56 oder 63 – steuerfrei sind[700].[701]

---

698 Vgl. dazu unten unter: 3. Kap. C. II. 2.

699 Vgl. zu den weiteren Restriktionen des § 40b Abs. 2 EStG: *Krüger* in: Schmidt, § 40b EStG Rz. 8 f.; *Wagner* in: Herrmann/Heuer/Raupach, EStG/KStG, § 40b EStG Rz. 44 ff.; *Küch* in: Lippross, Basiskommentar, § 40b EStG Rz. 33 ff.; *Eisgruber* in: Kirchhof, Einkommensteuergesetz, § 40b EStG Rz. 9 ff.; *H.-J. Heger* in: Blümich, EStG § 40b Rz. 25 ff.

700 Vgl. zum Verhältnis zwischen dem § 40b Abs. 1 und § 3 Nr. 56 und 63 EStG: *Wagner* in: Herrmann/Heuer/Raupach, EStG/KStG, § 40b EStG Rz. 8; weitergehend: *Kirschmann*, BB 2011, 1687.

701 Vgl. allg. zu der Norm: *Krüger* in: Schmidt, § 40b EStG Rz. 5 ff.; *Wagner* in: Herrmann/Heuer/Raupach, EStG/KStG, § 40b EStG Rz. 20 ff.; *Küch* in: Lippross, Basiskommentar, § 40b EStG Rz. 11 ff.; *Eisgruber* in: Kirchhof, Einkommensteuergesetz, § 40b EStG Rz. 5 ff.; *H.-J. Heger* in: Blümich, EStG § 40b Rz. 8 ff.; *Stickan* in: Littmann/Bitz/Pust, § 40b EStG Rz. 3 ff.; *Paetsch* in: Frotscher, § 40b EStG Rz. 7 ff.; insb. zum Anwendungsbereich der Norm ab 2005 vgl.: *Niermann*, DB 2004, 1449 (1453 ff.).

Neben den stets durch abgeltend wirkende Pauschalversteuerungen erreichten Vereinfachungswirkungen[702] hat sich bereits in der Begründung des Regierungsentwurfs zu der Norm das dahinter liegende sozialpolitische Anliegen gezeigt. Die Pauschalierungsmöglichkeit wurde geschaffen, da die Ausweitung der betrieblichen Altersvorsorge sozialpolitisch gewünscht war und daher durch einen geringen Pauschsteuersatz gefördert werden sollte[703]. Der Pauschsteuersatz wurde im Laufe der Zeit von 10% über 15% auf 20% erhöht, um übermäßige Steuervergünstigungen zu vermeiden und die Steuergerechtigkeit im Hinblick auf selbstständig Tätige zu wahren, da diesen eine vergleichbare Steuervergünstigung nicht gewährt wird[704]. Die Erhöhung des Pauschsteuersatzes verringert zwar die Subventionswirkung der Norm, sodass die vereinfachende Wirkung der Norm an Gewicht gewinnt. Da der Steuersatz von 20% allerdings immer noch verhältnismäßig gering ist[705], bleibt der Schwerpunkt der Norm letztendlich subventioneller bzw. sozialpolitischer Natur.[706] Diese Mischung aus Vereinfachungs- und Sozialzweck- bzw. Subventionsnorm entspricht den Charakteristika der II. Kategorie der Systematisierung, sodass die Norm in diese Kategorie einzuordnen ist.

b) Beiträge zu einer Gruppenunfallversicherung (§ 40b Abs. 3 EStG)

Dem Arbeitgeber wird hierdurch ermöglicht, die Beiträge zu einer Gruppenunfallversicherung mehrerer seiner Arbeitnehmer pauschal mit 20% zu versteuern, wenn der auf jeden Arbeitnehmer entfallende Teilbetrag dieser Versicherung 62 Euro im Kalenderjahr nicht übersteigt, wobei die Versicherungssteuer bei der Berechnung abgezogen

---

702 Vgl. *Wagner* in: Herrmann/Heuer/Raupach, EStG/KStG, § 40b EStG Rz. 3; *Stickan* in: Littmann/Bitz/Pust, § 40b EStG Rz. 1.

703 BT-Drucks. 7/1281, S. 21.

704 Mit 10% eingeführt, danach auf 15% erhöht; ab 1996 20%; vgl. die Begründung zur Erhöhung von 10% auf 15%: BT-Drucks. 11/2157, S. 158.

705 Dieser Steuersatz entspricht einem Grenzsteuersatz der unteren Progressionszone, vgl.: *Loschelder* in: Schmidt, § 32a EStG Rz. 8.

706 Auch eine im Schwerpunkt sozialpolitische Norm sehend: *Eisgruber* in: Kirchhof, Einkommensteuergesetz, § 40b EStG Rz. 1; *Paetsch* in: Frotscher, § 40b EStG Rz. 3; *Stickan* in: Littmann/Bitz/Pust, § 40b EStG Rz. 1; *Trzaskalik* in: K/S/M, EStG, § 40b Rz. A1 u. A16; *H.-J. Heger* in: Blümich, EStG § 40b Rz. 5; wohl auch: *Wagner* in: Herrmann/Heuer/Raupach, EStG/KStG, § 40b EStG Rz. 3.

werden muss. Demnach handelt es sich bei dem Durchschnittsbetrag um eine Pauschalierungsfreigrenze. Überschreitet der Durchschnittswert 62 Euro, so kann der Arbeitgeber die Pauschalierungsnorm des § 40b Abs. 3 EStG nicht mehr nutzen[707]. Voraussetzung ist ferner, dass der Arbeitnehmer den Anspruch unmittelbar gegenüber der Versicherungsgesellschaft gelten machen kann, da ansonsten kein steuerpflichtiger Arbeitslohn vorliegt[708].[709]

Die gesetzgeberische Intention hinter der Norm ist die Angleichung der Pauschalierungsmöglichkeit für die Gruppenunfallversicherung im Verhältnis zu den nach § 40b EStG pauschal versteuerbaren Zukunftssicherungsleistungen[710]. Dementsprechend werden den Gruppenunfallversicherungen die gleichen Förderungswirkungen zu Teil. Es erscheint sozialpolitisch äquivalent zu einer Zukunftsvorsorge, wenn der der Arbeitgeber eine Gruppenunfallversicherung für seine Arbeitnehmer abschließt. Durch den gleichen abgeltend wirkenden Pauschsteuersatz wie bei § 40b Abs. 1 EStG erzeugt der § 40b Abs. 3 EStG auch die gleichen Vereinfachungswirkungen. Das Hauptaugenmerk liegt jedoch in der steuerlichen Förderung der sozialpolitisch erwünschten Gruppenunfallversicherungen durch deren steuerliche Gleichstellung mit den pauschal zu versteuernden Zukunftssicherungsleistungen des § 40b Abs. 1 EStG.[711] Diese Norm hat daher sowohl eine Vereinfachungskomponente als auch eine Sozialzweckkom-

707 *H.-J. Heger* in: Blümich, EStG § 40b Rz. 41; *Eisgruber* in: Kirchhof, Einkommensteuergesetz, § 40b EStG Rz. 12; *Küch* in: Lippross, Basiskommentar, § 40b EStG Rz. 92; *Wagner* in: Herrmann/Heuer/Raupach, EStG/KStG, § 40b EStG Rz. 64; *Paetsch* in: Frotscher, § 40b EStG Rz. 42.

708 BFH v. 11.12.2008 – VI R 9/05, BFHE 224, 70; BFH v. 16.4.1999 – VI R 75/97, BFH/NV 1999, 1590 u. vgl. oben allg. zu Zukunftssicherungsleistungen unter: 2. Kap. B. II. 1. d) ee).

709 Allg. zu der Norm vgl.: *Krüger* in: Schmidt, § 40b EStG Rz. 11; *Wagner* in: Herrmann/Heuer/Raupach, EStG/KStG, § 40b EStG Rz. 60 ff.; *Küch* in: Lippross, Basiskommentar, § 40b EStG Rz. 87 ff.; *Eisgruber* in: Kirchhof, Einkommensteuergesetz, § 40b EStG Rz. 12; *H.-J. Heger* in: Blümich, EStG § 40b Rz. 40 f.; *Stickan* in: Littmann/Bitz/Pust, § 40b EStG Rz. 74 f.; *Paetsch* in: Frotscher, § 40b EStG Rz. 40 ff.

710 Vgl. BT-Drucks 11/5970, S. 41; *Krüger* in: Schmidt, § 40b EStG Rz. 11.

711 Zum Zweck der Norm vgl.: *Wagner* in: Herrmann/Heuer/Raupach, EStG/KStG, § 40b EStG Rz. 3; *Trzaskalik* in: K/S/M, EStG, § 40b Rz. D1; *H.-J. Heger* in: Blümich, EStG § 40b Rz. 5.

ponente. Sie besitzt damit die Eigenschaften der II. Kategorie der Systematisierung und ist somit Teil dieser Kategorie.

B. Vereinfachungsnormen auf der Ausgabenseite

Nach den Vereinfachungsnormen der Einnahmenseite sollen nachfolgend die Vereinfachungsvorschriften der Ausgabenseite der Lohnsteuer systematisiert werden. Hierbei lässt sich bereits an dieser Stelle feststellen, dass auf der Ausgabenseite weitaus weniger Normen zu systematisieren sind als auf der Einnahmenseite. Dennoch sind im Folgenden zwei unterschiedliche Kategorien zu betrachten, in welche die Normen einzuordnen sind.

I. Voll abziehbare Werbungskosten, die bei den meisten Arbeitnehmern anfallen (III. Kategorie)

Die III. Kategorie der Systematisierung betrifft voll abziehbare Werbungskosten, die bei den meisten Arbeitnehmern anfallen. Das Gesetz kennt hierfür zwei Vorschriften, die beide unter § 9a Abs. 1 Nr. 1 EStG zu finden sind. Beide Tatbestände sind Werbungskostenpauschbeträge, die so breit aufgestellt sind, dass sie den meisten Arbeitnehmern zugute kommen.

§ 9a Satz 1 Nr. 1 EStG teilt sich in zwei Unterpunkte auf und legt typisierende Pauschbeträge für Werbungskosten bei den Einkünften aus nichtselbstständiger Arbeit fest, die stets von den Einnahmen abgezogen werden, es sei denn der Steuerpflichtige weist höhere Werbungskosten nach. Dafür werden bei den Einkünften aus nichtselbstständiger Arbeit 1000 Euro je Kalenderjahr und Steuerpflichtiger abgezogen – auch Arbeitnehmerpauschbetrag genannt. Handelt es sich bei diesen Einnahmen um Versorgungsleistungen i.S.v. § 19 Abs. 2 EStG, so beträgt der Pauschbetrag 102 Euro je Kalenderjahr und Steuerpflichtigem.[712]

712 Allg.: *Prinz* in: Herrmann/Heuer/Raupach, EStG/KStG, § 9a EStG Rz. 1 und 16 ff.; *Hillmoth* in: Lippross, Basiskommentar, § 9a EStG Rz. 1 ff.; *v. Beckerath* in: Kirch-

Hierbei handelt es sich um eine sog. Vollpauschalierungen[713], d.h. die Pauschalen sind nicht auf eine Art von Werbungskosten begrenzt, sondern gelten für jegliche Arten von Werbungskosten. Sie bestimmen einen Grundbetrag an Werbungskosten, der bei dem durchschnittlichen Arbeitnehmer üblicherweise anfällt bzw. anfallen soll. Die Höhe dieser Beträge bestimmt der Gesetzgeber nämlich hauptsächlich aufgrund von Erfahrungswerten.[714] Hierbei ist zu beachten, dass § 9a Satz 1 Nr. 1 lit. b) EStG i. d. R. bei pensionierten oder sonst aus dem aktiven Arbeitsleben ausgeschiedenen Arbeitnehmern Anwendung findet. Diese haben wegen der fehlenden aktiven Arbeit zumeist nur geringe Werbungskosten, weswegen der Pauschbetrag bei diesen mit 102 Euro deutlich geringer ausgefallen ist als bei den aktiv im Arbeitsleben stehenden Arbeitnehmern[715].

Diese Normen sollen der Verfahrensvereinfachung dienen, indem bei vielen Arbeitnehmern der Nachweis von Werbungskosten entfällt, da sie mit den realen Werbungskosten unter dem Wert der Pauschalen bleiben. Bei diesen Veranlagungen verringert sich der Arbeitsaufwand für die Finanzverwaltung und die Arbeitnehmer erheblich, da keinerlei Belege bzgl. des Werbungskostenabzugs eingereicht und geprüft werden müssen. [716] Nach Angaben des Gesetzgebers[717] werden durch den Arbeitnehmerpauschbetrag mehr als 60% der Arbeitnehmer von der Einreichung von Belegen für Werbungskosten befreit. Dennoch sind in diesem Bereich noch größere Vereinfachungseffekte erzielbar. Insbe-

---

hof, Einkommensteuergesetz, § 9 EStG Rz. 1 ff.; *Loschelder* in: Schmidt, § 9a EStG Rz. 1 ff.; *Thürmer* in: Blümich, EStG § 9a Rz. 1 ff.

713 *Prinz* in: Herrmann/Heuer/Raupach, EStG/KStG, § 9a EStG Rz. 1; *v. Beckerath* in: Kirchhof, Einkommensteuergesetz, § 9 EStG Rz. 1.

714 *Prinz* in: Herrmann/Heuer/Raupach, EStG/KStG, § 9a EStG Rz. 5; *v. Beckerath* in: Kirchhof, Einkommensteuergesetz, § 9 EStG Rz. 2; krit. zu der Vereinfachungswirkung der letzten Erhöhung von 920 Euro auf 1000 Euro und teilw. auch insgesamt vgl.: *Hey* in: Tipke/Lang[22], Steuerrecht, § 8 Rz. 302; *Hechtner*, FR 2011, 272; *Reimer*, FR 2011, 929 (930).

715 BT-Drucks. 15/2150, 33; *Prinz* in: Herrmann/Heuer/Raupach, EStG/KStG, § 9a EStG Rz. 19.

716 Zum Zweck der Norm: BT-Drucks. 17/5125, 36 f.; *Prinz* in: Herrmann/Heuer/Raupach, EStG/KStG, § 9a EStG Rz. 5, 16 u. 19; *Hillmoth* in: Lippross, Basiskommentar, § 9a EStG Rz. 1; *v. Beckerath* in: Kirchhof, Einkommensteuergesetz, § 9 EStG Rz. 2 f.; *Loschelder* in: Schmidt, § 9a EStG Rz. 1; *Thürmer* in: Blümich, EStG § 9a Rz. 3 f.

717 BT-Drucks. 17/5125, 36 f.

sondere die absoluten Werte der Pauschalierungen führen bei den Arbeitnehmern der unteren Einkommensschichten zu deutlichen Steuerentlastungen und haben keinerlei Vereinfachungseffekt mehr bei den Steuerpflichtigen, die stets deutlich mehr Aufwendungen geltend machen[718].

Da die Pauschalierungen nicht auf eine Art von Werbungskosten begrenzt sind und die Pauschbeträge stets abgezogen werden, fallen alle Arbeitnehmer und alle abziehbaren Werbungskosten in den Anwendungsbereich dieser Vorschriften. Dadurch erfüllen beide Pauschalierungen die Kriterien, um in die III. Kategorie der Systematisierung aufgenommen zu werden, nämlich zum einen die volle Abziehbarkeit der Werbungskosten und zum anderen die Nutzbarkeit der Pauschalierung durch alle Arbeitnehmer.

II. Schwer exakt erfassbare Werbungskosten, die bei sehr vielen Arbeitnehmern anfallen und teils nur begrenzt steuerlich abziehbar sind (IV. Kategorie)

Die II. Kategorie von Vereinfachungsnormen auf der Ausgabenseite betrifft Werbungskosten, die lediglich bei sehr vielen Arbeitnehmern und nicht bei allen anfallen. Sie sind oftmals nur schwer exakt erfassbar und teils nur begrenzt abziehbar. Die dieser Kategorie zuzurechnenden Normen sind allesamt in § 9 Abs. 1 EStG verortet.

§ 9 EStG befasst sich insgesamt mit Werbungskosten. Die Norm definiert zunächst allgemein den Begriff der Werbungskosten und grenzt damit auf der Ausgabenseite die einkommensteuerrechtlich relevante Erwerbssphäre von der einkommensteuerrechtlich irrelevanten Privatsphäre ab. Werbungskosten sind gem. § 9 Abs. 1 Satz 1 EStG Aufwendungen zur Erwerbung, Sicherung und Erhaltung der Einnahmen. Sie sind im Bereich der sogenannten Überschusseinkünfte gem. § 2 Abs. 2 Satz 1 Nr. 2 i.V.m. Abs. 1 Satz 1 Nr. 4-7 EStG von den Einnahmen gem. § 8 EStG abzuziehen. Die Einkünfte aus nichtselbstständiger Arbeit zählen gem. § 2 Abs. 2 Satz 1 Nr. 2 i.V.m. Abs. 1 Satz 1 Nr. 4 zu den Überschusseinkünften. Der Werbungskostenabzug ist

718 Vgl. dazu unten unter: 4. Kap. C. II.

Ausfluss des Leistungsfähigkeitsprinzips, da die Aufwendungen, die zur Erzielung von Einnahmen verwendet werden, nicht die steuerrechtliche Leistungsfähigkeit erhöhen und deswegen von den Einnahmen abzuziehen sind. Dadurch verwirklicht die Norm das objektive Nettoprinzip. In § 9 Abs. 1 Satz 3 EStG zählt der Gesetzgeber nicht abschließend die Aufwendungen auf, die zu den Werbungskosten gehören. Der persönliche Anwendungsbereich dieser Normen erstreckt sich zu Teilen ausschließlich auf Arbeitnehmer. Die hierbei aufgeführten Werbungskosten sind oftmals pauschaliert und betragsmäßig begrenzt.[719] Dies lässt ihnen stets zumindest auch eine vereinfachende Wirkung zu Teil werden. Die Normen wirken sowohl deklaratorisch als auch konstitutiv. Dadurch, dass es sich bei ihnen i. d. R. lediglich um Konkretisierungen des allgemeinen Werbungskostenbegriffs handelt[720], haben sie deklaratorische Wirkung. Die speziellen Ausformungen der Normen mit den Pauschalierungssätzen, Einschränkungen u.ä. hingegen wirken konstitutiv[721]. Diese speziell auf Arbeitnehmer zugeschnittenen Werbungskostenvorschriften sind der IV. Kategorie zuzuordnen. Nachfolgend werden die Einzelvorschriften untersucht und begründet, warum sie Teil dieser Kategorie sind.

1. Pendlerpauschale (§ 9 Abs. 1 Satz 3 Nr. 4 EStG)

Die Vorschrift des § 9 Abs. 1 Satz 3 Nr. 4 EStG befasst sich mit den Werbungskosten, die bei Arbeitnehmern für die Fahrten zwischen Wohnung und erster Tätigkeitsstätte üblicherweise abziehbar sind. Hierfür müssen dem Steuerpflichtigen tatsächlich keine Werbungskosten entstanden sein. Die Vorschrift bestimmt, dass der Arbeitnehmer für jeden Arbeitstag, an dem er die erste Tätigkeitsstätte aufsucht, für jeden zwischen Wohnung und erster Tätigkeitsstätte zurückgelegten Kilometer 0,30 Euro zum Abzug bringen kann. Dies gilt beförderungsmittelunabhängig und sogar bei Zurücklegung der Wegstrecke zu Fuß.

719 Allg. zu § 9 EStG vgl.: *Hey* in: Tipke/Lang[22], Steuerrecht, § 8 Rz. 358 ff.; *Kreft* in: Herrmann/Heuer/Raupach, EStG/KStG, § 9 EStG Rz. 1 u. 6 ff.; *Hillmoth* in: Lippross, Basiskommentar, § 9 EStG Rz. 1 ff.; *v. Beckerath* in: Kirchhof, Einkommensteuergesetz, § 9 EStG Rz. 1 ff.; *Thürmer* in: Blümich, EStG § 9 Rz. 1 ff.

720 Vgl. § 9 Abs. 1 Satz 3: „Werbungskosten sind auch…".

721 Vgl. zu § 9 Abs. 1 Satz 3 Nr. 5: *Loschelder* in: Schmidt, § 9 EStG Rz. 205.

Entstehen dem Arbeitnehmer tatsächlich keine Kosten für die Wegstrecke zur Arbeit, so wirkt die Norm wie eine Fiktion[722]. Der abzugsfähige Betrag ist auf 4.500 Euro pro Kalenderjahr begrenzt, es sei denn der Arbeitnehmer nutzt sein eigenes Fahrzeug. In diesem Fall gilt keine betragsmäßige Gesamtbegrenzung.[723]

Die Norm wurde aus Vereinfachungserwägungen und aus sozialpolitischen Gründen in das Einkommensteuergesetz aufgenommen. Zum einen werden durch sie die ansonsten nur schwer exakt zu erfassenden tatsächlichen Fahrtkosten einfacher abziehbar gemacht. Zum anderen begünstigt die Norm Fahrgemeinschaften und andere Massentransportmittel, da die Kilometerpauschale beförderungsmittelunabhängig pro Arbeitnehmer gilt, d.h. umso geringer die tatsächlichen Kosten sind, desto höher ist die Förderungswirkung. Diesen Überlegungen wohnt ebenso ein umweltpolitischer Gedanke inne, da ökologische Transportmittel (Fahrgemeinschaften, Fahrräder, etc.) i. d. R. besonders niedrige Kosten pro zurückgelegten Kilometer für den einzelnen Steuerpflichtigen verursachen.[724]

Fraglich ist, in welche Kategorie der Systematisierung die Norm einzuordnen ist. Indem die Werbungskosten i. d. R. auf 4.500 Euro pro Kalenderjahr begrenzt sind und auch die Aufwendungen pro Kilometer pauschal mit 0,30 Euro angesetzt werden, sind die Werbungskosten oftmals nicht voll abziehbar[725]. Dies spricht gegen eine Einordnung in die III. Kategorie. Außerdem hat § 9 Abs. 1 Satz 3 Nr. 4 EStG einen

722 Da die Norm nicht stets den realitätsgerechten Fall erfasst, wird sie z. T. verfassungsrechtlich, insb. in Bezug auf das objektive Nettoprinzip, krit. gesehen: *Bergkemper* in: Herrmann/Heuer/Raupach, EStG/KStG, § 9 EStG Rz. 443.

723 allg. zu § 9 Abs. 1 Satz 3 Nr. 4 EStG: *Bergkemper* in: Herrmann/Heuer/Raupach, EStG/KStG, § 9 EStG Rz. 440 ff.; *Hillmoth* in: Lippross, Basiskommentar, § 9 EStG Rz. 146 ff.; *v. Beckerath* in: Kirchhof, Einkommensteuergesetz, § 9 EStG Rz. 41 ff.; *Thürmer* in: Blümich, EStG § 9 Rz. 250 ff.; *Loschelder* in: Schmidt, § 9 EStG Rz. 179 ff.; krit. *Höck*, DB 2002, 1020.

724 Zum Zweck: BT-Drucks. 14/4242, 5; *Bergkemper* in: Herrmann/Heuer/Raupach, EStG/KStG, § 9 EStG Rz. 442; *v. Beckerath* in: Kirchhof, Einkommensteuergesetz, § 9 EStG Rz. 46 f.; *Thürmer* in: Blümich, EStG § 9 Rz. 252; *Loschelder* in: Schmidt, § 9 EStG Rz. 179; krit. *Söhn*, FR 2001, 950.

725 Vgl. dazu den ADAC Autokostenrechner und die entsprechenden Übersichten, die für nahezu kein Modell Kosten unter oder gleich 0,30 Euro pro Kilometer ausweisen, abrufbar unter: https://www.adac.de/infotestrat/autodatenbank/autokosten/, abgerufen am 21.4.2016.

starken sozial- und umweltpolitischen Charakter. Des Weiteren erfasst die Norm grundsätzlich schwer exakt zu erfassende Aufwendungen der Arbeitnehmer. Beides spricht für eine Einordnung in die IV. Kategorie der Systematisierung. Dass die Aufwendungen zu Teilen nur begrenzt abziehbar sind, erfüllt ein weiteres Kriterium der IV. Kategorie, sodass die Norm zu Recht in diese einzuordnen ist.

2. Beruflich veranlasste Fahrten des Arbeitnehmers (§ 9 Abs. 1 Satz 3 Nr. 4a EStG)

Die zuvor besprochene Norm regelt ausschließlich die steuerrechtliche Behandlung von Fahrten zwischen der Wohnung und der ersten Tätigkeitsstätte. § 9 Abs. 1 Satz 3 Nr. 4a EStG hingegen befasst sich mit sonstigen beruflich veranlassten Fahrten des Arbeitnehmers, soweit sie keine Familienheimfahrten i.S.v. § 9 Abs. 1 Satz 3 Nr. 5 EStG[726] sind. § 9 Abs. 1 Satz 3 Nr. 4a EStG legt fest, dass der Arbeitnehmer die hierfür tatsächlich entstandenen Kosten ansetzen kann, indem ein individueller Km-Satz anhand der Kosten für ein Nutzungsjahr ermittelt wird, der solange verwendet werden kann bis sich die Umstände wesentlich ändern[727]. Der Arbeitnehmer kann alternativ hierzu die pauschalen Km-Sätze des Bundesreisekostengesetzes anwenden[728].[729]

Die Intention bei Einführung der Norm war, die steuerrechtliche Berücksichtigung dieser Fahrtkosten zu vereinfachen sowie die Herstellung von Rechts- und Planungssicherheit für den Steuerpflichtigen

726 Vgl. dazu unten unter: 3. Kap. B. II. 3.

727 Zur Berechnung dieses persönlichen Km-Satzes: BT-Drucks. 17/10774, 12f.; *Bergkemper* in: Herrmann/Heuer/Raupach, EStG/KStG, § 9 EStG Rz. 476; *Hillmoth* in: Lippross, Basiskommentar, § 9 EStG Rz. 362; *v. Beckerath* in: Kirchhof, Einkommensteuergesetz, § 9 EStG Rz. 77; *Loschelder* in: Schmidt, § 9 EStG Rz. 203.

728 Diese sind wie folgt: bei einem Kraftwagen 0,30 Euro je Fahrtkilometer, bei einem Motorrad oder einem Motorroller 0,13 Euro je Fahrtkilometer, bei einem Moped oder Mofa 0,08 Euro je Fahrtkilometer, bei einem Fahrrad 0,05 Euro je Fahrtkilometer, s. BMF v. 20.8.2001 - IV C 5 - S 2353 - 312/01, BStBl. I 2001, 541.; *Loschelder* in: Schmidt, § 9 EStG Rz. 203; *v. Beckerath* in: Kirchhof, Einkommensteuergesetz, § 9 EStG Rz. 78.

729 Allg. zu der Norm vgl.: *Bergkemper* in: Herrmann/Heuer/Raupach, EStG/KStG, § 9 EStG Rz. 475 ff.; *Hillmoth* in: Lippross, Basiskommentar, § 9 EStG Rz. 361 ff.; *v. Beckerath* in: Kirchhof, Einkommensteuergesetz, § 9 EStG Rz. 77 ff.; *Loschelder* in: Schmidt, § 9 EStG Rz. 203 f.; *Thürmer* in: Blümich, EStG § 9 Rz. 310 ff.

zu gewährleisten[730]. Fahrtkosten sind stets ein nur schwer exakt zu erfassender Aufwendungsposten, da nicht nur die laufenden Kosten zu ermitteln sind, sondern auch die Abnutzung und unter Umständen eine anteilige private Mitnutzung des PKWs. Einheitliche Berechnungsregeln oder Pauschsätze vereinfachen deren steuerliche Berücksichtigung spürbar. Daher ist § 9 Abs. 1 Satz 3 Nr. 4a EStG hauptsächlich eine Vereinfachungsnorm. Der Anteil der Arbeitnehmer, auf den diesen Norm Anwendung findet, wird verhältnismäßig klein sein, da regelmäßig nur ein kleiner Teil einer Belegschaft beruflich veranlasste Fahrten i.S.d. § 9 Abs. 1 Satz 3 Nr. 4a EStG unternimmt. Insbesondere der überschaubare Anwendungsbereich spricht gegen eine Einordnung in die III. Kategorie der Systematisierung. Nach alledem ist die Norm daher in die IV. Kategorie der Systematisierung einzuordnen.

3. Beruflich bedingte doppelte Haushaltsführung (§ 9 Abs. 1 Satz 3 Nr. 5 EStG)

Diese spezielle Werbungskostenvorschrift bestimmt, dass Arbeitnehmer notwendige Mehraufwendungen wegen einer beruflich bedingten doppelten Haushaltsführung als Werbungskosten gelten machen können. Eine solche ist anzunehmen, wenn der Arbeitnehmer neben seinem eigentlichen Wohnsitz aus beruflichen Gründen eine Zweitwohnung am Ort der ersten Tätigkeitsstätte unterhält[731]. Diese Abzugsmöglichkeit wird in bestimmten Bereichen nominell begrenzt. So bestimmt § 9 Abs. 1 Satz 3 Nr. 5 Satz 4 EStG, dass inländische Unterkunftskosten lediglich bis zu 1000 Euro im Monat berücksichtigt werden dürfen. § 9 Abs. 1 Satz 3 Nr. 5 Sätze 5 bis 8 EStG beschränkt die Abzugsmöglichkeiten für Familienheimfahrten sowohl hinsichtlich des Intervalls, in denen sie angesetzt werden können (max. einmal in der

730 BT-Drucks. 17/10774, 12f.; *v. Beckerath* in: Kirchhof, Einkommensteuergesetz, § 9 EStG Rz. 78; *Thürmer* in: Blümich, EStG § 9 Rz. 252; *Loschelder* in: Schmidt, § 9 EStG Rz. 203; *Niermann*, DB 2013, 1015 (1019) krit.: *Bergkemper*, FR 2013, 1017 (1019).

731 Näher zum Begriff der doppelten Haushaltsführung: *Bergkemper* in: Herrmann/Heuer/Raupach, EStG/KStG, § 9 EStG Rz. 495 f.; *Hillmoth* in: Lippross, Basiskommentar, § 9 EStG Rz. 410 f.; *v. Beckerath* in: Kirchhof, Einkommensteuergesetz, § 9 EStG Rz. 111 ff.; *Loschelder* in: Schmidt, § 9 EStG Rz. 206 ff.; *Thürmer* in: Blümich, EStG § 9 Rz. 325 u. 360 ff.

Woche), als auch hinsichtlich der abziehbaren Aufwendungen pro gefahrenen Kilometer.[732]

Die Aufwendungen für eine doppelte Haushaltsführung entspringen dem rein beruflichen Bedürfnis, die Arbeitsstätte schnell erreichen zu können, da i. d. R. die Wegstrecke zwischen dieser und dem Lebensmittelpunkt des Arbeitnehmers zu weit ist, als dass sie arbeitstäglich zurückgelegt werden könnte[733]. Eine oftmals anzutreffende Einordnung als gemischt veranlasste Aufwendungen erscheint ebenfalls annehmbar[734]. Jedenfalls sind die mit einer doppelten Haushaltsführung verbundenen Aufwendungen als Werbungskosten zu qualifizieren. Der § 9 Abs. 1 Satz 3 Nr. 5 EStG hat daher dem Grunde nach deklaratorische Bedeutung und lediglich konstitutiven Charakter soweit er die Abziehbarkeit einschränkt[735]. Es handelt sich demnach nicht um eine rein deklaratorische Vorschrift. Die Norm soll durch die Pauschbeträge und einheitlichen Richtlinien zur doppelten Haushaltsführung die steuerliche Erfassung dieser Werbungskosten erleichtern, da sie ansonsten nur schwer exakt und einheitlich zu berücksichtigen wären[736]. Allerdings unterhalten in der Regel nur wenige Arbeitnehmer aus beruflichen Gründen eine Zweitwohnung. Daher ist eine Einordnung in die III. Kategorie nicht geboten. Vielmehr ist die Norm Teil der vierten Kategorie.

4. Beruflich bedingte Übernachtungen des Arbeitnehmers (§ 9 Abs. 1 Satz 3 Nr. 5a EStG)

Hiernach sind die notwendigen Mehraufwendungen einer beruflich bedingten Übernachtung eines Arbeitnehmers an einem anderen Ort

---

732 Allg. zu der Norm vgl.: *Bergkemper* in: Herrmann/Heuer/Raupach, EStG/KStG, § 9 EStG Rz. 490 ff.; *Hillmoth* in: Lippross, Basiskommentar, § 9 EStG Rz. 401 ff.; *v. Beckerath* in: Kirchhof, Einkommensteuergesetz, § 9 EStG Rz. 98 ff.; *Loschelder* in: Schmidt, § 9 EStG Rz. 205 ff.; *Thürmer* in: Blümich, EStG § 9 Rz. 325 ff.

733 Auch für eine Einordnung als rein berufliche Aufwendung: *Bergkemper* in: Herrmann/Heuer/Raupach, EStG/KStG, § 9 EStG Rz. 490; *Loschelder* in: Schmidt, § 9 EStG Rz. 205; *Bergkemper*, FR 2008, 40 (43).

734 *Thürmer* in: Blümich, EStG § 9 Rz. 326; *v. Beckerath* in: Kirchhof, Einkommensteuergesetz, § 9 EStG Rz. 99; *Söhn* in: FS Offerhaus, S. 479 ff.

735 *Bergkemper* in: Herrmann/Heuer/Raupach, EStG/KStG, § 9 EStG Rz. 490; *Loschelder* in: Schmidt, § 9 EStG Rz. 205; *Bergkemper*, FR 2008, 40 (43).

736 BT-Drucks. 17/10774, 13.

als der ersten Tätigkeitsstätte als Werbungskosten abziehbar. Bei einer gemeinsamen Nutzung der Unterkunft mit anderen Personen, die nicht für den selben Arbeitgeber tätig sind, sind die Kosten anzusetzen, die bei alleiniger Nutzung der Unterkunft durch den Arbeitnehmer angefallen wären. Gem. § 9 Abs. 1 Satz 3 Nr. 5a Satz 4 EStG gilt eine Frist von 48 Monaten, nach deren Überschreiten im Falle einer längerfristigen beruflichen Tätigkeit an diesem Ort lediglich der Betrag nach § 9 Abs. 1 Satz 3 Nr. 5 Satz 4 EStG (max. 1000 Euro pro Monat) als Werbungskosten geltend gemacht werden kann.[737]

Die ersten drei Sätze der Vorschrift konkretisieren lediglich die Abzugsmöglichkeit für beruflich bedingte Übernachtungskosten, die eigentlich bereits durch die Generalklausel des § 9 Abs. 1 Satz 1 EStG als Werbungskosten erfasst würden. Daher wirkt die Vorschrift soweit lediglich deklaratorisch. Ausschließlich die Einschränkungen der Sätze 4 und 5 der Vorschrift haben konstitutive Bedeutung.[738] Eine getrennte Einordnung in unterschiedliche Kategorien der Systematisierung scheidet aus, da die Regelungen in den Sätzen 4 und 5 nicht von den Vorherigen trennbar sind. Die ersten drei Sätze definieren, welche Übernachtungskosten überhaupt unter die Einschränkungen fallen und sind somit für die Anwendung der Sätze 4 und 5 notwendig[739]. Da diese Art von Ausgaben nicht bei der Mehrzahl der Arbeitnehmer zu finden ist, kommt eine Einordnung in die III. Kategorie nicht in Betracht. Der deklaratorische Teil der Vorschrift sorgt in diesem Bereich der Werbungskosten für eine Erleichterung der steuerlichen Erfassung, da dieser die Werbungskosten allgemeingültig definiert. Ferner werden die Bedingungen für die Abzugsmöglichkeit bei berufsbedingten Übernachtungen an die bei einer doppelten Haushaltsführung geltenden Regelung angeglichen.[740] Die Begrenzung der Abziehbarkeit der

---

737 Allg. zu der Norm vgl.: *Bergkemper* in: Herrmann/Heuer/Raupach, EStG/KStG, § 9 EStG Rz. 501a ff.; *Hillmoth* in: Lippross, Basiskommentar, § 9 EStG Rz. 555 ff.; *Loschelder* in: Schmidt, § 9 EStG Rz. 237 f.; *Thürmer* in: Blümich, EStG § 9 Rz. 430 ff.

738 *Bergkemper* in: Herrmann/Heuer/Raupach, EStG/KStG, § 9 EStG Rz. 501a; ähnlich: *Thürmer* in: Blümich, EStG § 9 Rz. 430.

739 vgl. *Bergkemper* in: Herrmann/Heuer/Raupach, EStG/KStG, § 9 EStG Rz. 501a.

740 zum Zweck: BT-Drucks. 17/10774, 14; *Bergkemper* in: Herrmann/Heuer/Raupach, EStG/KStG, § 9 EStG Rz. 501a; *Thürmer* in: Blümich, EStG § 9 Rz. 435; *Bergkemper*, FR 2013, 1017 (1020).

Ausgaben für berufsbedingte Übernachtungen durch die Sätze 3 und 4 der Norm führt zu einer Einordnung der Norm in die IV. Kategorie der Systematisierung, da sowohl die für diese Kategorie charakteristische Begrenzung der Abziehbarkeit der Ausgaben als auch der gegenüber der III. Kategorie reduzierte persönliche Anwendungsbereich gegeben ist.

C. Vereinfachungsnormen auf der neutralen Seite

Bei den Vereinfachungsnormen des Lohnsteuerrechts sind auch Normen zu finden, die entweder ganz oder teilweise deklaratorisch wirken oder keiner der zuvor besprochenen Kategorien zuzuordnen sind. Diese Normen sind auf der neutralen Seite der Systematisierung zu verorten, da sie weder der Einnahmen- noch der Ausgabenseite entsprechen. Diese beiden letzten Kategorien der Systematisierung werden samt der zugehörigen Normen nachfolgend diskutiert.

I. Deklaratorische Normen (V. Kategorie)

Die V. Kategorie beinhaltet Normen, die gänzlich oder lediglich teilweise deklaratorisch wirken. Vereinzelt wurde bereits darauf hingewiesen, dass manche Normen zusätzlich einen deklaratorischen Charakter inne haben. Andere Vorschriften wirken sogar gänzlich deklaratorisch. Streng genommen sind deklaratorische Normen überflüssig, da sie keine tatsächliche rechtliche Wirkung entfalten, sondern lediglich die bereits bestehende Gesetzeslage wiedergeben. Solche deklaratorische Normen sind bei den Vereinfachungsnormen des Lohnsteuerrechts ausschließlich in § 3 EStG zu finden.

1. Sachzuwendungen an Vollzugsbeamte und Feuerwehrleute (§ 3 Nr. 4 EStG)

Die Vorschrift des § 3 Nr. 4 EStG regelt die Steuerfreiheit von Sachzuwendungen, die Angehörige der Bundeswehr, der Bundespolizei, der Zollverwaltung, der Bereitschaftspolizei der Länder, der Vollzugspolizei und der Berufsfeuerwehr der Länder und Gemeinden und die Vollzugsbeamten der Kriminalpolizei des Bundes, der Länder und Gemeinden von ihren Arbeitgebern erhalten. Wie bereits oben erwähnt[741] hat die Norm neben dem Charakter als Steuerfreistellung zur normativen Einschränkung des weiten Arbeitslohnbegriffs auch eine deklaratorische Komponente. Soweit die Norm nämlich Sachzuwendungen an die Beschäftigten steuerfreistellt, die ohnehin kein Arbeitslohn wären, geht die Steuerfreistellung genau genommen ins Leere, sodass sie allenfalls noch deklaratorisch wirkt. Da die Norm beide Varianten gleichermaßen abdeckt, ist sie neben ihrer Einordung in die I. Kategorie auch in diese – die V. Kategorie – einzugliedern.

2. Gestellung sowie Barablösung typischer Berufskleidung (§ 3 Nr. 31 EStG)

Die Steuerfreistellung des § 3 Nr. 31 EStG regelt ähnlich wie § 3 Nr. 4 EStG die unentgeltliche oder verbilligte Überlassung von typischer Berufskleidung sowie die Barablösung eines nicht nur einzelvertraglich geregelten Anspruchs auf Gestellung solcher Kleidung. Der Unterschied zwischen den Normen besteht darin, dass § 3 Nr. 31 EStG für den zivilen Bereich Anwendung findet und nicht auf Staatsbedienstete beschränkt ist. Jedoch muss auch bei § 3 Nr. 31 EStG zwischen einem konstitutiv wirkenden und einem deklaratorisch wirkenden Teil unterschieden werden. Der konstitutive Teil der Norm ist wie bereits oben erörtert[742] der I. Kategorie zuzuordnen.

Soweit die Norm die verbilligte oder unentgeltliche Überlassung von typischer Berufskleidung steuerfrei stellt wirkt sie deklaratorisch, da der Arbeitgeber hieran ein weit überwiegendes eigenbetriebliches Interesse hat[743] und somit kein Arbeitslohn vorliegt. Insoweit hat die Steuerfreistellung also keine rechtliche Wirkung. Daher ist die Norm insoweit auch der V. Kategorie der Systematisierung zuzuordnen.

---

741 Vgl. oben unter: 3. Kap. A. I. 1.

742 Vgl. oben unter: 3. Kap. A. I. 9.

743 BFH v. 22.6.2006 – VI R 21/06, BFHE 214, 252; *Bergkemper* in: Herrmann/Heuer/Raupach, EStG/KStG, § 3 Nr. 31 EStG Rz. 1; *Erhard* in: Blümich, EStG § 3 Nr. 31 Rz. 1; *Tormöhlen* in: Korn, Einkommensteuergesetz, § 3 Nr. 31 EStG Rz. 5; aber mit Ausnahmen vgl.: BFH v. 11.4.2006 – VI R 60/02, BFHE 212, 574.

3. Betrieblich notwendige unentgeltliche oder verbilligte Sammelbeförderung eines Arbeitnehmers zwischen Wohnung und erster Tätigkeitsstätte (§ 3 Nr. 32 EStG)

Die Steuerfreistellung des § 3 Nr. 32 EStG regelt die steuerliche Behandlung von unentgeltlicher oder verbilligter Sammelbeförderung eines Arbeitnehmers zwischen Wohnung und erster Tätigkeitsstätte sowie Fahrten nach § 9 Abs. 1 Satz 3 Nr. 4a Satz 3 EStG mit einem vom Arbeitgeber gestellten Beförderungsmittel, soweit die Sammelbeförderung für den betrieblichen Einsatz des Arbeitnehmers notwendig ist. Das Besondere hieran ist die betriebliche Notwendigkeit als Voraussetzung für die Sammelbeförderung. Das heißt, dass die Beförderung zwingend den betrieblichen Bedürfnissen oder Anliegen dienen oder sonst erforderlich sein muss[744]. Dies jedoch führt dazu, dass die Beförderung im überwiegenden Interesse des Arbeitgebers durchgeführt wird, was wiederum die Annahme von Arbeitslohn ausschließt, da keine Bereicherung des Arbeitnehmers vorliegt[745]. Wenn jedoch die Sammelbeförderung i.S.v. § 3 Nr. 32 EStG schon kein Arbeitslohn darstellt, so hat die Steuerfreistellung ausschließlich deklaratorischen Charakter[746]. Dies führt zu der Einordnung der Norm in die V. Kategorie der Systematisierung.

4. Sachprämien zur Kundenbindung (§ 3 Nr. 38 EStG)

Die Vorschrift des § 3 Nr. 38 EStG stellt Sachprämien, die zum Zwecke der Kundenbindung im allgemeinen Geschäftsverkehr in einem jedermann zugänglichen planmäßigen Verfahren gewährt wurden und die der Steuerpflichtige für die persönliche Inanspruchnahme von Dienst-

744 Zum Erfordernis der betrieblichen Notwendigkeit: *Bergkemper* in: Herrmann/Heuer/Raupach, EStG/KStG, § 3 Nr. 32 EStG Rz. 2; *Hillmoth* in: Lippross, Basiskommentar, § 3 Nr. 32 EStG Rz. 18; *Tormöhlen* in: Korn, Einkommensteuergesetz, § 3 Nr. 32 EStG Rz. 5; *v. Beckerath* in: Kirchhof, Einkommensteuergesetz, § 3 Nr. 32 EStG Rz. 61; *Heinicke* in: Schmidt, § 3 EStG, unter „Fahrtkosten".

745 *Bergkemper* in: Herrmann/Heuer/Raupach, EStG/KStG, § 3 Nr. 32 EStG Rz. 1; *Tormöhlen* in: Korn, Einkommensteuergesetz, § 3 Nr. 32 EStG Rz. 1; *Erhard* in: Blümich, EStG § 3 Nr. 32 Rz. 1.

746 *Bergkemper* in: Herrmann/Heuer/Raupach, EStG/KStG, § 3 Nr. 32 EStG Rz. 1; *Tormöhlen* in: Korn, Einkommensteuergesetz, § 3 Nr. 32 EStG Rz. 1; *Erhard* in: Blümich, EStG § 3 Nr. 32 Rz. 1.

leistungen des Unternehmens erhält, bis zu einer Grenze von 1080 Euro pro Steuerpflichtigem und Kalenderjahr steuerfrei.

Die Norm enthält wie bereits besprochene Normen mehrere Zwecke. Daher ist eine Einordnung in zwei Kategorien erforderlich. Soweit die gewährten Sachprämien steuerbares Einkommen darstellen, wirkt die Norm wie oben bereits ausgeführt[747] konstitutiv und ist der II. Kategorie zuzuordnen. Soweit die Sachprämien aber kein steuerbares Einkommen darstellen, z. B. weil sie zum einen privat veranlasst und auch wieder privat verwendet werden oder zum anderen, weil sie beruflich veranlasst und auch wieder beruflich verwendet werden, wirkt die Norm deklaratorisch. In solchen Fällen gibt sie lediglich die bereits bestehende Rechtslage wieder, hat keinen eigenen Regelungsgehalt und wirkt daher deklaratorisch. Sie ist insoweit Teil der V. Kategorie.

5. Leistungen aus Stipendien (§ 3 Nr. 42 und 44 EStG)

Die Steuerfreistellungen des § 3 Nr. 42 und 44 EStG richten sich beide an Stipendiaten. § 3 Nr. 42 EStG stellt Zuwendungen steuerfrei, die auf Grund des Fullbright-Abkommens[748] gezahlt werden, welches den Austausch von Studenten und Wissenschaftlern zwischen den USA und Deutschland fördert. Die Steuerfreistellung soll verhindern, dass die Mittel durch etwaige Steuerzahlungen geschmälert werden und zum kulturellen und wissenschaftlichen Austausch der Nationen beitragen[749]. § 3 Nr. 44 EStG stellt Stipendien aus öffentlich-rechtlichen oder öffentlich-rechtlich kontrollierten Bezugsquellen steuerfrei, wenn sie zur Förderung der Forschung oder zur Förderung der wissenschaftlichen oder künstlerischen Ausbildung oder Fortbildung gewährt werden. Ferner dürfen sie nicht unverhältnismäßig hoch angesetzt werden und der Stipendiat muss zu einer wissenschaftlichen oder künstlerischen Gegenleistung oder Arbeitnehmertätigkeit verpflichtet sein, § 3

747 Vgl. oben unter: 3. Kap. A. II. 1.

748 Fulbright-Abkommen v. 20.11.1962, BGBl. II 1964, 27.

749 *Bergkemper* in: Herrmann/Heuer/Raupach, EStG/KStG, § 3 Nr. 42 EStG Rz. 1; *Hillmoth* in: Lippross, Basiskommentar, § 3 Nr. 42 EStG Rz. 1; *Korn* in: Korn, Einkommensteuergesetz, § 3 Nr. 42 EStG Rz. 1; *v. Beckerath* in: Kirchhof, Einkommensteuergesetz, § 3 Nr. 42 EStG Rz. 123; *Erhard* in: Blümich, EStG § 3 Nr. 42 Rz. 1.

Nr. 44 Satz 3 EStG[750]. Die Norm soll die wissenschaftliche oder künstlerische Ausbildung und Forschung fördern, indem die ausbildungsbedingte verringerte Erwerbsfähigkeit ohne zusätzliche Steuerbelastung durch Stipendien bestmöglich kompensiert werden kann und die hierfür notwendigen Mittel möglichst effektiv eingesetzt werden können[751].

Die entscheidende Frage bei der steuerrechtlichen Beurteilung von Stipendien ist, ob diese überhaupt steuerbare Einkünfte sind. Im Folgenden soll sich auf die Frage konzentriert werden, ob und wenn ja, wann sie Einkünfte aus nichtselbstständiger Arbeit seien können[752]. Damit das Stipendium zu Einkünften aus nichtselbstständiger Arbeit führt, müsste es im Rahmen eines Dienstverhältnisses ausgezahlt werden. Dies ist jedoch nicht der Fall. Der Stipendiat schuldet dem Stipendiengeber weder seine Arbeitskraft noch ist der Stipendiengeber gegenüber dem Stipendiaten weisungsbefugt. Obgleich hier in der Regel regelmäßige Fortschrittskontrollen stattfinden, ist das Stipendienverhältnis nicht mit einem Dienstverhältnis zu vergleichen. Der Stipendiat erhält die Zuwendungen nicht für eine Arbeitsleistung, sondern vielmehr um erst später einer qualifizierten Erwerbstätigkeit nachgehen zu können. Ausschließlich wenn das Stipendium in engem Zusammenhang mit der bereits ausgeübten Tätigkeit, bspw. auf Grund eines betrieblich erwünschten Auslandsstudiums o.ä., steht, kann Arbeitslohn anzunehmen sein. Selbst in diesem konkreten Fall ist jedoch fraglich, ob nicht das eigenbetriebliche Interesse des Arbeitgebers überwiegt. Daher sind Stipendien in der Regel schon keine steuerbaren Einkünfte.[753]

---

750 Näher zu den Voraussetzungen des § 3 Nr. 44 EStG vgl.: *Bergkemper* in: Herrmann/Heuer/Raupach, EStG/KStG, § 3 Nr. 44 EStG Rz. 2; *Hillmoth* in: Lippross, Basiskommentar, § 3 Nr. 44 EStG Rz. 2 f.; *Tormöhlen* in: Korn, Einkommensteuergesetz, § 3 Nr. 44 EStG Rz. 2 ff.; *v. Beckerath* in: Kirchhof, Einkommensteuergesetz, § 3 Nr. 44 EStG Rz. 125; *Heinicke* in: Schmidt, § 3 EStG, unter „ Stipendien"; *Erhard* in: Blümich, EStG § 3 Nr. 44 Rz. 2 ff.

751 *Bergkemper* in: Herrmann/Heuer/Raupach, EStG/KStG, § 3 Nr. 44 EStG Rz. 1a; *Erhard* in: Blümich, EStG § 3 Nr. 44 Rz. 1.

752 Vgl. anschaulich zu der einkommensteuerlichen Behandlung von Stipendien: *Ernst/Schill*, DStR 2008, 1461.

753 So auch: *Hey* in: Tipke/Lang[22], Steuerrecht, § 8 Rz. 124; *Ernst/Schill*, DStR 2008, 1461 (1463 f.).

Der Schwerpunkt der Normen liegt daher nicht in der sozialpolitisch motivierten Förderung der Ausbildung von Künstlern und Wissenschaftlern[754]. Vielmehr haben die Steuerfreistellungen im Schwerpunkt als Fiskalzweckbefreiungen lediglich deklaratorische Bedeutung[755], was zu der Einordnung in die V. Kategorie führt.

6. Durchlaufende Gelder und Auslagenersatz (§ 3 Nr. 50 EStG)

Durch diese Norm werden sog. durchlaufende Gelder und Auslagenersatz steuerfrei gestellt. Durchlaufende Gelder sind nach der Legaldefinition des § 3 Nr. 50 EStG Beträge, die der Arbeitnehmer vom Arbeitgeber erhält, um sie für diesen einzusetzen, wohingegen Auslagenersatz vom Gesetz definiert wird als Beträge, durch die Auslagen des Arbeitnehmers für den Arbeitgeber ersetzt werden. Der Unterscheid zwischen Auslagenersatz und durchlaufenden Geldern liegt demnach im Zeitpunkt, zu dem der finanzielle Ausgleich für den Arbeitnehmer stattfindet. Bei dem Auslagenersatz wird der Arbeitnehmer im Nachhinein von seinem Arbeitgeber entschädigt, wohingegen der Arbeitnehmer bei durchlaufenden Geldern vor der Ausgabe die finanziellen Mittel erhält[756].

Die charakteristische Eigenschaft sowohl bei durchlaufenden Geldern als auch beim Auslagenersatz ist, dass sie keinen Arbeitslohn für den Arbeitnehmer darstellen. Dies kann an zwei Merkmalen festgemacht werden. Zum einen stellen sie keine Bereicherung des Arbeitnehmers dar, weil entweder vor oder nach der Gewährung der finanziellen Mittel der Arbeitnehmer diese für den Arbeitgeber verwendet werden. Dies deutet bereits auf das zweite Merkmal hin, dass gegen die Beurteilung als Arbeitslohn spricht. Die Zuwendungen tätigt der Arbeitgeber im ausschließlich eigenbetrieblichen Interesse, da auch die

754 Für eine Sozialzwecknorm: *Bergkemper* in: Herrmann/Heuer/Raupach, EStG/KStG, § 3 Nr. 44 EStG Rz. 1a; *Hillmoth* in: Lippross, Basiskommentar, § 3 Nr. 44 EStG Rz. 1.

755 *Hey* in: Tipke/Lang[22], Steuerrecht, § 8 Rz. 138; *Erhard* in: Blümich, EStG § 3 Nr. 42 Rz. 1 und 44 Rz. 1; *Ernst/Schill*, DStR 2008, 1461 (1464).

756 Vgl. hierzu bereits oben unter: 2. Kap. B. II. 1. d) (3) und *Mody* in: Korn, Einkommensteuergesetz, § 19 EStG Rz. 55; vgl. auch den Wortlaut des § 3 Nr. 50 EStG.

Mittel ausschließlich für den Betrieb verwendet werden.[757] Daher hat deren Steuerfreistellung durch § 3 Nr. 50 EStG ausschließlich deklaratorische Bedeutung[758]. Dementsprechend ist die Norm Teil der V. Kategorie der Systematisierung.

7. Übertragung von Wertguthaben nach § 7f Abs. 1 Satz 1 Nr. 2 SGB IV auf die Deutsche Rentenversicherung Bund (§ 3 Nr. 53 EStG)

Die Steuerfreistellung des § 3 Nr. 53 EStG betrifft die Übertragung von Wertguthaben nach § 7f Abs. 1 Satz 1 Nr. 2 SGB IV (sog. Zeitwertkonten[759]) auf die Deutsche Rentenversicherung Bund. Ferner wird – steuersystematisch völlig verfehlt[760] – festgelegt, dass eine etwaige Auszahlung hieraus den Einkünften aus nichtselbständiger Tätigkeit zuzurechnen und davon Lohnsteuer einzubehalten ist.

Die Errichtung und Übertragung eines solchen Zeitwertkontos von einem Arbeitgeber zum anderen Arbeitgeber – bspw. bei einem Arbeitsplatzwechsel – löst i. d. R. keinen Zufluss von Arbeitslohn beim Arbeitnehmer aus, da dieser nicht frei über das angesparte Geld verfügen kann, sondern dieses vielmehr bei einer Freistellung ausgezahlt erhält. Erst dann kommt es zu einem Zufluss von Arbeitslohn. Da jedoch Arbeitnehmer auch in die Selbstständigkeit o.ä. wechseln können und dann kein anderer Arbeitgeber zur Verfügung steht, der ein solches

757 BFH v. 21.8.1995 – VI R 30/95, BFHE 178, 350; *Mody* in: Korn, Einkommensteuergesetz, § 19 EStG Rz. 55; *Bergkemper* in: Herrmann/Heuer/Raupach, EStG/KStG, § 3 Nr. 50 EStG Rz. 1; *Hillmoth* in: Lippross, Basiskommentar, § 3 Nr. 50 EStG Rz. 7; *Tormöhlen* in: Korn, Einkommensteuergesetz, § 3 Nr. 50 EStG Rz. 1; *v. Beckerath* in: Kirchhof, Einkommensteuergesetz, § 3 Nr. 50 EStG Rz. 131; *Heinicke* in: Schmidt, § 3 EStG, unter „Durchlaufende Gelder und Auslagenersatz".

758 *Bergkemper* in: Herrmann/Heuer/Raupach, EStG/KStG, § 3 Nr. 50 EStG Rz. 1; *Tormöhlen* in: Korn, Einkommensteuergesetz, § 3 Nr. 50 EStG Rz. 1; *v. Beckerath* in: Kirchhof, Einkommensteuergesetz, § 3 Nr. 50 EStG Rz. 131; *Erhard* in: Blümich, EStG § 3 Nr. 50 Rz. 1.

759 Zum Begriff des Zeitwertkontos vgl.: *Bergkemper* in: Herrmann/Heuer/Raupach, EStG/KStG, § 3 Nr. 53 EStG Rz. 2; *Tormöhlen* in: Korn, Einkommensteuergesetz, § 3 Nr. 53 EStG Rz. 6 f.; *v. Beckerath* in: Kirchhof, Einkommensteuergesetz, § 3 Nr. 53 EStG Rz. 135 ff.; *Heinicke* in: Schmidt, § 3 EStG, unter „Arbeitszeit-Wertguthaben"; *Erhard* in: Blümich, EStG § 3 Nr. 53 Rz. 2; *Langohr-Plato/Sopora*, NZA 2008, 1377.

760 So auch: *Bergkemper* in: Herrmann/Heuer/Raupach, EStG/KStG, § 3 Nr. 53 EStG Rz. 1

Zeitwertkonto übernehmen kann, ist die Übertragung auf die Deutsche Rentenversicherung Bund ebenfalls möglich. Die Übertragung hierauf kann jedoch nach z. T. vertretener Ansicht zum Zufluss von steuerpflichtigem Arbeitslohn führen[761]. Zur Vermeidung eines solchen Zuflusses und zur Gleichstellung der Übertragung des Zweitwertkontos auf die Deutsche Rentenversicherung Bund im Vergleich zur Übertragung auf einen anderen Arbeitgeber stellt § 3 Nr. 53 EStG diesen Vorgang demnach steuerfrei. Erst mit Auszahlung der Mittel soll eine Besteuerung stattfinden.[762]

Richtigerweise führt allerdings auch die Übertragung des Zeitwertkontos auf die Deutsche Rentenversicherung Bund nicht zu einem Zufluss von Arbeitslohn, da der Arbeitnehmer auch hier lediglich einen Anspruch auf die Leistung hat, diese jedoch noch nicht bezogen hat[763]. Die Norm hat daher rein deklaratorische Bedeutung[764] und ist somit der V. Kategorie der Systematisierung zuzuordnen.

8. Übertragung von Versorgungsanwartschaften nach § 4 Abs. 2 Nr. 2 und Abs. 3 BetrAVG, sog. Portabilität (§ 3 Nr. 55 EStG)

§ 3 Nr. 55 EStG sichert ab, dass die Möglichkeit der Mitnahme und Übertragung von Versorgungsanwartschaften beim Wechsel des Arbeitgebers (sog. Portabilität) keine steuerlichen Folgen hat, indem die Übertragungen nach § 4 Abs. 2 Nr. 2 und Abs. 3 BetrAVG steuerfrei gestellt werden. Gleiches gilt, wenn der Übertragungswert vom ehemaligen Arbeitgeber oder von einer Unterstützungskasse an den neuen Arbeitgeber oder eine andere Unterstützungskasse geleistet wird, § 3 Nr. 55 Satz 2 EStG.[765]

---

761 BT-Drucks. 16/11108, 11 f.; *Tormöhlen* in: Korn, Einkommensteuergesetz, § 3 Nr. 53 EStG Rz. 6 f.; wohl auch: *Hillmoth* in: Lippross, Basiskommentar, § 3 Nr. 53 EStG Rz. 3; *v. Beckerath* in: Kirchhof, Einkommensteuergesetz, § 3 Nr. 53 EStG Rz. 137.

762 BT-Drucks. 16/11108, 11 f.; *Tormöhlen* in: Korn, Einkommensteuergesetz, § 3 Nr. 53 EStG Rz. 1; *Hillmoth* in: Lippross, Basiskommentar, § 3 Nr. 53 EStG Rz. 3; *v. Beckerath* in: Kirchhof, Einkommensteuergesetz, § 3 Nr. 53 EStG Rz. 134; *Heinicke* in: Schmidt, § 3 EStG, unter „Arbeitszeit-Wertguthaben".

763 *Bergkemper* in: Herrmann/Heuer/Raupach, EStG/KStG, § 3 Nr. 53 EStG Rz. 1.

764 *Bergkemper* in: Herrmann/Heuer/Raupach, EStG/KStG, § 3 Nr. 53 EStG Rz. 1.

765 Vgl. BT-Drucks. 15/2150, 32; *Bergkemper* in: Herrmann/Heuer/Raupach, EStG/KStG, § 3 Nr. 55 EStG Rz. 5; *Tormöhlen* in: Korn, Einkommensteuergesetz, § 3

Die für die Zuordnung in die Systematik entscheidende Frage ist auch hier, ob eine solche Übertragung zu steuerpflichtigem Arbeitslohn führt oder nicht. Falls nicht, hat die Norm rein deklaratorischen Charakter. Falls doch, ist zu untersuchen, welchen Zweck die Norm verfolgt. Ähnlich wie bei § 3 Nr. 53 EStG wird bei § 3 Nr. 55 EStG lediglich ein Anspruch übertragen, auf den der Arbeitnehmer nicht ohne weiteres zugreifen kann. Die Vorteile der Versorgungsanwartschaften werden dem Arbeitnehmer daher nicht unmittelbar zu Teil. Die Übertragung solcher Versorgungsanwartschaften führt daher richtigerweise auch nicht zu einem geldwerten Vorteil für den Arbeitnehmer. Erst deren Realisierung stellt einen solchen dar. Dies geschieht indessen bei einer Übertragung nicht. Daher ist die Übertragung einer Versorgungsaufwendung grundsätzlich nicht als Arbeitslohn zu qualifizieren.[766] Dementsprechend hat deren Steuerfreistellung rein deklaratorische Bedeutung[767], sodass der § 3 Nr. 55 EStG Teil der V. Kategorie der Systematisierung ist.

9. Verpflichtende Ausgaben des Arbeitgebers für die Zukunftssicherung des Arbeitnehmers (§ 3 Nr. 62 Satz 1 EStG)

Die Vorschrift des § 3 Nr. 62 EStG befasst sich mit diversen Zukunftssicherungsleistungen zu Gunsten des Arbeitnehmers. Satz 1 der Vorschrift betrifft Ausgaben des Arbeitgebers für die Zukunftssicherung des Arbeitnehmers, soweit er zu diesen Zahlungen sozialversicherungsrechtlich, aufgrund anderer gesetzlicher Vorschriften oder aufgrund Bestimmungen, die auf gesetzlicher Ermächtigung beruhen, verpflichtet ist. Es handelt sich demnach nicht um eine freiwillige Zahlung. Die Zahlung erfolgt auch nicht als Gegenleistung für die Arbeitsleistung des Arbeitnehmers. Dies ist jedoch eine Grundvoraussetzung, um Arbeitslohn annehmen zu können[768]. Da diese bereits nicht erfüllt

---

Nr. 55 EStG Rz. 3 ff.; *v. Beckerath* in: Kirchhof, Einkommensteuergesetz, § 3 Nr. 55 EStG Rz. 141 ff.; *Erhard* in: Blümich, EStG § 3 Nr. 55 Rz. 4.

766 *Bergkemper* in: Herrmann/Heuer/Raupach, EStG/KStG, § 3 Nr. 55 EStG Rz. 5; *Erhard* in: Blümich, EStG § 3 Nr. 55 Rz. 2.

767 *Bergkemper* in: Herrmann/Heuer/Raupach, EStG/KStG, § 3 Nr. 55 EStG Rz. 5; *Erhard* in: Blümich, EStG § 3 Nr. 55 Rz. 2; wohl a.A.: *Tormöhlen* in: Korn, Einkommensteuergesetz, § 3 Nr. 55 EStG Rz. 3; *Niermann*, DB 2004, 1449 (1457).

768 Vgl. oben unter: 2. Kap. B. II. 1. d) bb).

ist, handelt es sich bei den von § 3 Nr. 62 Satz 1 EStG behandelten Zahlungen nicht um Arbeitslohn[769]. Daraus folgt aber auch, dass eine Steuerfreistellung dieser Leistungen keinen eigenen gesetzlichen Regelungsgehalt hat, da sie nicht steuerpflichtig sind. Demnach wirkt die Vorschrift des § 3 Nr. 62 Satz 1 EStG rein deklaratorisch und ist somit in die V. Kategorie einzuordnen. Die Einordnung des § 3 Nr. 62 Sätze 2 und 3 EStG in die I. Kategorie[770] bleibt hiervon unberührt.

10. Absicherung der betrieblichen Altersvorsorge gegen die Zahlungsunfähigkeit des Arbeitgebers (§ 3 Nr. 65 EStG)

Die Steuerfreistellung des § 3 Nr. 65 Satz 1 EStG regelt die steuerrechtliche Behandlung der Absicherungen der betrieblichen Altersvorsorge gegen die Zahlungsunfähigkeit des Arbeitgebers, d.h. die hierfür notwendigen Maßnahmen werden steuerfrei gestellt. Die Sätze 2 bis 4 des § 3 Nr. 65 EStG regeln die Besteuerung im Auszahlungsfalle und legen fest, dass bei ursprünglich nichtselbständigen Einkünften die späteren Bezüge aus der betrieblichen Altersvorsorge auch als solche gelten und für sie Lohnsteuer einzubehalten ist. Der Zweck der Norm ist, dass die Insolvenzabsicherung steuerrechtlich für den Arbeitnehmer folgenlos bleibt[771].

Die Sätze 2 bis 4 des § 3 Nr. 65 EStG sind steuersystematisch verfehlt im § 3 EStG angeordnet, da durch sie keine Steuerfreistellung erfolgt, sondern das genaue Gegenteil. Ähnlich wie bei § 3 Nr. 53 Sätze 2 u. 3 EStG ist eine solche Anordnung im § 3 EStG deplatziert.[772]

Es wird unterschiedlich beurteilt, ob die Regelungen des § 3 Nr. 65 Satz 1 EStG konstitutive oder deklaratorische Wirkung haben. Fraglich

---

769 BFH v. 7.5.2009 – VI R 8/07, BFHE 225, 68; BFH v. 5.9.2006 – VI R 38/04, BFHE 214, 573; *Bergkemper* in: Herrmann/Heuer/Raupach, EStG/KStG, § 3 Nr. 62 EStG Rz. 3; *Hillmoth* in: Lippross, Basiskommentar, § 3 Nr. 62 EStG Rz. 4; *Tormöhlen* in: Korn, Einkommensteuergesetz, § 3 Nr. 62 EStG Rz. 1.1; *Heinicke* in: Schmidt, § 3 EStG, unter „Zukunftssicherungsleistungen".

770 Vgl. oben unter: 3. Kap. A. I. 17.

771 BT-Drucks. 7/2843, 13; *Rätke* in: Herrmann/Heuer/Raupach, EStG/KStG, § 3 Nr. 65 EStG Rz. 4; *Tormöhlen* in: Korn, Einkommensteuergesetz, § 3 Nr. 65 EStG Rz. 1; *Niermann*, DB 2006, 2595.

772 Vgl. ebenso: *Rätke* in: Herrmann/Heuer/Raupach, EStG/KStG, § 3 Nr. 65 EStG Rz. 60; außerdem vgl. oben unter: 3. Kap. C. I. 7.

ist daher, ob in den steuerfrei gestellten Fällen ansonsten steuerbarer Arbeitslohn vorläge.

Bei den Buchstaben a) und c) des § 3 Nr. 65 Satz 1 EStG ist dies nach allgemeiner und zuzustimmender Ansicht nicht der Fall, da hier keine Bereicherung des Arbeitnehmers zu erkennen ist. Im Fall des § 3 Nr. 65 Satz 1 lit. a) EStG werden Ansprüche lediglich übertragen und im Falle des § 3 Nr. 65 Satz lit. c) EStG geht es nur um eine zusätzliche Absicherung der betrieblichen Altersvorsorge. Beide Vorgänge können nicht als Arbeitslohn gewertet werden, da es an einer Bereicherung des Arbeitnehmers fehlt.[773]

Bei § 3 Nr. 65 Satz 1 lit. b) EStG wird das Vorliegen von Arbeitslohn teilweise bejaht[774]. Hierbei werden Versorgungsanwartschaften oder Versorgungsleistungen von Pensionskassen oder Unternehmen der Lebensversicherung in den Fällen des § 4 Abs. 4 BetrAVG jedoch lediglich übernommen. Ähnlich wie bei § 3 Nr. 53 und 55 EStG kann hier mangels Zuflusses kein Arbeitslohn vorliegen. Außerdem erscheint ein für den Arbeitnehmer alleine in der Übertragung liegender Vorteil nicht gegeben. Daher liegt auch in den Fällen des § 3 Nr. 65 Satz 1 lit. b) EStG kein Arbeitslohn vor, sodass der gesamte § 3 Nr. 65 Satz 1 EStG deklaratorisch wirkt[775].

Wegen der rein deklaratorischen Wirkung des § 3 Nr. 65 Satz 1 EStG ist die Norm in die V. Kategorie der Systematisierung einzuordnen. Die Sätze 2 bis 4 des § 3 Nr. 65 EStG sind wegen ihrer völligen Deplatzierung und des fehlenden Vereinfachungscharakters bei dieser Systematisierung nicht zu berücksichtigen.

773 allg. Ansicht: *Rätke* in: Herrmann/Heuer/Raupach, EStG/KStG, § 3 Nr. 65 EStG Rz. 4, 12 u. 38; wohl auch *Heinicke* in: Schmidt, § 3 EStG, unter „Insolvenzsicherung"; a.A.: *Erhard* in: Blümich, EStG § 3 Nr. 65 Rz. 2.

774 *Rätke* in: Herrmann/Heuer/Raupach, EStG/KStG, § 3 Nr. 65 EStG Rz. 4, 26; *Erhard* in: Blümich, EStG § 3 Nr. 65 Rz. 2.

775 so auch *Heinicke* in: Schmidt, § 3 EStG, unter „Insolvenzsicherung"; a.A. *Erhard* in: Blümich, EStG § 3 Nr. 65 Rz. 2; *Rätke* in: Herrmann/Heuer/Raupach, EStG/KStG, § 3 Nr. 65 EStG Rz. 4.

11. Leistungen des Arbeitgebers oder einer Unterstützungskasse zur Übernahme von Versorgungsverpflichtungen oder entsprechenden Anwartschaften durch einen Pensionsfonds (§ 3 Nr. 66 EStG)

Die Steuerfreistellungen der §§ 3 Nr. 63 und 66 EStG sind eng miteinander verbunden, indem Nr. 66 Nr. 63 dahingehend ergänzt, dass auch die Leistungen des Arbeitgebers oder einer Unterstützungskasse zur Übernahme von Versorgungsverpflichtungen oder Versorgungsanwartschaften durch einen Pensionsfonds steuerfrei gestellt werden.

Eine solche Übernahme wurde vor der Einführung der Steuerfreistellung als steuerpflichtiger Arbeitslohn angesehen[776]. Um solche Übertragungen zu fördern und die Auslösung der Lohnsteuer zu vermeiden, wurde diese Steuerfreistellung eingeführt. Die Versorgungsleistungen des Pensionsfonds stellen bei ihrer späteren Auszahlung sonstige Einkünfte nach § 22 Nr. 5 EStG dar, was dem System der nachgelagerten Besteuerung entspricht.[777]

Fraglich ist jedoch, ob bereits eine solche Übertragung richtigerweise als Arbeitslohn anzusehen ist. Danach entscheidet sich der Charakter der Norm und ihre Einordnung in die Systematik. Der Gesetzgeber sah in der Übertragung Arbeitslohn, da der Arbeitnehmer einen Rechtsanspruch auf die Versorgungsleistung erwirbt[778]. Dem kann jedoch nicht gefolgt werden. Bei Zukunftssicherungsleistungen liegt Arbeitslohn vor, wenn sich aus einer wirtschaftlichen Betrachtungsweise der Vorteil des Arbeitnehmers so darstellt, als hätte er vom Arbeitgeber zur Verfügung gestellte Mittel selbst zur Vorsorge verwendet. Hierzu muss der Arbeitnehmer einen unmittelbaren und unentziehbaren Rechtsanspruch auf Leistung gegen die Versorgungseinrichtung haben, an die der Arbeitgeber die Beiträge gezahlt hat.[779] Die von § 3 Nr. 66

---

776 Vgl. *Tormöhlen* in: Korn, Einkommensteuergesetz, § 3 Nr. 66 EStG Rz. 5; *Briese*, DB 2006, 2424.

777 BT-Drucks. 14/5150, 34; *Tormöhlen* in: Korn, Einkommensteuergesetz, § 3 Nr. 66 EStG Rz. 1 u. 6; *Briese*, DB 2006, 2424.

778 BT-Drucks. 14/5150, 34.

779 St. Rspr. des BFH vgl. BFH v. 15.9.2011 – VI R 36/09, BFH /NV 2012, 201; BFH v. 7.5.2009 – VI R 8/07, BFHE 225, 68; BFH v. 15.11.2007 – VI R 30/04, BFHE 224, 70; BFH v. 5.7.2007 – VI R 47/02, BFH/NV 2007, 1876; BFH v. 12.4.2007 – VI R 55/05, BFHE 217, 558; BFH v. 14.9.2005 – VI R 148/98, BFHE 210, 443; BFH v. 30.5. 2001 – VI R 159/99, BFHE 195, 364; *Krüger* in: Schmidt, § 19 EStG Rz. 60; *Mody* in: Korn, Einkommensteuergesetz, § 19 EStG Rz. 66 unter „Zukunftssiche-

EStG erfassten Leistungen des Arbeitgebers sind jedoch keine Beitragsleistungen an einen Pensionsfonds, sondern Zahlungen des Arbeitgebers zur teilweisen oder vollständigen Übernahme einer existierenden betrieblichen Altersvorsorge durch den Pensionsfonds. Die Zahlungen leistet der Arbeitgeber im weit überwiegend eigenbetrieblichen Interesse, da er durch sie von einer eigenen Verpflichtung befreit wird. Der Arbeitnehmer erhält hierdurch keine weitergehenden Ansprüche. Daher ist in den Leistungen des Arbeitgebers zur Übertragung einer betrieblichen Altersvorsorge kein Arbeitslohn zu sehen, was die Norm rein deklaratorisch wirken lässt.[780] Daher ist sie Teil der V. Kategorie der Systematisierung.

II. Nicht zuzuordnende Normen (VI. Kategorie)

Die letzte zu besprechende Kategorie erfasst jene Normen, die nicht in die Systematik eingeordnet werden konnten. Dieser Umstand ist bei den beiden nachfolgend zu besprechenden Normen deren spezieller Ausgestaltung geschuldet.

1. In einer größeren Zahl von Fällen gewährte sonstige Bezüge (§ 40 Abs. 1 Nr. 1 EStG)

Die Vorschrift des § 40 Abs. 1 Satz 1 Nr. 1 EStG gilt für sonstige Bezüge wie Abfindungen, Tantiemen, Gratifikationen u.ä., die vom Arbeitgeber in einer größeren Zahl von Fällen gezahlt werden. Hierbei ist ein betriebsindividueller Pauschsteuersatz unter Berücksichtigung von § 38a EStG zu errechnen[781]. Die Berechnung ist in Anbetracht der Tat-

---

rungsleistungen"; *Bergkemper* in: Herrmann/Heuer/Raupach, EStG/KStG, § 3 Nr. 66 EStG Rz. 2, vgl. auch oben unter: 2. Kap. B. II. 1. d) ee).

780 Ebenso *Bergkemper* in: Herrmann/Heuer/Raupach, EStG/KStG, § 3 Nr. 66 EStG Rz. 2; a.A: *v. Beckerath* in: Kirchhof, Einkommensteuergesetz, § 3 Nr. 66 EStG Rz. 175; *Tormöhlen* in: Korn, Einkommensteuergesetz, § 3 Nr. 66 EStG Rz. 5; *Erhard* in: Blümich, EStG § 3 Nr. 66 Rz. 5; *Risthaus,* DStR 2008, 845 (849); *Briese,* DB 2006, 2424.

781 Zur Berechnung vgl. Lohnsteuer-Richtlinie 2015 R 40.1 Abs. 3; bestätigt durch: BFH v. 11.3.1988 – VI R 106/84, BFHE 153, 324; *Thürmer* in: Blümich, EStG § 40 Rz. 63; *Eisgruber* in: Kirchhof, Einkommensteuergesetz, § 40 EStG Rz. 17.

sache, dass es sich um Zahlungen handelt, die auch dem üblichen Lohnsteuerverfahren unterworfen werden könnten, recht kompliziert ausgestaltet. Eine durch dieses Verfahren zu erreichende Vereinfachung gegenüber dem regulären Lohnsteuereinbehalt ist – wie bereits dargestellt – nicht zu erkennen.[782]

§ 40 Abs. 1 Satz 1 Nr. 1 EStG beugt auch keinerlei Erfassungsschwierigkeiten vor. Der betriebsindividuelle pauschale Steuersatz wirkt auch nicht wie eine begrenzte Steuerfreistellung bzw. indirekte Subvention. Eine Einschränkung des Arbeitslohnbegriffs wird von der Norm ebenfalls nicht vorgenommen. Genauso wenig wirkt sie deklaratorisch. Der tatsächliche Zweck des § 40 Abs. 1 Satz 1 Nr. 1 EStG wird nicht deutlich. Die Vorschrift kann daher in keine sachliche Kategorie der aufgestellten Systematisierung eingeordnet werden und wird daher in der VI. Kategorie der Systematisierung erfasst.

2. Sonderzahlungen des Arbeitgebers an einen Pensionsfonds, eine Pensionskasse oder eine Direktversicherung (§ 40b Abs. 4 EStG)

§ 19 Abs. 1 Satz 1 Nr. 3 Satz 2 EStG betrifft Sonderzahlungen, die der Arbeitgeber neben den laufenden Beiträgen und Zuwendungen an einen Pensionsfonds, eine Pensionskasse oder eine Direktversicherung leistet. Derartige Zahlungen sichern üblicherweise bereits bestehende Ansprüche ab und dienen somit nicht dem Erwerb neuer Ansprüche. Der § 40b Abs. 4 EStG bildet im Zusammenhang mit dem § 19 Abs. 1 Satz 1 Nr. 3 Satz 2 EStG einen einmaligen Vorgang im Einkommensteuerrecht. Hiernach hat der Arbeitgeber die Lohnsteuer für Zahlungen i.S.v. § 19 Abs. 1 Satz 1 Nr. 3 Satz 2 EStG pauschal mit 15% einzubehalten und abzuführen. Dies ist der einzige Fall im Lohnsteuerrecht, bei dem der Arbeitgeber verpflichtender Weise zum Steuerschuldner wird, obgleich ein anderes Steuersubjekt die Einnahmen erzielt hat.[783] Problematisch bei diesen Zahlungen ist, dass sie zu keinem geldwerten Vorteil des Arbeitnehmers führen und daher die Leistungsfähigkeit des Arbeitnehmers nicht erhöhen. Der § 19 Abs. 1 Satz 1 Nr. 3 Satz 2 EStG dehnt damit die Grenzen des Arbeitslohnbegriffs über grundlegende

782 Vgl. allgemein zu der Norm bereits oben unter: 3. Kap. A. II. 5.

783 Zum § 19 Abs. 1 Satz 1 Nr. 3 Satz 2 EStG vgl.: *Krüger* in: Schmidt, § 19 EStG Rz. 92 ff.; *Eisgruber* in: Kirchhof, Einkommensteuergesetz, § 19 EStG Rz. 76.

Prinzipien hinweg aus. [784] § 40b Abs. 4 EStG knüpft an diese äußerst fragwürdige Erweiterung der Steuerbarkeit eine Verpflichtung zur pauschalen Versteuerung. Die Norm wird daher zu Recht als verfassungswidrig angesehen[785].[786]

In der Gesetzesbegründung[787] führt der Gesetzgeber aus, dass die Norm durch ihren pauschalen Steuersatz zum einen Vereinfachungsbelangen dient, da in diesem Bereich eine Vielzahl von Steuerfällen und Faktoren zu berücksichtigen seien. Zum anderen werde durch die pauschale Pflichtversteuerung dem Umstand Rechnung getragen, dass der Arbeitgeber die Sonderzahlung auslöse. Außerdem soll der verhältnismäßig geringe Pauschsteuersatz von 15% die Systemumstellung der umlagefinanzierten Versorgungssysteme unterstützen. Allerdings antizipierte der Gesetzgeber wohl bereits bei der Einführung der Norm verfassungsrechtliche Probleme. Nach der üblichen Gesetzesbegründung widmet er nämlich einen ganzen Absatz relativ detaillierter Ausführungen dazu, dass die Norm seiner Ansicht nach nicht gegen das Grundgesetz verstoße. Derartige Selbstbestätigungen des Gesetzgebers sind ansonsten nicht in Gesetzesbegründungen zu finden.

Die Norm soll damit – wie auch die anderen Pauschalierungen des § 40b EStG – eigentlich sowohl Vereinfachungs- als auch Sozialzweckziele verfolgen, indem durch eine möglichst einfache Versteuerung Zukunftssicherungsleistungen bzw. deren Modernisierung gefördert werden sollen. Diese Zielsetzung spräche für eine Einordnung in die II. Kategorie der Systematisierung. Allerdings ist § 40b Abs. 4 EStG wegen

784 Vgl. die vormals geltende Rspr.: BFH v. 15.2.2006 – VI R 92/04, BFHE 212, 445; BFH v. 15.2.2006 – VI R 64/05, BFH/NV 2006, 1272; die Norm daher als verfassungswidrig sehend: *Krüger* in: Schmidt, § 19 EStG Rz. 94; *Glaser*, BB 2006, 2217; auch krit.: *Birk/Specker*, DB 2008, 488 (491).

785 BFH v. 14.11.2013 – VI R 49/12, BFHE 243, 524; im Normenkontrollverfahren unter Az. BVerfG 2 BvL 7/14; so auch: *Krüger* in: Schmidt, § 40b EStG Rz. 12; *Birk/Specker*, DB 2008, 488 (491); *Glaser*, BB 2006, 2217; wohl auch: *Eisgruber* in: Kirchhof, Einkommensteuergesetz, § 40b EStG Rz. 13.

786 Allg. zum § 40b Abs. 4 EStG vgl.: *Krüger* in: Schmidt, § 40b EStG Rz. 12; *Wagner* in: Herrmann/Heuer/Raupach, EStG/KStG, § 40b EStG Rz. 70 ff.; *Küch* in: Lippross, Basiskommentar, § 40b EStG Rz. 98 f.; *Eisgruber* in: Kirchhof, Einkommensteuergesetz, § 40b EStG Rz. 13; *Stickan* in: Littmann/Bitz/Pust, § 40b EStG Rz. 76 ff.; *Paetsch* in: Frotscher, § 40b EStG Rz. 44 ff.; *Arteaga/Veit* in Korn, Einkommensteuergesetz, § 40b EStG Rz. 28.1.

787 BT-Drucks. 16/2712, S. 57.

der obligatorischen Stellung des Arbeitgebers als Steuerschuldner nach zutreffender Ansicht verfassungswidrig[788]. Auch der der Pauschalierung zugrundeliegende § 19 Abs. 1 Satz 1 Nr. 3 Satz 2 EStG steht in Konflikt zu maßgebenden Besteuerungsprinzipien wie dem Leistungsfähigkeitsprinzip[789]. So lange diese verfassungsrechtlichen Fragen ungeklärt sind, sollte die Norm nicht zur Anwendung kommen. Momentan dient sie nämlich ausschließlich der Generierung von Einnahmen. Zu Teilen wird in ihr auch eine verdeckte Verkehrssteuer gesehen[790]. Dementsprechend ist eine abschließende Einordnung in die Systematik zu diesem Zeitpunkt lediglich in die VI. Kategorie (nicht zuzuordnende Normen) möglich.

D. Zusammenfassung der Einordnungen in die deduktive Systematisierung

Die vorangegangene Einordnung der einzelnen Normen soll im Folgenden zusammengefasst werden, um eine Übersicht über die Einteilung der Normen in die Systematisierung zu ermöglichen.

Die I. Kategorie der Systematisierung, welche auf der Einnahmenseite verortet ist, betrifft Steuerfreistellungen zur zumeist normativen Einschränkung der steuerlichen Auswirkungen des weiten Arbeitslohnbegriffs. In diese Kategorie eingeordnet wurden folgende Normen: § 3 Nr. 4[791], 12, 13, 16, 26, 26a, 29, 30, 31[792], 33, 34, 34a, 39, 51, 56, 60, 62 Sätze 2 u. 3, 63, 64 und § 3b EStG.

---

788 BFH v. 14.11.2013 – VI R 49/12, BFHE 243, 524; im Normenkontrollverfahren unter Az. BVerfG 2 BvL 7/14; so auch: *Krüger* in: Schmidt, § 40b EStG Rz. 12; *Birk/Specker*, DB 2008, 488 (491); *Glaser*, BB 2006, 2217; wohl auch: *Eisgruber* in: Kirchhof, Einkommensteuergesetz, § 40b EStG Rz. 13.

789 Vgl. die vormals geltende Rspr.: BFH v. 15.2.2006 – VI R 92/04, BFHE 212, 445; BFH v. 15.2.2006 – VI R 64/05, BFH/NV 2006, 1272; die Norm daher als verfassungswidrig sehend: *Krüger* in: Schmidt, § 19 EStG Rz. 94; *Glaser*, BB 2006, 2217; auch krit.: *Birk/Specker*, DB 2008, 488 (491).

790 *Krüger* in: Schmidt, § 40b EStG Rz. 12; *Birk/Specker*, DB 2008, 488 (491).

791 § 3 Nr. 4 EStG hat ebenso deklaratorischen Charakter, weshalb sie auch in die V. Kategorie eingeordnet wurde.

792 § 3 Nr. 31 EStG hat sowohl einen deklaratorischen als auch einen konstitutiven Charakter, daher wurde sie auch in die V. Kategorie eingeordnet.

Die ebenso auf der Einnahmenseite verortete II. Kategorie der Systematisierung betrifft Steuerfreistellungen oder Pauschalierungen, die sowohl Vereinfachungszwecke- als auch Sozialzwecke verfolgten, bei denen eine exakte Erfassung der Einnahmen für die Finanzverwaltung und/oder den Steuerpflichtigen meist zu schwierig oder nicht gewollt ist, aber dennoch eine gewisse Steuerwürdigkeit besteht. Diese Kategorie inkludiert folgende Normen: § 3 Nr. 38[793], 45, § 37a, § 37b, § 40 Abs. 1 Satz 1 Nr. 2, Abs. 2 Satz 1 Nr. 1–5 u. Sätze 2–3, § 40a und § 40b Abs. 1–3 EStG.

Auf der Ausgabenseite wurden Normen in die III. Kategorie der Systematisierung eingeordnet, welche voll abziehbare Werbungskosten betreffen, die bei den meisten Arbeitnehmern anfallen. Hierzu gehören ausschließlich § 9a Abs. 1 Nr. 1 lit. a) und b) EStG (die Arbeitnehmerpauschbeträge), da die einzige alle Arbeitnehmer erfassende Gemeinsamkeit die Mindesthöhe der Werbungskosten ist.

Die IV. Kategorie der Systematisierung, welche auch zur Ausgabenseite gehört, betrifft Normen, die die steuerliche Berücksichtigung der schwer exakt erfassbaren Werbungskosten einfacher gestalten sollen. Teilweise sind die Ausgaben aus normativen Gründen nur begrenzt abziehbar. In diese Kategorie fallen folgende Normen: § 9 Abs. 1 Satz 3 Nr. 4, 4a, 5 und 5a EStG.

In den neutralen Teil der Systematisierung fallen zunächst die deklaratorischen Normen der V. Kategorie, hierbei handelt es sich um § 3 Nr. 4[794], 31[795], 32, 38[796], 42, 44, 50, 53, 55, 62 Satz 1, 65 und 66 EStG.

Nicht eindeutig zugeordnet werden konnten § 40 Abs. 1 Satz 1 Nr. 1 und § 40b Abs. 4 EStG.

Aus dieser Einordnung ergibt sich die nachfolgende Übersicht.

793 § 3 Nr. 38 EStG wirkt zugleich deklaratorisch, weswegen die Norm auch Teil der V. Kategorie ist.

794 Vgl. Fn. 792.

795 Vgl. Fn. 793.

796 Vgl. Fn. 794.

Systematisierung der Vereinfachungsnormen im Lohnsteuerrecht

Einnahmen

I. Steuerfreistellungen zur (normativen) Einschränkung der steuerlichen Auswirkungen des weiten Arbeitslohnbegriffs: § 3 Nr. 4*, 12, 13, 16, 26, 26a, 29, 30, 31*, 33, 34, 34a, 39, 51, 56, 60, 62 Sätze 2 - 4, 63, 64 und § 3b EStG.	**II. Begrenzte Steuerfreistellungen oder Pauschalierungen, die sowohl Vereinfachungs- als auch Sozialzweckbelange verfolgen und bei denen eine exakte Erfassung der Einnahmen für die Finanzverwaltung und/oder den Steuerpflichtigen meist zu komplex wäre oder gar nicht gewollt ist, aber dennoch eine gewisse Steuerwürdigkeit besteht:** § 3 Nr. 38*, 45, § 37a, § 37b, § 40 Abs. 1 Satz 1 Nr. 2, Abs. 2 Satz 1 Nr. 1, 1a, 2, 3, 4, 5 u. Sätze 2-3, § 40a Abs. 1-3 und § 40b Abs. 1-3 EStG.

Ausgaben

III. Voll abziehbare Werbungskosten, die bei den meisten Arbeitnehmern anfallen: § 9a Abs. 1 Nr. 1 lit. a) und b) EStG	**IV. Schwer exakt erfassbare Werbungskosten, die bei sehr vielen Arbeitnehmern anfallen; teils steuerlich nur begrenzt abziehbar:** § 9 Abs. 1 Satz 3 Nr. 4, 4a, 5 und 5a EStG.

Neutral

V. deklaratorische Normen: § 3 Nr. 4*, 31*, 32, 38*, 42, 44, 50, 53, 55, 62 Satz 1, 65 und 66 EStG	**VI. Nicht zuzuordnen:** § 40 Abs. 1 Satz 1 Nr. 1 und § 40b Abs. 4 EStG.

mit * gekennzeichnete Normen wurden mehreren Kategorien zugeordnet

Abbildung 4: Die deduktive Systematisierung als Übersicht

E. Schlussfolgerungen aus der Systematisierung der Vereinfachungsnormen

Je nach Betrachtungsweise sind im Lohnsteuerrecht bis zu 50 verschiedene Vereinfachungsregelungen zu finden. Die einzelnen Steuerfreistellungen, Pauschalierungen o.ä. sind singulär betrachtet teilweise durchaus gerechtfertigt und verfolgen teils sinnvolle Ziele. So sind beispielsweise die Steuerfreistellungen von zusätzlich zum ohnehin geschuldeten Arbeitslohn erbrachten Leistungen des Arbeitgebers zur Kindesbetreuung[797] ein wertvoller Beitrag, um die Vereinbarkeit von Familie und Beruf zu fördern. Viele andere der Vereinfachungsnormen im Lohnsteuerrecht sind jedoch nicht zu rechtfertigende Privilegien. Dies gilt beispielsweise für die gänzliche Steuerfreistellung von Trinkgeldern gem. § 3 Nr. 51 EStG[798], die zu Recht sogar als verfassungswidriges Privileg der Arbeitnehmerschaft gesehen wird[799]. Teils stehen sich die Vorschriften in ihren konträren Wirkungen auch im Weg. Dies wird insbesondere im Verhältnis der Steuerfreistellung des § 3 Nr. 45 EStG und der Pauschalierung nach § 40 Abs. 2 Satz 1 Nr. 5 EStG zueinander deutlich[800].

Zudem ist die schiere Menge an Vereinfachungsvorschriften – wie bereits erläutert[801] – ein Teil des Problems, indem eine zunehmende Ausdifferenzierung der Vereinfachungsnormen durch die hierdurch erzeugte Masse an Normen dem eigentlichen Zweck entgegensteht[802]. Die Systematisierung bestätigt diesen Eindruck, indem sie zeigt, dass auf der Einnahmenseite zu viele an Einzelfällen oder sehr speziellen Fallkonstellationen orientierte Normen verortet sind, die zumeist zumindest auch sozial oder wirtschaftlich motiviert sind. Mehr als die

797 Vgl. § 3 Nr. 33 (unter B.II.4.a)kk)) und 34a EStG (unter B.II.4.a)mm)).

798 Vgl. oben unter: 3. Kap. A. I. 14.

799 *Hey* in: Tipke/Lang[22], Steuerrecht, § 8 Rz. 139, 143; *Bergkemper* in: Herrmann/Heuer/Raupach, EStG/KStG, § 3 Nr. 51 EStG Rz. 1; *v. Beckerath* in: Kirchhof, Einkommensteuergesetz, § 3 Nr. 51 EStG Rz. 132; *Tormöhlen* in: Korn, Einkommensteuergesetz, § 3 Nr. 51 EStG Rz. 6.

800 Vgl. hierzu oben unter: 3. Kap. A. II. 2. und 3. Kap. A. II. 6. f).

801 Vgl. bereits oben unter: 2. Kap. B. II. 3.

802 So auch: *Albert/Strohner*, DB 2002, 2504; insb. im Bezug auf die sehr ausdifferenzierte Rechtsprechung: *Raupach*, Steuervereinfachung durch die Rspr., DStJG 1998, S. 176.

Hälfte der im Lohnsteuerrecht zu findenden Vereinfachungsregelungen sind auf der Einnahmenseite implementiert, wohingegen lediglich sechs Vereinfachungsvorschriften auf der Ausgabenseite zu finden sind. Die Masse der Vorschriften lässt die Regelungen insgesamt – aber insbesondere auf der Einnahmenseite – ihre Vereinfachungswirkung nur noch eingeschränkt entfalten. Vielmehr wirkt das Volumen der sehr einzelfallorientierten Normen kontraproduktiv, da regelmäßig die Gefahr besteht, dass der Rechtsanwender bei der Vielzahl der Vereinfachungsnormen den Überblick verliert. Ferner verschleiern zu viele Einzelfallvorschriften die grundlegenden Prinzipien des Einkommensteuerrechts, was die Legitimität der Einkommensbesteuerung zusätzlich reduziert.

Zu Beginn der Arbeit wurde dargelegt, dass ebenso der weite Arbeitslohnbegriff wie das zu komplizierte Lohnsteuerabzugsverfahren die Hauptursachen für das besondere Vereinfachungsbedürfnis in der Lohnsteuer sind[803]. Diese These wird durch die Systematisierung gestützt. Die Normen der I. Kategorie wurden vom Gesetzgeber hauptsächlich dazu eingeführt, um die steuerlichen Wirkungen des weiten Arbeitslohnbegriffs abzufedern und zu formen und so auch den Arbeitslohnbegriff an sich zu konturieren. Ein solches Vorgehen – insbesondere in diesem Ausmaß – ist aber nur dann notwendig, wenn bereits die Grundvoraussetzung (der Arbeitslohnbegriff) defizitär ist. Die Vielzahl an Vorschriften der V. Kategorie belegt noch deutlicher die Defizite des Arbeitslohnbegriffs. Über 10 klarstellende Normen sind notwendig, um Zweifelsfragen im Zusammenhang mit dem Arbeitslohnbegriff zu klären. Die Komplexität des Lohnsteuerabzugsverfahrens wird durch die in der II. Kategorie der Systematisierung enthaltenen Vorschriften verdeutlicht. Sie sollen nämlich Erfassungsschwierigkeiten vermeiden, die sowohl aus dem zugrundeliegenden Sachverhalt resultieren, als auch aus dem Lohnsteuerabzugsverfahren an sich. Allein zu dieser Kategorie zählen mehr als 15 verschiedene Vorschriften. Dies bestätigt die Annahme eines zu komplex ausgestalteten Lohnsteuerabzugsverfahrens.

Vergleicht man die Normen der Einnahmen- mit denen der Ausgabenseite, so ist auffällig, dass auf der Einnahmenseite deutlich mehr

803 Vgl. oben unter: 2. Kap. B. II. 3.

Vorschriften zu finden sind. Darüber hinaus ist die Zahl der Normen auf der Ausgabenseite nicht nur deutlich geringer, sie haben auch in der Regel einen größeren Anwendungsbereich. Der Arbeitnehmerpauschbetrag[804] oder die Kilometerpauschale für Wege zwischen der Wohnung und der ersten Tätigkeitsstätte des Arbeitnehmers[805] erleichtern beispielsweise die steuerliche Erfassung von Werbungskosten bei einer enormen Zahl von Steuerpflichtigen. Demgegenüber stehen die Normen der Einnahmenseite, die meistens einen verhältnismäßig kleinen Anwendungsbereich haben und so auch nur eine geringe Vereinfachungswirkung entfalten können. Dementsprechend sind auf der Einnahmenseite mehr Vereinfachungsnormen notwendig, um möglichst alle vom Gesetzgeber für relevanten gehaltenen Sachverhalte abzudecken. Dies führt zwar zu einer gezielteren Förderung mancher Bereiche, aber auch zu mehr Unübersichtlichkeit und wirkt dem eigentlichen Zweck – der Vereinfachung – entgegen. Vereinfachungsnormen in der Lohnsteuer sollten daher zukünftig möglichst so wie bisher schon auf der Ausgabenseite strukturiert werden. Das bedeutet, dass Vereinfachungsnormen einen möglichst großen Anwendungsbereich haben sollten und auch lediglich so viele Einzelvereinfachungsnormen eingeführt werden sollten wie gerade notwendig. Ansonsten droht die Vereinfachungswirkung verloren zu gehen. Vorhandene Vereinfachungsnormen müssen eher angepasst werden, als dass neue Spezialnormen eingeführt werden.

804 § 9a Satz 1 Nr. 1 lit. a) EStG, vgl. auch oben unter: 3. Kap. B. I.
805 § 9 Abs. 1 Satz 3 Nr. 4 EStG, vgl. auch oben unter: 3. Kap. B. II. 1.

4. Kapitel: De lege ferenda – Reformvorschläge zur Neugestaltung der Vereinfachungsnormen und anderer Schlüsselfaktoren in der Lohnsteuer

Die Analyse des besonderen Vereinfachungsbedarfs in der Lohnsteuer, die daraus entwickelte Systematik sowie die Einordnung der einzelnen Vereinfachungsnormen in diese haben einige Problemfelder der Lohnsteuer offengelegt. In dem nachfolgenden Abschnitt dieser Arbeit werden Vorschläge zur Behebung dieser Probleme und zur Neugestaltung der Vereinfachungsnormen und anderer Schlüsselfaktoren in der Lohnsteuer gemacht. Das Ziel der vorgeschlagenen Reformierung ist es, die unübersichtliche Vielzahl der Vereinfachungsnormen zu verringern. Hierbei wird insbesondere die Anzahl von Lenkungs- bzw. Subventionsnormen und wahlpolitisch motivierten Normen erheblich reduziert werden[806]. Dies wird zum einen durch die Streichung verfehlter Vorschriften und zum anderen durch das Zusammenführen einzelner Vorschriften erreicht, da sich dadurch die Anwendungsbereiche der Regelungen vergrößern und somit eine Norm den Bereich übernimmt, der zuvor von diversen Normen behandelt wurde. Dabei hilft auch eine erweiterte und konturiertere Definition des Arbeitslohnbegriffs bei der Ausdünnung der Vereinfachungsnormen, da insbesondere viele der Steuerfreistellungen der I. und V. Kategorie der Systematisierung einzig zur Konturierung des Arbeitslohnbegriffs notwendig sind. Ferner sollte das Quellenabzugsverfahren teilweise neu geordnet werden, um so vor allem die Arbeitgeber zu entlasten.

---

806 So auch schon im Kölner EStG Rz. 112, vgl. auch § 5 des Mitschke EStG, der nur sieben Steuerfreistellungen enthält und Mitschke EStG Rz. 8 ff.; für weitere Gründe, neben dem Gewinn an Übersichtlichkeit, die für den Subventionsabbau sprechen vgl.: *Hey*, StuW 1998, 298 (303 ff.).

Dabei soll aber nicht das Ziel verfolgt werden, das Lohnsteuerrecht auf wenige Paragraphen zu verkürzen. Vielmehr sollte durch breiter angelegte und besser konturierte Normen die fachliche Gesetzesanwendung erleichtert werden. Der geschulte Gesetzesanwender soll wieder möglichst viele Rechtsfolgen direkt aus dem Einkommensteuergesetz ablesen können und nicht schon für verhältnismäßig einfache Fragen Rechtsprechung, Verwaltungsanweisungen und sonstige Literatur konsultieren müssen. Daher sollten einige der in Rechtsprechung und Literatur entwickelten Grundsätze zu unklaren Fragen des Lohnsteuerrechts zur Schaffung von Rechtssicherheit in das Gesetz übernommen werden.[807]

A. Neue Definition des Arbeitslohnbegriffs

Die geltende Arbeitslohndefinition des § 2 LohnStDV hat diverse Schwachstellen. Das geltende Verständnis vom Arbeitslohn ist sehr weit gehalten, um die Besteuerungsmöglichkeiten des Staates ebenso weit zu halten. Bei einem derart umfassenden Verständnis musste der Gesetzgeber mit diversen Normen korrigierend eingreifen. Diese Normen erschweren jedoch die Anwendung des Einkommensteuerrechts. In Verbindung mit den Aufzählungen des § 19 Abs. 1 EStG erkennt man, dass von Rechtsprechung, Finanzverwaltung und Literatur anerkannte Prinzipien nicht hinreichend im geltenden Verständnis des Arbeitslohnbegriffs berücksichtigt werden. So ist der Veranlassungszusammenhang und mit ihm insbesondere das überwiegend eigenbetriebliche Interesse als wichtige Ausschlusstatbestände nicht explizit im Gesetz zu finden[808]. Zwar bezieht der bisherige Arbeitslohnbegriff des § 2 LohnStDV i.V.m. § 19 Abs. 1 Satz 1 Nr. 1 EStG alle wesentlichen Merkmale mit ein oder enthält Indizien für diese. Jedoch wäre eine konturierte Definition sinnvoll, um idealerweise zumindest die dekla-

807 So auch schon Kölner EStG Rz. 106 ff.

808 Auch für eine Aufnahme dieser Prinzipien in das Gesetz: *Albert/Strohner*, DB 2002, 2504; vgl. auch bereits gemachte Reformvorschläge wie Kölner EStG Rz. 236 f., der das Veranlassungsprinzip auch explizit aufnimmt; im Gegensatz hierzu der Entwurf von Mitschke, der eine sehr kurze Definition der Einkünfte aus nichtselbstständiger Arbeit präferiert, vgl. § 17 Mitschke EStG.

ratorischen Normen überflüssig zu machen und zur Übersichtlichkeit des Lohnsteuerrechts beizutragen.

Aufgrund der Bedeutung des Arbeitslohnbegriffs[809] für die Lohnsteuer wäre es zunächst wünschenswert, dessen Definition in den § 19 Abs. 1 EStG aufzunehmen[810]. Im Anschluss zu der Aufzählung, was unter Einkünften aus nichtselbstständiger Arbeit zu verstehen ist, sollte eine Negativabgrenzung folgen. Die am Anfang des § 19 Abs. 1 EStG verortete Definition des Arbeitslohnbegriffs könnte danach folgenden Wortlaut haben:

> *„Arbeitslohn sind alle marktgängigen Zuwendungen, gleichgültig welcher Bezeichnung, Art oder Form, die dem Arbeitnehmer aus einem Arbeitsverhältnis zufließen, um die vom Arbeitnehmer geleistete Arbeit zu entlohnen, und ihn objektiv bereichern, es sei denn sie erfolgen im überwiegenden Interesse des Arbeitgebers."*

Die Definition verwendet den Halbsatz „...Zuwendungen, gleichgültig welcher Bezeichnung, Art oder Form...", um deutlich zu machen, dass nicht ausschließlich Barzuwendungen, sondern auch Sachzuwendungen und andere Vorteile als Arbeitslohn angesehen werden können und dass es nicht darauf ankommt, wie sie formal benannt werden. Im ersten Schritt kommt es also einzig auf das Vorliegen eines Vorteils an. Das Attribut der Marktgängigkeit ist Teil der Definition, um zu verdeutlichen, dass ausschließlich solche Vorteile die Leistungsfähigkeit des Arbeitnehmers erhöhen und somit steuerpflichtigen Arbeitslohn darstellen, die mit einem Preis bezifferbar sind. Dies erleichtert außerdem die Ermittlung der Höhe des Vorteils.[811] Die Notwendigkeit einer objektiven Bereicherung[812] und des Zuflusses[813] derselben für das Vorliegen von Arbeitslohn ergeben sich ebenfalls klar aus der Definition. Der Veranlassungszusammenhang wird durch die Worte „...um die vom Arbeitnehmer geleistete Arbeit zu entlohnen..." deutlich in die Arbeitslohndefinition integriert. Der Ausdruck „um" macht hierbei den finalen Zusammenhang deutlich, der notwendigerweise zwischen

---

809 Vgl. oben unter: 2. Kap. B. II. 1. a).

810 So auch: *Albert/Strohner*, DB 2002, 2504.

811 Vgl. zur notwendigen Marktgängigkeit des Vorteils oben unter: 2. Kap. B. II. 1. d) aa) (1).

812 Vgl. oben unter: 2. Kap. B. II. 1. d) aa) (1).

813 Vgl. oben unter: 2. Kap. B. II. 1. d) aa) (2).

Arbeitsleistung und Arbeitslohn bestehen muss.[814] Am Ende der Definition wird auf das wichtige negative Abgrenzungskriterium des überwiegend eigenbetrieblichen Interesses des Arbeitgebers[815] Bezug genommen, welches durch Beispiele bei der folgenden Negativabgrenzung greifbar gemacht wird. Bereits der Ausdruck „überwiegend" macht dabei deutlich, dass eine Interessensabwägung stattfinden muss.

Eine solche Arbeitslohndefinition nähme bereits durch Rechtsprechung und Literatur gelebte Prinzipien in das Gesetz auf und würde so für mehr Rechtssicherheit sorgen. Andererseits engt die Definition die Rechtsprechung nicht zu sehr ein, sodass zukünftig neu auftretende Einzelfälle mit ihrer Hilfe entschieden werden können.

Die erwähnte Negativabgrenzung steht gedanklich der Aufzählung des § 19 Abs. 1 Satz 1 EStG gegenüber, indem sie Fälle aufzählt, in denen kein Arbeitslohn vorliegt. Eine Verortung dieser Beispiele in § 3 EStG wäre systematisch streng genommen inkorrekt, da bereits keine steuerrelevanten Einnahmen vorliegen, die von der Einkommensteuer ausgenommen werden müssten. Demgemäß sind konsequenterweise auch alle deklaratorischen Normen des Lohnsteuerrechts[816] im § 3 EStG deplatziert. Die Negativabgrenzung könnte wie folgt lauten:

> *„Ein überwiegend eigenbetriebliches Interesse im Sinne von Abs. 1 ist immer dann anzunehmen, wenn nach objektiver Betrachtung die betriebsfunktionale Zielsetzung oder andere Interessen des Arbeitgebers an der Zuwendung die Interessen des Arbeitnehmers überwiegen; dies ist insbesondere der Fall bei*
>
> 1. *durchlaufenden Geldern und Auslagenersatz,*
> 2. *Vorteilen, die der gesamten Belegschaft bzw. dem gesamten Betrieb zu Gute kommen,*
> 3. *aus betrieblichen Gründen dem Arbeitnehmer aufgedrängten Vorteilen, die keinen oder nur einen untergeordneten konsumtiven Charakter haben oder*
> 4. *Vorteilen des Arbeitnehmers, die lediglich als Begleiterscheinung einer betriebsfunktionalen Zielsetzung zu werten sind."*

Die vorangestellte allgemeine Definition macht deutlich, dass bei der Prüfung des Vorliegens des überwiegend eigenbetrieblichen Interesses

---

814 Zum Veranlassungszusammenhang vgl. oben unter: 2. Kap. B. II. 1. d) bb).

815 Vgl. dazu oben unter: 2. Kap. B. II. 1. d) bb) (2).

816 Vgl. die V. Kategorie der Systematisierung oben unter: 3. Kap. C. I. 1. bis 11. sowie 3. Kap. D.

ein objektiver Maßstab anzulegen ist. Es kommt also nicht auf die Sicht des Arbeitgebers oder -nehmers an, sondern auf eine objektive Tatsachenwürdigung. Ferner wird gesetzlich festgelegt, dass die Interessen des Arbeitgebers und des Arbeitnehmers an der Zuwendung miteinander abgewogen werden müssen. Die vier Kategorien betreffen dabei Fälle, in denen kein Arbeitslohn vorliegt, da das Interesse des Arbeitgebers an der Zuwendung überwiegt. Die Nr. 2–4 entsprechen den in der Literatur zu findenden Kategorien des eigenbetrieblichen Interesses[817]. Die Einzelfallausgestaltung wird der Rechtsprechung und Literatur überlassen, die anhand der Interessensabwägung aufgrund einer objektiven Tatsachenwürdigung zu entscheiden haben. Nr. 1 bezieht sich ausdrücklich auf Auslagenersatz und durchlaufende Gelder, um diese von den noch zu behandelnden Werbungskostenersatzleistungen[818] abzugrenzen. Durch eine solch abstrakte Definition des überwiegend eigenbetrieblichen Interesses des Arbeitgebers werden nicht nur die deklaratorischen Normen des § 3 EStG, die solche Fälle erfassen[819], überflüssig. Vielmehr wird der Rechtsprechung und Finanzverwaltung eine Richtschnur an die Hand gegeben, mit der das überwiegend eigenbetriebliche Interesse zu bestimmen ist. Dies sorgt für mehr Rechtssicherheit, lässt aber noch ausreichend Spielraum, um flexibel auf Einzelfälle reagieren zu können.

B. Anpassungen im Quellenabzugsverfahren und bei den Pauschalierungstatbeständen

Ein Lohnsteuerquellenabzug ist nicht selbstverständlich. Die historisch gewachsene Situation in Deutschland[820] und die Bedeutung der Lohnsteuer für den Haushalt der Bundesrepublik[821] lassen es jedoch als sehr unwahrscheinlich erscheinen, dass der Gesetzgeber sich von diesem

817 Vgl. oben unter: 2. Kap. B. II. 1. d) bb) (2) und *Eisgruber* in: Kirchhof, Einkommensteuergesetz, § 19 EStG Rz. 65; *Pflüger* in: Herrmann/Heuer/Raupach, EStG/KStG, § 19 EStG Rz. 186.

818 Vgl. unten unter: 4. Kap. B. IV.

819 Wie bspw. § 3 Nr. 4, 31, 50 EStG.

820 Vgl. oben unter: 1. Kap. B.

821 Vgl. oben unter: 1. Kap. A.

Verfahren trennen wird. Die Vorteile von stetigen und zuverlässigen Einnahmen sind für den Gesetzgeber verständlicherweise zu wertvoll, als dass dieses System aufgegeben würde[822]. Es wurde aber gezeigt, dass das Verfahren und die vielen Pauschalierungstatbestände insbesondere für den Arbeitgeber eine erhebliche Arbeitsbelastung darstellen. Dies wird durch einen internationalen Vergleich noch deutlicher[823]. Angesichts der Tatsache, dass der Arbeitgeber sich um eine „fremde" Steuer kümmert und ihm sogar Haftungsrisiken auferlegt werden, erscheint es geboten, das Verfahren zumindest möglichst einfach zu gestalten. Daher werden im Folgenden Vorschläge unterbreitet, wie Pauschalierungstatbestände neu gefasst und auch zusammengefasst werden können, um so breitere, flexiblere und weniger einzelfallorientierte Anwendungsbereiche zu schaffen. Ferner werden Vorschläge für Veränderungen im Quellenabzugsverfahren unterbreitet.

Hieraus folgend entfällt die Förderung spezieller Interessen oder wird minimiert. Eine solch indirekte Förderung durch steuerliche Normen ist aber auch grundsätzlich nicht wünschenswert und sollte – wenn überhaupt – nur äußerst behutsam eingesetzt werden. Denn sie wirkt zumeist deutlich ungenauer und unregulierter als eine direkte Förderung mittels Subvention[824] o.ä. und verbleibt meistens länger als nötig im Gesetz[825]. Außerdem sind breiter angelegte Pauschalierungsnormen in ihren steuerlichen Belastungen bewusst steuerlich weniger präzise als auf einen einzelnen Sachverhalt zugeschnittene Spezialnormen. Dies ist aber gerade der Charakter einer Pauschalierungsnorm. Wenn sie vereinfachend wirken soll, so muss sie gröber und weniger präzise ausgestaltet sein.

Nachfolgend werden fünf Maßnahmen vorgestellt, die als Grundlagen der Vereinfachung und Pauschalierung im Lohnsteuerrecht dienen sollen. Sie ersetzen bestenfalls eine Vielzahl von bestehenden einzelfallorientierten Normen und sorgen so für mehr Klarheit bei der

822 Vgl. auch oben die Diskussion unter: 2. Kap. B. II. 2. c).

823 Vgl. oben unter: 2. Kap. B. II. 2. b) aa).

824 So auch: *Hey*, StuW 1998, 298 (316); *Kirchhof*, Bundessteuergesetzbuch, S. 14 Rz. 46.

825 Vgl. nur § 40 Abs. 2 Satz 1 Nr. 5 EStG, der zur Förderung der Heranführung der Arbeitnehmer an das neue Medium Internet geschaffen wurde. Im Jahre 2016 ist dieses Heranführen wohl längst geschehen, vgl. auch oben unter: 3. Kap. A. II. 6. f).

Anwendung des Lohnsteuerrechts. Denn bei der Masse an bestehenden Normen kann ausschließlich das Streichen von Spezialregelungen[826] und Ersetzen durch allgemeinere Vereinfachungstatbestände dauerhaften Erfolg haben. Solche allgemeinen Tatbestände können auch flexibler auf wechselnde Umstände angewendet werden und bedürfen daher zumeist nur wenig weiterer Anpassung.

I. Reformierung des von Dritten gezahlten Arbeitslohns

Der von dritter Seite gezahlte Arbeitslohn ist eine Besonderheit der Einkünfte aus nichtselbständiger Arbeit. Diese Besonderheit resultiert aus dem sonst sehr starren Dreiecksverhältnis zwischen Arbeitgeber, Arbeitnehmer und Finanzamt, in dem der Arbeitnehmer in der weit überwiegenden Zahl von Fällen den Lohn von einem einzelnen Arbeitgeber bezieht. In anderen Einkunftsarten ist eine derart strikte Einteilung nicht denkbar, da beispielsweise der Selbstständige meistens von einer Vielzahl von Kunden seinen „Lohn" bezieht. Diese strikte Rollenverteilung machte es für den Gesetzgeber sehr attraktiv, den Arbeitgeber zum Steuereinbehalt zu verpflichten, da anders als bei den meisten anderen Einkunftsarten die Einnahmen zumeist ausschließlich aus einer Quelle stammen. Sobald jedoch der Arbeitnehmer von anderer Seite als vom Arbeitgeber Vorteile erhält, wird deren steuerliche Behandlung im Dreiecksverhältnis komplex, da ein neuer und oftmals persönlich wechselnder Akteur hinzutritt, der nur einmal oder auch mehrmals dem Arbeitnehmer Vorteile gewährt. Daher ist der Dritte für den Gesetzgeber schwerer greifbar als der Arbeitgeber. Das erste Ziel der vorgeschlagenen Reformierung des von Dritten gezahlten Arbeitslohns ist auch eine allgemeingültige Legaldefinition für von Dritten gewährten Arbeitslohn. Hierdurch wird für alle Beteiligten ein gewisses Maß an Rechtssicherheit geschaffen. Die explizite Aufnahme des von Dritter Seite gezahlten Arbeitslohns wurde auch durch das Kölner EStG gefordert[827]. Als zweites Ziel sollte das Besteuerungsver-

826 So auch *Hey* in: Tipke/Lang[22], Steuerrecht, § 8 Rz. 143 u. 250; Kölner EStG Rz. 112; ähnlich: Tipke, Steuerrechtsordnung, Bd. 2, S. 844 ff., 854.

827 Vgl. § 5 Abs. 2 Kölner EStG und Rz. 236 f.

fahren für solche Lohnzuwendungen überdacht werden, da momentan fast ausschließlich der Arbeitgeber in der Pflicht ist.

Die Rechtsfigur des von Dritten gezahlten Arbeitslohns ist in Rechtsprechung und Literatur anerkannt. Im Laufe der Jahre hat sich ein verbreitetes Verständnis hierzu herausgebildet, welches in die nachfolgende Definition eingearbeitet wurde.[828] Die Definition sollte ebenfalls im § 19 EStG verortet werden.

> *„Arbeitslohn sind auch Zuwendungen eines Dritten an den Arbeitnehmer, gleichgültig welcher Bezeichnung, Art oder Form, wenn sie für den Arbeitnehmer im finalen Zusammenhang mit den dem Arbeitgeber geschuldeten Diensten stehen; es sei denn sie beruhen auf einer sonstigen Verpflichtung gegenüber dem Arbeitgeber oder dem Dritten oder der Dritte ist lediglich als Zahlstelle des Arbeitgebers tätig."*

Der Einschub „...gleichgültig welcher Bezeichnung, Art oder Form..." hat in dieser Definition die gleiche Bedeutung wie oben[829]. Die Zuwendungen des Dritten können nämlich sowohl in Geld, in Sachwerten als auch in Rabatten vom Arbeitnehmer bezogen werden. Dritter im Sinne der Definition ist jeder, der außerhalb des Dreiecksverhältnisses steht. Denn dem höchstrichterlichen[830] und auch in der Literatur verbreiteten[831] Verständnis folgend, wird im Bereich der Lohnzahlung von einem Dritten auf die Sicht des Arbeitnehmers abgestellt.

---

828 Vgl.: St. Rspr. BFH v. 28.2.2013 – VI R 58/11, BFHE 240, 345; BFH v. 18.10.2012 – VI R 64/11, BFHE 239, 270; BFH v. 23.4.2009 – VI R 39/08, BFHE 224, 571; BFH v. 20.11.2008 – VI R 25/05, BFHE 223, 419; BFH v. 19.6.2008 – VI R 4/05, BFHE 222, 353; BFH v. 10.5.2006 – IX R 82/98, BFHE 213, 487; BFH v. 19.8.2004 – VI R 33/97, BFHE 207, 230; BFH v. 5.7.1996 – VI R 10/96, BFHE 180, 441; jeweils m.w.N.; *Eisgruber* in: Kirchhof, Einkommensteuergesetz, § 19 EStG Rz. 68 f.; *Pflüger* in: Herrmann/Heuer/Raupach, EStG/KStG, § 19 EStG Rz. 170; *Mody* in: Korn, Einkommensteuergesetz, § 19 EStG Rz. 61; *Geserich* in: Blümich EStG, § 19 Rz. 232 f.; *Krüger* in: Schmidt, § 19 EStG Rz. 70 ff.; *Kloubert*, DStR 2000, 231.

829 Vgl. oben unter: 4. Kap. A.

830 BFH v. 28.2.2013 – VI R 58/11, BFHE 240, 345; BFH v. 18.10.2012 – VI R 64/11, BFHE 239, 270; BFH v. 23.4.2009 – VI R 39/08, BFHE 224, 571; BFH v. 20.11.2008 – VI R 25/05, BFHE 223, 419; BFH v. 19.6.2008 – VI R 4/05, BFHE 222, 353; BFH v. 10.5.2006 – IX R 82/98, BFHE 213, 487; BFH v. 19.8.2004 – VI R 33/97, BFHE 207, 230; BFH v. 5.7.1996 – VI R 10/96, BFHE 180, 441.

831 Gl.A.: *Eisgruber* in: Kirchhof, Einkommensteuergesetz, § 19 EStG Rz. 68 f.; *Geserich* in: Blümich EStG, § 19 Rz. 232 f.; *Albert*, FR 2009, 857 (858); a.A., nämlich, dass die Sicht des Dritten ausschlaggebend sei: *Pflüger* in: Herrmann/Heuer/Raupach, EStG/KStG, § 19 EStG Rz. 170.

Dieser Unterschied zur üblichen Arbeitslohndefinition wird dadurch deutlich gemacht, dass es heißt „...wenn sie *für den Arbeitnehmer...*". Evident kommt es nicht auf die subjektive Sicht des einzelnen Arbeitnehmers an, sondern darauf, ob (nach tatrichterlicher Würdigung) der Arbeitnehmer die Zuwendung als Lohn begreifen durfte. Dafür ist nötig, dass aus zu objektivierender Sicht des Arbeitnehmers ein finaler Zusammenhang zwischen seinen Diensten für den Arbeitgeber und der Zuwendung des Dritten besteht, der Dritte die Zuwendung also gerade wegen der Dienste des Arbeitnehmers für den Arbeitgeber leistet. Diese Besonderheit wird explizit in der Definition angesprochen, indem es heißt „...,wenn sie für den Arbeitnehmer im finalen Zusammenhang mit den dem Arbeitgeber geschuldeten Diensten stehen...". Ein ebenfalls in Rechtsprechung[832] und Literatur[833] zu findender Ausschlusstatbestand besteht darin, dass die Zuwendung nicht auf einer anderen tatsächlichen oder rechtlichen Verpflichtung des Arbeitnehmers zum Dritten oder zum Arbeitgeber beruhen darf. Dieser sinnvolle Ausschlusstatbestand, der den finalen Zusammenhang zwischen den dem Arbeitgeber geschuldeten Diensten und der Zuwendung des Dritten unterbricht, wird durch den vorletzten Halbsatz der Definition deutlich gemacht, welcher lautet „...es sei denn sie beruhen auf einer sonstigen Verpflichtung zum Arbeitgeber oder dem Dritten...". Der letzte Teil der Definition betrifft die sogenannten unechten Lohnzahlungen von Dritten. Bei diesen wird der Dritte vom Arbeitgeber lediglich als Zahlstelle eingesetzt. Dies führt dazu, dass die Lohnsteuer nach den allgemeinen Vorschriften vom Arbeitgeber einzubehalten und abzuführen ist.[834] Diese unechten Lohnzahlungen eines Dritten werden aus dem definierten Bereich bewusst exkludiert, da sie technisch „normaler" Arbeitslohn sind, auf den die zu schaffenden besonderen Regelungen für den von Dritter Seite gewährten Lohn nicht anwendbar sei-

832 St. Rspr. vgl. nur BFH v. 28.2.2013 – VI R 58/11, BFHE 240, 345; BFH v. 18.10.2012 – VI R 64/11, BFHE 239, 270 jeweils m.w.N.

833 *Eisgruber* in: Kirchhof, Einkommensteuergesetz, § 19 EStG Rz. 68 f.; *Pflüger* in: Herrmann/Heuer/Raupach, EStG/KStG, § 19 EStG Rz. 170; *Mody* in: Korn, Einkommensteuergesetz, § 19 EStG Rz. 61; *Geserich* in: Blümich EStG, § 19 Rz. 232 f.; *Krüger* in: Schmidt, § 19 EStG Rz. 72; *Kloubert*, DStR 2000, 231 (232).

834 Vgl. hierzu oben unter: 2. Kap. B. II. 1. d) cc) (2).

en sollen. Die Definition erfasst somit ausschließlich echte Lohnzahlungen eines Dritten.

Diese Definition enthält die wichtigsten durch Rechtsprechung und Literatur herausgearbeiteten Merkmale, um durch Dritte gezahlten Arbeitslohn zu konturieren. Diese Festschreibung im Gesetz würde die Rechtssicherheit für alle Beteiligten erhöhen. Nicht nur der Steuerpflichtige erhielte bei der Lektüre der Definition einen verständlichen Eindruck von den erfassten Lebenssachverhalten, sondern auch die Rechtsprechung und Finanzverwaltung erhielten einen belastbaren Rahmen für den von Dritten gewährten Arbeitslohn. Auch diese Definition ließe dabei ausreichend Spielraum, um zukünftige Einzelfälle zu erfassen, sodass keine einzelfallorientierten Spezialnormen mehr nötig wären.

Der zweite zu reformierende Teil bezieht sich auf den Steuereinbehalt und die Steuerabführung von von Dritten gewährtem Arbeitslohn. Da die vorangestellte Definition ausschließlich echte Lohnzahlungen eines Dritten erfasst, wird auch zunähst deren Besteuerung besprochen. Das Gesetz sieht bisher vor, dass der Arbeitgeber den Steuereinbehalt und die Steuerabführung hierfür übernimmt, wenn dieser von der Lohnzahlung weiß oder sie erkennen kann, § 38 Abs. 1 Satz 3 1. HS EStG. Dies wird gem. § 38 Abs. 1 Satz 3 2. HS EStG bei verbundenen Unternehmen gem. § 15 AktG vermutet. Bei einem fehlerhaften Steuereinbehalt oder einer fehlerhaften Steuerabführung haftet der Arbeitgeber gegebenenfalls gem. § 42d Abs. 1 Nr. 1 EStG, es sei denn er kann sich gem. § 42d Abs. 2 EStG exkulpieren.[835]

Dieses Ergebnis ist nicht tragbar[836]. Der Arbeitgeber hat, anders als bei der unechten Lohnzahlung eines Dritten, die Lohnzahlung nicht ausgelöst. Das Merkmal des Kennenkönnens ist zwar im Vergleich zu dem zuvor verwendeten Merkmal des „üblicherweise von Dritten gezahlten Arbeitslohn" greifbarer, aber in der Sache noch immer zu weitgehend. Im Konzernverbund mögen die Unternehmen dieses Merkmal leicht erfüllen, weswegen der Gesetzgeber sicherlich auch den § 38 Abs. 1 Satz 3 2. HS EStG ursprünglich dergestalt gefasst hat. Jedoch sind viele Fälle denkbar, in denen von Dritter Seite Lohn ge-

835 Vgl. allg. zu der Versteuerung von von Dritten gezahltem Arbeitslohn: B.II.2.a)dd)(3)δ).

836 So auch: *Albert/Strohner*, DB 2002, 2504 (2505).

währt wird und der Arbeitgeber keine Möglichkeit hat, hiervon zuverlässig Kenntnis zu erlangen. Dies ist beispielsweise der Fall, wenn ausschließlich ein Teil der Arbeitnehmer, die enge Geschäftsbeziehungen zu einem anderen Unternehmen unterhalten, von diesem Vorteile gewährt bekommen, wie zum Beispiel Rabatte bei Werksverkäufen oder Boni bei einem erfolgreichen Geschäftsabschluss. Der Arbeitgeber kann hier den Wert einer Zuwendung oftmals nur schätzen bzw. muss sich auf die Angaben seiner Arbeitnehmer verlassen. Da der Arbeitgeber diese Zuwendungen regelmäßig nicht initiieren oder beeinflussen kann, ist es sehr problematisch, ihn für den Steuerabzug zu verpflichten. Hiergegen spricht insbesondere der Aspekt, dass üblicherweise ausschließlich der Arbeitnehmer von diesen Zuwendungen profitiert. Die einzigen beiden anderen steuerrechtlich relevanten Akteure in diesem Prozess, die an Stelle des Arbeitgebers in Anspruch genommen werden könnten, sind der Dritte und der Arbeitnehmer selbst.

Die Inanspruchnahme des Dritten wäre hierbei naheliegend, da der Dritte die Lohnzuwendungen selbst ausgelöst hat und genau weiß, welchen Personen sie zugewandt wurden und welchen Wert sie hatten. Handelt es sich bei dem Dritten um einen Unternehmer, so ist es diesem durchaus zumutbar, eine pauschale Lohnsteuer mit abgeltender Wirkung i.H.v. beispielsweise 25% für jede Lohnzuwendung an einen fremden Arbeitnehmer abzuführen. Wie bereits erwähnt wären für den Dritten die tatsächlichen Gegebenheiten viel leichter zu bestimmen als für den Arbeitgeber, da der Dritte die Lohnzuwendung ausgelöst hat.

Problematisch erscheint jedoch, dass diese Dritten auch Privatpersonen sein können. Ihnen einen Lohnsteuerabzug zuzumuten würde die Komplexität der Lohnsteuer nur noch erhöhen und damit das mit der Reform angestrebte Ziel konterkarieren. Der in der Praxis einzig relevante Fall, in dem eine solche Lohnzahlung von einem privaten Dritten erfolgt, ist das Trinkgeld. Daher könnte man die Lohnzahlungen eines privaten Dritten steuerrechtlich gänzlich ignorieren. Somit bliebe allerdings ein großer Teil des Trinkgeldes unbesteuert, was zu einer nicht zu rechtfertigenden Ungleichbehandlung mit anderen Einkunftsarten führen würde[837]. Folglich ist ein gänzliches steuerliches

837 Vgl. oben zu § 3 Nr. 51 EStG unter: 3. Kap. A. I. 14.

Exkludieren des von privaten Dritten gezahltem Arbeitslohns nicht sachgerecht. Trinkgeld ist jedoch der einzige Fall in dem ein Arbeitnehmer sowohl von Privatpersonen als auch von Unternehmen Arbeitslohn von Dritter Seite erhält. Demgemäß wäre hier eine Sonderregelung angezeigt. Dafür spricht vor allem die weite Verbreitung von Trinkgeldzahlungen, sodass es sich dabei zwar um eine Einzelfallnorm handeln würde, der jedoch ein großer Anwendungsbereich zukommen würde. Diese Sonderregelung für Trinkgeld würde den Arbeitnehmer zu dem Steuerabzug mit einem abgeltend wirkenden pauschalen Steuersatz i.H.v. 25% verpflichten. Hierbei ist auch ein Freibetrag von z. B. 1000 Euro pro Kalenderjahr und Arbeitnehmer denkbar, um die steuerrechtlich „kleinen“ Fälle von der Besteuerung auszunehmen[838].

Die Norm des § 37a EStG sollte als zweite Ausnahme von dem oben dargestellten Grundsatz der Besteuerung des von Dritten gewährtem Arbeitslohns erhalten bleiben, da sie deutlich mehr Fälle erfasst, als nur jene im Bereich der nichtselbstständigen Tätigkeit und die Norm so nicht gänzlich in dieses Besteuerungssystem passt. Denn auch Selbstständige und Gewerbetreibende profitieren von dieser Norm. Die Verpflichtung des Dritten bei solchen Prämien ist die einzig sinnvolle Art der Besteuerung[839]. Daher kommt die Norm dem hier vorgestellten Besteuerungssystem nahe. Für den Empfänger ist der Wert einer solchen Sachprämie nämlich nahezu nicht ermittelbar. Dennoch sollte der momentan eher subventionierend wirkende Steuersatz auf ca. 5% angehoben werden, um eine eher an der Realität orientierte Besteuerung zu gewährleisten.

Die vorgestellte Besteuerungsvariante würde zu großen Teilen den unternehmerischen Dritten verpflichten und den Arbeitnehmer ausschließlich beim Trinkgeld zu einer Lohnsteuerabführung verpflichten. Der Steuersatz von 25% würde dabei nicht stark begünstigend wirken und wäre einfach zu errechnen. Der Arbeitgeber würde nicht mehr für ihn unkontrollierbaren Haftungsrisiken ausgesetzt und der Steuerabzug wäre den Akteuren zugeordnet, die entweder die Lohnzuwendung auslösen oder von ihr profitieren und somit deren tatsächlichen Begebenheiten deutlich besser überblicken. Die politisch sicherlich kritisch

838 Zu der Aufhebung der Steuerbefreiung von Trinkgeldzahlungen vgl. unten unter: 4. Kap. C. I.

839 Vgl. oben unter: 2. Kap. B. II. 2. d) bb).

zu sehende Verpflichtung des Arbeitnehmers wäre diesem allerdings zumutbar, da es einen Bereich betrifft, in dem die Arbeitnehmer in der Regel sehr genau die Höhe ihrer Einkünfte kennen und ihnen die Besteuerung so leicht wie möglich gemacht wird. Es ist hier vertretbar, von den Arbeitnehmern ein Mindestmaß an steuerlicher Verantwortung zu verlangen.

Die Alternative zu dem soeben dargestellten Besteuerungssystem für Lohnzuwendungen von Dritten ist, den Arbeitnehmer alleine bei Lohnzuwendungen von Dritten in die Pflicht zu nehmen. Die Rahmenbedingungen wären hierbei die gleichen; d.h. ein pauschaler Steuerabzug mit 25% und abgeltender Wirkung. Diese Variante würde den Arbeitgeber und den Dritten völlig entlasten. Der von der Zuwendung profitierende Arbeitnehmer würde alleine belastet werden. Dies wäre ihm zumindest bei Barzuwendungen zuzumuten, da diese leicht zu ermitteln sind. Problematisch sind jedoch Sachzuwendungen u.ä., da hier der Arbeitnehmer oftmals nur schwer den Wert der Sache feststellen kann. Dies würde zusätzliche Unsicherheit in das Verfahren einbringen und die Versteuerung erschweren. Zwar könnte man hier Auskunftsrechte und -pflichten gegenüber den die Zuwendung Gewährenden einführen, um dem Arbeitnehmer theoretisch die Möglichkeit einer Ermittlung zu geben. Die praktische Durchsetzung solcher Auskunftsansprüche wäre allerdings oftmals schwierig. Sie dürften folglich häufig gar nicht geltend gemacht werden und die Zuwendungen blieben unbesteuert. Diese Besteuerungsvariante würde den Arbeitnehmer vor große Hürden stellen. Demnach wäre bei diesem Modell ein noch größerer politischer Widerstand zu erwarten. Wegen dieser Ermittlungsschwierigkeiten wird daher das erste Modell präferiert.

Die bisher gem. § 38 Abs. 1 Satz 1 EStG durch den Arbeitgeber versteuerten unechten Lohnzahlungen eines Dritten fallen nicht unter das zuvor vorgestellte Modell. Wegen der unselbstständigen Stellung des Dritten ist eine Verpflichtung des Arbeitgebers, die Lohnsteuer einzubehalten und abzuführen angemessen, der Dritte wird nämlich praktisch wie ein Erfüllungsgehilfe für den Arbeitgeber tätig[840]. Allerdings ist die gesetzliche Grundlage dieser Verpflichtung, der § 38 Abs. 1

840 Vgl. zu unechten Lohnzahlungen eines Dritten oben unter: 2. Kap. B. II. 1. d) cc) (2).

Satz 1 EStG, durch richterliche Rechtsfortbildung über seinen Wortlaut ausgedehnt worden, um den Arbeitgeber zu verpflichten. Daher sollte auch für die unechten Lohnzahlungen eines Dritten eine gesetzliche Grundlage geschaffen werden. Diese sollte in § 38 Abs. 1 Satz 1 EStG integriert werden, indem der Wortlaut wie folgt geändert wird:

> *„Bei Einkünften aus nichtselbständiger Arbeit wird die Einkommensteuer durch Abzug vom Arbeitslohn erhoben (Lohnsteuer), soweit der Arbeitslohn von einem Arbeitgeber gezahlt wird, der*
>
> *1. [...]*
>
> *2. [...]*
>
> *oder der Arbeitgeber einen anderen hiermit beauftragt oder als Erfüllungsgehilfen oder in einer anderen Art als Leistungsmittler bei der Lohnzuwendung eingesetzt hat (unechte Lohnzahlung eines Dritten)."*

Durch den letzten Teil wird gesetzlich festgehalten, dass auch für unechte Lohnzahlungen eines Dritten vom Arbeitgeber die Lohnsteuer einzubehalten und abzuführen ist. Die gesetzliche Manifestation dieser Rechtsprechung in einem parlamentarischen Gesetz wird dem hierdurch vollzogenen Eingriff in die grundrechtlich geschützte Freiheit des Arbeitgebers eher gerecht, als eine – wenn auch gefestigte – Rechtsprechung.

Die unterbreiteten Reformvorschläge zu echten und unechten Lohnzahlungen von Dritten sollen dazu beitragen, diesen Bereich der Lohnsteuer einfach handhabbar zu machen. Bedingt durch die Komplexität der Ausgangslage konnten für die echten und unechten Lohnzahlungen von Dritten auch keine Lösungen gefunden werden, die in einer Regelung zusammenzufassen wären. Die hier vorgestellten Maßnahmen bieten jedoch gegenüber den derzeitigen Regelungen eine wertungstechnisch ausgewogenere Ausgangslage.

II. Ein einheitlicher Pauschalierungstatbestand für Sachzuwendungen

Sachzuwendungen als Arbeitslohn können dem Arbeitnehmer in unterschiedlicher Form gewährt werden. Von Kleidung über Mahlzeiten bis hin zu Elektrogeräten ist eine Bandbreite an Gegenständen denkbar. Aber auch Dienstleistungen, die direkt angeboten werden, zählen zu den Sachleistungen. Leider sind die Besteuerungsvarianten ebenso breit gefächert, was bei deren Anwendung zu einem regelrechten Chaos führt.[841] Eine einheitliche Regelung für alle Sachzuwendungen ist nicht vorhanden. Die Generalklausel des § 37b EStG kann zwar theoretisch so gut wie alle Sachzuwendungen an Arbeitnehmer erfassen. Sie selbst enthält aber eine quantitative Begrenzung in der Gestalt, dass ausschließlich Sachzuwendungen bis 10.000 Euro pro Empfänger und Jahr bzw. pro einzelne Zuwendung erfasst werden können. Außerdem gehen die diversen Spezialtatbestände dieser Generalklausel vor, sodass sie keine breite Wirkung entfalten kann. Manche Sachzuwendungen werden nämlich durch Spezialnormen gänzlich von der Einkommensteuer befreit, wie beispielsweise die Leistungen zur Kindesbetreuung nach dem § 3 Nr. 33 bis 34a EStG. Andere sind wiederum nur teilweise steuerfrei bzw. sie sind pauschal zu versteuern, wie zum Beispiel die Sachzuwendungen nach § 40 Abs. Abs. 2 Satz 1 EStG. Diese unterschiedlichen Versteuerungsvarianten spiegeln eine unterschiedliche Förderintensität wieder. Diese ergibt sich jedoch meistens nicht aus der Art der Sachzuwendung an sich oder aus anderen sachlich nachvollziehbaren Gründen, sondern aus politischen oder historischen Gründen[842]. Das Resultat dieses historisch gewachsenen steuerlichen Flickenteppichs sind zu viele Einzelnormen, die sich teilweise widersprechen oder sonst verfehlt sind, jedenfalls aber in ihrer Masse das Lohnsteuerrecht verkomplizieren.

Wenn Sachzuwendungen vom Arbeitgeber an einen Arbeitnehmer gewährt werden und diese gemäß der oben genannten Definition[843] steuerbaren Arbeitslohn darstellen, so sollte nicht aufgrund der Art der Sachzuwendung bei der Besteuerung in unsystematischer Weise differenziert werden, da alle gleich steuerwürdig sind. Sie alle erhöhen die Leistungsfähigkeit des Arbeitnehmers, indem sie in gewisser Weise eigene Aufwendungen des Arbeitnehmers ersetzen. So erschließt sich beispielsweise nicht, inwieweit sich im Hinblick auf die ersparten Aufwendungen die steuerfreie Kindesbetreuung nach dem § 3 Nr. 33 bis 34a EStG von der pauschal mit 25% zu versteuernden Überlassung

---

841 Vgl. allg. zu Sachbezügen als Arbeitslohn oben unter: 2. Kap. B. II. 1. d) dd).

842 Vgl. § 3 Nr. 4 EStG, der in seinem konstitutiven Teil nur als Relikt aus dem preußischen Einkommensteuerrecht zu erklären ist, *Bergkemper* in: Herrmann/Heuer/Raupach, EStG/KStG, § 3 Nr. 4 EStG Rz. 3; *Tormöhlen* in: Korn, Einkommensteuergesetz, § 3 Nr. 4 EStG Rz. 4.

843 Vgl. oben unter: 4. Kap. A.

von Mahlzeiten nach § 40 Abs. 2 Satz 1 Nr. 1 EStG unterscheidet. In beiden Fällen müsste der Arbeitnehmer ohne die Zuwendungen seines Arbeitgebers diese Dienste bzw. Mahlzeiten aus regulär versteuertem Einkommen bezahlen.

Dementsprechend sollte ein einheitlicher Pauschalierungstatbestand für alle Sachzuwendungen des Arbeitgebers an den Arbeitnehmer geschaffen werden[844]. Dabei sollte ein einheitlicher abgeltender Steuersatz von 25% eingeführt werden. Dieser Steuersatz entspricht circa dem effektiven Steuersatz eines Durchschnittsbruttogehaltes eines Arbeitnehmers in Deutschland[845]. Durch ihn werden die Sachbezüge, wenn überhaupt, nur geringfügig gefördert. Alternativ wäre ein für jeden Betrieb individuell zu ermittelnder Steuersatz wie in § 40 Abs. 1 EStG denkbar. Dies würde jedoch zusätzliche Komplexität in den Pauschalierungstatbestand einbringen, die es gerade zu vermeiden gilt. Da allerdings im Bereich der Förderung der Sachbezüge auch durchaus sinnvolle Ziele, wie beispielsweise die erwähnte Kindesbetreuung zur Förderung der Vereinbarkeit von Beruf und Familie, verfolgt werden, sollte ein Freibetrag in den Pauschalierungstatbestand aufgenommen werden. Dieser könnte dann individuell nach den Bedürfnissen des jeweiligen Arbeitnehmers ausgeschöpft werden. Dieser Freibetrag sollte bei ca. 1000 Euro pro Kalenderjahr und Arbeitnehmer liegen.

Selbstverständlich würde ein solcher Pauschalierungstatbestand bei höheren Grenzsteuersätzen zu Steuererleichterungen führen. Diese eher geringen Förderungen sind aber zur Erreichung des Ziels der Steuervereinfachung hinzunehmen. Außerdem sind unter Umständen zu befürchtende Barlohnumwandlungen in Sachbezüge nicht in nennenswertem Umfang zu befürchten. Dies wäre für den Arbeitnehmer und den Arbeitgeber aus rein tatsächlicher Sicht viel zu kompliziert, da die Bedürfnisse eines jeden Arbeitnehmers ermittelt und dementspre-

844 Ähnlich: *Albert*, DB 2005, 2099.

845 Im Jahr 2015 lag der Durchschnittsbruttomonatsverdienst eines Arbeitnehmers bei 3.810 Euro, d.h. 42.324 Euro pro Jahr (vgl. https://www.destatis.de/DE/ZahlenFakten/GesamtwirtschaftUmwelt/VerdiensteArbeitskosten/VerdiensteVerdienstunterschiede/Tabellen/Bruttomonatsverdienste.html, abgerufen am: 22.4.2016) darauf entfallen nach der Einkommensteuergrundtabelle ca. 10.955 Euro Einkommensteuer (laufende Nr. 1031), was einem Anteil von ca. 23,96% entspricht; gerundet zur einfacheren Anwendung 25%.

chend berücksichtigt werden müssten. Außerdem würden wohl nur wenige Arbeitnehmer zu einer derartigen Offenlegung ihrer Bedürfnisse bereit sein. Der Großteil des Lohns wird auch bei einer solchen Pauschalierungsnorm als Teil des Einkommensteuergesetzes noch als Barbezug fließen.

Ein derartiger Pauschalierungstatbestand würde eine Vielzahl von Steuerfreistellungen der I. und II. Kategorie überflüssig machen. Es könnten alle Steuerfreistellungen und Pauschalierungen, die Sachzuwendungen betreffen, aus dem Gesetz entfernt werden. Dies würde erheblich zur Übersichtlichkeit in der Lohnsteuer beitragen. Der Freibetrag würde eine individuellere steuerliche Förderung, die auf die Belange des Arbeitnehmers abgestimmt ist, ermöglichen als viele einzelfallorientierte Normen, die unter Umständen förderungswürdige Sachverhalte ausklammern. Die durch die Norm zugegebenermaßen verursachten Ungenauigkeiten und geringen Förderungen bei höheren Grenzsteuersätzen als 25% sind die Konsequenz der durch die Norm geschaffenen Vereinfachung. Eine genauere Ausdifferenzierung des Tatbestandes der Norm würde neue Unübersichtlichkeit in das Verfahren einbringen, die jedoch gerade nicht erwünscht ist.

III. Vereinheitlichung der steuerlichen Behandlung von Zukunftssicherungsleistungen

Die Zukunftssicherung der Arbeitnehmerschaft kann auf diverse Arten betrieben werden. Sorgt der Arbeitnehmer selbst vor, so handelt es sich nicht um steuerpflichtigen Arbeitslohn. Übernimmt die Vorsorge allerdings ganz oder teilweise der Arbeitgeber, so kann steuerpflichtiger Arbeitslohn vorliegen. Wenn die Leistungen steuerpflichtigen Arbeitslohn darstellen, werden viele der Möglichkeiten steuerlich begünstigt, wie nicht nur der § 40b EStG, sondern insbesondere die § 3 Nr. 56, 62, 65 und 66 EStG belegen.[846]

Die Zukunftssicherung kann jedoch sehr unterschiedliche Gestalt annehmen. So sind Direktversicherungen, Direktzusagen, Pensions-

846 Allg. zu den Zukunftssicherungsleistungen im Lohnsteuerrecht vgl. oben unter: 2. Kap. B. II. 1. d) ee).

kassen und -fonds u.v.m. Ausformungen der Zukunftssicherungsleistungen. Allgemein sind Zukunftssicherungsleistungen „Ausgaben, die ein Arbeitgeber leistet, um einen Arbeitnehmer oder diesem nahestehende Personen für den Fall der Krankheit, des Unfalls, der Invalidität, des Alters oder des Todes abzusichern."[847] Diese unterschiedlichen Vorsorgeleistungen werden auch steuerlich unterschiedlich behandelt. Manchen kommt eine gewisse Steuerfreistellung zugute und andere werden pauschal besteuert. Dies führt zu komplexen Zukunftssicherungsmodellen, die steuerliche Gegebenheiten bestmöglich ausnutzen wollen. Oftmals tritt dabei die Effektivität der eigentlichen Zukunftssicherung fast schon in den Hintergrund. Dies erschwert die Vergleichbarkeit zwischen den diversen Möglichkeiten der Zukunftssicherung. Die momentan geltende Gesetzeslage birgt daher die Gefahr einer Fehlallokation aus steuerlichen Motivationen. Darüber hinaus hat der Gesetzgeber das Prinzip der nachgelagerten Besteuerung zumindest teilweise in das Gesetz übernommen. Dieses sieht in der Ansparphase eine möglichst geringe bzw. gar keine steuerliche Belastung vor und konzentriert die steuerliche Belastung auf die Auszahlungsphase. Dies ist wie bereits erwähnt[848] grundsätzlich begrüßenswert. Die wirtschaftliche Leistungsfähigkeit der Arbeitnehmer wird auch durch einen unentziehbaren Anspruch nicht derart gesteigert, dass es eine Besteuerung rechtfertigen würde. Der reine Anspruch auf eine Vorsorgeleistung, die u.U. sogar nie ausgezahlt wird, ist ähnlich wie Gewinnerwartungen kein tatsächlicher ökonomischer Vorteil als sachgerechte Basis für eine Besteuerung. Der ökonomische Vorteil einer Zukunftssicherung realisiert sich vielmehr erst, wenn diese tatsächlich ausgezahlt wird. Erst dann ist die Leistungsfähigkeit des Arbeitnehmers tatsächlich durch die Zuwendung gesteigert und auch erst dann ist ein adäquater Anknüpfungspunkt für die Besteuerung gegeben.

Dementsprechend wäre eine konsequente und radikale Umsetzung des Prinzips der nachgelagerten Besteuerung im Vergleich zu den jetzt geltenden zerstückelten Einzelnormen, die unterschiedliche Vorsorgesysteme gegeneinander ausspielen, vorzugswürdig. Im ersten Schritt müssten hierfür alle Zukunftssicherungsleistungen, gleichgültig wel-

---

847 Vgl. auch § 19 Abs. 1 Satz 1 Nr. 3 EStG, der jedoch lediglich deklaratorische Bedeutung hat, *Krüger* in: Schmidt, § 19 EStG Rz. 91.

848 Vgl. oben unter: 2. Kap. B. II. 1. d) ee).

cher Art, in der Ansparphase von der Einkommensteuer befreit werden. Hierzu sollte man eine Norm in den § 3 EStG aufnehmen, die alle Zukunftssicherungsleistungen erfasst. Diese würde dann zwar konstitutiv und im Hinblick auf die Leistungen, die bereits keinen Arbeitslohn darstellen, gleichzeitig deklaratorisch wirken. Dies ist aber die einfachste und somit anwenderfreundlichste Möglichkeit, um die Ansparphase steuerfrei zu stellen. Der zweite Schritt wäre die Besteuerung der Auszahlungsphase. Um die Besteuerung sicherzustellen sollte hier die die Leistung auszahlende Institution die Versteuerung vornehmen. Auch hier würde sich ein pauschaler Steuersatz mit abgeltender Wirkung anbieten. Im Auszahlungsfall einer Zukunftssicherungsmaßnahme, sei es wegen Krankheit, Unfall oder Alter, sind die Einkünfte des Steuerpflichtigen so wie seine Leistungsfähigkeit zumeist relativ gering. Daher sollte der Pauschsteuersatz ebenso relativ niedrig angesetzt werden. Angemessen erscheinen hier 20% der auszuzahlenden Zukunftssicherungsleistungen, da ein solcher Steuersatz noch im Eingangsbereich der Einkommensteuer liegt. Diese Spezialnorm für Zukunftssicherungsleistungen würde dem allgemeinen Pauschalierungstatbestand für Sachzuwendungen selbstredend als lex specialis vorgehen. Ferner müssten dementsprechend alle Zukunftssicherungsleistungen betreffenden Steuerfreistellungen des § 3 EStG eliminiert und der Pauschalierungstatbestand des § 40b EStG durch den hier beschriebenen ersetzt werden. Eine Übergangsphase für die oftmals jahrzehntelang laufenden Verträge, in der das alte Recht weiter Anwendung findet, sollte aus Vertrauensschutzgründen zugebilligt werden. Dies verkompliziert zwar das Verfahren in der Übergangszeit, ist jedoch aus Gründen des Vertrauensschutzes unumgänglich.

Durch eine solche einheitliche steuerliche Behandlung von Zukunftssicherungsleistungen würden steuerliche Aspekte bei der Strukturierung von Vorsorgeleistungen zur Nebensache. Dies würde dafür sorgen, dass das Vorsorgeprodukt als solches mehr in den Fokus rückt und der Wettbewerb unter diesen stärker wird. Ferner würde so das begrüßenswerte Prinzip der nachgelagerten Besteuerung, welches der Gesetzgeber bereits in Ansätzen in das Einkommensteuerrecht integriert hat, konsequent umgesetzt werden. Dies würde nicht nur erheblich die Besteuerung vereinfachen, sondern auch für Planungs- und Rechtssicherheit sorgen.

IV. Einheitliche steuerliche Behandlung der Werbungskostenersatzleistungen

Werbungskostenersatzleistungen müssen von den Aufwendungsersatzleistungen, namentlich dem Auslagenersatz und den durchlaufenden Geldern, abgegrenzt werden. Letztere erfolgen im überwiegend betrieblichen Interesse und sind daher bereits kein Arbeitslohn. Werbungskostenersatzleistungen sind hingegen Arbeitslohn, da sie im weit überwiegenden Interesse des Arbeitnehmers liegen. Denn dieser erhält vom Arbeitgeber Ersatz für seine Ausgaben, die für ihn ansonsten abziehbare Werbungskosten darstellen würden.[849] Bei ordnungsgemäßer Besteuerung der Werbungskostenersatzleistung gleichen diese also lediglich die angefallenen Aufwendungen aus. Ihren gedanklichen Ursprung haben Werbungskostenersatzleistungen in dem Dreiecksverhältnis zwischen Arbeitgeber, Arbeitnehmer und Finanzamt. Der Arbeitnehmer wendet Mittel auf, die bei ihm Werbungskosten darstellen und oftmals zumindest teilweise ebenso dem Arbeitgeber zugute kommen, da der Arbeitnehmer diese zumindest teils für Belange des Arbeitgebers einsetzt. Um den vereinbarten Lohn durch diese Aufwendungen nicht zu schmälern und die Bereitschaft des Arbeitnehmers zur Aufbringung dieser Mittel nicht zu gefährden, werden diese Aufwendungen oftmals vom Arbeitgeber ersetzt. Denn vergleicht man die Situation mit der von Selbstständigen oder Gewerbetreibenden, so machen diese Aufwendungen direkt für sich bzw. ihren Betrieb, wohingegen der Arbeitnehmer keinen eigenen Betrieb hat und daher die beruflichen Aufwendungen oft zumindest auch im Sinne des Arbeitgebers tätigt.

Werbungskostenersatzleistungen gelten grundsätzlich als steuerpflichtiger Arbeitslohn, dem jedoch in gleicher Höhe ein Werbungskostenabzug entgegensteht, weshalb hierbei aus Vereinfachungsgründen oftmals eine Saldierung vorgenommen wird[850]. Manche dieser Werbungskostenersatzleistungen werden aber durch den Gesetzgeber steuerfrei gestellt, wie beispielsweise § 3 Nr. 30 EStG[851], der die Ent-

849 Allg. zu Aufwendungsersatzleistungen vgl. oben unter: 2. Kap. B. II. 1. d) bb) (3).
850 Vgl. oben unter: 2. Kap. B. II. 1. d) bb) (3).
851 Vgl. dazu oben unter: 3. Kap. A. I. 8.

schädigungszahlungen für betrieblich genutzte, aber dem Arbeitnehmer gehörende Werkzeuge steuerfrei stellt. Erhält der Arbeitnehmer die Werbungskosten steuerfrei ersetzt, so kann er die Aufwendungen in entsprechender Höhe nach § 3c EStG nicht mehr als Werbungskosten zum Abzug bringen[852]. Aus einer betriebswirtschaftlichen Sicht ergeben sich daher bei dem steuerpflichtigen und dem steuerfreien Werbungskostenersatz keine bedeutenden Unterschiede.

Die Zahlung des Werbungskostenersatzes an sich ist mit den oben ausgeführten Argumenten auch zu vertreten, da insbesondere die Werbungskosten auslösenden Handlungen des Arbeitnehmers oftmals auch im Interesse des Arbeitgebers liegen. In der jetzigen Form des Einkommensteuerrechts gilt daher in Bezug auf die Werbungskostenersatzleistungen ein steuerrechtlicher Dualismus. Dies verkompliziert das Lohnsteuerrecht. Der Arbeitnehmer muss als Steuerpflichtiger stets darauf achten, welche Werbungskosten er geltend macht, da ein Abzug von steuerfrei ersetzten Werbungskosten nach § 3c EStG nicht zulässig ist. Der Arbeitgeber muss die vielen ispo iure geltenden Werbungskostensteuerfreistellungen des § 3 EStG bei dem Lohnsteuereinbehalt berücksichtigen. In Anbetracht einer drohenden Haftung des Arbeitgebers für einen fehlerhaften Lohnsteuereinbehalt erscheinen diese vermeintlichen Vereinfachungsnormen in einem neuen Licht.

Daher sollte die steuerrechtliche Behandlung der Werbungskostenersatzleistungen vereinheitlicht werden. Der Gesetzgeber unternahm im Rahmen des Dritten Steuerreformgesetzes einen letztendlich nicht umgesetzten Vorstoß in diese Richtung. Danach sollten alle Werbungskostenersatzleistungen steuerfrei gestellt werden[853]. Dies erscheint jedoch als gerade nicht der richtige Weg, da der Arbeitnehmer in diesem Fall immer noch differenzieren müsste, welche Werbungskosten er geltend machen kann und welche ihm bereits steuerfrei ersetzt wurden. Eine tatsächliche Vereinfachung wäre in dem genauen Gegenteil zu finden. Stellt man keinerlei Werbungskostenersatzleistungen steuerfrei, so muss der Arbeitgeber etwaige Steuerfreistellungen nicht länger im Lohnsteuerabzug berücksichtigen. Dies minimiert das

852 Vgl. BFH v. 26.3.2002 – VI R 26/00, BFHE 198, 545; *Kreft* in: Herrmann/Heuer/Raupach, EStG/KStG, § 9 EStG Rz. 90; *Heß* in: Beck'sches Steuer- und Bilanzrechtslexikon, „Werbungskostenersatz durch den Arbeitgeber“ Rz. 1.

853 Vgl. BT-Drucks. 7/1470, 42; *v. Bornhaupt*, StuW 1990, 46 (47).

Haftungsrisiko für ihn beträchtlich. Ferner kann der Arbeitnehmer alle Werbungskosten geltend machen und muss nicht danach differenzieren, ob er bereits eine Ersatzleistung erhalten hat. Die Saldierung findet auf der Ebene der Veranlagung statt.

Dementsprechend sollten Werbungskostenersatzleistungen im Sinne eines einfacheren Lohnsteuerrechts nicht länger steuerfrei gestellt werden. Die konsequente und richtige Lösung wäre es, sie dem regulären Lohnsteuerabzug zu unterwerfen.

V. Reform des Pauschalierungstatbestands für geringfügig Beschäftigte

Der Pauschalierungstatbestand des § 40a EStG betrifft geringfügig Beschäftigte und Teilzeitbeschäftigte. Mit seinen Pauschsteuersätzen, die teils erheblich unter dem realistischen Maß bleiben, soll die Beschäftigung dieser Arbeitnehmer gefördert und die Schwarzarbeit bekämpft werden.[854] Problematisch erscheint, dass der § 40a teilweise Entgeltgrenzen bestimmt. Hierdurch werden gerade gering entlohnte und zumeist auch nur gering qualifizierte Arbeitnehmer in kurzeitigen Arbeitsverhältnissen gehalten, da nur diese steuerlich begünstigt werden. Die Aussicht auf eine Festanstellung schwindet somit. Dennoch ist die Möglichkeit, Teilzeitbeschäftigte und geringfügig Beschäftigte steuerlich vereinfacht zu erfassen, für den einzelnen Arbeitnehmer, den Arbeitgeber und die Wirtschaft als Ganzes von großem Wert. In vielen Wirtschaftszweigen ist ein saisonaler Anstieg des Arbeitsvolumens fester Bestandteil des Geschäfts. Hierzu zählt nicht nur die bereits vom § 40a Abs. 3 EStG begünstigte Land- und Forstwirtschaft, sondern auch beispielsweise die Gastronomie und Hotellerie sowie der Einzelhandel u.v.m. Darüber hinaus werden in allen Branchen immer wieder Aushilfen eingesetzt, da oftmals das genaue Arbeitsvolumen nur schwer zu prognostizieren ist. Die grundsätzliche Möglichkeit, diese geringfügigen und kurzweiligen Beschäftigungsverhältnisse steuerlich vereinfacht zu erfassen, ist sinnvoll. Gerade im Bereich der haushaltsnahen Dienstleistungen (§ 40a Abs. 2 EStG) ist ein Pauschsteuersatz

854 Vgl. oben zu § 40a EStG: 3. Kap. A. II. 7.

von enormer Bedeutung. Denn hierdurch wird ein Anreiz geschaffen, um die Beschäftigten aus der Schwarzarbeit zu entlassen, in der sich viele dieser Arbeitnehmer befinden, und in geregelte Arbeitsverhältnisse zu überführen[855].

Der § 40a EStG ist daher von seiner grundsätzlichen Konzeption richtig. Dennoch besteht Reformierungsbedarf. Die Entgeltgrenzen des § 40a Abs. 1 und 4 EStG sollten signifikant erhöht werden oder ganz entfallen. Der relevante Beschäftigungszeitraum sollte zudem auf 30 zusammenhängende Arbeitstage erhöht werden. Dadurch wären die Regelungen des § 40a EStG flexibler einsetzbar und würden noch mehr Arbeitgebern die Möglichkeit eröffnen, kurzfristigen Bedarf an Arbeitskräften steuerlich begünstigt zu stillen. Dies wiederum würde mehr Arbeitnehmern die Möglichkeit geben, wieder im geregelten Arbeitsmarkt Fuß zu fassen.

Die Vorschrift des § 40a Abs. 3 EStG hingegen stellt aufgrund ihres sehr niedrigen Steuersatzes, der ausschließlich Aushilfskräften der Land- und Forstwirtschaft offensteht, eine nicht zu rechtfertigende Privilegierung dar. Diese Vorschrift sollte entweder gänzlich aus dem Gesetz entfernt werden, sodass die Arbeitgeber auf die anderen Vorschriften für geringfügige oder Teilzeitbeschäftigte zurückgreifen müssten, oder sie wäre zu reformieren. Dabei müsste die Vorschrift allen Branchen geöffnet werden, die einen saisonal bedingten erhöhten Personalbedarf nachweisen können[856]. Hier könnte es zwar in Randbereichen zu Abgrenzungsschwierigkeiten zwischen den Branchen kommen. Diese können jedoch durch Verwaltungsanweisung und Gerichtsentscheidungen einer Lösung zugeführt werden. Dabei sollte auch die Ausschließung von Facharbeitern aus der Norm aufgehoben werden. Dies würde die Norm flexibler einsetzbar machen. Der Steuersatz der Norm sollte auf 20% angehoben werden. Dies würde einen Gleichlauf mit § 40a Abs. 2a EStG gewährleisten und erscheint für diese Arbeitsverhältnisse angemessen.

Diese Arbeit präferiert die letzte Reformierungsvariante, in der der § 40a Abs. 3 EStG optimiert und nicht entfernt wird. Saisonale Aushilfen werden nämlich in der Regel deutlich länger eingesetzt als kurzzei-

855 Dies betrifft vor allem die damit einhergehenden sozialrechtlichen Folgen, wie Versicherungen für Unfälle und etc.

856 So ähnlich: *Seifert* in Korn, Einkommensteuergesetz, § 40a EStG Rz. 29.

tig Beschäftigte nach § 40a Abs. 1 EStG und übersteigen mit ihrem Lohn die Grenzen der § 40a Abs. 2 und 2a i.V.m. § 8 Abs. 1 Nr. 1 i.H.v 450 Euro pro Arbeitnehmer und Monat, sodass diesen Arbeitnehmer keine Pauschalierungsmöglichkeit nach § 40a EStG offen stünde. Es erscheint aber nötig, für sie einen Pauschsteuertatbestand zu schaffen, da auch diese Arbeitsverhältnisse oftmals als Schwarzarbeit ohne jedweden Versicherungsschutz u.s.w. durchgeführt werden. Um dem Arbeitgeber die Versteuerung zu erleichtern und somit einen Anreiz zur ordnungsgemäßen steuer- und sozialrechtlichen Durchführung dieser Arbeitsverhältnisse zu setzen, ist der Pauschsteuersatz für saisonale Arbeitskräfte notwendig.

Demgemäß sollte bei § 40a EStG der Abs. 3 gänzlich neu gefasst werden, damit dieser allen Saisonarbeitern offensteht. Die anderen Anpassungen im § 40a EStG erweitern den Anwendungsbereich und machen die Norm flexibler.

C. Zusätzliche Anpassungen bei den übrigen Vereinfachungsnormen des Lohnsteuerrechts

Durch die fünf zuvor vorgestellten Maßnahmen würden bereits viele der Steuerfreistellungen und der bestehenden Pauschalierungstatbestände zusammengefasst und vereinfacht. Dennoch sollten noch weitere Normen aus dem Lohnsteuerrecht entfernt bzw. reformiert werden, um dieses zu optimieren. Diese zusätzlichen Maßnahmen sollen im Folgenden präsentiert werden.

I. Entfernung der Steuerfreistellung von Zuschlägen für Sonntags-, Feiertags- und Nachtarbeit

Die Steuerfreistellung von Zuschlägen für Sonntags-, Feiertags- und Nachtarbeit in bestimmten Grenzen ist in § 3b EStG geregelt. Diese Vorschrift geht auf nationalsozialistische Gesetzgebung zurück, indem ihre grundsätzlichen Wirkungen durch eine Verordnung des Reichsfinanzministers eingeführt wurden[857]. Diese Regelungen wurden sodann in das Einkommensteuergesetz übernommen. Die Rechtsprechung[858], der Gesetzgeber[859] und weite Teile der Literatur[860] rechtfertigen diese Norm mit dem allgemeinen Interesse an der Sonntags-, Feiertags- und Nachtarbeit und damit, dass die Steuerfreistellung der Zuschläge eine Kompensation für die mit dieser Arbeit verbundenen Erschwernisse und Belastungen sei.

Dem ist zu widersprechen. Die Kompensation für die Sonntags-, Feiertags- und Nachtarbeit sind die Aufschläge auf den Lohn an sich. Das allgemeine Interesse an der Sonntags-, Feiertags- und Nachtarbeit würde auch weiterhin befriedigt werden, wenn die Zuschläge besteuert würden. Diese Steuerfreistellung ist für Steuermindereinnahmen von 2,8 Mrd. Euro verantwortlich, was sie zur drittgrößten Steuervergünstigung überhaupt und sogar zur größten innerhalb der Einkommensteuer macht[861]. Die Tatsache, dass dieses sowohl für die einzelnen Arbeitnehmer, als auch im Hinblick auf den Gesamtsteuerausfall bedeutsame Privileg ausschließlich Arbeitnehmern offensteht, macht die Norm verfassungswidrig, da eine vergleichbare Vergünstigung keiner anderen Einkunftsart offensteht und keine der genannten Umstände diese Steuerbefreiung zu rechtfertigen vermag[862]. Der Verzicht des Gesetzgebers auf eine Besteuerung ist eher ein politisches Geschenk an die Arbeitnehmerschaft. Die Norm wurde bisher trotz durchgreifender verfassungsrechtlicher Bedenken, wohl aus Sorge um potentielle Wäh-

857 Vgl. RdF-VO v. 7.11.1940, RStBl. 1940, 945; *Kanzler* in: Herrmann/Heuer/Raupach, EStG/KStG, § 3b EStG Rz. 2; *Erhard* in: Blümich, EStG § 3b Rz. 2; *Wernsmann*, ZRP 2010, 124 (125); *Tipke*, FR 2006, 949 (950).

858 BVerfG v. 2.5.1978 – 1 BvR 174/78, DB 1978, 2003; BFH v. 26.10.1984 – VI R 199/80, BFHE 142, 146.

859 BT-Drucks. 11/2157, 138.

860 Vgl. hierzu: *Kanzler* in: Herrmann/Heuer/Raupach, EStG/KStG, § 3b EStG Rz. 4; *Hillmoth* in: Lippross, Basiskommentar, § 3b EStG Rz. 1; *v. Beckerath* in: Kirchhof, Einkommensteuergesetz, § 3b EStG Rz. 2; *Erhard* in: Blümich, EStG § 3b Rz. 5; *Wernsmann*, ZRP 2010, 124 (125); *Tipke*, FR 2006, 949 (950).

861 Vgl. für das Kassenjahr 2016 den 25. Subventionsbericht in BT-Drucks. 18/5949, 21.

862 So auch: *Hey* in: Tipke/Lang[22], Steuerrecht, § 8 Rz. 140; *Kanzler* in: Herrmann/Heuer/Raupach, EStG/KStG, § 3b EStG Rz. 6; *Wernsmann*, ZRP 2010, 124 (125 f.); *Tipke*, FR 2006, 949 (951 ff.); ähnlich: *v. Beckerath* in: Kirchhof, Einkommensteuergesetz, § 3b EStG Rz. 1; unentschieden: *Erhard* in: Blümich, EStG § 3b Rz. 6.

lerstimmen[863], nicht aus dem Einkommensteuerrecht entfernt[864]. Folglich sollte die Vorschrift des § 3b EStG ersatzlos gestrichen werden[865]. Die Zahlung eines Zuschlages an sich ist eine ausreichende Kompensation für die Belastungen, die mit der Sonntags-, Feiertags- und Nachtarbeit einhergehen.

II. Neufassung des Arbeitnehmerpauschbetrages

Wie die Systematisierung und Analyse der Vereinfachungsnormen in der Lohnsteuer gezeigt hat, ist auf der Ausgabenseite die Normenstruktur klarer als auf der Einnahmenseite. Es sind weniger Vereinfachungsnormen vorhanden und diese haben größere Anwendungsbereiche. Dies erhält, anders als auf der Einnahmenseite, die Übersichtlichkeit und somit die vereinfachende Wirkung. Die Ausgabenseite weist daher keinen so eklatanten Reformbedarf auf, wie die Einnahmenseite. Dennoch wäre auch hier eine Veränderung sinnvoll, um die vorhandenen Vereinfachungseffekte zu verstärken.

Die Arbeitnehmerpauschbeträge des § 9a Satz 1 Nr. 1 EStG sind beides absolute Werte i.H.v. 1000 bzw. 102 Euro. In Bezug auf den § 9a Satz 1 Nr. 1 lit. b) EStG, der ausschließlich Versorgungsbezüge betrifft, erscheint ein absoluter Betrag in Höhe von 102 Euro pro Arbeitnehmer und Kalenderjahr auch angemessen. Steuerpflichtige, die aus dem aktiven Berufsleben ausgeschieden sind, haben zumeist nur geringe Werbungskosten, da viele für einen Erwerbstätigen notwendige Aufwendungen entfallen und sich die Werbungskosten i. d. R. auf den administrativen Aufwand beschränken. Der Nachweis höherer Aufwendungen bleibt dem Arbeitnehmer aber auch hier unbenommen.

Anders gestaltet sich die Situation bei Arbeitnehmern, die am aktiven Berufsleben teilnehmen. Hierfür sieht der § 9a Satz 1 Nr. 1 lit. a) EStG ebenfalls eine absolute Pauschale vor. Sie ist mit 1000 Euro pro Arbeitnehmer und Kalenderjahr fast zehnmal höher als die des § 9a

---

863 Zu den an Wählergruppen orientierten politischen Interessen am Steuerrecht vgl.: *Hey*, WiPol 2008, 785 (788).

864 *Erhard* in: Blümich, EStG § 3b Rz. 5.

865 So auch bereits: Mitschke EStG Rz. 13, dessen EStG-Entwurf eine solche Steuerbefreiung nicht enthält.

Satz 1 Nr. 1 it. b) EStG. Sie erzeugt bereits jetzt große Vereinfachungswirkungen bei der Finanzverwaltung und vielen Arbeitnehmern, indem oftmals keine Belege eingereicht und geprüft werden müssen, da die Pauschale für die Aufwendungen des Arbeitnehmers ausreichend war. Oftmals ist die Pauschale allerdings weit mehr als ausreichend. Nach den Angaben des Gesetzgebers bleiben mehr als 60% der Arbeitnehmer mit ihren Werbungskosten unter der Pauschale, sodass das Einreichen und Prüfen von Belegen hierfür entfällt[866]. Dies bedeutet aber auch, dass der Großteil der Arbeitnehmer mehr fiktive Werbungskosten abziehen können als ihnen eigentlich zustehen, was wiederrum zu Steuermindereinnahmen führt.

Es gilt daher, eine neue Regelung zu schaffen. Diese sollte die tatsächlichen Gegebenheiten der Werbungskosten bei den Arbeitnehmern akkurater abbilden und somit Steuermindereinnahmen minimieren aber trotzdem einfach anzuwenden sein. Sie sollte gewährleisten, dass weiterhin bei der Mehrheit der Arbeitnehmer ein individueller Werbungskostenabzug nicht notwendig ist und so die große Vereinfachungswirkung der Norm erhalten bleibt.

Die Ausgangsüberlegung des diesbezüglichen Reformvorschlags ist, den Arbeitnehmerpauschbetrag an den Bruttoarbeitslohn zu koppeln. Hierfür kommt zunächst ein Stufenmodell in Frage. Bei einem solchen werden verschiedenen Bruttoeinkommensbereiche bestimmte Arbeitnehmerpauschbeträge zugeordnet. So könnte man beispielsweise Einkommen bis 10.000 Euro einen Werbungskostenpauschbetrag von 250 Euro zuordnen, Einkommen zwischen 10.001 Euro und 20.000 Euro einen Pauschbetrag von 500 Euro usw. Der Vorteil eines Stufenmodells ist, dass die Werte klar ablesbar sind. Der Nachteil ist jedoch, dass es in der Nähe der Stufengrenzen zu Ungenauigkeiten und Ungerechtigkeiten kommt. Daher wird ein solches Modell nicht präferiert.

Die Alternative ist ein prozentuales Modell. Hierbei wird pauschal ein bestimmter Prozentsatz vom Bruttoeinkommen als Werbungskosten abgezogen[867]. Vorausgesetzt die Angaben des Gesetzgebers sind belastbar, dass 1000 Euro für mehr als 60% der Arbeitnehmer ein aus-

866 BT-Drucks. 17/5125, 36 f.

867 So auch Kölner EStG § 18 und Rz. 355, der für Einkünfte aus selbstständiger und nichtselbstständiger Arbeit einen pauschalen Abzug von 5% der Erwerbseinnah-

reichender Werbungskostenabzug sind[868], so kann man diese absolute Zahl ungefähr in Verbindung mit dem Durchschnittseinkommen der Arbeitnehmer im Jahre 2015 i.H.v. 45.720 Euro[869] stellen. Danach entstehen dem Arbeitnehmer ca. 2,19% des Bruttoarbeitslohns als Werbungskosten. Hierauf sollte ein gewisser Aufschlag als Sicherheitspuffer gegeben werden. Der prozentuale Werbungskostenpauschbetrag sollte daher 2,5% des Bruttoarbeitslohns betragen, wobei der Nachweis von höheren Werbungskosten selbstredend möglich bleibt. Demnach entfallen auf einen Bruttoarbeitslohn von 10.000 Euro – wie beim Stufenmodell – 250 Euro pauschaler Werbungskostenabzug. Die Grenzbereiche würden jedoch im Vergleich zum Stufenmodell abgefedert. So entfällt auf einen Bruttoarbeitslohn i.H.v. 19.000 Euro 475 Euro pauschaler Werbungskostenersatz anstelle von 250 Euro und auf einen Bruttoarbeitslohn i.H.v. 21.000 Euro 525 Euro anstelle von 500 Euro. Eine solche Variante des pauschalen Werbungskostenabzugs würde Steuermindereinnahmen minimieren, indem sie den tatsächlich abziehbaren Werbungskosten näherkommt als eine absolute Pauschale. Sie ist aber trotzdem leicht zu berechnen und entspricht dem Umfang des jetzigen Arbeitnehmerpauschbetrages, sodass zu erwarten ist, dass eine ähnlich hohe Zahl an Arbeitnehmern keine detaillierte Prüfung des Werbungskostenabzugs benötigt. Daher bleibt die Vereinfachungswirkung voraussichtlich in gleichem Umfang erhalten. Demnach sollte der Arbeitnehmerpauschbetrag von einem absoluten Wert in einen prozentualen i.H.v. 2,5% des Bruttojahresarbeitslohns umgewandelt werden.

men, höchstens jedoch 2000 Euro, vorsieht, wenn nicht weitergehende Aufwendungen nachgewiesen werden können. Bei den anderen Einkunftsarten des Kölner EStG können 1% der Erwerbseinnahmen und absolut bis zu 500 Euro pauschal abgezogen werden, es sei denn höhere Aufwendungen werden nachgewiesen.

868 Vgl. BT-Drucks. 17/5125, 36 f.

869 Im Jahr 2015 lag der Durchschnittsbruttomonatsverdienst eines Arbeitnehmers bei 3.810 Euro, d.h. 45.720 Euro pro Jahr (vgl. https://www.destatis.de/DE/ZahlenFakten/GesamtwirtschaftUmwelt/VerdiensteArbeitskosten/VerdiensteVerdienstunterschiede/Tabellen/Bruttomonatsverdienste.html, abgerufen am: 22.4.2016).

Gesamtergebnis

Die Ausgangsfrage der Arbeit lautete, ob die in der Lohnsteuer vorhandenen Vereinfachungsnormen überhaupt systematisiert werden können. Hierzu wurde zunächst die Einkommensart der nichtselbständigen Arbeit und dabei insbesondere das dort bestehende besondere Vereinfachungsbedürfnis analysiert. Die Analyse ergab, dass das spezielle Vereinfachungsbedürfnis der Lohnsteuer auf drei Ursachen zurückzuführen ist:

- Erstens den weiten und unpräzisen Arbeitslohnbegriff,
- zweitens das komplexe, einseitig ausgestaltete und oft nur schwer handhabbare Lohnsteuerabzugsverfahren und
- drittens zu viele hierauf aufbauende einzelfallorientierte Vereinfachungsnormen, die in ihrer Summe mehr Unübersichtlichkeit bringen als diese zu bereinigen.[870]

Die aus der Analyse hergeleitete deduktive Systematisierung zeigte, dass eine Systematisierung der Vereinfachungsnormen der Lohnsteuer bis auf wenige Ausnahmen möglich ist[871]. Ferner unterstützte die Systematisierung die Thesen zum besonderen Vereinfachungsbedürfnis weitestgehend. Insbesondere enthält die Einnahmenseite deutlich zu viele einzelfallorientierte Normen, die grundlegende Prinzipien des Steuerrechts konterkarieren und in ihrer Masse nicht mehr vereinfachend wirken. Außerdem zeigte die Systematisierung, dass viele Normen (I. und V. Kategorie) nötig sind, um den weiten Arbeitslohnbegriff und dessen Auswirkungen einzugrenzen.[872]

Zur Behebung der identifizierten Schwachstellen der Lohnsteuer, sind diverse Reformvorschläge unterbreitet worden. Die neu entwickelte abstrakte Arbeitslohndefinition würde deklaratorische und den

870 Vgl. oben unter: 2. Kap. B. II. 3.

871 Vgl. zusammenfassend oben unter: 3. Kap. C. II. und 3. Kap. D.

872 Vgl. oben unter: 3. Kap. E.

Arbeitslohnbegriff konturierende Normen weitestgehend überflüssig machen und allgemein für mehr Rechtssicherheit sorgen als einzelfallorientierte Normen, die die Folgen einer unzureichenden Definition aufzufangen versuchen[873]. Außerdem würde so das Lohnsteuerrecht von überflüssigen Normen befreit. Die Reformierung des Lohnsteuerabzugs bei von Dritten gezahltem Arbeitslohn würden den Arbeitgeber entlasten und für eine angemessenere Risikoverteilung als de lege lata sorgen[874].

Dem Beispiel der Ausgabenseite folgend[875], auf der wenige Vereinfachungsnormen mit i. d. R. größeren Anwendungsbereichen zu finden sind, wurden auch verschiedene Pauschalierungstatbestände entwickelt, die auf der Einnahmenseite eingesetzt werden sollten. Diesen ist gemein, dass sie viele einzelfallorientierte Normen ersetzen, so mehr Übersichtlichkeit schaffen und schlussendlich die Rechtsanwendung erleichtern.[876] Hierzu wurde eine Lohnsteuerpauschalierung für von Dritten gezahlten Arbeitslohn vorgeschlagen, welche den Dritten und den Arbeitnehmer (bei Trinkgeldzahlungen) in die Pflicht nimmt und so den Arbeitgeber entlastet[877]. Ferner wurde ein einheitlicher Lohnsteuerpauschalierungstatbestand für Sachzuwendungen an den Arbeitnehmer zur Zusammenfassung der vielen unterschiedlichen Einzelnormen entwickelt, um so in diesem Bereich eine gewisse Übersichtlichkeit herzustellen[878]. Des Weiteren wurde dafür plädiert, jedwede Zukunftssicherungsleistungen in der Ansparrphase steuerfrei zu stellen und erst im Falle der Auszahlung mit einem Pauschalsteuersatz zu versteuern[879]. Hierdurch würden steuerliche Aspekte in der Zukunftssicherung irrelevant und alle Formen der Zukunftssicherung gleichbehandelt. Außerdem würde so das Prinzip der nachgelagerten Besteuerung konsequent umgesetzt. Die Pauschalierungsvorschrift des § 40a EStG sollte in ihrem Anwendungsbereich erweitert werden, um so flexibler einsetzbar zu sein[880]. Außerdem wurde sich dafür ausge-

873 Vgl. oben unter: 4. Kap. A.
874 Vgl. oben unter: 4. Kap. B. I.
875 Vgl. dazu oben unter: 2. Kap. B. II. 2. b).
876 Vgl. oben unter: 4. Kap. B. I.-III. und 5.
877 Vgl. oben unter: 4. Kap. B. I.
878 Vgl. oben unter: 4. Kap. B. II.
879 Vgl. oben unter: 4. Kap. B. III.
880 Vgl. oben unter: 4. Kap. B. V.

sprochen, Werbungskostenersatzleistungen in Zukunft nicht mehr steuerfrei zu stellen und die bestehenden Steuerfreistellungen hierfür aus dem Einkommensteuergesetz zu eliminieren[881].

Die gemachten Reformvorschläge sollen zur signifikanten Abmilderung des derzeitigen Steuerchaos in der Lohnsteuer beitragen. Die derzeitige Lage ist so verkompliziert, dass nur durch die radikale Streichung von einzelfallorientierten Normen und durch den zukünftig behutsamen Umgang mit Pauschalierungs- und anderen vermeintlichen Vereinfachungsnormen dauerhafte Besserung zu erwarten ist[882].

Viel wichtiger ist aber, dass ein grundlegendes Umdenken bei der Gesetzgebung stattfindet. Ansonsten sind jedwede Reformmaßnahmen nicht von Bestand. Man darf nicht jedem verhältnismäßig kleinen Anliegen mit einer Spezialnorm nachgeben[883]. Dies führt zu einer chaotischen Gesetzeslage, wie sie derzeit vorzufinden ist. Insbesondere dürfen nicht sämtliche dieser Spezialnormen unterschiedliche Förderungszwecke verfolgen. Abgesehen von der Frage, ob das Steuerrecht überhaupt der richtige Ort für eine Verhaltenslenkung ist[884], ist es jedenfalls kontraproduktiv, diese derart kleinteilig durchzuführen. Außerdem sollte im Lohnsteuerabzugsverfahren der Fokus nicht exklusiv auf dem Arbeitgeber als Verantwortlichem liegen. Es mag bei der Einführung dieses Grundsatzes vertretbar gewesen sein, den Arbeitnehmern möglichst wenig Verantwortung zu übertragen. Mittlerweile sollte dieses Verfahren aber an die heutigen Gegebenheiten angepasst und dem Arbeitnehmer mehr Verantwortung für seine eigene Steuer zugemutet werden. Weitere Beteiligte, insbesondere der Arbeitslohn zahlende Dritte, können ebenfalls miteinbezogen werden. Jedenfalls ist es

881 Vgl. oben unter: 4. Kap. B. IV.

882 So auch: *Hey* in: Tipke/Lang[22], Steuerrecht, § 8 Rz. 143 u. 250; *dies.* JZ 2006, 851 (858 f. u. 860); ähnlich: *Tipke*, Steuerrechtsordnung, Bd. 2, S. 844 ff., 854; vgl. allg. auch *Kirchhof*, Bundessteuergesetzbuch (insb. S. 14 Rz. 46); *ders.*, Steuergleichheit, DStJG 1998, S. 23 f.

883 Vgl. *Friauf*, Steuervereinfachung, DStJG 1998, S. 98, der davon spricht, dass das Steuerrecht als Allheilmittel für sämtliches Übel der Welt missbraucht wird. Wobei die ausufernde Spezialgesetzgebung nicht auf die Lohnsteuer beschränkt ist, vgl. beispielhaft zur Missbrauchsgesetzgebung *Hey*, StuW 2008, 167.

884 Zu Recht dagegen: *Kirchhof*, Bundessteuergesetzbuch, S. 14 Rz. 46; *ders.* in: FS Selmer, S. 745 ff.; *ders.*, Steuergleichheit, DStJG 1998, S. 23 f.; ausführlich insb. in verfassungsrechtlicher Sicht zu der Frage: *Trzaskalik*, 63. DJT, S. E9 ff. insb. zu den begünstigenden Lenkungsnormen ab S. E65 ff.

nicht mehr zu vertreten, dass der Arbeitsgeber diese Last auch zukünftig alleine trägt. Daher soll diese Dissertation einen Anstoß zum Umdenken in der Lohnsteuer darstellen: Weg von den einzelfallorientierten Normen, der ausschließlichen Verpflichtung des Arbeitgebers und somit auch Bevormundung des Arbeitnehmers hin zu mehr Struktur und Übersichtlichkeit in der Lohnsteuer sowie einer ausgeglichenen Arbeits- und Risikoverteilung zwischen den Beteiligten.

Literaturverzeichnis

Albert, Uwe: Steuervereinfachung und -gerechtigkeit durch Lohnsteuerpauschalisierung von Sachzuwendungen, DB 2005, S. 2099

- Neue Pauschalierungsmöglichkeit bei Sachbezügen für die Lohn- und Einkommensteuer durch das Jahressteuergesetz 2007, FR 2006, S. 913

- Lohnzahlung durch Dritte, FR 2009, S. 858

Albert, Uwe / Hahn, Hans: Lohnzahlung durch Dritte als steuerpflichtiger Arbeitslohn, FR 1995, S. 334

Albert, Uwe / Strohner, Klaus: Plädoyer für eine Vereinfachung und mehr Systematik im Lohnsteuerrecht, DB 2002, S. 2504

Becker, Julia: Leitlinien zum verfassungsrechtlichen Rahmen des Steuerrechts am Beispiel des zu reformierenden Grundsteuergesetzes, BB 2011, S. 2391

Beck'sches Steuer- und Bilanzrechtslexikon, 2016 (zit. *Bearbeiter* in: Beck'sches Steuer- und Bilanzrechtslexikon)

Bergkemper, Winfried: Zur Verfassungsmäßigkeit der Steuerbefreiung von Aufwandsentschädigungen, FR 1999, S. 517

- Verfassungsmäßigkeit der steuerfreien Abgeordnetenpauschale, FR 2007, S. 92

- Vom Arbeitgeber gezahlte Mietentschädigung nicht nach § 3 Nr. 12 Satz 2 EStG steuerfrei, FR 2007, S. 498

- Doppelte Haushaltsführung eines Alleinstehenden, FR 2008, S. 40

- Lohnzuwendungen im Bereich der betrieblichen Altersvorsorge, FR 2011, S. 1043

- Das BMF-Schreiben zur Reform des steuerlichen Reisekostenrechts ab 1.1.2014, FR 2013, S. 1017

Bick, Friedhelm / Strohner, Klaus: Grundzüge der betrieblichen Altersvorsorge nach den Änderungen durch das Alterseinkünftegesetz, DStR 2005, S. 1033

Birk, Dieter / Desens, Marc / Tappe, Henning: Steuerrecht, 19. Auflage 2016, (zit. *Birk/Desens/Tappe,* Steuerrecht)

Birk, Dieter / Specker, Gerhard: Die Erweiterung des Arbeitslohnbegriffs in § 19 Abs. 1 Satz 1 Nr. 3 EStG, DB 2008, S. 488

Blümich: Einkommensteuergesetz Körperschaftsteuergesetz Gewerbesteuergesetz, Kommentar, 5 Bände, Stand: 133. Ergänzungslieferung Juli 2016 (zit. *Bearbeiter* in: Blümich EStG)

Bordewin, Arno / Brandt, Jürgen (Hrsg.): Einkommensteuergesetz, Kommentar, 8 Bände, Stand: 389. Aktualisierung 2016 (zit: *Bearbeiter* in: Bordewin/Brandt)

Briese, André: Übertragung von Pensionsanwartschaften und Pensionsverpflichtungen auf einen Pensionsfonds, DB 2006, S. 2424

Daumke, Michael: Grundriss des Steuerrechts, 6. Auflage 2010 (zit. *Daumke,* Grundriss des deutschen Steuerrechts)

Drenseck, Walter: Ist Werbungskostenersatz Arbeitslohn?, in: Gestaltung der Steuerrechtsordnung: Festschrift für Joachim Lang zum 70. Geburtstag, hrsg. von: Klaus Tipke / Roman Seer / Johanna Hey / Joachim Englisch, 2010, S. 477 (zit. *Drenseck* in: FS Lang)

Drüen, Klaus-Dieter: Grenzen der Steuerentrichtungspflichten, FR 2004, S. 1134

Erman, Walter (Begr.), Bürgerliches Gesetzbuch, Handkommentar, hrsg. von: Barbara Grunewald / Georg Maier-Riemer / Harm Peter Westermann, 14. Auflage 2014 (zit. *Bearbeiter* in: Erman)

Ernst, Markus / Schill, Stephan: Die Behandlung von Stipendien im Einkommensteuerrecht, DStR 2008, S. 1461

Fischer, Hans-Jörg: Zweifelsfragen zur Steuerbefreiung der privaten Nutzung von betrieblichen PC und Telekommunikationsgeräten durch Arbeitnehmer, DStR 2001, S. 201

Friauf, Karl Heinrich: Steuervereinfachung versus Lenkungsnormen, in: Steuervereinfachung von Peter Fischer (Hrsg.), im Auftrag der Deutschen Steuerjuristischen Gesellschaft e. V., in: Veröffentlichungen der Deutschen Steuerjuristischen Gesellschaft e. V., Band 21 1998, S. 85 (zit. *Friauf,* Steuervereinfachung, DStJG 1998)

Frotscher, Gerrit (Hrsg.) / Geurts, Matthias (Hrsg.): Einkommensteuergesetz, Kommentar, 6 Bände, Stand: 195. Ergänzungslieferung Oktober 2016 (zit. *Bearbeiter* in: Frotscher)

Geißler, Oliver: Der Unternehmer im Dienste des Steuerstaats, Dissertation, Jena, 2000 (zit. *Geißler,* Der Unternehmer im Dienste des Steuerstaats)

Gersch, Eva-Maria: Neues zum Arbeitslohn von Dritten, FR 2004, S. 938

Giloy, Jörg: Nettolohnverträge und Lohnsteuerpauschalierung, in: Grundfragen des Lohnsteuerrechts von Joachim Stolterfoht (Hrsg.), im Auftrag der Deutschen Steuerjuristischen Gesellschaft e. V., Band 6, 1986, S. 209 (zit. *Giloy,* Nettolohnverträge und Lohnsteuerpauschalierung, DStJG 1986)

– Pauschalierung der Einkommensteuer für Sachprämien aus Kundenbindungsprogrammen, BB 1998, S. 717

Glaser, Gunnar W.: Verfassungsfragen zur lohnsteuerlichen Behandlung von Sonderzahlungen im Bereich der Zusatzversorgung nach dem Reformkonzept des JStG 2007, BB 2006, S. 2217

Hahn, Hartmut: Verfassungsrechtliche Aspekte der Haftung des Arbeitgebers für einzubehaltende Lohnsteuer, NJW 1988, S. 20

Handwörterbuch des Steuerrechts: mitbegr. von Wilhelm Hartz, hrsg. von: Georg Strickrodt / Günter Wöhe / Christian Flämig / Günther Felix / Heinz Sebiger, 2. Auflage 1981 (zit. Handwörterbuch des Steuerrechts)

Handbuch der Finanzwissenschaft: hrsg. von: Fritz Neumark, 3. Auflage 1980 (zit. Handbuch der Finanzwissenschaft)

Hasbargen, Ulrike / Schmitt, Britta / Betz, Frank: Aktuelle Entwicklungen bei der Besteuerung von Mitarbeiterbeteiligungsmodellen, BB 2010, S. 1951

Hechtner, Frank: Die politische Dezember-Lösung beim Arbeitnehmer-Pauschbetrag, FR 2011, S. 272.

Henssler, Martin (Hrsg.) / Willemsen, Heinz Josef (Hrsg.) / Kalb, Heinz-Jürgen (Hrsg.): Arbeitsrecht Kommentar, 7. Auflage, 2016 (zit. *Bearbeiter* in: Henssler/ Willemsen/Kalb, Arbeitsrecht Kommentar)

Herrmann, Carl / Heuer, Gerhard / Raupach, Arndt: Einkommensteuer- und Körperschaftsgesetz, Kommentar, gesamtverantwortliche Hrsg.: Johanna Hey / Michael Wendt, 18 Bände, 21. Auflage 2006, Stand: 276. Ergänzungslieferung September 2016 (zit. *Bearbeiter* in: Herrmann/Heuer/Raupach, EStG/KStG)

Heuermann, Bernd: Systematik und Struktur der Leistungspflichten im Lohnsteuerabzugsverfahren – Zugleich zur Rechtsstellung des privaten Arbeitgebers und deren verfassungsrechtlicher Legitimation, Dissertation, Münster (Westfalen), 1997, (zit. *Heuermann,* Systematik und Struktur der Leistungspflichten im Lohnsteuerabzugsverfahren)

– Entrichtungspflicht – Steuerpflicht – Grundpflicht?, FR 2013, S. 354

Hey, Johanna: Steuern verwalten durch Banken, FR 1998, S. 497

– Abbau von Direktsubventionen und Steuervergünstigungen – verfassungsrechtliche terra incognita, StuW 1998, S. 298

– Mitteilungspflichten oder Quellenabzug – Maßnahmen zur Sicherung von Steueransprüchen, in: Festschrift für Heinrich Wilhelm Kruse zum 70. Geburtstag, hrsg. von: Walter Drenseck / Roman Seer, 2001, S. 269 (zit. *Hey* in: FS Kruse)

– Schutz des Vertrauens in BFH-Rechtsprechung und Verwaltungspraxis, DStR 2004, S. 1897

– Besteuerung von Einkommen – Aufgaben, Wirkungen und europäische Herausforderungen, JZ 2006, S. 851

– Spezialgesetzliche Missbrauchsgesetzgebung aus steuersystematischer, verfassungs- und europäischer Sicht, StuW 2008, S. 167

– Steuerreformfaktoren und Steuerreformhindernisse in der Bundesrepublik Deutschland, WiPol 2008, S. 785

Hey, Johanna / v. Wolfersdorff, Janine: Rechtsanwendungsfragen zur Pauschalierung bei Sachzuwendungen nach § 37b EStG, DB 2015, S. 153

Heuel, Ingo / Beyer, Dirk: Die neue Selbstanzeige zum 1.1.2015, AO-Stb 2015, S. 129

Höck, Edith: Entlastungswirkung der Entfernungspauschale – Mehr Belastungsgleichheit oder gleichheitswidrige Lastenverteilung?, DB 2002, S. 1020

Hüttemann, Rainer: „Hilfen für Helfer" - Zum Entwurf eines Gesetzes zur weiteren Stärkung des bürgerschaftlichen Engagements, DB 2007, S. 127

Jarzyk-Dehne, Friederike: Pauschalierungen im Steuerrecht, Dissertation, Göttingen, 2001 (zit. *Jarzyk-Dehne,* Pauschalierungen im Steuerrecht)

Kanzler, Hans-Joachim: Die sog. Arbeitgeberlösung bei Auszahlung des Kindergelds, FR 1996, S. 473

Kirchhof, Paul (Hrsg.) / Söhn, Hartmut (Hrsg.) / Mellinghoff, Rudolf (Hrsg.): Einkommensteuergesetz, Kommentar, 20 Bände, Stand: 272. Aktualisierung September 2016 (zit. *Bearbeiter* in: K/S/M, EStG)

Kirchhof, Paul (Hrsg.): Einkommensteuergesetz, Kommentar, Stand: 15. Auflage 2016 (zit. *Bearbeiter* in: Kirchhof, Einkommensteuergesetz)

– Steuergleichheit durch Steuervereinfachung, in: Steuervereinfachung von Peter Fischer (Hrsg.), im Auftrag der Deutschen Steuerjuristischen Gesellschaft e. V., in: Veröffentlichungen der Deutschen Steuerjuristischen Gesellschaft e. V., Band 21 1998, S. 9 (zit. *Kirchhof,* Steuergleichheit, DStJG 1998)

– Steuersubventionen, in: Staat, Wirtschaft, Finanzverfassung: Festschrift für Peter Selmer zum 70. Geburtstag, hrsg. von: Lerke Osterloh / Karsten Schmidt / Hermann Weber, 2004, S. 745 (zit. *Kirchhof* in: FS Selmer)

– Bundessteuergesetzbuch, Ein Entwurf zur Erneuerung des Steuerrechts, 2011 (zit. *Kirchhof,* Bundessteuergesetzbuch)

Kirschmann, Frank: Betriebliche Altersvorsorge - Aktuelle Übersicht zur geltenden Rechtslage, BB 2011, S. 1687

Kloubert, Franz Peter: Die Steuerbarkeit von Drittleistungen beim Lohnsteuerabzug am Beispiel der Trinkgeldzahlung, DStR 2000, S. 231

Knauff, Markus: Deduktion, logisches Denken, Beitrag für den Band C/II/8 der Enzyklopädie der Psychologie „Denken und Problemlösen", 2005 (zit. *Knauff,* Deduktion, logisches Denken)

Knop, Carsten: Unsere Steuererklärung ist viel zu kompliziert, Frankfurter Allgemeine Zeitung vom 20.11.2015, abrufbar unter (abgerufen am 22.4.2016): http://www.faz.net/aktuell/wirtschaft/recht-steuern/neue-studie-steuererklaerung-in-deutschland-ist-viel-zu-kompliziert-13921462.html#GEPC;s6

Kock, Martin: „Meine Meilen, Deine Meilen": Dienstlich erlangte Bonuspunkte aus Kundenbindungsprogrammen, DB 2007, S. 462

König, Walter: Pauschalierung der Lohnsteuer für Aushilfen in der Land- und Forstwirtschaft, RWP 1982, Ausgabe B, S. 323

Korn, Klaus: Einkommensteuergesetz, Kommentar, Hrsg.: Klaus Korn / Dieter Carlé / Rudolf Stahl / Martin Strahl, 4 Bände, Stand: 97. Ergänzungslieferung 1. Juli 2016 (zit. *Bearbeiter* in: Korn, Einkommensteuergesetz)

Krüger, Roland: Arbeitslohn und ganz überwiegendes eigenbetriebliches Interesse, DStR 2013, S. 2029

Kruse, Heinrich Wilhelm: Prolegomena zum Lohnsteuerrecht – zugleich Rechtfertigung des Themas, in: Grundfragen des Lohnsteuerrechts von Joachim Stolterfoht (Hrsg.), im Auftrag der Deutschen Steuerjuristischen Gesellschaft e.V, Band 9 1986, S. 1 (zit. *Kruse,* Prolegomena zum Lohnsteuerrecht, DStJG 1986)

Lademann, Fritz: Kommentar zum Einkommensteuergesetz: mit Nebengesetzen, Kommentar, 15 Bände, Stand: 221. Ergänzungslieferung August 2016 (zit. *Bearbeiter* in: Lademann)

Lang, Joachim / Herzig, Norbert / Hey, Johanna / Horlemann, Heinz-Gerd / Pelka, Jürgen / Pezzer, Heinz-Jürgen / Seer, Roman / Tipke, Klaus: Kölner Entwurf eines Einkommensteuergesetzes, 2005 (zit. Kölner EStG)

Lang, Joachim: Die Einkünfte des Arbeitnehmers – Steuerrechtssystematische Grundlegung, in: Grundfragen des Lohnsteuerrechts von Joachim Stolterfoht (Hrsg.), im Auftrag der Deutschen Steuerjuristischen Gesellschaft e. V., Band 9, 1986, S. 15 (zit. *Lang,* Die Einkünfte des Arbeitnehmers, DStJG 1986)

– Eröffnung und Rechtfertigung des Themas, in: Steuervereinfachung von Peter Fischer (Hrsg.), im Auftrag der Deutschen Steuerjuristischen Gesellschaft e. V., in: Veröffentlichungen der Deutschen Steuerjuristischen Gesellschaft e. V., Band 21 1998, S. 1 (zit. *Lang,* Eröffnung und Rechtfertigung des Themas, DStJG 1998)

Langohr-Plato, Uwe / Sopora, Yvonne: Neue gesetzliche Rahmenbedingungen für Zeitwertkonten, NZA 2008, S. 1377

Lippross, Otto-Gerd (Hrsg.) / Seibel, Wolfgang (Hrsg.): Basiskommentar Steuerrecht, Kommentar, 5 Bände, Stand: 97. Ergänzungslieferung September 2016 (zit. *Bearbeiter* in: Lippross, Basiskommentar)

Lishaut, Ingo: Steuerabzug bei Lohn von dritter Seite (§ 38 Abs. 1 Satz 3, Abs. 4 Satz 3 EStG), FR 2004, S. 203

Littmann, Eberhard (Begr.) / Bitz, Horst (Hrsg.) / Pust, Hartmut (Hrsg.): Das Einkommensteuerrecht, Kommentar, 6 Bände, Stand: 117. Ergänzungslieferung August 2016 (zit. *Bearbeiter* in: Littmann/ Bitz/Pust)

Luck, Verena: „Alles oder Nichts" – Die Freigrenze im Steuerrecht, Dissertation, Köln, 2013 (zit. *Luck,* Alles oder Nichts)

Mathiak, Walter: Was von einem großen Plan blieb: Die preußische klassifizierte Einkommensteuer von 1851, StuW 2001, S. 324

Mitschke, Joachim: Erneuerung des deutschen Einkommensteuerrechts, 2004 (zit. Mitschke EStG)

Niermann, Walter / Plenker, Jürgen: Änderungen im Bereich der Arbeitnehmerbesteuerung durch das Steueränderungsgesetz 2003, DB 2003, S. 2724

Niermann, Walter / Plenker, Jürgen: Änderungen im Bereich der Arbeitnehmerbesteuerung durch die Lohnsteuer-Richtlinien 2005, DB 2004, S. 2118

Niermann, Walter / Plenker, Jürgen: Die Neuregelung der geringfügigen Beschäftigungsverhältnisse ab 1.4.2003, DB 2003, S. 304

Niermann, Walter: Alterseinkünftegesetz - Die steuerlichen Änderungen in der betrieblichen Altersversorgung, DB 2004, S. 1449

– Jahressteuergesetz 2007: Lohnsteuerfreie Absicherung von Direktzusagen durch Contractual Trust Agreements, DB 2006, S. 2595

- Die Pauschalierung der Einkommensteuer auf Sachzuwendungen ab 2007 (§ 37b EStG), DB 2008, S. 1231
- Pauschalierung der Einkommensteuer bei Sachzuwendungen, NWB 2007, Fach 6, S. 4835
- JStG 2009 und Steuerbürokratieabbaugesetz: Änderungen bei der Arbeitnehmerbesteuerung, DB 2009, S. 138
- Die Neuregelung des steuerlichen Reisekostenrechts ab 2014, DB 2013, S. 1015

Offerhaus, Klaus: Gesetzlose Steuerbefreiung im Lohnsteuerrecht?, in: Grundfragen des Lohnsteuerrechts von Joachim Stolterfoht (Hrsg.), im Auftrag der Deutschen Steuerjuristischen Gesellschaft e. V., Band 9, 1986, S. 117 (zit. *Offerhaus,* Gesetzlose Steuerbefreiung im Lohnsteuerrecht, DStJG 1986)

- Auslagenersatz – Werbungskostenersatz unter besonderer Berücksichtigung der Entwicklung des Arbeitslohnbegriffs, BB 1990, S. 2017
- Zur steuerlichen Behandlung von Unfallkostenersatz durch den Arbeitgeber, BB 1991, S. 257

Plenker, Jürgen: Aktuelle Entwicklungen im lohnsteuerlichen Verfahrensrecht, DB 2010, S. 192.

Raupach, Arndt: Steuervereinfachung durch die Rechtsprechung, in: Steuervereinfachung von Peter Fischer (Hrsg.), im Auftrag der Deutschen Steuerjuristischen Gesellschaft e.V, Band 21 1998, S. 175 (zit. *Raupach,* Steuervereinfachung durch die Rspr., DStJG 1998)

Reimer, Ekkehart: Schnecke mit Spoiler: Das Steuervereinfachungsgesetz 2011, FR 2011, S. 929

Richter, Heinz: Neues und (weiterhin) Altes zur Trinkgeldbesteuerung, DStR 1999, S. 843

Risthaus, Anne: Steuerrechtliche Förderung der privaten Altersvorsorge und betrieblichen Altersversorgung - Neuherausgabe des BMF-Schreibens vom 17. 11. 2004, DStR 2008, S 845

Schmidt, Ludwig: Einkommensteuergesetz, Kommentar, Hrsg.: Heinrich Weber-Grellet, 35. Auflage 2016 (zit. *Bearbeiter* in: Schmidt)

Schön, Wolfgang: Besteuerungsgleichheit und Subventionsgleichheit, in: Steuerrecht im Rechtsstaat: Festschrift für Wolfgang Spindler zum 65. Geburtstag, hrsg. von: Rudolf Mellinghoff / Wolfgang Schön / Hermann-Ulrich Viskorf, 2011, S. 189 (zit. *Schön* in: FS Spindler)

Seeger, Siegbert: Lohnsteuerpflicht von Umlage- und Gegenwertzahlungen an Zusatzversorgungseinrichtungen?, DB 2005, S. 1588

Seibel, Wolfgang: Miles &More – Versteckte Diskriminierung in § 37a EStG?, FR 1997, S. 889

Seifert, Michael: Lohnsteuerliche Änderungen zum Jahreswechsel 2008/2009, DStZ 2009, S. 29

– Zollkodexanpassungsgesetz: Lohnsteuerrechtliche Änderungen 2015, DStZ 2015, S. 75

– Änderungen durch die Lohnsteuer-Änderungsrichtlinien 2015, DStZ 2015, S. 199

Söhn, Hartmut: Abzugsbeschränkungen und Abzugsverbote für gemischt veranlaßte Aufwendungen – Zur Befristung der Abzugsfähigkeit von Aufwendungen bei doppelter Haushaltsführung, in: Steuerrechtsprechung Steuergesetz Steuerreform: Festschrift für Klaus Offerhaus zum 65. Geburtstag, hrsg. von: Paul Kirchhof / Wolfgang Jakob / Albert Beermann, 1999, S. 477 (zit. *Söhn* in: FS Offerhaus)

– Entfernungspauschale ohne Aufwendungen?, FR 2001, S. 950

Sonnleitner, Wolfgang / Engels, Arne / Winkelhog, Michael: Pauschale Lohnsteuer auf Gegenwertzahlungen verfassungswidrig? – Jahrelanger Streit zwischen dem BFH und der Finanzverwaltung geht in die nächste Runde, BB 2014, S. 791

Staudinger, Julius von: Kommentar zum Bürgerlichen Gesetzbuch mit Einführungsgesetzen und Nebengesetzen, Buch 2, §§ 241 – 853 (Recht der Schuldverhältnisse), Neubearbeitung 2016 (zit. *Bearbeiter* in: Staudinger)

Stolterfoht, Joachim: Einwirkungen des Lohnsteuerrechts auf das Arbeitsverhältnis, in: Grundfragen des Lohnsteuerrechts von Joachim Stolterfoht (Hrsg.), im Auftrag der Deutschen Steuerjuristischen Gesellschaft e. V., Band 6, 1986, S. 175 (zit. *Stolterfoht*, Einwirkungen des Lohnsteuerrechts auf das Arbeitsverhältnis, DStJG 1986)

Thomas, Michael-Ingo: Die Besteuerung von Sachprämien aus Kundenbindungsprogrammen – eine gesetzgeberische Glanzleistung?, DStR 1997, S. 305

Tipke, Klaus (Begr.) / *Lang, Joachim:* Steuerrecht, Stand: 22. Auflage 2015 (zit. *Bearbeiter* in: Tipke/Lang[22], Steuerrecht)

Trzaskalik, Christoph: Inwieweit ist die Verfolgung ökonomischer, ökologischer und anderer öffentlicher Zwecke durch Instrumente des Abgabenrechts zu empfehlen? – Gutachten E für den 63. Deutschen Juristentag, in: Verhandlungen des 63. Deutschen Juristentages, 2000, Band 1, Teil E, S. E1 (zit. *Trzaskalik*, 63. DJT)

Tipke, Klaus: Die Steuerrechtsordnung, 3 Bände, Band1: Wissenschaftsorganisatorische, systematische und grundrechtlich-rechtsstaatliche Grundlagen, 2. Auflage, 2000, Band 2: Steuerrechtfertigungstheorie, Anwendung auf alle Steuerarten, sachgerechtes Steuersystem, 2. Auflage, 2003, Band 3: Steuerrechtswissenschaft, Steuergesetzgebung, Steuervollzug, Steuerrechtsschutz, Steuerreformbestrebung, 2. Auflage, 2012 (zit. *Tipke*, Steuerrechtsordnung)

– Rechtsschutz gegen Privilegien Dritter, FR 2006, S. 949

Vom Stein, Peter / Beyer-Petz, Ines: Geringfügige Beschäftigung – eine Bestandsaufnahme, DStR 2011, S. 977

von Bornhaupt, Kurt Joachim: Abgrenzung Werbungskostenersatz zu Auslagenersatz und durchlaufenden Geldern im Lohnsteuerrecht, StuW 1990, S. 46

von Twickel, Degenhard: Ausmisten im Lohnsteuerrecht – Zur Pauschalierung der Lohnsteuer bei Aushilfskräften in der Land- und Forstwirtschaft, DB 2006, Beilage 6 zu Heft 39, S. 66

Voßkuhle, Andreas: Beteiligung Privater an der Wahrnehmung öffentlicher Aufgaben und staatliche Verantwortung, in: Veröffentlichungen der Vereinigung der Deutschen Staatsrechtslehrer, Band 62, 2003, S. 266 (zit. *Voßkuhle,* Beteiligung Privater an der Wahrnehmung öffentlicher Aufgaben und staatliche Verantwortung, VVDStRL 2003)

Wagner, Klaus J.: Aufwandsentschädigungen an ehrenamtliche Helfer von Wohltätigkeitsorganisationen, FR 1991, S. 683

Waldhoff, Christian: Die steuerfreie Kostenpauschale der Abgeordneten des Deutschen Bundestags, FR 2007, S. 225

Wernsmann, Rainer: Der Schutz des Sonntags im Steuerrecht, ZRP 2010, S. 124

Wolff: Die „Annehmlichkeit" in der Rechtsprechung des Bundesfinanzhofs (I), FR 1981, S. 369

Winter, Gerhard: Der Arbeitgeber im Lohnsteuerrecht, Dissertation, Greifswald, 1997 (zit. *Winter,* Der Arbeitgeber im Lohnsteuerrecht)

Zehetmair, Martin / Kotschy, Andreas: Möglichkeit der Lohnsteuerpauschalierung bei Vergütungen für Verpflegungsmehraufwendungen, DStR 1998, S. 322

FSC
www.fsc.org
MIX
Papier | Fördert gute Waldnutzung
FSC® C083411

Kolibri 360 GmbH
Ferdinand-Jühlke-Straße 7
99095 Erfurt, Deutschland
produktsicherheit@kolibri360.de